末代貴族浮沉錄

曾國一——著

黑五類的苦難、掙扎和抗爭

知識分子是民族的脊樑，
毛澤東要斬斷這根脊樑！
知識分子是社會的良心，
毛澤東要剜掉這顆良心！

——中國・曾國一

第二排右四為作者

中共黨委政策委員

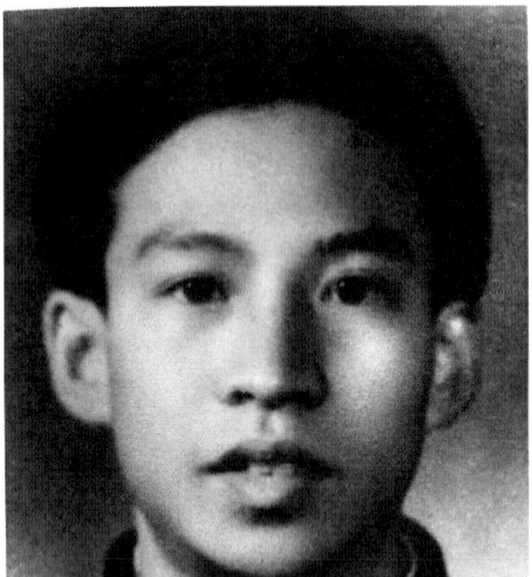

一九五二年作者任市團委員宣傳部長

一九五一年在犍為（中共川南土改工作團土改工作隊隊長），後排左三為作者

中共涼山工委中山坪工作團涼山球隊攝影
於五三年國慶節

後排右一為作者

右：穿彝族服裝的作者
左：民主改革時的作者

右派分子時的作者

一九五五年作者任黨委政策研究員

作者與孩子們的合影

八十壽誕留影

作者（78歲）與謝韜（88歲）合影

【代序】

謝韜給曾國一的信

（謝老二〇〇八年九月十一日給我的信，今天——九月二十八日收到）

國一同志：

你寄來的兩本書（指《末代貴族追思錄》和《我的黃埔魂》），我看得很慢，一是我眼力不好，一是書印刷太淡。看得很吃力，但終於看完了。關於五種版本追思錄，我看起來就順利多了。

你太受苦了，也幸運的活過來了，真不容易！

你的書為歷史留下了有力的證詞，是一代人時代的真實紀錄。是一個知識分子的苦難歷程，也是一種強烈的控訴，它會促使人們的覺醒，是推動歷史前進的一隻手。

你的文章文筆生動樸實，長處是那些具有地方色彩的語言，俚語具有民間的生活特色和語言特徵。

你應該繼續寫下去，也許你已有寫作計劃和安排，但也可用散文形式，篇幅不長，寫一件事，寫一個感受，寫一個場景、一個人物，都是具體而生動的，但都是人生一個側面，也是歷史的真實紀錄。有些生活細節最容易被遺忘，也最具有真實的感染力。但要求作者要站得高一點，不要只限於那點個人感受，那會削弱思想的啟發性。應從具體的個別的細節中引發人們廣闊的思維，引發思維的獨立性。思想自由與思想的獨立性是密不可分的。

你太受苦了。寫幾句給你，我就我讀後感受寫了幾句。

你現在是一支火種。按照傳說神話，偷來的火種散布人間的人只能是受苦的。普羅米修斯就是他在人間偷了火種。丹柯是用自己的心變成了火炬，照亮了黑暗。這些都富有生活的意義，最平凡的也最具有深刻的哲理性意義。

謝韜　二〇〇八年九月十一日

謝韜詩贈曾國一

讀曾國一《末代貴族浮沉錄》

苦難磨人不屈身
心存高貴逞精神
留得心中一點火
化它冰雪傲爭春

八七翁　謝韜　題贈　二〇〇八年九月

【代序二】

真正的貴族

——讀曾國一《末代貴族浮沉錄》／史宗偉

先生：

你好！

余年逾八旬，罹癌。此《末代貴族浮沉錄》已成今生之「絕唱」！

此書輯在美國出版、發表、傳播之「鎮反親歷」、「土改親歷」、「文革親歷」、「人奶與狼奶」、「茉莉花開」、「新啟蒙運動」……等等等等。

一家之言，以就教於方家。

先生賜教之餘，煩能代為轉發網友。恭候眾多網友賜教！為吶喊而努力！

敬致

台安

曾國一　再拜　二〇一二年一月二日

曾國一老先生，知道的，四川人，與謝韜老有過交往。這是二〇〇九年讀較早的幾期《往事微痕》，從而知道有關曾國一老先生的一點訊息。對於這樣一個勢大力沉、寓意非常的郵件，我能不為之動容，能不遵囑為其轉發嗎？

該郵件的附件是書稿《末代貴族浮沉錄》，word格式，繁體豎排版本，達18M之鉅，不僅閱讀困難，而且打開以及編輯操作也很慢。可能是為在臺、港出版而編排，加之老年人電腦操作不熟練的緣故。為了便於郵件傳播及內地人閱讀，我用了一個下午的時間，將原繁體豎排版本改為了簡體橫排版本，並對書中圖片全部做了處理，重新編排全書並設置目錄，使得整個書稿不到2M。由於時間關係，我僅是對全書從形式上粗排一遍，細節問題未能顧及，絲毫沒做錯別字等文字的改動。

因當時正致力於《何家棟文集》的學習，我僅是將重排後的《末代貴族浮沉錄》轉發給各位朋友，並沒有開始對該著的真正閱讀。

一月十七日下班，收到北京蔣綏民老先生寄來的三份材料，其中一本赫然是已經複印裝訂好了的國一老力著《末代貴族浮沉錄》。當晚便展開學習，遂難以釋手，於是暫時放過本來正在讀的書籍，專心讀此《浮沉錄》。一月二十二日，農曆龍年除夕，終於讀完，感慨系之，久不能抑……

《末代貴族浮沉錄》是一曲人性的頌歌！

該書第三頁收錄了謝韜老二〇〇八年八月看過該書（原始版本《末代貴族追思錄》）後給國一老的信。謝韜老給國一老贈詩曰：

苦難磨人不屈身，
心存高貴逞精神。
留得心中一點火，
化它冰雪傲爭春。

好一個「苦難磨人」，全在這個「磨」字上了。頑石能將鐵杵磨成針，碎石機也能把頑石磨成齏粉……，而這「苦難磨人」又是怎麼個「磨」法呢？在那個「極端野蠻、極端殘酷、極端荒謬、極端愚昧、極端滅絕人性、極端違反天良」（季羨林語，見《牛棚雜憶》）的悲慘歲月裏，國一老都經受了什麼樣的「磨」難呢？

在那樣的一個年代，「敲沙罐」、「蘸糖葫蘆」等極端摧殘人的花樣層出不窮，想保留一點點人性的高貴和尊嚴，要付出何等悲慘的代價？前事一點都不遠，歷史的悲劇決不容重演，善良的人們，要警惕啊！

國一老是彪炳史冊的文正公曾國藩的後人，其曾祖父官居清朝正三品，其父輩也大多都黃埔軍校畢業，在戎馬生涯中或捐軀疆場，或成長為將軍、知名將軍。國一老之所以將該書名之為《末代貴族浮沉錄》，也或是緣於這樣的家族出身。

我讀該書，深刻感受的不是這樣的貴族出身，而是那樣的一種貴族精神——品格情操的高貴，是謝韜老所謂的在「苦難磨人」狀況下的「不屈身」、「心存高貴」、「逞精神」、「一點火」、「化冰雪」、「傲爭春」！

貴族貴在品格情操的高貴，這高貴乃是一種品格、氣質、理念的傳承，與富、貧無關。富者不一定貴，貧者非賤，尤其是當今中國之暴富者更難具有此種高貴的品格、氣質和精神。

這樣一種高貴的貴族精神，在國一老《末代貴族浮沉錄》中不僅體現為個體，而且在各自不同的艱難處境中以不同的方式體現為一個「遺老遺少」群體。眾多「遺老遺少」在「磨」難中的頑強掙扎和韌性抗爭，正是出於對這種貴族品格、氣質、理念的秉持和傳承！

在那樣一個萬馬齊喑、風霜刀劍威逼之下的浩劫年代，以至於到今天這繼續「頌聖」、「永遠偉光正」的、「輝煌「的「盛世和諧」時代，正是因為有了這樣一個秉持人格正氣、天地良心的「遺老遺少」貴族群體，正是因為他們對於高貴精神的堅執，才使得我們這個民族於天地之間少了一點兒愧色。

一九五七年，儲安平在報上發表了「黨天下」，章伯鈞說「儲安平成歷史人物了」；二〇〇八年，謝韜發表了〈只有民主社會主義才能救中國〉，曾國一說「謝韜成為歷史人物了」；今天，我讀了《末代貴族浮沉錄》，也想說「曾國一成為歷史人物了。」

二〇一二年一月二十三日（春節）十八時四十七分初稿

二〇一二年六月二十七日修訂

目次

第二部

第三部

楔子

以耄耋蹭蹦的老邁蒼涼去尋覓「繞床弄青梅」的稚幼童真，去回味風華正茂「少年不識愁滋味」的執著張狂，去拾取「秋風秋雨愁煞人」的梧桐聲聲滴雨……

也曾有過夢想，和追求夢想的歡樂和苦澀；也曾親歷刀光血影，和「光明」遮蓋下的陰謀欺詐；也曾經歷正義抗爭，和失敗後的屈辱掙扎……那些從血泊中踩踏的腳印，從死屍堆逃脫的夢魘……真切而又虛幻的幕幕往事，漸行漸遠……愛、恨、情、仇穿梭於時間隧道去去還還……猶如昨日行蹤的鮮活親近，亦似恍如隔世的縹緲遙遠……

往事如煙了無痕矣！忘卻吧！忘卻啊！

能夠忘卻嗎？活了不尋常的八十年悠悠歲月！轟轟烈烈，槍林彈雨，血流成河，餓殍盈野，愛恨情愁……中華民族的興亡、抗爭、顫慄、瘋狂、歡樂、哭泣……這怎能忘卻啊？

八十年間，曾經親歷過中華民族「最野蠻、最殘暴、最愚昧、最荒謬」的悲慘歲月！「一場極端野蠻、極端殘酷、極端荒謬、極端愚昧、極端滅絕人性、極端違反天良的空前絕後的人類悲劇。」（季羨林語）構成一部中華民族的「冤案史」、「血淚史」、「災難史」、「恥辱史」，一部毛澤東的「罪行史」！

八十年來，曾經親歷過人類第一暴君的殘酷統治。毛澤東為了實現他的「皇帝夢」，不遺餘力的剷除反對專制獨裁的、崇尚自由民主的知識分子。

知識分子是民族的脊樑，毛澤東要斬斷這根脊樑！

知識分子是社會的良心，毛澤東要剜掉這顆良心！

然而在欺騙、隱瞞的強大「布幕」遮掩之下。真實的歷史迄今仍被謊言驅除！我們這些親歷者若不用血寫的真實戳穿墨寫的謊言，實乃愧對中華民族、愧對后土皇天啊！曾經親歷的血淚愛恨情仇時時叩問老邁蒼涼的良心：猙獰的死亡能夠忘卻嗎？蹂躪的屈辱能夠忘卻嗎？抽搐的饑餓能夠忘卻嗎？刻骨銘心的痛！能忘卻嗎？

塵封的歲月！虛幻、蒼茫……如果我們這一代人的良知和真誠尚存熱烈，那就蘸幾滴熱血的真切在虛幻、蒼茫間刻下歲月的烙痕！為今古傳奇的民族魂描繪一抹光彩！為拍案驚奇的來日兒孫揭示一頁明白！

用生命的歡樂和死亡的哀傷交織一曲永恆的生命交響曲！獻給今日和未來！

第一部

第一章
葬禮吉尼斯

一

居委會的組代表們（類似於國民黨時代的甲長，共產黨政權最低級的「末端」權力代表）驅趕著一群群的「狗男女」——衣衫不整，面黃肌瘦，灰撲撲、黑壓壓，無精打采，步態蹭跚……緊趕慢趕……

「走快點嗎？沒吃飯啦！」

也叫「吃飯」？餓死四千多萬人才幾年囉！一個月的糧食定量從二十七斤降到十九斤又添到了二十三斤……一個月植物油票只供應二兩，豬肉票一個月供應半斤，幾張蔬菜票，能夠買得到的——老蓮花白葉葉、紅羅布茵茵……這麼多年的「大鍋清水湯」……大陸「全國」草民流行水腫病！你看看，這腿腫得像什麼呢？還能走得快嗎？

一人一年發給二尺布票，做一條短褲子也不夠！那年月大陸流行色——黑、灰、藍。大陸「全國」草民黑壓壓、灰撲撲，衣衫不整……一年到頭天天都穿著「喪服」一般！

在此同一時刻，九百六十萬平方公里的中華大地上，由組代表……驅趕著，為了一個「共同的目的」：數以億計的「狗男女」排成了一條條蛇形的長隊，最後去向他們共同的主子山呼「萬歲」！在毛澤東眼中，全「中國」億萬草民都是他的「狗」。江青在特別法庭受審判的時候，公開答辯說：「我是毛主席的一條狗，叫我咬誰就咬誰！」毛澤東的老婆尚自視為狗！等而下之……誰敢不成為「忠誠的狗」誰就別想活！咬人的狗、搖尾乞憐的狗、討一口殘羹剩飯的狗……全都是豬狗不如的狗！

毛澤東治下有人權嗎？沒有！有人性嗎？沒有！有人格嗎？沒有！沒有人權、沒有人性、沒有人格，還是人嗎？只能是狗！豬狗人——人如豬狗！螞蟻人——人如螞蟻！大陸的六億草民全都是狗！毛澤東是唯一的主子！主宰！皇帝！

大陸「中國」億萬草民像乞丐般的襤褸，像狗一樣的忠誠。還得感恩戴德的感謝「大救星」、「紅太陽」給他們帶來的「解放」！毛澤東嗚呼哀哉了，還得驅趕著億萬像乞丐般的「狗男女」前來感恩戴德一番！

一九七六年九月九日毛澤東逝世，九月十八日，北京弄來了百萬人聚在天安門廣場，舉行空前隆重的追悼會。天安門廣場下半旗，大陸「全國」下半旗，橫貫天安門城樓的橫幅上寫著：「偉大的領袖和導師毛澤東主席追悼大會」。下午三時整，大會開始，全體肅立，百萬人默哀三分鐘，由五百人組成的龐大軍樂團奏起哀樂。與此同時，大陸「全國」所有工廠、礦山、列車、貨輪和軍艦，汽笛長鳴……大陸「全國」九百六十萬平方公里大地上，同步舉行追悼會！

追悼會要求「全國」有公民權的，都要去專設靈堂悼念。其聲勢之大、驚師動眾之盛是世所罕見，古今中外絕無僅有。在同一個時間「全國」要設幾十萬個靈堂，只有「新中國」才能夠做得到，才會去幹這樣的事情！

連我這樣的人——摘帽右派分子、勞教釋放分子——都得叫了去。叫你去當然得去，不能不去也不敢不去。居委會的男女老少都奉命去了，這是最低層次的「民」，大多數面黃肌瘦，低糧食定量吊著命，衣衫不整，沒精打采，比乞丐好不了多少，木訥得像排隊買供應的老菜幫子，一步一步向前挪動……

我被稱之為「有公民權」的一類！唉！億萬「公民」誰還有什麼「權」呢？「狗官」們「為民做主」，一切「權」都被「代理」了！億萬「狗男女」在「狗官」們眼中當然被視之為「狗」，我這樣的「摘帽右派」則被視之為排在「狗男女」之下的豬狗不如的「墊底」而已矣！

那靈堂設在一個什麼「單位」的一間大概有百十平方米的飯堂裏，陰暗簡陋潮濕，因為是最低層次的生靈，所以這也是最低層次的靈堂了。正中掛有一張毛澤東的畫像，方才在靈堂外面還木訥著的傻乎乎的人群像明白過來是幹什麼來了！行列走近靈堂就聽見「嗡嗡嗡」的嚎啕聲音，「組代表」諸如此類的「帶頭」作用，一跨進靈堂，所有的人都像突然著魔似的，好像電流接通到了每個人頭上，立即「嗡嗡」合併進入了「嚎啕」「大合唱」的雜亂隊伍……

我抬眼一看，人人都加入了「嚎啕」的「大合唱」……我不由得偷眼一覷，覷見有好幾雙眼睛，都一邊哭著一邊不懷好意的以監視的目光偷覷著我這個摘帽右派分子、勞教釋放分子……

幾雙監視的狼一樣的目光覷得我毛骨悚然！我毛骨悚然之餘，立即明白過來：此情此景，在「革命群眾汪洋大海」的監視目光之下，我也當然必須得哭，必須立即加入這「嚎啕」的「大合唱」隊伍之中，我不敢不哭，不能不哭……

遙想中華大地如今幾億人一起「嚎喪」，真乃盛況空前，空前絕後！但是，沒有當過演員沒有受過諸如此類操練的，說哭就哭，只覺得還頗有點難度。我極力的醞釀情緒，給自己醞釀哭的理由，必須讓自己儘快的跟隨著前行的行列，在這「嚎啕」的隊列中讓自己哭起來。哭或不哭，干係著禍福，干係著遭禍還是免災！這幾滴淚水實在關係重大，又怎敢「男兒有淚不輕彈」呢？

一九五三年，那時候毛澤東把世界上分成「帝國主義陣營」和「社會主義陣營」。那時候我二十歲多一點，在樂山地團委機關裏當幹部。大廣播哀樂聲中播出史達林死了，幹部們都痛哭流涕，還哭得很傷心，我當然也不例外。二十歲多一點的年齡，實在是幼稚得愚蠢！經過「洗腦」，生怕咱們這「社會主義陣營」沒了史達林這根擎天柱，敵不過那「帝國主義陣營」的鬼子們，干係著「國際共產主義革命運動」的「神聖」事業，故爾哭得很傷心。幼稚得愚蠢的痛哭流涕！

據傳，一九五三年三月當史達林腦溢血去世的消息傳出之際，蘇聯幾百萬崇拜者湧進莫斯科市中心，在悲痛的哭泣聲中，擁擠的瘋狂的人群至少有幾百人被踩死了。在我們這些盲目崇拜者中，幸好還沒有踩死人這種瘋狂！而當時的蘇聯幾乎沒有一個家庭不是或多或少地承受過史達林製造的人為的饑荒，遭受過史達林大瘋狂鎮壓的殘酷迫害！但人們仍然盲目的崇拜他。視之為「親愛的父親」！

那時候渲染的「國際主義教育」，史達林比我們的「紅太陽」還高一「篾片」。那時候大陸「全國」各個場合都「供」的「馬、恩、列、斯、毛」五巨頭的畫像，毛澤東屈居末位！大小「單位」無不

「供奉」，遍及全國旮旮旯旯，無處不在，任何一個「狗屁」單位都能夠看見！誰敢不「供奉」是重大的「原則問題」，當然誰也不敢。一九三八年，毛澤東在得到共產國際認同（批准）後，才取代張聞天在中共黨內的最高領導地位，接著毛澤東就精心策劃了「延安整風運動」。之後又通過一九四三年五月的中共政治局擴大會議，毛澤東取得了「最後決定權」。毛澤東在共產國際解散之後立即投靠在史達林門下，聲稱：「史達林是我們的慈父和導師！」又說：「中、日、我，三國志。」因之，毛澤東的「皇帝夢」在延安那麼一塊小小地盤裏就已經滋生。因此在五〇年代初，「紅太陽」都還依然排在「洋聖人」的後面。這種「座次」排列一直延續到一九五六年年末，供奉「洋聖人」的規矩才取消。

一九五六年二月十四日至二十五日蘇聯共產黨在莫斯科召開第二十次黨的代表大會，赫魯雪夫代表蘇共中央向大會做了總結報告。但是，在會議結束前夕的二月二十四日深夜至二十五日凌晨，赫魯雪夫又做了長達四個半小時的題為〈關於個人崇拜及其後果〉的祕密報告。一九五六年三月一日此祕密報告正式下發蘇聯共產黨各級黨組織，不久又決定傳達到共青團組織積極分子和蘇維埃機關工作人員。三十多年之後，即到一九八九年，才向蘇聯全體國民公布。在中國被隱瞞了半個世紀，近年（二十一世紀初）始在互聯網上披露。

赫魯雪夫報告，公開揭露、批判史達林由於個人專制、獨裁所犯的嚴重錯誤（罪行）並提出反對「個人崇拜」的倡議。這在國際共產主義運動中、在各個社會主義國家內部引起了強烈的共鳴，掀起了一股反對「個人崇拜」的高潮。「祕密報告」，把史達林的諸般罪惡揭了底，毛澤東卻下令在大陸「中國」瞞得嚴嚴實實，一切傳媒「噤聲」，「全國」草民被瞞得一無所知。以後全世界都鬧翻了，毛澤東才把「祕密報告」發給了十三級以上高級幹部和全國人大代表。我倒有幸看過一遍，而全國億萬草民依然被蒙在鼓裏，毫無所知！

一九五六年以後「全國」都悄悄的奉命把「馬、恩、列、斯、毛」五巨頭的掛像全部取消了，改「供」「毛、劉、周、朱」四巨頭的掛像，「紅太陽」從此才高居首位。對於如此變化，全國草民都不知道其「所以然」！史達林的「供奉」雖然被悄悄的取消了，但那塊「洋聖人」招牌還依然如故，還在宣揚。再以後，當史達林的罪惡在全世界大白於天下若干若干年之後，部分知識分子從小道中才有所風聞！然能夠一閱此祕密報告的人數依然不多。赫魯雪夫的祕密報告在中國二十一世紀的今日還不見天日，億萬草民依然被「瞞」得一無所知；在網上流傳之後，只有少數人始得以瀏覽。

當時我們哭「洋聖人」，老百姓就萬分冷漠，把幹部們哭「大鼻子」視之為「笑話」、「莫名其妙」，更反襯出我們這些幹部的「革命覺悟」之「高」到了何等高度！我們這些可憐的「革命者」被「毒害」癡迷「傻」到了何等程度！全國「革命」幹部若是！悲乎？太可悲了！

又活過了幾十年，也即二十一世紀了，才知道了紅色法西斯史達林的萬惡滔天，比黑色法西斯希特勒更可惡！後來又有人把超級法西斯毛澤東的罪惡列為榜首，總稱之為「三大魔頭」！現有可靠紀錄——毛澤東製造了八千三百萬冤魂，三千萬件冤案，三億多人受批鬥。毛澤東視人命如草芥、冤獄遍及千家萬戶的罪行，超過了中國歷史上所有暴君罪行的總和。國際社會將希特勒、史達林視作二十世紀最殘酷的暴君，希特勒屠殺了六百萬猶太人，史達林屠殺了二千萬蘇聯人，他們所犯的反人類罪和毛澤東相比——八千三百萬冤魂、三千萬件冤案、三億多人受批鬥，豈不是小巫見大巫而已矣！於是一些人方從被蒙蔽的謊言中有所明白了過來，追思當年「痛哭流涕」的那些眼淚，追思為「洋聖人」「奉獻」的那份「真誠」的哀傷，才知道愧對那萬分冷漠的億萬草民，在他們承繼的祖先的那份骨氣面前感到深深的汗顏！

我被「洋聖人」愚弄了幾十年，對於這種「共產主義教育」在我們這一代人身上取得的「豐碩成果」，只能感慨唏噓！在祖先塑就的民族脊樑之前自慚形穢！

周恩來一九七六年一月八日逝世的消息，是在翌日黎明前的廣播聲中傳遍神州大地的，哀樂傳來的時候，我還在朦朧之中，噩耗使我驚醒了……

我從成都監獄被「遣散」回自貢市，好不容易「繼承」了老娘「繼承」下來的那旮旯，地地道道乞丐般的窩棚——低矮、黑暗、潮濕、籬穿壁漏，最低級八平方米的貧民窟。貧民窟裏只能夠放下一張單人床，老婆、小孩、我三個軀體像沙丁魚罐頭般的，緊緊擠在一米三寬的一張單人床裏。哀樂使我驚醒過來，我掙扎著坐了起來，眼淚奪眶而出……

而當此時也，我這個摘帽右派分子、勞教釋放分子，流落江湖的最底層的賤民，時刻為衣食無著而焦頭爛額，自己都在死亡線上艱難掙扎，還為周恩來的逝世而流淚！我悄悄的在床上哭了……

後來知道許多人都哭了——許多知識分子、許多當官的，有的哭得很傷心，如喪考妣！現在想起來，對於曾經的那股哀傷，是人性的流露抑或是狗性的顯現？

周恩來其實也乃「狗性」與「人性」並存的「兩面人」。一九六二年中共「七千人大會」上許多人要毛澤東「退下」——取消他的主席職位。一九六二年二月十二日，中共政治局常委會上，毛澤東表示：「願服從會議決定，辭去主席退下，搞社會調查。」劉少奇、朱德、陳雲、鄧小平表態：「歡迎毛主席辭去主席職務。」（以「懲罰」毛澤東「三面紅旗」，餓死四千多萬人等等罪惡。）而周恩來卻表示：「主席暫退二線，主席還是主席。」硬要保住毛澤東的統治地位。毛澤東為此對劉少奇等人懷恨在心，要重新走向獨裁專制，於是才有了毛澤東發動文化大革命的更大罪惡產生！如果周恩來不是「俯首稱臣」於毛澤東，時時向毛澤東表露忠誠的「狗性」，早已經被毛澤東置諸死地了。

然而正因為在行為中也展現了某些「人性」，所以才有了百萬民眾痛哭於寒風凜冽的十里長街為之送葬！才有了「四·五」天安門的沸騰群眾運動！才有了我和許多人的眼淚奪眶而出！可見在「狗性」稱霸、氾濫的那個歲月，民眾對於「人性」的珍視和敬仰！

當然，這也是多年來受到的「教育」（狼奶洗腦——強烈的意識形態灌輸）使然，在老百姓中流傳的「毛澤東的思想、劉少奇的修養、朱老總的氣度、周恩來的風度」被宣揚得很有點金光閃閃的「美輪美奐」！幾十年的蕭蕭風雨之後，金光閃閃的「美輪美奐」才顯現出幾度蒼白、幾許荒誕、幾番欺詐、幾多猙獰！

在多年來，在狼奶洗腦——強烈的意識形態灌輸之下，在草民眼中，被塑造得周恩來儀表堂堂、風度翩翩、落拓大方，從二十六歲法國留學歸國即在黃埔軍官學校擔任政治部主任起始（乃第二共產國際所派遣），幾十年間一直活躍在中國政治舞臺的激流浪尖，「閃爍」在國際舞臺上。又在民眾中盛傳，在文化大革命期間，他要轉圜於諸多矛盾鬥爭之中，身患癌症還堅持為恢復人民穿衣吃飯的國計民生而「抓生產」，好讓毛澤東和「四人幫」去「鬧革命」。忍辱負重、鞠躬盡瘁、死而後已……老百姓受到的這些「教育」，也頗「神化」了！我也同樣深受如此「教育」，在「人性」和「狗性」之中，在荒誕和謊言之中，不禁奪眶而出……

當時「小道消息」非常之多，說是有「活神仙」預卜：一九七六年是「凶」年。《周易》之術，在大陸「中國」大小城市、廣闊農村裏處處流傳，幾千年從未曾間斷過。時至今日，二十一世紀了，在當今大陸「中國」各地，許多「活神仙」依然還在以之謀生，還有「科學」「預卜未來」的「洋神仙」在以之發財的。當年的「活神仙」則更為氾濫。「活神仙」說：早已算定今年是大「凶」之年。當時的「御林軍」（中央警衛部隊番號）是「八三四一部隊」，「活神仙」解說：這個數字就注定了這是個大「凶」之年——「八三」注定毛澤東只能活到八十三歲。「四一」呢？從一九三五年「遵義會議」毛澤東「統帥」（應該是一九三八年）中國共產黨算起，到一九七六年毛澤東死去，前後正好整整四十一年。「活神仙」解說：「毛澤東只有四十一年的『天下』。此乃天命也，氣數已盡。」「但願人生二百年」（毛澤東詩句），而毛澤東卻只活了八十三歲。我肯定比他要多活些歲月！

「嚎啕」的隊列正在前行……有的已經「嗡嗡嗡」的「嚎啕」得有聲有色，還有捶胸頓足，搖頭晃腦，如喪考妣者……其間定然還有著動了真情的，怕「大救星」死了，這二十幾斤糧食定量保不住啦！諸如此類靈魂裏被塞進了「魔塊」的癡氓者，也有故作多情譁眾取寵者，人間百態，真乃盛況空前！想不到的，無獨有偶，今日的平壤又重演了此番盛況！

中國人的「嚎喪」已經有了幾千年的歷史。如此聲勢浩蕩、有聲有色的「嚎喪」實在應該申請列入「金氏世界紀錄」。二十世紀五〇年代末至六〇年代初那場餓死四千多萬人的人禍，已經正式列入了「金氏世界紀錄」，世界最大饑饉紀錄。如此幾億人的「嚎喪」豈有不列入之理！

我不由得偷偷的覷這些哭者，想尋找這有聲有色之間，男男女女如此轟轟烈烈的「嚎喪」之間，到底有幾分成色？真的有那麼多的辛酸？真的有那麼多的哀傷？真的有那麼多的苦難？突然，辛酸、哀傷、苦難一起湧上心頭！億萬人這麼多年掙扎於死亡、饑餓、貧困、屈辱啊！民不聊生啊！哇的一聲我哭了起來！眼淚也湧流出來！我已經一步一步的走到了毛澤東像前，一鞠躬下去，恰到時機的眼淚撲簌簌的流出來了……

那些人為什麼「嚎啕」，想了些什麼，我當然不知道。我想了些什麼，我為什麼哭，那些人定然也不知道。但是我哭了，還撲簌簌的流下了眼淚。那些人都眼見了……三鞠躬之後，我還流著眼淚，緩緩的平安的步出了靈堂……

我終於「成功」的在這場「嚎啕」的群體表演隊列中，做了「成功」的表演，順利完成了「嚎喪」的表演！對於這種表演，當時還不那麼思索，逢場作戲而已！然而經過了二三十年之後，思索那一腔即使是幾滴淚水，卻不能不為之歎息，那場表演演員多達幾億之眾，有的逢場作戲早已經淡忘了，還能夠回顧那場眼淚的應該還有吧！我為那幾億人的眼淚歎息，長歎息！在億萬人都「嚎啕」之際，我如果「麻木」的沒有哭出來，那不知道一場橫禍將會怎樣降臨於我了！萬眾皆「嚎啕」，唯你不哭，該當何罪？幾滴眼淚躲過了一劫，然而卻在心靈上留下了抹不掉的歎息，長歎息！唉！這聲歎息竟遲來了三十年，但終究發出了一聲長歎息！

二

在這場「嚎喪」金氏世界紀錄之前四十年——一九三六年春，我還不到五歲，祖父逝世了，我歡樂的童年立即被悲哀和惶恐取代了！黑色立即籠罩這走向落拓的「貴族」大家庭，於我這坎坷人生的苦痛折磨亦即從茲開始。

祖父的喪事可怕的繁複冗長，人死後第一個「七天」被稱之為「頭七」（「二七」至「七七」），在最隆重繁忙的「水陸道場」裏，我是長孫，無論祭拜、誦經、法事、過場……一切祭奠的繁瑣禮儀我都必須跪在靈堂前。黎明之前震耳的鞭炮聲、鑼鼓聲、哀樂聲，摻和著吟誦般的嚎啕聲，把我從朦朧中驚醒了。

全家的女性一大群每天三遍：早上、正午、日落三個時辰都必須一起集中，跪到靈堂前嚎啕一番，嚎啕痛哭表達出生者對於死者的哀傷、崇敬、懷念！也有嚎啕而無痛心痛哭者。當然難以分辨也無須分辨！其實要的也就是嚎啕的「音響效果」，用喧響烘托喪事的悲傷氣氛，以表達全體生者對於死者的崇敬和哀傷！這叫做「嚎喪哭嫁」，在二十世紀五〇年代之前，中國社會「嚎喪哭嫁」是必不可少的禮儀。伴隨持續不斷的鑼鼓聲、哀樂聲的喧囂，幾乎是一天到晚都沒有停歇的……

歡樂和悲傷從來都是生命交響曲的兩個樂章，不可或缺的生命進行曲。

凡是有弔唁的賓客前來，就必須敲鑼打鼓、哀樂齊鳴，同時鳴放鞭炮，以表達對於弔唁者的答謝的必不可少的禮儀，當時我們的大家庭還維持著繁榮景象，所以整天弔唁的賓客不斷，整個府宅整天在喧囂中亂糟糟的搖晃。

春寒料峭的黎明，我還蜷縮在夢鄉的朦朧中，娘急急忙忙的給我穿上特製的粗白布縫製的，寬寬大大的拖長委地的孝服，外面還必須罩上一件同樣寬寬大大的拖長委地的粗麻布做的喪服，腰間還得纏上一束粗麻作為「腰帶」，腳上穿著麻鞋，頭上帶著粗白布孝帕，再罩上高高的纏繞著粗麻的孝冠，手裏拿著孝杖。「披麻戴孝」這是每個「孝子」都必不可少的服飾。如此全副「武裝」之後，急急忙忙的把我推到了靈堂前，從此一跪得跪到夜半三更。多少次疲憊得昏倒在靈堂前，娘噙著淚把我扶起來，稍息片刻又得繼續跪下去。誰叫我是長孫呢！弟弟們很小，可以免盡此等孝道。我這還不到五歲之人，不能算大，然而是長孫，代表了第三代一代人，自然是絕對不能豁免的。特別是有客人前來弔唁之際，得匍匐於地，跪在父輩的身後；待到客人祭奠完畢，還得向客人叩首答禮。這些禮儀對於一個五歲之人，實在是太難以承受的折磨，然而你是長孫，那是不可推委的莊嚴責任。大概這就是我一生該當去承受無盡的苦難和折磨的起始吧！

熱熱鬧鬧的喪事場景：「跳加官」、「走過場」、「走十字路」，繞過來繞過去的那些怪模怪樣的「無常二爺」、「牛頭馬面」，一群群面目猙獰的魑魅魍魎……恐怖的地獄搬到人間來扮演，給人群帶來驚訝和恐懼。善惡昭彰、因果報應，寓含其中……整日轟鳴的火炮，星星點點飄走滿河的河燈……所有這些熱鬧的場景，在當時社會上也是罕見的，在老百姓眼中也是稀奇古怪的，在當時的社會上也堪稱盛大的喪事活動。在那樣一個大廣場上舉行諸如此類喪事活動的時候，每次都引來成千的「觀眾」，熱鬧異常。衣衫襤褸的乞丐數百成群的每天都來放鞭炮，都來長聲壓壓似哭非哭的「嚎喪」……以之來換取每天都賞給的賞錢……用賞錢買來「嚎啕」的喧響，渲染喪事的悲傷氣氛，以表示對於死者的悲傷和崇敬。

長跪的痛苦淹沒了一切，使得這一切在我的記憶中都淡化了。祖父的喪事給這個也已走向落拓的「貴族」大家庭帶來了永久的陰霾，使得它的分裂已成不可逆轉之勢。這是我所經歷過的最盛大的一次「封建主義」喪事活動，二十世紀三〇年代的中國社會，遵從的道德標準是：孝、悌、忠、信、禮、義、廉、恥。遵從「百善孝為先」、「萬惡淫為首」的為人準則。所以對於前輩人的「生養、死葬」視之為恪盡孝道的重要作為，最為重視。而隆重的葬禮把死亡推向神聖境界！生命是神聖的！死亡是神聖的！人類社會對於死亡的尊重體現對了生命的尊重，對於死亡的敬畏體現了對於生命的敬畏！

在毛澤東草菅人命的幾十年歲月裏，這種偉大的尊重和敬畏才被踐踏得化為烏有！對於死亡神聖的敬畏、對於生命神聖的敬畏這種神聖的道德傳統被掃蕩得蕩然無存！

以活人殉葬之風延續了千百年，不過到了二十世紀，倒是沒有再聽說過了。但是以珠寶殉葬，以紙人、紙馬、紙房子來殉葬，則是葬禮中一項必不可少的至關重要的內容。祖父的葬禮就埋下了不少珠寶，特別是燒了很多很多的紙人、紙馬、紙房子，還燒了很多紙做的金元寶、銀元寶，還燒了紙做的「金山」、「銀山」……滿目金黃色的、銀白色的金碧輝煌！

我五歲時候經歷的如此一場盛大而隆重的葬禮沒有能夠遺忘，長跪的記憶銘刻得太深了！對於死亡的神聖和對於死亡的敬畏銘刻得太深刻了！

第二章

人奶——原罪

一

祖父逝世只有四個月，我父親也病逝了！我不到五歲，妹妹兩歲多，父親患的是「癆病」——肺結核，在二十世紀三四〇年代這是不治之症。我們的府邸很大，模糊記得我們住在左側，有許多間屋子和許多僕人，有很大的花園……

一天，娘把我和妹妹牽上了樓。此前，我和妹妹是沒有上過樓去的……爺在一張床上躺著，形容枯槁，已經沒有力氣坐起來了……娘牽著我們向爺走過去，妹妹膽怯的退縮著。爺很艱難的緩緩的低聲給娘說：「我把他們交託給你了……」

生離死別！淚水便湧流……娘止不住痛哭了起來，我和妹妹也哭了……非常短暫的，印象也非常模糊的和爺訣別！在那間陌生的樓上……

第二天，爺就「駕鶴西去」了！祖父的喪事已經把全家累得精疲力盡。父親的喪事面臨決策，娘是個自尊心強、好勝心強的人，大家閨秀，詩詞歌賦皆能，平時以賢淑著稱，而今此等關鍵時刻，無它選擇，為了使父親的喪事也辦得隆重而不至於草草了事，娘只能也必須挺身而出，走上前臺。經辦父親的喪事是娘首次踏入社會。二十世紀三〇年代的中國社會，女人是只能待在家裏，沒有社會地位的，更不用說闖蕩社會，去創辦事業；也就是這次只能而必須的踏入社會，使得娘初識了這封建社會的複雜、險惡、形形色色、五花八門的社會面貌，為她以後闖蕩社會、創辦事業奠定了信心和勇氣。

父親的喪事在道場、法事諸如此類繁文縟節上大大減少了，然而在規格上毫無遜色於祖父的喪事，也堪稱之為盛大的了。娘給在南京國民政府國防部二廳三處任處長的六伯曾魯連去電唁，請他返鄉主持父親的喪事，給父親黃埔軍校的同學們發出電唁，給自貢市名門旺族的親戚們發去電唁……

那時候，交通非常的不方便，從南京返回自貢市，在那三〇年代裏，民用飛機是根本沒有的，只有水路和陸路。無論走水路、陸路都是迢迢萬里長征！六伯和八叔（我父親行七），還有一些黃埔軍校的軍官們，風塵僕僕的趕回來奔喪，給父親的喪事增添了許多光耀。我還模模糊糊的記得那些風風火火、熱熱鬧鬧的場面……

然而迄今記憶最深的，是娘那篇萬言祭文，六伯曾魯（將軍）、堂叔曾稚松（將軍）、舅公李敬素……輪換著讀（祭文必須由有聲望的親屬來讀），個個讀得聲淚俱下。我記得這是娘以後以之為自慰也自豪的往事之一。兩宗喪事之後，早已醞釀的分家計劃，便迫不及待的推上了日程……娘只提出了一項要求，希望能分得祖父遺產中的「十大才子」書和線裝書……娘特別看重的珍貴之物，如願以償的得到了。這是分家中娘唯一舒心的事。

二

分家不久，娘帶著我和妹妹，離開了我生活過五年的那個大家庭。喪事之後，娘已經感到身心交瘁，不願意睹物思人引起更多的傷感，更想單家獨戶去避開一些不必要的糾葛求取清靜。

我們寄住在一個胡姓的親戚家裏。據娘講外公是前清武舉，這姓胡的親戚曾是外公屬下，那時候的道德理念，把對於我們這樣的孤兒寡母的關照視之為對於前輩的報答，是理所當然的義不容辭的事情。所以胡家親戚把他的很大的花廳給我們居住，這花廳有十多間房和一座大花園。我還記得那大花園裏有一棵很高很大的黃桷樹，花園裏還有一個養魚池，池周種有許多好看的花……有一道高高的大門，把花廳和主宅分隔開來，使我們成為單家獨戶。大門旁邊有幾間平房，做了廚房和下人的住所。分家時候給了我們大班（轎夫），和伙房（廚子），男僕們都住在那平房裏邊，一個女管家和女僕住在花廳的樓下，娘、妹妹、我三個人住在樓上，還閒空了好多房間。

不久，娘的外婆，我們叫阿祖，來我們家的時候已經八十七歲了，身體還非常「硬朗」，阿祖帶著一個名叫芷芸的丫頭來到了我們家，從此一直和我們住在一起，共同生活了十五年，一直到一九五一年，阿祖已經一〇二歲了，我和妹妹早已經參加「革命」去了。娘被抓去「勞改」進了監獄，一〇二歲的阿祖便只有死路一條了，因為我們那樣一個家已經「四分五裂」！很久以後才知道這一切（我已經在樂山「革命」），我只能夠對於一九五一年「鎮壓反革命」、「土地改革」等等社會大變革帶來的「家破人亡」的現實，寄予一腔無奈的惆悵！

最不能忘懷的是阿祖講給我的一件事：阿祖說我娘是個大孝子，在我外婆患重病的時候，娘曾經為之「割苦」——亦即在齋戒沐浴之後，跪在觀音菩薩座前，焚香秉燭，虔誠的祈禱救苦救難的觀世音菩薩顯靈，然後自己用刀子剜下手臂上的一塊肉，再用刀子剁碎和在藥裏給外婆吞下去，祈求能讓重病的外婆起死回生。「割苦」在三〇年代，醫學落後的中國社會裏，是不少「孝子」用來挽救親人生命的一種辦法。然而「割苦」沒能夠救活外婆，外婆只活了三十多歲。聽了阿祖的敘述以後，我便賴著請求娘把手臂上的疤痕給我看……當我看見娘手臂上那塊大大的疤痕時候，我驚愕得膽戰心驚、淚流滿面而終身無忘。慈愛的娘在我幼小的心靈裏增添了神聖的「剜肉救母」的勇敢形象。雖然對於這種行為，我童稚之年無能評價，但對於娘的親情卻更深了一層。在我頭腦中卻留下了一個神聖而又可怕的模糊概念——人身上的一塊肉是可以剜下來奉獻給親人救命的聖藥，但要在救苦救難的觀音菩薩的庇護之下！但對於整個的人都可以吃，卻不可思議，那應該是很遙遠的幾千年以前的洪荒野蠻時代，野蠻人的行徑了！我不敢想像人可以吃掉整個的人！這不是號稱為「文明社會」嗎？

二〇〇八年，我讀到了楊繼繩先生的紀實作品《墓碑》。在翔實的紀實了大陸「全國」餓死四千多萬人的史實的同時，紀實了兩千多件「人相食」（國家主席劉少奇說的）的事件！全國各地都有「人相食」的事實——全國各地人吃人！而且書中紀實了兩千多件實事！活人把死人身上的肉割下來吃，活人把活人整死來吃，把別人的小孩整死來吃，甚至把自己的兒女整死來吃……

老天哪！我痛哭流涕！我膽顫心驚！我仰天長嘯！

那是二十世紀五〇年代末至六〇年代初，年年高唱「目前形勢大好！。越來越好」的毛澤東時代啊！老天哪！看過這本書的中國人應該很少，因為在中國大陸現在依然是一本禁書！這樣的書為什麼要禁呢？這樣的罪惡為什麼要隱瞞呢？為什麼？為什麼？

三

搬家以後把所有的書陳列在一間樓上的屋子裏，那就算是我的「首間」書房吧！娘是我的啟蒙師，《三字經》、《百家姓》、《千字文》、《千家詩》、《唐詩三百首》……都是在這裏教讀、背誦的……

《曾氏族譜》也是這時候瀏覽過的，也是娘經意的「傳統教育」的重要內容吧。記得娘把保存得很好用紅綢包裹好的《曾氏族譜》認真的給我瀏覽，很莊重的一一解說，每一冊的封面上都有一幅曾文正公曾國藩的畫像。族譜上記載是——曾氏第七十代孫曾國藩……曾祖父是第七十四代孫，清朝正三品。娘還特別組織了我去現場參觀訪問曾祖父遺留的府第——欽賜大夫第。這也是娘經意的「傳統教育」之一吧。

張獻忠剿四川之後，湖廣填四川，曾祖父來到四川富順縣黃鎮鋪（現屬自貢市沿灘區的黃石鎮），廣置田地，大興土木，建造了一座規模宏大的「欽賜大夫第」。一九四六年的暑假期間，我十五歲了，娘說：「你應該去瞻仰一下你『太公』（曾祖父）留下來的遺跡。」那座府第比雙牌坊（是自貢市的李氏貴族兄弟倆的兩座「欽賜大夫第」——門前有石獅子和高大的牌坊，老百姓稱之為上牌坊和下牌坊）加起來還要龐大還要輝煌。在清朝四品官以上才能稱之為「士大夫」，視之為貴族（大概相當於中央部級——四級以上的幹部），正三品那是高官，當然被視之為貴族了。

我隨十三叔曾有光——黃埔軍校第十五期畢業生，抗日戰爭勝利後，十三叔是國軍的一個營長，休整期間，因為爭執便帶一個連的兵去砸了當地的警察局，被送交軍事法庭。六伯曾魯當時已經是國民黨的知名將軍，六伯把十三叔「弄」了出來，送回到了故鄉自貢市。一時無所事事，娘便叫十三叔（記得當時還單身）帶著我、弟曾倫一、同學黃棟樑，一起結伴走了幾十里的山路，帶著對於老祖宗的崇敬心情專門去憑弔一翻，而且小住過一些時日。

在那層巒疊嶂青山綠水的環繞之間，一壘壘巍峩殿堂式的建造。三重堂依山層疊，極為壯觀。高大石柱之間拱形大門上斑駁的朱紅色漆記錄著那些遠逝的悠悠歲月，兩個巨大的石獅子還依然忠誠的守護著這永遠開啟著的大門。進得大門是一片有千平方米大小的石壩子，平坦的石板上面早已經堆累了一層層的苔蘚，叢叢衰草裝點著淒涼寂寞的庭院。庭院後方是高高大大的一座吊腳樓，樓上是寬大的戲臺，「出將」、「入相」戲臺的左右兩廊、雕樑畫棟向前延伸成口字形的吊腳樓臺高踞在石壩子的四圍。在這吊腳樓臺的外面則是高大的圍牆，灰色圍牆一致向著兩圍、向著山上延伸，把這座龐大的高牆深院的府宅包圍了起來。越過戲臺得上一個臺階，那是中堂，祖宗的牌位供奉在正中的大堂屋裏。兩側各有十來間書房、帳房、客房諸如此類是供管理、接待、應酬諸如此類用途的處所。最後面一重占地面積最大，那是一個一個的小四合院，一個個小小的天井夾雜著一處處小小的花園，參差錯落的庭臺樓閣掩映在蒼松滴翠、鍾靈毓秀的山巒之間。巍峨殿堂背靠大山，群山間森林茂密，殿堂前方面臨一大片良田，四外環繞著一條小溪潺潺而逝，給這一大片良田帶來水利之便，在這條清澈見底的碧藍藍的小溪裏，群群魚兒在悠悠水草間追逐嬉游，同學黃棟樑在這碧藍藍的小溪裏，教會了我游泳。雖然人去樓空，當年興旺景象，依稀尚存……

幾家佃戶只住了宏大殿堂的小小一隅，大多數房屋至少有一百多間都閒置在那裏，已經多年無人居住，也無人過問。冷森森的高牆巨柱，木鈍鈍的畫棟雕樑，使這座古老的城堡死氣沉沉，實則已經成為了狐窟兔穴……觸景生情，難免感慨唏噓！這是曾祖父給我留下的輝煌和滄桑的模糊印跡。

我也是上了族譜的，是曾氏第七十八代孫。

第三章
叛逆的靈魂

一

丫頭芷芸是我幼兒園的伴讀，比我大八歲。娘為人寬厚，對她亦然。每天晚飯以後，娘總是要叫芷芸點上一盞亮亮的煤油燈（那時候自貢市還沒有電燈），來教我讀古詩。《千家詩》、《唐詩三百首》……幾歲時候就能熟背下許許多多了。

再以後便是讀那些「十大才子」書，娘最喜愛的是《紅樓夢》和《三國演義》。一邊讀一邊講，那時候人們還流傳著一種觀念：《紅樓夢》誨淫，《水滸傳》誨盜。娘不以為然。《紅樓夢》是和她一起讀的，十來歲的年齡，雖然許多似懂非懂之處，然而那是一種薰陶：文學的薰陶、美學的薰陶、道德的薰陶……這種薰陶「隨風潛入戶」，像潺潺清泉滌蕩我幼小的心靈。以後她讓我獨自去讀《水滸傳》等等。除了《四書》、《五經》……之外，許多「詩禮傳家」的富裕傳統家庭，「十大才子書」都已經作為對於子女的傳統教育補充讀物了！

讀到「少兒不宜」之處，娘便胡亂的混了過去……出於好奇，讀過之後，我便偷偷的悄悄的把那幾頁蒙混過去的「少兒不宜」之處搜尋出來，獨自的享受；「賈寶玉初試雲雨情」就是悄悄搜尋出來獨自享受的。

不過我的「初試」比寶二哥那十二歲還要早，大概只有十來歲。那是一九四一年，日本鬼子在內地大、中、小城市裏狂轟爛炸，自貢市亦未能倖免，被轟炸的慘烈程度僅次於「陪都」重慶。因為那時候自貢市的鹽業快速發展，由於海鹽被封鎖，食鹽供應一時緊缺，必須超高速度發展以供應廣人中南、西南地區之需，井鹽超高速發展。自貢市工商業一時特別興旺發達，很快成為「大後方」經濟重要基地，也是國民政府稅收的重要基地之一。其實那個年代國民黨的國民政府主要勢力範圍也就只有大西南地區、中南部分地區，這麼一塊地盤。東北是以溥儀皇帝為傀儡的滿洲國，東南方是以汪精衛為傀儡的偽政權，北方被日本鬼子分割得東零西碎。共產黨的武裝則分散在敵後和一些窮困、狹小的邊區，勢孤力弱。一九三五年十月，各地逃脫國民革命軍「圍剿」的紅軍一、二、四方面軍匯聚到陝北的部隊，總共才三萬人，其控制地盤上的人口才一百多萬。「黃瓜才起蒂」，還抗什麼日？連邊也沾不上！毛澤東的方針是：「一分抗日，兩分應付，七分發展。」日本鬼子霸占了大半個中國，正妄圖把中國全部變成為他的殖民地。國民革命軍達四五百萬以上在正面戰場上抗擊著日本軍隊的猖狂進攻！國民革命軍先後徵兵一千四百多萬，頑強的抵抗日本鬼子，保衛著中國不致滅亡！蔣委員長是領導衛國戰爭的民族英雄。我的六伯父曾魯將軍、八叔曾也魯、十五叔曾有光、堂叔曾雲松、曾俊夫都是黃埔軍校畢業生，參加了偉大的衛國戰爭的軍人。主張抗日的馮玉祥將軍在全國（大西南這幾個省）巡行開展「獻金救國運動」的時候，只有二十二萬人的自貢市獻金的數目一億二千萬元法幣，竟超過了擁有一百萬人的「陪都」（中國國民政府的戰時首都）重慶，而成為全國第一，於是自貢市的經濟「雄厚」便名揚全國了。

日本鬼子在自貢市城裏多次多處投下了許多炸彈，炸毀了許多房屋，炸死了許多人，那些血肉橫飛的屍體、坍塌的殘簷頹壁上面血跡斑斑，殘肢斷臂、腦袋肚腸處處可見……給人們造成了極大的恐怖，我們這一代人對於日本鬼子深深的仇恨，也就是從這個時候開始烙印下來的，以至於迄今不忘！

不久，重慶和自貢市建立了高射砲陣地；當時只有這兩個城市建立了高射砲陣地，而成都、樂山、內江、宜賓、萬縣……這些城市都沒有建立高射砲陣地——可見對於保護自貢市鹽場的重視。重慶因為突出的重要政治地位，而自貢市則緣於經濟的重要地位。

城裏許多有錢人家都逃到了鄉下去，老百姓叫做「躲飛機」。為了「躲飛機」，娘也帶著我們到了鄉下，住在山清水秀景色迷人的黃金灣。那是我們曾家的宗祠，因為曾國藩在湘鄉老家的府第的正堂屋命名為黃金堂，所以黃金灣命名乃源於此。距離祠堂不遠處，姓曾的一個長輩家借了一列房屋給我們。那是個很大很大的院落，有著許多閒空的房間。

那年月，到了鄉下，只有三頓飯，零食幾乎是沒有的。在以往，每逢春節前夕，家裏除了醃臘豬肉、牛肉、香腸、雞、舌、肝……諸如此類以外，還必須請幾個內江的「糖匠」來家裏熬製米花糖、花生糖、芝麻糖、各種蜜餞（蜜棗、蜜金錢橘、蜜橘、蜜冬瓜、蜜柚子皮……），那是孩子們最最舒心的日子。享用不盡的種種糖食，十多天裏那是飯也不吃的日子。這些糖食做好以後，便用一個一個的「石灰罎子」（很大的罎子，小口、大肚，有一米多高，直徑一米多大的罎子，底層放了生石灰用以保乾）分門別類的把「糖食」儲存起來，大半年都有吃的。而今「躲飛機」躲到了鄉下，什麼糖食也沒有的。

那是個秋收後的日子，主人家收穫了很多糧食：豌豆、胡豆、包穀（即玉米）……炒做了許多沙胡豆、沙豌豆、包穀花……主人家有個最小的女兒十四五歲，她是這群孩子們中的「女大王」。混在這五七個女兒群間，我是唯一的男子漢。「女大王」本已擁有權威，而今又擁有「沙胡豆」諸如此類令人饞涎的美食，自然更增添了「女大王」的權威。

有天下午，「女大王」發放過了「沙胡豆」，一人一把，悄悄的把幾個「小嘍囉」召集到一間小空房裏，密謀起來。在這主人家裏，還寄住了一家「下江人」——因躲避日寇，從江南逃難來到了大後方的。夫婦倆疲於生計，每天早出晚歸，有個十來歲的女兒丟在家裏，有時也混在這群「小嘍囉」間。「女大王」很討厭這小「下江佬」：習性不同、語言不通，早有收拾這小丫的打算。今天忽然心血來潮，一把沙胡豆做了誘餌，把那小丫弄進了小空房裏。也不知道給她說了些什麼，當我被一個「小嘍囉」傳喚到那小空房裏的時候，小丫已被脫光了褲子，仰躺在一條板凳上。我正惶惑間，「女大王」命令說：「給她弄進去！」我掉頭就跑，「小嘍囉」們已把我團團圍住。早有預謀，一起緊緊把我揪住不放。身陷重圍，已經脫身不得。「女大王」幾步過來，一手抓著我的手臂，一把拉掉了我的褲子，不由分說的把我推到小丫身前。真不知道一個十四五歲的生活在這樣一種閉塞的角落裏的小女人，哪來的這樣一種怪異而又無聊，太惡毒了……「小嘍囉」們有的喊前邊，有的喊後邊，「女大王」權威的說：「前邊……」

一個十歲男性與一個十歲女性，如果是熱帶人種或許還有著點可能，但我們是溫帶人種，差那麼一點火候，在眾目睽睽之下，一切努力，自然都無濟於事，只能以「大失敗」而告終。對於諸如此類行為，人種不同，對待的方法也各異，其實都在「誨」。不過「誨」法不同而已。實際上，古往今來，到了十二三歲的少男、少女，必然的要去「探索」，要去「尋求答案」。因此，只能引導而不能遮擋（清朝皇族的格格全都在十三十四歲出嫁，沒有超過十四歲的）。由於命運的捉弄，此番「大失敗」之後，待到「醒事」之時，在「落難」的坎坷歲月裏，卻飽受性饑渴的懲戒。一直到了三十二歲如狼似虎之年方步寶二哥的後塵，才得以「初試」而大成功。

二

由於「躲飛機」，我一直沒有讀過正規的小學。記得在住家不遠的地方，有一處私塾老師，家鄉人叫做「雞婆窩」，送去「發蒙」叫做「送雞婆窩」。

拜私塾老師首先得拜孔夫子的牌位，得交見面禮，我去那「雞婆窩」只有幾天，娘認為不行，便中斷了。於是在那「躲飛機」的鄉隅，斷斷續續的為我請過幾個懂新學的家庭教師，單獨的為我教過一些小學的國文、數學等課程。

一九四一年，娘把我送到夏洞寺小學，那也是「躲飛機」的緣故，從自流井的井神廟小學（為井神而立廟，是自貢市的唯一。因為鹽井是鹽業生產的根本資源，每一口鹽井都有井神，為井神而立廟，祈求所有的井神佑及每一口鹽井）遷到這鄉下來的。還有個重要原因是這座大廟裏的僧人都被趕走了。而原來廟裏的主持住的最好的深藏幽靜的禪房，完全被六舅公「接收了」。六舅公名叫李敬素，是雙「牌坊」李家的貴族。雙「牌坊」分上「牌坊」和下「牌坊」，清朝時候兄弟兩人同居三品，被御賜修建的相連的兩座「欽賜大夫第」。老百姓把這兩座「大夫第」習慣性的叫做「雙牌坊」——那是自貢市的「榮、寧」二府。

李敬素當時任二區區長。下「牌坊」被日本鬼子的飛機轟炸了一個角落，那是下「牌坊」臨街的一片房屋，有十來間，歸大舅公李幀固居住的。其中靠堂屋的一間是專留給我居住的。房屋被轟炸以後，準備重新整修，所以趁井神廟小學遷往夏洞寺之機，區長便兼任了新建的夏洞寺小學的校長。區長兼校長，還是自貢市頗有影響的市參議員，當然可以去「接收」那處禪房。

禪房在寺廟的西南角，有一個很幽靜的天井，天井左、右有兩條二十多級的石梯，坎上有十多間幽靜的雕樑畫棟的禪房。這個夏洞寺是個很大的寺院，據可靠史料記載：太平天國舉事失敗之後，忠王的四公主，率領了一些殘兵敗將逃遁來到了此處，潛伏了下來，修建了此一寺院。殘兵敗將們化身做和尚，以圖東山再起。寺院後面有一個很大的練武場，四圍是茂密的松樹林，寺前還有一條清澈的溪流潺潺而逝，那真是一個山清水秀鬱綠藏幽的所在。因為那禪房曾經是四公主的住處，雅致而幽靜，六舅公李敬素和大舅公李幀固兩家便住在了那禪房裏。

我祖母是下「牌坊」的四千金。李幀固是她胞兄，李敬素是她胞弟。雖然祖母已經逝世，娘和舅公家依然往還密切。像這等貴族家庭深受傳統的道德理念薰陶，擁有濃濃的親情，對於孤兒寡母都是關懷備至的。正像《紅樓夢》裏面賈母對於林黛玉的那種關愛，就是那樣的一種道德傳承！娘讓我寄住在大舅公家。大舅公家很富裕，雖在鄉隅依然由幾個僕人伺候，每天都有僕人走十多里地去「河底下」（自流井的習慣稱謂）採買雞魚肉時鮮菜餚，過著優裕的貴族生活，這樣娘才能放心，每到了星期六，家裏便叫轎夫來用轎子抬我回家。全校就只有我一個人是乘轎子回家的，我覺得太張揚，請求娘只讓劉光宗一個人來接我；若果走不動了，便要劉光宗揹我一程。然而在我的記憶之中，我是一次也沒叫劉光宗揹過，都是自己走的。

那年月的小學，學生年齡參差不齊，我們那個畢業班的學生，小的像我只有十歲，大的十七八歲。有個叫湯治文的十七八歲，都叫他湯大汗，有如自貢市人陳戈編、導、主演的電影《抓壯丁》裏面李老栓的老三那般模樣，一派「鶴立雞群」的昂昂然。那年月諸如此類大漢為了「躲壯丁」，去讀小學當「童子軍」者不乏其人，因為國民黨規定學生是不能抓去當壯丁的。一些大漢還稱王稱霸，像郭沫若書中描述的那樣，還有雞姦弱小者的事情發生。電影《抓壯丁》對於抗日時期的四川軍人做了相當的醜化和歪曲，譁眾取寵而已。

學校裏根本沒有什麼娛樂和體育活動，連籃球、排球諸如此類都沒有，學生不知道籃球、排球為何物。有幾個同學夥同買了一副乒乓球球拍，那是他們最珍視而且引以為榮的寶物，可見那年代學生的單調可憐的課外活動情況了。體育課除了「下操」之外便是跳高、跳遠。學生們無奈便一堆堆的去打「彈子」（玻璃球）疊「煙娃兒」（每盒香菸裏面有一張彩色畫卡，畫著《三國演義》、《水滸傳》……諸如此類人物連環畫），成了群眾性的帶有「賭博行為」的娛樂活動。「彈子」和「煙娃兒」可以買賣，一個銅板可以買幾個「彈子」。

那些娃兒看見我很多零用錢，他們只有幾個銅板，而我有不少的紙票子（法幣），很值得小孩子羨慕的事情，便慫恿我去買一套鑼鼓來打。一套鑼鼓要不少的錢，一般娃兒們是根本買不起的，在社會上也頗罕見的。我拿錢給幾個娃兒去「河底下」買了一套鑼鼓回來。買回來那天，有點「迫不及待」，早上第一節課下課後，便夥同一群娃兒到後山去打。那些鑼鼓「牌子」一學就會。他們要我打鼓，因為打鼓的是「指揮」，鼓點發號施令。第一次打鑼鼓，當然非常新鮮，初試就成功。越敲打越是有勁。全神貫注，上課鈴響了沒有聽見，待到回過神來，已經上課好久了，不敢進教室去了。一不作，二不休，索性往山上去。邊打邊走，不知不覺來到了幾里路外一座茂密的柏木林裏；不知不覺隨著鑼鼓聲跟來了四五十個娃兒，因為那年月有這麼一套鑼鼓十分的新鮮罕見，所以特別吸引人。

正當我們鑼鼓喧天、歡天喜地的瘋狂在那柏木林裏的時候，四面八方包圍上來了。原來被學校發現了，幾個老師追蹤前來。前前後後像押解俘擄一樣的把我們押解回到了學校，密密麻麻的擠滿了辦公室。教務主任呼叱大家跪下，誰也不跪。他便拿起一條鞭子，先向幾個「弱小」的抽去，抽打得跪下為止。幾十個都被抽得跪滿了一地，最後只剩下了我一個人昂然站立在那裏。教務主任大聲吼著叫我：「跪下！跪下！」高舉著鞭子向我恫嚇。我量他不敢向我打來，但他終於向我打了來。來勢很輕，我抓著鞭子拉過來給他折斷了，轉身便往外跑。我跑出了校門，向著回家的路上跑去。跑到半路上，已經有人去向家裏報了信，娘已經急急忙忙的乘著轎子向著學校趕來了。

娘去找了六舅公李敬素，六舅公勸我娘：「不要太慣娃兒，要管嚴一點，弄得學校課也上不起來，像什麼話嗎？」娘說：「現在不是講，停止『體罰』、廢除『體罰』了嗎？」

第二天，下課以後，我又回到了大舅公家。我看見大舅婆悄悄地的到了六舅公那邊房間去……

聽見六舅公在那邊屋子裏，提高了嗓門說：「廢除體罰嗎，是對那些聽話的娃兒才能廢除的，對那些不聽話的娃兒還是不能廢除的……」他並不面對面，「唱隔壁戲」，以表明他的態度。

這是我第一次「搗亂」的叛逆行為。以後在初中二年級的時候，又因為「搗亂」又被訓育主任譚安國打了一棒，還打紅腫了手前臂。我大罵他「混蛋」，大吼大鬧，鬧得周圍的幾間教室都沒了安寧。第二天，娘又乘著轎子去學校，提出「廢除體罰」的說法。娘還是堅持應該廢除體罰的呼籲，因為在我們家裏，從來沒有過打小孩子的事情，娘認為打和罵是侵犯了人的尊嚴。娘對於任何人，包括僕人、丫頭的做人的尊嚴都是尊重的。如此的家庭教養使得我一生視人格和人的尊嚴為生命之靈，並頑強的為之戰鬥，也因此而帶來了累累血淚辛酸。

在夏洞寺小學畢業後，春節臨近，校長開始聘用下學期的教師；被聘用了的教師，下學期才有「飯碗」，因之其「生死爭奪」之烈，被稱之為「六臘之戰」。在寒、暑假期裏學校是不發給工資的，沒有了工作，也就沒有了收入。生活尚且困難，「過年」也就成為了下層老百姓更大的難關了。

夏洞寺小學的國語教師余曼白（解放以後成了自貢市頗有名氣的剪紙藝術家，其剪紙作品流傳甚廣，文化大革命期間，因為諸多原因被迫投釜溪河自殺了），當年很落魄，在《川中晨報》做校對，收入微薄，難以維持生計，便同時在這夏洞寺小學兼課語文。從「河底下」（自流井）要步行十多里來上課。還記得余曼白講法國人都德（Alphonse Daudet）的短篇小說〈最後一課〉的時候，講得全班同學泣不成聲，當然他自己也聲淚俱下！這是我對於小學課堂唯一還記憶猶新的難忘的一節課。課文描述：

一個喜歡逃課的小學生，那天又遲到了……他看見一些老人婦女都坐在教室的後面。那麼嚴肅的、沉重的、認真的在教室裏面聽課……老師說：「德國人來了，不准許我們再學習法文了，這是我向你們上的母親的語言——法文的最後一課……」愛逃課的小學生開始全神貫注的聽課。法文是如此的美麗，如此的神聖，他悔恨自己為什麼今天才發現這種美麗、這種神聖呢，然而這卻是法文的最後一課了。

對於這篇小說，當今有另種負面評述。但是在抗日戰爭那樣的歲月裏，余曼白講得如此的動情，六十多年過去了，迄今還記得那課堂的情景！

有人說：「一堂好的課，使學生終身難忘。」確實如此！

此時春節將至，余曼白相邀一個姓郝的數學教師（兩個人都是王老五——單身漢），去找到了一個姓張的財主，提出為他家的公子、小姐做寒假輔導，以便使得成績不佳的公子、小姐能夠考上中學。而實際用意即能夠在他家過個好年（春節）。張家欣然應允，因為張家的公子、小姐和我同班同學，那張家小姐已是十六七歲的大姑娘了，成績很差，當然求之不得。而那時候像這種有點錢的人家談婚論嫁時候已經不再「女子無才便是德」了，已經開始要求講究點「有點文化」的了。如果那小姐「小學都畢了業」的比文盲身價當然更高，「中學都讀了一年」，當然身價也就更高了。

張家邀我一起參加那「寒假輔導」，自然是想為已近談婚論嫁之年的小姐提高點文化檔次，而又減少點開銷；娘亦欣然同意。於是兩家共同邀請余、郝二教師住到張家，兩家共同負擔招待費用。張家有座四合院很大的院落，四面是很大的橘子園，種植了很多很多的果樹。那年月，任何水果都十分稀罕，價格都很貴，只有有錢人家才能享用。寒冬臘月，滿山遍野，一山連一山的橘子樹上，綴滿了又紅又大的橘子，紅綠相間，景色十分美麗。我記得張家把紅橘看得十分珍貴，只請我們嘗過一次鮮，土老肥總是土老肥，就這德性。

也就因為這二十多天的輔導，使我受益匪淺。一九四二年二月，當時是春季招生，我考上了大名鼎鼎的蜀光中學。那時候喻傳鑑是南開中學的校務主任（校長是張伯苓，以後任國民政府教育部長）兼任蜀光中學的校長（蜀光中學是南開系列中學）……考上蜀光中學時候我十歲另八個月，我是夏洞寺小學當年考上蜀光中學的唯一。

三

一九四六年六月六伯（六阿爸）曾魯、八叔（八爺）曾也魯兩家一同回到自貢市釜溪河畔，自命名為「龍潭村」的地方小住。府第建在上橋和新橋之間釜溪河的右岸，沿河岸是個大花園，府第建在山腰間（解放以後全部沒收充公，作為公房，租給了十多戶家人居住）。四面樹木蔥蘢，依山傍水，大門前面是一個大花園，花園坎下是藍色悠悠的釜溪河，四外景色優美宜人。再上山不遠處便是下「牌坊」的很大很大的後花園……平時只有幾個僕人為之看家護院，也不知道幾年幾月他們才能回鄉小住一段時日。

因為六伯難得返鄉一回，所以娘要我到六伯家小住。從小家庭教育，祖訓：是「學成文武藝，貨與帝王家。」要求子孫都必須崇文習武，至少也得取其一。娘認為：習武，六阿爸便是我最好的效仿榜樣。而崇文八爺是最好的效仿榜樣；娘還編了些兒歌給我們唱，還記得其中的一首：「六阿爸從哪裏來，南京把兵帶，趕走罪惡小日本，救中國救百姓，揚名萬代萬萬代！」這一類的兒歌表達了娘對於抗日戰爭的崇敬！對於六阿爸這些抗日英雄們的崇敬！而且把這種崇敬傳繼給與下一代。而今真正的趕走了小日本，早已晉升為將軍，衣錦還鄉，娘要我去親身感受體驗一番，救國救民的志願是必須樹立的。實乃用心良苦。

我記憶中的六阿爸高大魁梧，一臉英武豪邁之氣；因為沒有子女，對於我和八爺的兒女都顯得非常的寬厚、慈愛。十歲上下正是頑皮的年齡，一大群小孩在他的客廳裏、臥室裏嬉戲玩耍，他總是笑臉相向。有時候，六伯娘小聲的說一聲：「你們小聲一點嘛！」

我把我的學期成績通知單給六阿爸看。成績很好，他面帶笑容，但沒有說什麼；而對於級任導師的評語，倒說了不少。級任導師叫譚克非，據說以前是軍統的，是否黃埔軍官學校出身不敢確定，當過軍官是肯定的。但我認為譚克非一定是參加過軍統的。因為在十年之後我在共產黨黨委機關做幹部時候，參加「肅反運動」，「搞」出來的軍統、中統人員都有兩個特點：其一是善交際，有人緣；其二是京戲唱得好，無論生、旦，唱、做俱佳——據說是他們接受訓練的功課之一種。譚克非這兩種本事都有，為什麼到了中學來教書，其原因則不知道。

「解放」以前這種情況還不少，像蜀光中學有個孫伯蔚，據說曾經在白崇禧那裏做過近於「高參」諸如此類，一直教高中畢業班的語文課，也教過我。孫伯蔚由於個人歷史複雜，「文化大革命」時候挨紅衛兵當成「死老虎」鬥爭，年歲已高，受不了那等侮辱折磨，被迫「吊頸」自殺了。還有一個鍾朗華，在國民黨軍隊裏三十多歲就做過「少將參議」，也是抗日將軍，在滕城保衛戰後主持召開中外記者招待會，宣揚抗日戰績，還帶史沫特萊在抗日前線去訪問過抗日的將士……等等；在蜀光中學也教過語文課；雖然受盡磨難，蹲牛棚、勞動改造……卻頑強的堅持活到了二十一世紀，九十多歲時還沒死，兩年前我們還見過面（死時九十六歲）。

譚克非和學生關係非常好，下課鈴聲一響，我們便一群一浪的跑進他的房間裏去，笑笑鬧鬧，上課鈴聲一響又跑回到教室裏面去，「解放」前、後如此融洽的師生關係頗為罕見……

「解放」前，老百姓非常信守中華民族的「尊師重道」的理念，更有「一日為師，終身為父」的信守，師生之間，親如父、兄的純真十分常見。「解放」以後，道德淪落；特別是「文化大革命」期間，師、生有如仇敵。而今，師、生能夠建立純真友誼已經極為罕見了。整個社會道德理念異化，道德淪喪，學校這樣一個「小社會」豈能夠逃脫「大社會」的羈絆？譚克非，學生都很崇拜他，字寫得非常好，真是龍飛鳳舞，譚克非一九四七年和一個比他小二十多歲的女同學結婚，然後離開了自貢市，回湖南老家去了。師生戀，進而結婚，在那時候不少的。譚克非把婚禮辦得很熱鬧，因為此前他寫了一百多幅字條幅，裱褙好了，託熟人、學生家長、學生去為之「出售」。一幅三十、二十元不等，最少十元，價格很高了。我也去幫他「出售」了幾幅。估計「賣字」的收入不下一千多元，相當於他教書一兩年的收入了。譚克非京劇還唱得很好，唱鬚生，唱的《空城計》，四外聞名。

譚克非給我的評語是「豪爽磊落，樂於助人」。六阿爸對於這八個字很讚賞，他說要一輩子真正做到這八個字，不容易，還要繼續努力，特別是對於磊落這兩個字還講了不少。他說為人做事正大光明、胸懷磊落的人是非常偉大的……

六阿爸和我的這次閒話給我的印象非常深刻。「光明磊落」成為了我一輩子的崇尚，一輩子的性格，始終不渝。

六阿爸還問了我一些問題，我也問關於他的問題。提起年輕時代，六阿爸顯然很興奮。青春歲月對於任何人都是充滿難忘底激情的。六阿爸曾魯進入國民黨中央軍校（黃埔軍校）的時候才十九歲，風華正茂！……六阿爸說：「我和五伯上中央軍校（黃埔二期），參加了北伐，五伯不幸在武漢犧牲了，你爸和八爺上中央軍校（黃埔六期），這之前國民黨和共產黨都在中央軍校合作，周恩來從法國留學歸國，二十六歲即走馬上任，做我們中央軍校的政治部主任（現在揭密知道是受「第二共產國際」的委派去的），諸葛亮也是二十六歲當軍師的……你爸在軍校就患病返鄉了。」

六阿爸說：「那時候，我們都是熱血男兒，追求真理，打倒軍閥，抵禦列強，要奮鬥圖強，救國救民。我們中央軍校學校大門前面那副對聯：『升官發財行往他處／貪生怕死休入斯門』。這副對聯我們從進校門那時候起就可以說是永遠的記得了。這和岳飛說的在國家民族生死存亡之秋，要能夠『文官不愛財，武將不怕死』的意思，那樣國家民族才能夠免遭滅亡。當時我們這些中央軍校的同學都是以之作為『志向』來自礪共勉的。但是要終身不渝卻是很不容易的啊……」

還記得有次，我不記得是從哪裏，翻出了六阿爸的一支左輪手槍，興奮又好奇。以前一直只能夠玩假槍，而今卻是硬幫幫的真傢伙，太興奮了！便悄悄的一個人在客廳裏面玩，也不知道槍膛裏有沒有子彈。雙手用力的扣扳機，雖然吃力，但還是扣動了，幸好沒有子彈。我正在擺弄那左輪手槍，六阿爸進來了。我怕六阿爸責怪……但六阿爸毫無責怪之意，在對面沙發上坐了下來微笑著望著我……我便「得寸進尺」，拿著那左輪手槍過去，坐在他身旁說：「這個輪子打不開。」六阿爸說：「你還不會呀？」我說：「我不會，教我吧。」六阿爸拿過左輪手槍，用大拇指輕輕把那「小樞紐」向前一推，手腕輕輕一擺，輪子出來了，又一擺，輪子進去了。然後把槍給了我。我如法炮製，成了。我高興的笑了，他也笑了。六阿爸對於小孩子玩槍的這種態度很使得我感動，感激也讚賞！我還悄悄的把那真槍帶回家裏去玩……這時，六阿娘進來看見我們都在笑，她也笑著問道：「兩爺子這麼高興，笑什麼呢？哎喲！玩兒槍呢⁉」六阿爸小聲說道：「沒子彈。」

我記得這是我第一次「玩」真槍，當然很興奮，記憶深刻，往事猶在眼簾！

四

而八爺則是一介書生、文質彬彬。當時我對八爺印象最深的有兩點：其一是我感到八爺有很驚人的觀察、識別力。有一天在六阿爸的客廳裏面，弟妹們正在圍著我聽我講故事。我講孫悟空、講武松打虎、講群英會……這時候我十四歲，已經把這些名著都讀過了。我坐在大沙發中間（在四〇年代中國很少人家裏有沙發的）。九妹和紹雄坐在左邊沙發扶手上，十妹和小二弟坐在右邊沙發扶手上，八妹則伏在沙發後面。弟妹們從小隨父母戎馬倥傯闖蕩於大江南北，大概沒有誰來給他們講過這麼精彩的故事。天天都要我講故事，天天都如此把我圍得「水洩不通」。

弟妹們正聽得津津有味、聚精會神，八爺進來了。看見把我圍得「水洩不通」這緊緊的一團，有些詫異，問道：「做什麼呢？」弟妹們齊聲回答：「講故事！」

八爺在對面沙發上坐下了，大概是想知道我講的是些什麼，能使弟妹們這麼著迷。有八爺在場，我怕「班門弄斧」，停下不講了。正當精彩的節骨眼上，弟妹們急了，一邊喊：「一哥，快講，快講……」一邊喊：「爸爸，出去，出去……」

八妹、九妹性格文靜，九妹由於我們這種家庭出身，當然也甚多磨礪，歷經坎坷。二十世紀五〇年代末大學畢業後，成績特別優秀，雖然「家庭出身不好」，還是破例的被留在了大學任教。那種年月已經開始講求階級出身，被留校任教是很不容易的。

八〇年代初，第一批晉升為副教授。中國首批派往美國去的一百三十八個訪問學者，重慶大學去了二人，九妹丹苓是其中之一。被派去了美國哈佛大學，工作了三年。那邊留她繼續工作，她決定回來。回來後成為西南地區第一個晉升女教授的人，先後在中國、美國、日本分別建立並領導了三個研究所。兩個女兒大學畢業後，留學美國，以後都在美國定居了。還有十妹的女兒、紹雄弟弟的女兒，也都在美國定居了。

十妹性格較急，一邊喊：「爸爸，出去出去……」一邊迫不及待的喊：「諸葛亮立了軍令狀，十萬支箭怎麼辦啦？一哥，快講快講……」八爺說：「草船借箭嗎，我不可以聽嗎？」弟妹們嚷著：「不行，不行，快出去，快出去……」八爺說：「好嘛。你們講。」只得起身出去了。

八爺後來跟我娘講：「孩子很有口才……」我娘給八爺說：「他們學校每年有一次講演比賽，從初中一年級起，他就是初中部的冠軍。」八爺說：「還要培養他的交際才能，一定要學好英文。我本來的志向是當外交官，現在是不行囉……」我產生當外交官的想法，是因八爺的影響而來的。

我們的家庭教育當年的發展「道路」就是高中畢業後上名牌大學，然後再去美國留學，尤其是對於學習成績好的，家庭更是明確的要你往這樣的「道路」上去奮鬥。

我最驚訝的是八爺家的那間藏書豐富的「圖書館」：《世界文庫》、《二十四史》、古典的、現代的、當代的、雜誌、報刊……真是琳琅滿目！印象最深的是陳列在書架上的一排《世界文庫》，那二十多巨冊、商務印書館出版、精裝本，蒐集了世界各國的文學名著：莎士比亞的、巴爾札克的、列夫・托爾斯泰的、狄更斯的、仲馬父子的、傑克・倫敦的，還有古希臘的……不勝枚舉。在二十世紀四〇年代，要去借閱到這些書，很是難得。一般中學的圖書館裏面當然沒有，自貢市市裏還沒有圖書館（後來建了一家高氏圖書館）。私家藏書能夠蒐羅得古今中外如此豐富的書目，在自貢市這樣的地方，不是多見。因此我如獲至寶，真正是有如發現了一處寶藏那樣的振奮！從此隔三岔五的總要到這裏來尋寶，再帶回家裏去讀。十四五歲能夠涉獵外國文學名著是從八爺的書齋裏得到的。我們家裏只有中國古典文學這一類的書，而且還遠遠沒有八爺家的如此豐富……

對於巴爾札克的《人間喜劇》諸如此類外國文學名著，最先是讀不懂，表現手法也大不相同，但傅雷譯筆的優美、其中人性的解剖、故事的誘人入勝……漸漸的把我引入到了另一個新鮮而又奇異的世界……列夫・托爾斯泰的作品更難讀，雖然堅持讀完了，印象很是模糊……因為十年之後，我調幹上大學，再一次去重讀這些世界文學名著之時，才覺得從中讀懂了點什麼！

不久六阿爸去了南京，八爺在自貢市《川中晨報》任社長。我翻看那些舊的報紙，上面有他寫的不少社論，不少他的署名文章……八爺以後也去了南京。

第四章

追求自由民主

一

一九四七年，我在旭川中學念高中。當時學生間組織有不少的學生社團。我們班組織了「綠州社」，我被選舉為社長。因為當時我已經成了「核心」，幾乎每個星期天都要帶一些同學到家裏去「打牙祭」。王貽明（文化大革命以後擔任過四川省商業廳宣傳教育處處長，八〇年代擔任過四川省烹飪高等專科學校校長）、詹瑞林為學習委員，萬國良總務委員（王貽明、詹瑞林、萬國良都是共產黨員，八十多歲了，現今都還活著）。「綠州社」要不定期的出牆報，全班同學投稿，我擔任主編。王貽明，比我大一個月的表哥，排行老六，都叫他王六；我叫他父親為三姑爺，名叫王法矩，國民黨時候，任過大法官，參加了國民黨的《六法全書》編撰。王六字寫得非常好，清秀美麗，在全校十多個牆報中首屈一指。因此，每一期牆報都是由我看稿、寫稿、編輯，由王貽明書寫、插畫、排板，每一期牆報都是一幅美觀、醒目的藝術品，在學校頗為名噪。更加上我們都有著追求光明、自由的理想和不滿現實，反對黑暗現實的期望，我們把這個小小的群體視之為茫茫大漠之中的一塊小小的綠色的草地。還記得我為牆報《綠州》寫的幾句刊頭語：

向著太陽
伸展我們的希望
呼喚雨露
休要漫漫黃沙
阻綠色的稚芽伸長

我們自認為是在追求真理。然而什麼是「真理」？是非常迷茫的，完全空幻的！只是一個抽象的時髦詞彙而已！

很多年以後我才懂得——常年饑餓的人吃飽了飯是最偉大的真理！受奴役受屈辱的人能夠挺直了腰板做人是最偉大的真理！我們這些沒有挨過饑餓、沒有受過屈辱的幼稚小子，怎麼能夠懂得那真理的意義啊！

老舍先生在有篇小說裏講：「吃飯是最大的真理！」因為他是滿清正紅旗出身，滿族曾經是統治中華民族的高人一等的貴族，辛亥革命以後，他的民族、他的家庭淪落成為社會底層的賤民。老舍童年生活困苦，滿族少不了受到歧視、受到敵視，少不了挨餓的痛苦。滿族的貴族後裔，為了生存，受盡苦難屈辱，「月牙兒」為了生存，淪為娼妓……眼見著他們民族遭受到的種種苦難使得他悟出來：「吃飯是最大的真理！」

在幾十年之後，在那勿忘的蹉跎歲月裏，中華民族在饑餓中掙扎，餓死了四千多萬人。當我也嘗過了餓飯的滋味，患了中華民族流行病——水腫病，險些成為餓殍！在那「階級鬥爭天天講」，當我被打倒在地，還要被踏上無數隻齷齪的腳，人格掃地，無奈領略過了人間底層的諸多屈辱，看過了我的中華民族的兒女所受過的種種苦難，我才懂得了老舍悟出的那條真理是一條永恆的真理！

我們當時最崇拜的是魯迅，我們認為魯迅是捍衛真理的勇士、鬥士，我們學習和宣揚魯迅的戰鬥精神。當時學校指定給每個學生社團一個輔導教師，指定給我們「綠州社」的輔導教師名叫劉令蒙。當時不知道，「解放」以後才知道劉令蒙是中共地下黨員；一九五〇年在西南團工委宣傳部做教育科長，還兼任《西南青年》雜誌的主編。李致做宣傳科長（李致是巴金的侄兒）。

一九五三年中共中央西南局撤銷，團西南工委同時撤銷。劉令蒙被調到團中央，在中國青年出版社工作期間，被打成了「胡風反革命集團」的「胡風分子」（反革命分子）。到了八〇年代，「胡風反革命集團」之說，吹了。據劉令蒙告訴我，是當時擔任中共四川省委宣傳部常務副部長的李致要他回四川的。回到四川，劉令蒙擔任過四川人民出版社副主編（當時四川只有一個出版社，以後才分成了九個出版社），四川作家協會主席團主席之一。

當時學校買了一部《魯迅全集》，一律不借出，陳列在學校閱覽室裏。一到下課，我們便飛跑到閱覽室去看上十分鐘；下午放學以後要堅持看到閱覽室關門為止。

魯迅的作品和思想對我震動很大，應該說更多的、更主要的是從中得到了人格教育、人性教育、品格教育、叛逆教育……「橫眉冷對千夫指」的秉性終身烙刻在我的靈魂深處！震動之餘便想介紹給同學們，我把這個想法告訴劉令蒙，劉令蒙謹慎的表示同意……劉令蒙謹慎的建議：介紹的時候最好兩個方面的內容都有。

由我主持進行的「魯迅思想、作品討論會」，我首先介紹了「魯迅的思想」和「作品」，覃守衡蒐集了一些反對和攻擊魯迅的文章。因為魯迅一直都在「戰鬥」，當然應該瞭解對立面的情況。覃守衡綜合起來做「反面發言」，我和王貽明等予以批駁，最後由我做總結。

記得總結時候我還講了一個故事：「有一個私塾老師看見兩個學生，各拿著一本書，豎立在桌子上；像是在讀書的模樣，卻同時都以書遮擋著，偷偷的在打瞌睡。一窮一富。老師近前給窮學生一耳光把他打醒了，斥之曰：『你一拿起書就睡著了！』指著還在打瞌睡的富學生說：『你看看人家，睡著了都拿起書的』……」這個故事，一個鏡頭兩種表述，似乎想以之做某種隱喻，大家聽得都很開心的笑了。

討論會非常的熱烈，情緒非常的高。

後來還做了一次「革命家詩作討論會」，我選了一些古今革命家的古詩、詞，記得有譚嗣同、秋瑾、魯迅……等人的二十多首詩，是從一本很厚的《革命家詩抄》書上選的。對於這些詩有些弄不懂的我去請教劉令蒙，劉介紹我去請教施幼貽……

選出來的這些詩，由王貽明刻鋼版，再油印了發給人手一份。因為我先受教育所以由我主講，大家再討論……

這些內容當然都反應在我們的牆報《綠州》上面。我們的學生時代享有這樣的自由——閱讀的自由、結社的自由、言說的自由、選擇的自由。「解放」以後，學生的這些自由全部被剝奪了。沒有選擇，只能夠無條件的羔羊般的接受「灌輸」！絕對的「一個主義、一個領袖、一個思想、一個嘴巴」！

＊

綠洲社

一九四七年，我十六歲，讀高一，同學組成綠洲社，我被推選為社長。

二

那年春季運動會第一天，一個叫卿德民的體育教師在運動場上毆打了「綠州社」的同學黃棟樑（「解放」後參加了「志願軍」，是共產黨員，還活著）。我當時正在做《運動會快報》（油印刊物）的主編，王貽明在刻鋼板。有人來告知，我們非常氣憤。我和王貽明等十多個同學立即趕到現場，把那性卿的體育教師團團圍住，斥問他：「為什麼打人？」姓卿的無言以對，看見我們人多勢眾，也不敢再耍橫，抱頭鼠竄而去。

我們當然不能罷休。於是我們首先把全校運動會立即停止了，立即把同學們召集起來商量對策：我們決定發動全校罷課。緊急分工：一些人四處貼標語、散傳單，提出「反對法西斯教育」、「懲辦野蠻的打人兇手」、「必須賠禮道歉」等等要求；一些人分頭到全校各個班去動員罷課；推選出以我為首的三個代表（王貽明，萬國良）去向校長余文祥提出交涉。我們走到校長辦公室門外，分明聽見裏面有人在講話，但一敲門，裏面立即鴉雀無聲。我們使勁的敲，甚至用腳踢門，裏面毫無反應。

後來得知，余文祥正在裏面召開緊急會議，聽見我們敲門，當然不敢開門。余文祥焦急的商量對策，怕把事情鬧大，怕把標語貼到大街上去。因為當時在許多大城市裏，學生運動已經不斷的掀起，而自貢市這些中、小城市，暫時尚處於「風平浪靜」的狀態。這是一個有近千人的完全中學，一切僅次於蜀光中學。而校長余文祥是參加了國民黨的，又說是參加了中統特務組織的。很知道如果因為此一事件一旦鬧大，掀起點什麼風波的話，他這個國民黨的校長，很有點難辭其咎。殊不知，分工之後，我們行動快速，把「反對法西斯教育」諸如此類大標語，不僅已經貼滿了學校而且已經貼上了大街……用印發《運動會快報》的油印機和紙張快速的印發了「抗議書」、「快郵代電」去四處傳播……

我們廢寢忘食把這事件很快鬧得滿城風雨，余文祥氣得滿臉漆青，亂了方寸。而事情一時已不可制止，學校又根本不想向學生讓步。

我們僵持了三天，全校的運動會也不得不停了三天，亦即全校罷課堅持了三天。風波已經掀起來了，而且我們還在積極的去聯絡，去發動，要把罷課延續下去。余文祥不停的開會，不停的給下面施加壓力，首先必須把課上起來。我們班當然是學校針對的重點。

三天以後，叫教務主任林孝可出面來和我們一個一個的談判。林孝可教書教得非常好，什麼課都可以上，而且上得很好，以數學為最，根本不帶課本，哪頁哪行爛熟於胸……學生們都很尊重他。解放以後在著名的富順二中當過校長，被打成右派分子，被「坑」了二十年，活了一〇二歲。林孝可出面，他一點也不用「壓服」的手段，而是「諄諄」勸說。這反而給了我們很大的壓力……又組織了幾個老師來分頭勸說，採用了《孫子兵法》的分化瓦解、個個擊破，極力動員一些同學走進課堂。命令教師有無學生都必須堅守在教室裏，教室裏只有一個學生也必須講課給他一個人聽。如此一來，另一些同學怕耽誤了課程，便也悄悄的去上「重要的課程」。走進課堂的人漸漸增加起來，剩下來堅持罷課的人越來越少。我們全班堅持了五天，而我們七個人（王貽明、萬國良、盧德強、王大岷、黃棟樑、李自然、曾國一）堅持了十天。

林孝可最後一個才來找我個別談話，我被視為最頑固分子……我感到了失敗的沮喪，無可奈何，最後一個走進了課堂。

對於這一事件，幾天之後，《川中晨報》報導稱之為「自貢市的首次學潮」。因為在此之前，自貢市的學校一直風平浪靜、規規矩矩的，敢於像我們這樣罷課、鬧事確實是「破題兒第一遭」！所以被稱之為「自貢市的首次學潮」，當然也只是「死水微瀾」，一個小小的前奏曲！因為不久之後受毛澤東「運動」學生的全國學生運動的影響，自貢市的學生運動也不斷的動了起來。

＊

罷課

一九四七年，十六歲，因抗議教師毆打同學，率眾罷課，被《川中晨報》報導為：「自貢市的首次學潮！」

＊

對於這些「學生運動」迄今尚是個「盲點」，有的命名為「愛國學生運動」、「民主運動」、「革命運動」……應該如何認定一九四七年以後的學生運動？這是個很值得探討的「盲區」。應該說基本上是在毛澤東的策劃、鼓動之下被扭曲了的「運動」學生的「運動」！迄今為止，對於此「盲區」，尚未引起正視。趁這些親歷者還沒有死光，探討當年的歷史真實，應該是重要的課題。本書在下面的篇章將進行一些初探，引起親歷者的思考。最後那打人的體育教師並沒有受到任何處理，而我們卻被無理的給予不同的處分：開除了班長王大岷（解放後在重慶特殊鋼鐵廠做過計劃處處長）。因為余文祥不敢開除我們（因為家庭背景），王大岷成了替罪羊。我們感到非常對不起王大岷……我們六人被處以留校察看。黃棟樑等停發了助學金。因了我和覃守衡、王貽明的資助，始得以免於輟學。我和盧德強則忿而離校，到重慶上學去了，此時才出市到重慶大碼頭已經十六歲多了。

我先後在重慶南開中學、兼善中學上學。那時候的南開中學是全國名副其實的貴族學校，是國民黨高官和高級將領、鉅賈富賈的「子弟校」，這些人對於子女的教育是最為重視的也最為嚴格的。費用之高全國第一，一個學期各種費用得五十個銀元。蜀光中學也被稱之為自貢市的貴族學校，一個學期各種費用也只有幾個銀元，可見差距之大！南開中學學生食堂比較蜀光中學學生食堂天淵之隔。蜀光的學生食堂一個星期打一次牙祭，南開的學生食堂每一天午、晚的菜餚都遠遠的較諸蜀光中學這牙祭豐盛得多：七八個菜，葷多素少，頓頓都吃不完……學生食堂的如此高消費是貴族學校的主要標誌之一吧，重慶物價就很高，而當時沙坪霸的物價是重慶全市最高的，所以要交那麼多的伙食費也不足為奇了。學校雖然統治很嚴，然而重慶大學卻是當時學生運動的風暴中心，近在咫尺，難免不受到各種衝擊和影響。這是國民黨高官對於自己的子女們最為擔心的事情，所以當時學校裏面設立了「國民黨特別區分部」；書記叫李觀方，在蜀光中學教過地理課的，地理課教得「爛熟」，超凡的本事是可以「隨意」的在黑板上，畫出「準確」的中國地圖和世界各國地圖。

六阿爸的一個好朋友在北碚，向六阿爸介紹北碚的兼善中學是個好地方，遠離是非之地，他的女兒準備去讀高一……於是我也去了北碚。那時的兼善中學因為躲避日寇飛機轟炸，從北碚城區遷到了嘉陵江畔，距離北碚市區五六里地一個叫毛背沱的地方。上面是樹木蔥蘢、險峻入雲的雞公山。在雞公山半山腰的茂密林木間，盧作孚令人開闢出來的很大的一個香蕉試驗種植園。在其間闢地修建了幾座房舍。記得還有茅草房，因陋就簡匆匆建起來的。叢林隱蔽下的校舍雖然極為簡陋，教室外面就是香蕉林……然而教師都非常出色：知名教育家張博和做校長（解放以後任過重慶市北碚區區長）；著名的民生公司董事長盧作孚是學校董事長（解放後「五反運動」中自殺了），特意要他的翻譯來教我們的英語；數、理、化教師都是重慶當時第一流的。加上同學都很刻苦，學校又遠離鬧市，隱藏在那林莽叢林之中，所以學生全部住校。在那樣一個世外桃源般的基本封閉的安靜而又優美的環境裏，男女同學幾乎一天到晚都俯在書本上面。實在是兩耳難聞窗外事……因此畢業生都很優秀，都能考得上有名的大學。

星期天大都在教室裏「啃」書本，很少有人去逛街玩耍之類。和幾個同學偶爾也騎馬去北溫泉游泳，然後再從嘉陵江泛舟而下，激蕩奔騰的江流讓你去感受一番「千里江流一日還」的豪情，那木船可以一直抵達毛背沱岸邊……據說李鵬曾在兼善中學讀過書，盧作孚的三公子和我們同年紀，被視之為紈絝子弟。

還記得同學們排演了郭沫若的《孔雀膽》。打死了好些條狗，用狗皮做帽子演出的服裝……在北碚大戲院公演了十多場，公開售票，場場客滿。

學校建在丘陵間，因為沒有場地，所以從來沒有上過軍訓課和體育課，卻偏偏來過一次「實彈打靶」（據說是從上頭去弄到了一些子彈）。記得是在學校的山後面，有一處山溝，山溝對面，用大籮筐裝滿了石灰放在那兒作為靶的。山溝這邊做了掩體，在那掩體裏射擊。如果擊中了靶的，山溝這邊能夠看得見那大籮筐裏的石灰煙霧沖天而起。

對於這「打靶」男同學大都很興奮，但有的同學不敢打槍，許多都打不準。我很沉著的卜場了，人們當然不以為然。「文質彬彬的樣子，他還敢打？」「啪！啪！啪！」連中三槍。大家都叫好：「創紀錄了！」教官又獎勵了我三槍，這「三點一線」我記得是六阿爸教我的，至於手槍，六阿爸認為，全靠人的「靈氣」，手與心相通，神槍手全憑他的「靈氣」。

英文課教師是盧作孚的翻譯，西服筆挺，很講究。特意要他來教我們兩個班的英文課的。他講授之後總要叫一男一女站起來「範讀」一遍。女同學總是叫很文雅的蕭智起來範讀，她聲音很尖，「嬌滴滴」的。男同學則總是叫我，帶著低沉雄渾的男中音，抑揚頓挫，頗有點特色。所以一直叫我們「範讀」。

化學教師叫龔續之，非常嚴厲也教得非常的好，然而每次考試總是絕大多數的人不能及格。期中考試時候，第一名七十二分，我考了七十一分，還有一個六十分，其餘的全部不及格。數學學的是當時的美國大學課本，霍爾·乃特的，教師姓李，我每次考試都在九十多分，同樣很多人不能及格……很快的在班上我便「嶄露頭角」了。

一九四八年秋，六伯曾魯相識的一家子，也是個將軍，姐妹同嫁一夫。據說姐妹以前都是上海的電影演員，姐無出，妹有一女，天真美麗，和我交往漸濃。因為我的學習成績很好，甚得乃父青睞。一九四八年下半年，乃父受蔣委員長之命到臺灣基隆興建軍港，舉家遷往基隆。乃父邀我同往去讀臺北大學，娘得知後堅決不同意，要我立即返鄉。於是又回到蜀光中學上學一直到高中畢業。以後和遠隔一方的伊一直書信往來，到了「解放」（一九四九年）以後無法通信也不敢通信了，曾經的那些書信也早已不知所終了……

六十餘年後的今日，唯有一張伊一九四八年在臺灣臺北飛機場照的一張黑白照片，歷經了六十餘年風霜刀劍，在諸多劫難之後劫後餘生奇蹟般的存留了下來在我的老照片相冊裏面。不知道怎麼竟逃脫了流放、蹲監獄、抄家、流落……的諸多災難而還竟能存留到現在，實在是奇蹟！

我忘記了是何年何月，信手在照片旁邊描來一朵海棠花，紅色的海棠花！海棠花，中國人叫它相思紅，中國人也叫它斷腸紅！那無情的一灣灣海峽，那險惡的一段段歲月，埋葬了那曾經的相思！埋葬了那曾經的斷腸！六十餘年了，唯有這褪色的黑白照片，唯有這海棠依舊的殘紅，為我保留下了少年歲月一段無比美好而純潔的初戀情懷，和那麼多的聖潔而遙遠的祝福！如此美好的懷念於我這歷盡滄桑的人而言是多麼的珍貴啊！刻骨銘心的愛在人世間驚天動地！我這坎坷苦難的八十年生涯，沒有過這種驚天動地的刻骨銘心的愛，這麼短暫的一段無比美好而純潔的初戀情懷，在一生苦難淒滄的漫長歲月間更顯得彌足珍貴了！

一九四八年，伊父奉命赴基隆建軍港，伊隨父南飛，從此天各一方……

三

一九四八年，全國「學生運動」聲勢浩大，毛澤東稱之為反抗國民黨的「第二戰線」。中共地下組織發動的「爭溫飽、爭民主、爭自由」，「反饑餓、反迫害、反內戰」的學生運動，在蜀光中學也進行得很熱鬧！

一九四八年，我十七歲，參加了全國（運動學生）的學生運動，國民黨軍警用水龍、棍棒驅趕示威遊行的學生（沒見現場殺學生）……以後寫成此詩。

然而經過了六十多年以後，對於一九四七年以後的學生運動應該如何認定，在人們的認識中存在許多「盲區」。「愛國學生運動」、「民主學生運動」、「革命學生運動」應該說都不符合歷史真實。因為最根本的是毛澤東為了「推翻國民黨」而一手「策劃」、「運動」學生而發動起來的被扭曲了的運動。亦如「紅衛兵運動」一樣，是毛澤東為了把「黨天下」走向「家天下」，而把「紅衛兵」作為「砲彈」進行「清君側」的工具。都同樣是把千萬「無知」幼稚的青年人玩弄於其股掌之中，而毛澤東更變本加厲的玩弄其「痞子運動」的「傳統」。使得「紅衛兵運動」成為最卑劣的幾千萬「紅衛兵」參與的「痞子運動」。要想認定，應該比較。比較一下一九四六年的學生運動和一九四七年的學生運動，歷史的真實也就豁然開朗。

一九四六年二月十六日，在重慶的東北籍流亡人士二千餘名，在青年館舉行大會，隨後又前往國民政府請願，散發傳單，要求蘇聯撤軍，不得搶奪中國財產。

二月十九日，南京臨時大學補習班五千餘名學生提出：「要求友邦軍隊依約撤退」、「請求政府查究張莘夫被害真相，緝兇嚴辦」、「邊疆不容割裂」。二月二十日晚，南京又發生示威遊行，對蘇聯拒絕撤軍表示抗議。次日，昆明西南聯大朱自清等一一〇名教授對東北問題發表宣言：「中國領土必須完整，主權必須獨立。」要求蘇聯履行條約，儘速撤軍，歸還廠礦。緊接著全國許多城市相繼響應，紛紛舉行了「反蘇大遊行」。其內容大概如下：一、根據《條約》蘇聯軍隊須於一九四六年二月一日從中國領土撤走軍隊。蘇聯卻以種種藉口，拒絕履行撤軍計劃。二、一九四五年十二月，蘇聯竟然宣布東北一百五十四個工礦企業（幾乎占了東北重工業的百分之八十）為蘇聯的戰利品，而且大肆掣卸一切工業設備運回蘇聯去；這種強盜行徑在東德也同樣進行。在我國東北盜走的設備價值在十億美元以上，如果重新恢復得三十億美元。而八年抗戰期間美國全部援華（物資、金錢）總結為二十多億美元，可見破壞之巨……掣卸後，所有工礦一片狼藉。更為早些的行徑是：三、一九四一年四月十三日，在莫斯科簽訂的《蘇日中立條約》，其中除了雙方保持「中立」的承諾之外，還有「蘇聯誓當尊重滿洲國之領土完整與神聖不可侵犯性；日本誓當尊重蒙古人民共和國之領土完整與神聖不可侵犯性」。其實質亦即「瓜分」中國領土——東北三省和內蒙古的廣袤地域。在重慶的「中華救國會」領導人沈鈞儒、章乃器、李公樸、沙千里、王造時、張申府等推舉王造時執筆，共同簽名發表了〈致史達林的公開信〉。認為：「今貴國於四月十三日與我們的侵略者日本帝國主義訂立中立協議，並發表宣言相互尊重所謂滿洲國及蒙古人民共和國之領土完整與神聖不可侵犯性，顯然妨害我中國領土與行政的完整。我們不能不表示莫大的遺憾。故對於我國民政府宣布其無效的鄭重聲明絕對擁護，而深信這是我國四萬萬同胞的心意。」四、一九四五年十一月七日，蘇聯紀念十月革命節，外長莫洛托夫在講話裏忽然稱旅順港及大連港區域、滿洲鐵路都是「新的蘇維埃領土」，因此全國許多城市紛紛掀起了「反蘇大遊行」。

毛澤東立即組織中共地下黨對於興起的學生運動進行阻止、阻擾、破壞，宣稱是國民黨發動的「反蘇反共運動」。史達林搶掠了日本人戰敗留下的設備，搶占了中國的領土，瓜分了中國的國土。學生民眾起來「反蘇」，應該認定是愛國行為。毛澤東要和史達林綁在一起，與愛國學生運動相對立！以「反蘇反共」就能夠否定這是愛國學生運動嗎？如此「反蘇反共」應該認定是愛國行為。

一九四七年的學生運動，其起因是一九四六年十二月二十四日聖誕夜八時左右，北京大學先修班女生沈崇由王府井走到東長安街時，突然被兩個美國兵架走。美國海軍陸戰隊伍長威廉斯•皮爾遜和下士普利查德把沈崇架到東單廣場，（據稱）被皮爾遜強姦了。事件發生後，毛澤東認為有機可趁，立即借題發揮，花大力氣，在全國發動了以「反美扶日」、美軍全部撤離中國、廢除中美商約，抵制美貨……為口號的聲勢很大的學生運動。緊接著毛澤東又花更大力氣發動了「反饑餓、反內戰、反迫害」的大規模學生運動，而且把國軍和共軍的戰爭稱之為「第一戰線」，把他發動的反對國民黨的學生運動稱之為「第二戰線」。很顯然這次「學生運動」是和「解放戰爭」綁在一起的，是毛澤東推翻國民黨的「兩個拳頭」。學生運動是綁在毛澤東戰車上的一件「兵器」，因此這次學生運動從一開頭就是毛澤東「運動」學生的「運動」，一切行動都玩弄於其股掌之中，當然也就不能夠與「五四學生運動」、「四六學生運動」、「八九學生運動」相提並論了。

然而在當時，我們這樣的青年學生卻完全無知，積極的瘋狂的「跟著毛澤東走！」，真的認為就是在追求民主、自由、革命……當然國民黨當時的腐敗也是激起學生不滿，起而抗爭的根本原因之一。毛澤東提出民主、自由、革命的口號之所以能夠得到青年學生的擁護，也緣於此！為之，一些同學離開了家鄉跑到解放區去。那時候，青年學生都把解放區視之為心中的「聖地」。半個世紀之後才知道跑過去到「聖地」延安的青年學生，許多都被打成為「奸細」。在「反奸」、「搶救」運動中遭到鬥爭、審查。

我和覃守衡「偷」了家裏的銀圓，也計劃好了跑到解放區去，相信這就是追求真理的具體行動。我和覃守衡計劃好逃跑的那個夜晚，忽然風雨交加，電閃雷鳴，一夜無有休歇。我焦急的張望著窗戶外面呼嘯的狂風暴雨，張望著狂風暴雨籠罩著的虎頭橋上和覃守衡約好的暗號……

在狂風暴雨的焦急等待中，疲憊使得我終於昏昏沉沉的扶在窗戶上睡著了……

第二天清晨，忽然發現覃守衡的三哥覃守經站在我的面前問道：「覃守衡呢？」我說：「不知道！」三哥說：「跑了。」我說：「不會吧，這麼大的風雨……」三哥說：「跑到哪裏去了？」我說：「不知道。」三哥說：「哼！他的事情有你不知道的？」

就是在那個風雨交加、電閃雷鳴的夜晚，這小子獨自一人跑了，冒著狂風暴雨跑了……

文化大革命期間，這小子成了「押赴刑場」「陪宰」的對象。其他十幾個和他一起從海軍轉業在南京的，全都在南京被祕密抓捕，很快的未經審訊又祕密的被槍斃了，因為參加了反對海軍司令李作鵬的「造反組織」……這小子「陪宰」虛驚了一場！僥倖的活了下來……一九九八年春死於肺癌，活了六十六歲。是我最好的「偏縫朋友」之一，最早見閻王去了！

一九四九年下學期，蜀光中學的校長陳著常，被當局解聘下臺，新上臺一個叫唐世方的校長，帶來了一幫子人，地下組織大肆散播說：「來的這些都是『中統』的……」那時候蜀光中學有兩大「風景」：全國各地學生運動期間，千人萬人示威遊行，抗議集會的時候，國民黨的軍警往往奉命加以各種限制，比如不准呼喊口號、不准張貼標語、指定遊行路線諸如此類。雖然有如此限制，但還是准許遊行！蔣委員長准許遊行！這就是給自由多與少的問題；毛澤東不准許遊行，那就是自由有與無的問題了！學生的「鬼點子」很多，不准呼喊口號，學生改為就唱歌，以唱歌來代替呼口號。那時候重慶、北平、南京……的學生自己連夜連晚創作了許多歌曲，最有名而又長久流傳的如：

〈團結就是力量〉

團結就是力量　團結就是力量　這力量是鐵　這力量是鋼　比鐵還硬　比鋼還強　向著法西斯蒂開火　一定要叫它滅亡！滅亡！

〈跌倒算什麼？〉

跌倒算什麼　我們骨頭硬　爬起來　再前進　生，要站著生，站著生　死，要站著死，站著死

還有〈山那邊有好地方〉……等等

這些當時的流行歌曲就是這樣即時創作出來，連夜連晚的練唱，因為第二天大遊行時候必須要唱的，一經傳唱立即風行全國的。這些當時的流行歌曲我們都唱，唱得慷慨激昂……

南京、北平、重慶……的學生集會時候，千百人同時以長長的用「噓！——」聲來表示抗議，而蜀光中學同學則是同時一起發出長長的「嗡！——」聲。「噓——」是千百人一起用嘴唇發聲；「嗡」則是千百人一起用鼻腔發聲。千百人一起發出長長的「嗡！——」，「嗡！——」聲震天，此起彼伏！

開校典禮上，唐世方昂昂然領著他的那一幫子人，衣冠楚楚、昂首闊步登上主席臺。大禮堂裏一二千人同時長長的「嗡！——」聲大作，其聲震耳欲聾，一浪高過一浪，竟持續了幾分鐘。因為這是地下

組織發動組織的，這獨特而驚心的「迎賓曲」給姓唐的一幫子來了個大大的下馬威！嚇得臉青脈黑，不知所措。

比長長的「嗡！——」聲更強烈的是急促的「叩！」，千百人同時發出「叩！」，「叩！叩！叩！」的憤怒吼聲，更具有強大威力。軍事教官們夜間來宿舍查房，走到一樓，二樓「叩！」；走到二樓，三樓「叩！」……一二三四樓一起「叩！」，很有「驚營」之勢。「叩」過幾次，他們再也不敢來了。在吃飯時候那些人也要來食堂裏面巡視，學生們一邊吃飯一邊用鼻腔發出長長的「嗡！——」聲，那些人只得識時務的撤了。

對於這些抗爭行為，學校當局是沒有辦法來「懲罰」的，法不責眾，也難以抓著把柄。也無法追查，也沒有追查過！參與這些抗爭行動，也在我們的性靈裏烙下了叛逆、鬥爭這樣一些深深淺淺的刻痕！塑造了我們這一代人反抗、不屈的叛逆性靈！這些叛逆源於對於現實的不滿，對於自由、民主的嚮往、追求！這種追求是無比強烈、無比堅韌、無法抗拒的！因之，在我們的靈魂裏烙下了無法磨滅的刻痕！

「解放」以後的學生群體再也無法享有這種體驗！團組織、少先隊組織把他們馴服成了「可愛」、「可哀」、「可憐」的小綿羊！培養「馴服的工具」要「從兒童抓起」，他們不可能享有這種體驗！

還有另一「風景」，很美妙：那時候男女分班，女生的生活、上課……一切都在女生部。女生部在大運動場的東邊。對於男生來說，女生部是一處迷茫的神祕禁地！男女雖然同在一校，其間界限森嚴，在二十世紀四〇年代那樣的社會環境，男女同學之間不許任何交往，有如分隔在兩個世界。

每天晚飯以後晚自習之前的四五十分鐘時間裏，那是個美好的時刻。當此時也，女生一群群，男生一群群，三個五個、十個八個圍著大運動場四百米跑道繞行。有的順時針方向漫步，有的逆時針方向漫步，幾千人熙熙攘攘，笑笑鬧鬧，男女漫步的行列錯雜，密密匝匝的人群有如織網般的不停的繞著圈子。情竇初開的少男們、少女們相互欣賞，眉目傳情。繞行間擦肩而遇的短暫一瞬間，真是「心有靈犀一點通」的美妙時刻，心跳的時刻！幾乎全校的男女生都一起集中到這運動場上來了，男女生們稱之為每天一次的「打牙祭」！這是一種畸形的集團「幽會」，十分誘人的「集團幽會」。在解放以前的「封建意識」統治下的校園裏持續了很多年，每天如是，無論盛暑嚴寒「風雨無阻」！

四

校長唐世方上臺伊始，萬萬想不到竟受到如此「禮遇」，憤怒之餘，第二天立即發布第一號命令：「取締一切學生社團，禁止一切牆報、集會、示威遊行……」

如此禁令，當然在學生中引起了很大的震動。當時學校各種學生社團非常多，為地下黨、團在學生中進行活動，發展地下黨、團員提供了活動基地。下令取締，絕對限制了學生的一切活動自由，給地下黨、團組織的一切活動帶來了極大的困難。

為了取得合法名義，中共地下組織以新民主主義社社員（地下組織）馬興瑜以及曾思魯、王大松、馬宗賢、范國念……祕密發起成立「蜀光中學旭川同學校友會」，爭取成為「合法」允許存在的團體。

經過多次研究之後，地下組織決定推選我為主席，利用我的家族社會聲望——六伯曾魯是中華民國知名將軍，二叔曾稚松也是中華民國將軍，當時是自貢市唯一的「國大代表」、自貢市市銀行的董事長，都是大名鼎鼎的人物。在「國大代表」選舉之初，國民黨中央指定了李雲湘為國民黨的候選人，而把曾稚松指派到雲南某地去做國民黨的候選人。雲南的那樣一個縣，連去也沒有去過，這不是在捉弄人嘛！於是曾稚松忿而宣布退出國民黨，偏要在自貢市以個人身份參加競選。結果，打敗了李雲湘而當選為自貢市唯一的「國大代表」，所以在市民中更為名噪。

除此家族背景考慮之外，主席還得能夠「服眾」，他們認為我還行。另外推選曾思魯（解放以後擔任過四川瀘州市市長，被打成了右派分子）為學習委員，王大松為總務委員。學校當局經過嚴格審查之後予以批准了。當然，我這個「主席」的身份、背景，當局也認真審查過才批准的。

在一九四九年的下學期裏，這是蜀光中學全校唯一存在的一個學生團體，組織龐大，有近百人是「蜀光中學旭川同學校友會」的成員……以後以之為基地進行了許多活動：祕密傳播《新民主主義論》、《大眾哲學》、《論聯合政府》……等等書籍，抗交高額學費，組織兩校同學交流、聯歡。

一九四九年冬，在自貢市的國民黨「中統」、「軍統」的破壞計劃裏，有砸毀鹽場、屠殺地下共產黨地下團等等人員……的詳細計劃。蜀光中學是破壞對象，不少教師和同學都上了「黑名單」。為此，中共地下組織在蜀光中學學校成立了「護校大隊」，把校警隊的幾支步槍提了。中共地下黨員徐文玉拿出了一支手槍，又找來了一些大棒，把「護校大隊」武裝了起來。「護校大隊」有二十多個同學，十來個教職工，一共四十來個人。新民主主義地下社員：劉稚明、陳永康、倪霖、朱立章……中共地下黨員徐文玉、何光耀、夏君厚、易明昆……其他還有上官舉元、胡思敏、李鑑三、羅孝雲、謝合符、陳富全（這六個加上我和劉稚明是新民主主義社——地下組織的社員發起組織的「得失之鑑」社的成員）……都是隊員。推舉同班同學羅齊原任大隊長，我任副大隊長。

「護校大隊」的任務主要是站崗、放哨、巡邏。蜀光中學校園面積很大，有幾百畝之廣，地處釜溪河畔有名的伍家壩上。沿著河岸是好幾里路長的慈竹林：千千萬萬竿高大茂密的慈竹，高達一二十米，鬱鬱參天，綿綿幾千米長，密密一二十米寬，沿著釜溪河岸，成為校園外的一道美麗的綿綿密密的「銅牆鐵壁」般的綠色天然屏障。綠色天然屏障裏面掩蔽著一條蜿蜒的公路，再裏面便是四百米跑道的大運動場。大運動場旁邊是近千平方米的室內運動場，再過去是很大的游泳池。在解放前的全國的中學裏能擁有游泳池的，蜀光中學在全國是唯一的。學校有可容一二千人的大禮堂、教學大樓、宿舍大樓、女生部大樓，巍峨整齊的矗立在伍家壩上。校園裏樹木蔥蘢、綠草茵茵、鮮花遍布，有如公園般的美麗……校園在廣闊的平壩上，依山傍水，大壩後面是綿延起伏的山林，山上是美麗的思蜀亭、惜陰樓、敬思碑……山腰樹叢裏影影綽綽一幢幢庭院式的教師小樓，庭院裏樹木蔥蘢，鮮花常茂，葡萄架下一幢幢舒適的園林式的小別墅，如此美麗舒適的教師居住環境，在全國中學而言，堪稱罕見！……山下還築有可容一二千人的防空洞（一九四一年校園曾被日本鬼子轟炸過，把教學大樓攔腰砸斷成了兩截）。整個校園比重慶南開中學校園要大好多倍。因為當時曾經一度提取自貢市徵收的國家全部鹽稅的千分之三給予蜀光中學辦校，當時鹽稅收入一度曾經達到過國民政府全部稅收的百分之四十以上，提取這千分之三那可是很可觀的一筆經費，所以使得蜀光中學的學校建設能夠達到全國第一流的。

蜀光中學先後任過校長的張伯苓、喻傳鑑、陳著常都是中國知名教育家，現在校園裏都為他們塑立了銅像。張伯苓是中華民國教育部長，曾經兼任南開中學和蜀光中學校長，教師大都是畢業於北京大學、南開大學、武漢大學……等名校的。綜合上述種種，解放以前的蜀光中學，在全國中學之中堪稱第一流的中學是毫無疑問的！

時至今日，具有八十餘年歷史的蜀光中學已經成為「國家級重點示範高級中學」全國首批一百所之一，學子遍及全世界，其中有中國科學院院士、工程院院士、美國紐約科學院院士、美國自由勳章獲得者、將軍、高級幹部、知名大學校長、知名學者、藝術家、專家、教授、作家……

一切指揮安排都落在了我這個副大隊長的肩上。夜晚每三個鐘頭一班，我得一個一個的去把人叫醒過來，還得帶著兩個人山前山後去巡邏。巡邏一遍下來，得一兩個鐘頭。我們都認真負責以「校之干城」自居，似乎學校這兩千多師生員工的安危都繫在了我們身上。其實對於任何敢於前來進行破壞之敵對力量，我們都是無能為力的。

但是憑著我們年輕的勇敢和忠誠，以及少年特有的狂妄，我們十多個拿著步槍大棒的「護校大隊」隊員，竟趁著夜色潛行到學校後山下，主動出擊，去包圍搜查了一座民房。因為根據情報，當天夜間前來破壞學校的敵對分子，潛藏在那裏，所以我們冒著危險想去抓著這些敵人。當然，搜查結果只是一場虛驚而已。雖然如此，但說明我們勇敢、無畏、忠誠、狂妄的在履行著我們視之為神聖的職責。

一九四九年「冬防」「軍統」破壞。我在蜀光中學讀高三，十八歲，擔任護校大隊副大隊長。

第五章

狼奶——洗腦

一

我們真是歡欣鼓舞的迎來了「解放」，我由於「解放」以前就「跟著共產黨走！」而且有著那麼些出色表現，所以「解放」以後很快就參加了中國新民主主義青年團。作為團員自然是更為積極的參加一切「社會活動」，如抽調一些人去參加「禁用銀圓」宣傳、「徵糧剿匪」運動……

青年團組織要高三主辦全校的黑板報，叫我負責，而且冠以「總編輯」的頭銜。我這人已經養成了認真負責的性格，而且這任務是在宣揚黨的思想，也當然被認為就是在宣揚真理，是神聖而又光榮的任務。其實已經開始「積極主動」的去自我「洗腦」——時髦用語是「換腦筋」，而且主動作為「洗腦」的工具去為他人「洗腦」！開始了吸食狼奶而且販賣狼奶，卻「自豪」的以追求真理、宣揚真理者自居！有感於重擔在肩，黑板報被辦得轟轟烈烈……每次出版之後，圍觀者絡繹不絕，在學校影響很大，

一九五〇年六月，中國新民主主義青年團西南工作委員會舉辦第一期西南團校，培養縣一級的青年團專職幹部，所以對於入學的學員選撥很嚴

格，要求條件也很高。要求「政治可靠、思想進步、工作能力強、積極進取、有培養前途……」等等，在西南各省、市去進行選拔。能夠被選拔去西南團校比考上一個好的大學還更「光榮」，因為去也就等於已經「參加革命」了！

中共自貢市市委組織部在自貢市選派，全市抽調了學生五人，工會幹部一人：蜀光中學二人，劉稚明（地下社員）和我一同去了西南團校；旭川中學一人劉玉容（地下社員，後來擔任過中共宜賓地委組織部長到退休）；市中一人（被打成了右派分子）；市工業高等專科學校一人（後來發現是特務，被逮捕判刑）；市總工會一人。記得劉伯承、張繼春、于江震、康乃爾……和西南局、西南軍政委員會的一些首長都來做過「報告」。

在「解放」初期，黨校、團校、幹校、革命大學……諸如此類，學習期間書本、文件是很少的，做「報告」就是上大課，很有點「言傳身授」的味道，叫做發揚革命傳統。這些大首長來做的報告，我們都視之為真理——實際上是「洗腦」。但我們都聚精會神的聽，很認真的記筆記。

在延安「抗日大學」時候毛澤東等人就去上大課……

康乃爾上大課最多，因為他是西南團工委書記兼我們的校長。

第一期西南團校共有兩百多學員，學員全都是黨員或者團員，不少是地下黨或者地下團的：有四川大學、重慶大學、雲南大學的應屆畢業生中被視為「尖子」的優秀黨員、團員，還有四川省、雲南省、貴州省、西康省的著名中學的應屆畢業生中被視為「尖子」的優秀黨員、團員，還有數目不多的工人黨員、團員。中國人民解放軍單獨組成一個班，有四五十個人，是從駐守在西南地區的中國人民解放軍的團以上單位選拔來的軍官，都是黨員。所以西南團校的學員，在政治上都是被視為可靠的。

「解放」初期，國民黨潛伏下來的特務活動在重慶很厲害，所以凡是有首長做報告的時候，我們西南團校都被安排坐在最前面，距離首長最近的地方，有點「隔離牆」的味道。一九五〇年西南暑期學員在重慶大學團結廣場舉行開學典禮，劉伯承司令（當時還沒有授軍銜，一九五五年全國首次授軍銜後才稱為元帥）來開學典禮上做報告，我們就坐在最前面靠近主席臺的地方。事後卻從主席臺旁邊的陰溝裏面搜尋出了藏匿的一口袋手榴彈。當時還沒有更多的引爆手段，必須拉引線才能爆炸，因為警戒森嚴，所有的特務都無法靠近，也就沒有能夠引爆。

其實在西南團校的學員之中，也不是絕對的「純潔」、「可靠」的，從我們自貢市選派去西南團校的六個人之中，就有一個劉＊＊，是從自貢市工業高等專科學校選派的一個「優秀團員」，該校只有一個選派名額，劉＊＊是中共自貢市委宣傳部長馬慧民手下的大紅人，是馬慧民培養出來的自貢市學生聯合會第一任主席。西南團校畢業之後，我們三十來個人被分配到了川南團工委。川南團工委留下了兩個，劉是其中的一個，留在了書記辦公室。後來被察覺劉＊＊無論什麼信件、文件他都悄悄的拆閱，連書記王宇輝親啟的「絕對機密」文件，他都要偷偷拆閱，因而引起了懷疑。經過公安局調查，原來是和臺灣尚有著聯繫的潛伏下來的「軍統特務」。以後劉＊＊被逮捕並被判了徒刑。一九五四年，我在中共涼山工委工作團去檢查「雷、馬、屏、峨（勞改）農場」的「民族政策」執行情況時候，遇到過劉＊＊，劉＊＊在那（勞改）農場裏勞動改造，還和他交談了一會。

二

西南團校的學習內容是革命的「啟蒙教育」：人生觀、社會發展史、為人民服務……實際上全都是進行洗腦！

印象非常深刻的是其中兩個學習單元：其一是「建立革命人生觀」，其二是「忠誠老實運動」。

其一，建立革命人生觀：首先要每個人交代自己的形形色色的「非無產階級人生觀」，自我向小組的十多個人交代。當然五花八門，都是出身於剝削家庭，都有「原罪」。出生在剝削家庭就是一種罪惡，更何況，許多人在「覆巢」之下，到「革命隊伍」裏來是為了「尋求出路」，為了生存發展，為了「當官」……諸如此類「個人主義」目的。個人交代之後，便進行小組分析批判，把你的「罪惡」（原罪）批判得「狗血淋頭」，「刺刀見紅」，每個人都要找出「主導思想」——罪惡根源。

「主導思想」歸總了你的「原罪」，伴隨你一輩子在「革命道路上」去「贖罪」！「革命道路」成了你的「贖罪」之路，你能夠不誠惶誠恐的夾起尾巴做人嗎？

我們那個小組十多個人，大學生、中學生各占一半。一個劉增羽，他自我介紹總是：「我劉邦的劉，范增的增，項羽的羽！」又是四川大學英語系的畢業生，家庭出身地主兼資本家，交代時候說：「想到朝鮮去訓練美國俘擄兵，不想搞青年團的工作。」那時候抗美援朝已經開始，和帝國主義陣營已經兵戎相見，學了英語實在已經「前途渺茫」！以後全國禁了二十多年的英語！他「留戀」英語——帝國主義語言！「你為什麼偏偏要去大學學英語？」被批得花樣百出。這位老兄「不磕事」，一笑置之；後來分配到雲南，擔任《雲南青年》雜誌主編，被打成了右派分子。

還記得一個姓龍的，是雲南「邊縱」的——川、桂、黔、滇邊區游擊縱隊，朱家璧領導的中共地下武裝。龍正在爭取入黨，所以批判別人的時候很是積極……以後謝富治在雲南把「邊縱」的一網打盡，幾乎全部整成了右派分子，姓龍的當然沒跑脫。還有一個我，也成了右派分子……但我肯定，絕對不會就此三個被打成了右派分子。

當時已經提出「一團和氣」、「展不開鬥爭」都是「落後」分子。所以二十歲上下的男男女女娃娃們「廝殺」得心驚膽戰！自認為是乾乾淨淨的、純純潔潔的、一塵不染的突然都成了骯骯髒髒、滿身血跡、罪惡滔天！「思想鬥爭」劇烈得使一些人痛哭流涕，茶飯不思……人人都有「原罪」，人人都自感罪孽深重！這正是「組織」要求的效果！

其二，忠誠老實運動：二十歲上下的年輕學生應該說歷史清白——不，不會清白的！首先要求你交代個人歷史，同時交代社會關係——祖宗三代、親戚家們、國內國外，特別是有和「國民黨反動派」軍警憲特的關係或者有牽連的都必須交代清楚……個人的即使清白，「四面八方」一清理，就很難以清白了，總會有點什麼什麼的被塞入檔案——那就又是一輩子的「把柄」捏在「組織」手頭了！

以上兩點內容，在當時的黨校、團校、革命大學、軍政大學、幹部學校……要進入革命隊伍，全都如此，無一例外，統統列入你的個人檔案，伴隨你一輩子。「疤疤」捏在「組織」手頭，「渾煮白切」只能夠「聽憑宰割」了！這些「原罪」列入了檔案，伴隨你的一生，以後不斷的種種「淨化」、「清洗」、「運動」……這就是原始依據，有了新的「材料」又不斷塞入檔案……共產黨「治理」自己人的手段之骯髒，全在於能夠以之來卡著你的「命門」。毛澤東對付周恩來、劉少奇……不都用的這種手段嗎?!

*

「忠誠老實」運動祭

一九五〇年六月，我十九歲，在蜀光中學畢業，奉調入「西南團校」學習，都是些二十歲上下的男女，開始了今生的「思想改造」進程，從此「換腦筋」，換來換去換到如今……

毛澤東治下幾十年間，從不間斷的進行各式各樣的「淨化」、「清洗」、「下放」……「檔案」就是依據。文化大革命期間，特別駭人聽聞的「人口淨化」措施，有的地區把「地、富、反、壞、右」五類分子全家男女老少屠殺得一個不留！駭人聽聞的罪惡事實如北京大興縣，「紅衛兵」動用武裝民兵把五類分子連同他們在外地工作的子女都通知回村，集體關閉在房子裏用大刀、梭標直接殘殺了數百人。八十五歲的老人、幾個月大的嬰兒都未能倖免！湖南道縣的殘殺行動是以村社為單位把農民集中在打穀場，由基層革委會主持，先把「地富反壞右」五類人員的全家成員捆綁，然後指定農民中的貧下中農動手執行殺人任務，用鋤頭、鐵鍬、大錘、斧頭、鐮刀等農具做兇器，集體殘殺——男子殺男子，婦女殺婦女，老年殺老年，少年兒童殺少年兒童，現場執行中多數是把受害者拖倒在地用鋤頭搗死，整個殺人場一片淒慘的哀叫聲，鬼哭神嚎，天昏地暗！被驚嚇的婦女兒童們被驚嚇得逃離現場……如此的「人口淨化」——把地、富、反、壞、右「斬草除根」！在全國多處曾經氾濫一時，「人口淨化」和希特勒的滅絕猶太人有什麼差異？遺臭全國！遺臭萬年！

西南團校畢業以後，我們小組的十多個人分配到了西南各地，以後杳無音信。多年以後，道聽塗說得知：升官的官至地處級、省廳級的有好些個，打成右派分子的好些個——劉增羽、龍＊＊、我……等。但我想遠遠不止這麼些個。

除此之外，還有團的基本知識。那時候叫做「中國新民主主義青年團」，到了一九五三年把原來「中國新民主主義青年團」的團中央書記馮文彬，因「鬧獨立」等等錯誤的罪名而下臺，才更名為「中國共產主義青年團」。所謂「鬧獨立」也就是「不馴服」，青年團是共產黨的「最親密的助手」，竟「不馴服」，當然下臺！

第一期西南團校，最先在磁器口原四川省教育學院的校址（後來成了建築工程學院的校址），借了幾列破舊的房屋來使用。共有四個班，一個班幾個小組，一個小組十多個人，吃、住、學習、討論都在一間小屋裏。不久搬進城，每個人從磁器口揹上自己的被蓋捲，列隊步行。從沿著長江邊那條公路，經過小龍坎、化龍橋、李子壩、上清寺、進城，兩百多人稀稀拉拉的走了大半天，一個個走得精疲力竭。這些人大多數都是出身於「剝削者」的家庭，養尊處優。像我就從來沒有幹過這種「負重行軍」

的幹活。大多數人也都是「破題兒第一遭」，暗暗的叫苦不迭。當然還必須「強露笑顏」「讚美」勞動偉大！

進城後住在兩路口，原來的求精商學院裏，在以前住過美國兵的大樓借用了一層來使用。當然，吃住一切都因陋就簡，吃的是「混合菜」，也就是把青菜、豆腐、蘿蔔……有時加上一點豬肉，切成塊，亂七八糟混在一起，用大鑼鍋一起煮熟。開飯時候，一人給你一大瓢，實際上完全是野戰軍行軍打仗時候的「菜譜」和作派。北方寒冷，亂七八糟煮在一口大鑼鍋裏，既方便快速又不易冷卻。炊事員全都是從野戰軍下來的，其他的「菜譜」和作派都不會，也就只能「發揚革命傳統」了。一天三頓都是稀飯、饅頭、混合菜，四川人吃慣了乾飯當然不習慣頓頓啃饅頭，不習慣也不敢說，怕招來個「資產階級作風」的帽子。很餓，便悄悄的跑出去吃一碗麵條。素麵八百塊錢一碗，紅燒牛肉麵一千二百塊錢一碗。每個月發給三萬塊錢（一九五三年幣值改革，一萬元舊幣換一元新幣）零花錢，用去買牙膏、牙刷……諸如此類。我當時抽菸，在蜀光中學讀書的時候就開始抽菸，抽的好菸，美國菸「駱駝」牌諸如此類，現在當然就只能抽劣等菸了。

除了集中去聽「大報告」（有時候去和西南黨校的一起聽，從兩路口步行十來里路到李子壩，當時西南黨校在那裏）之外，就圍坐在一起討論、發言。為了表明積極要求思想改造、追求真理，發言爭先恐後，爭論得面紅耳赤。這種爭論，所謂的「思想鬥爭」——「共產主義思想」和「非無產階級思想」的鬥爭，實際上也就是「人奶」和「狼奶」的鬥爭；人性和獸性的鬥爭；獨立人格和依附人格雙重人格的鬥爭。而這種鬥爭僅僅是序曲，從今以後，這種種鬥爭將無休止的鬥爭下去，貫串於我們的「革命」

生涯。這種自我洗腦、相互洗腦也將貫串於我們的「革命」生涯。

一九五〇年的重慶，在我記憶之中很冷，我們睡在樓板上，必須擠在一起，否則夜間難以抵擋住寒氣。已經很冷很冷了才發放了一人一套深藍色的棉制服，那時候稱之為「幹部服」。從中央到地方，從毛澤東、劉少奇……到炊事員，都是一個式樣，進北京城以前全都是布料製作的。毛澤東、劉少奇、周恩來……在西柏坡時候全部都穿的布料棉制服。男的是「中山服」（「毛服」）式樣，女的是「列寧服」式樣。男女都有一頂棉帽子，風帽式樣，放下來可以遮住兩個耳朵。還有一條雪白的洗臉毛巾，不少人用來圍在脖子上，當作圍巾使用，但是太短，兩端必須塞入領口的上衣裏面去。這在當時似乎成了很時髦的裝束，其實依然是從北方沿襲過來的。全國所有的幹部都統一服裝，式樣基本相同。到了一九五一年時候，縣、團級以上的幹部才發放了一套藍色粗毛呢的「毛服」。有如解放軍軍服統一著裝一樣，此時解放軍的團長以上發放了一套草綠色毛呢制服，以下的都是布料的。剛剛穿上這種「幹部服」覺得很神氣，同時也覺得這是「為人民服務」的具有「使命感」的標誌，革命生涯開始的象徵！

第六章
血的洗禮——鎮反親歷

一

西元一九五一年春，我們十一個年齡二十歲上下的年輕人從西南團校第一期畢業之後，興致勃勃的踏上了「革命征程」，高高興興的被分配到了樂山地團工委。

當時全國已經先先後後展開了「三大運動」——即「鎮壓反革命運動」、「抗美援朝運動」、「土地改革運動」。

當時中共樂山地委和我們樂山地團工委都在月兒塘公園附近，相距有一百米遠近，不久我們地團工委的那幢小樓被特務縱火全燒光了。我們便隨中共樂山地委一起搬遷到了學道街，相距一牆之隔。我們地團工委機關在中間，辦公和居住都在裏面，左邊是中共樂山地委機關，右邊是中共樂山地委書記魯大東（以後擔任過四川省副省長、省長、省委書記、中共中央委員）居住的一幢小樓。魯大東那時候還單身一人，有一個警衛員，一個炊事員一起住在那幢兩層小樓裏面。小樓有書房、臥室、客廳、餐廳、廚房、衛生間、浴室，加起來大概有三百多平方米的建築面積，小樓外面還有個小花園。這在當時而言，算是「高級」的了。

我們這些幹部都住的集體宿舍。七，八個人一間，一個人的「領地」也就一張簡陋的單人床！當時，整個樂山地委、專署只有魯大東一個人才享受這種待遇。

我們地團委機關和魯大東住的小樓都是接收聚興成銀行的銀行營業廳、金庫、住所等等房屋。「解放」以後，全國各地大小城市裏的一切樓堂館所、高樓大廈全都以「沒收」、「徵收」諸如此類名目首先予以「共產」，全都歸咱們共產黨機關占有使用了。魯大東住的小樓是原聚興成銀行的行長住的，深居院內，安全謹慎，進出都要經過我們地團工委，一牆之隔，一門出入。

我們吃飯和地委的幹部都在地委伙食團，領津貼、開會、學習、娛樂、節日……等等都「一視同仁」。所以地團委被視為地委的一個「附屬」，都同樣被視作共產黨的「要害部門」。當然也有著「度」的差異，而這種「度」是極其嚴格的！我被分到了地團委宣傳部。

當時全國幹部都是「供給制」——吃、穿、住都按級別發放「實物」和三萬塊零花錢。一九五二年全國改為了「包幹制」——按級別等級發放不同數目的錢，吃、穿則由自己去管，也就是從發給三萬塊錢增加到十多萬塊錢，但你得自己去機關食堂購買飯菜票，一個月以七萬、九萬、十一萬去買大、中、小灶等級差異的、不同類別的伙食來打發自己。

大灶一個月七萬塊錢也不低了，夠三幾口普通人家一家子人的生活費。大灶伙食也中午晚上都有四葷、四素、一湯，較諸大多數老百姓難見葷腥的貧賤生活也是頗高級的了。不過那時候的「四葷」，幾乎都是豬肉。中共樂山地委宣傳部長方馳辛做報告時候罵小幹部的話說：「肉絲、肉丁、肉片把你們餵肥了！」雖然絲、丁、片花樣不同，卻依然全是豬肉，肥肉就做成「東坡肉」——那是北宋時候蘇東坡「犯了錯誤」坐牢以後被充軍到了湖北黃州（黃石），山珍海味吃不上了，只能夠弄到點豬肉，豬肉難吃而又不得不吃，無可奈何之際，自己摸索「發明」出來的。有蘇東坡的詩為證：「黃州有豬肉，價賤如糞土，富者不喜食，貧者不解煮，微微火少少水，功夫到時味自美！」此時實際上依然是「富者不喜食」的。

咱們的首長們的「飲食文化」已經很有「檔次」了，小灶以上就不吃豬肉。樂山的名產：江豚、蟹黃、雞腳皮、棒棒雞諸如此類，大灶絕對沒有份去品嘗，只有專灶和特灶才有資格去品嘗。魚也如此，岷江裏的魚都很有名氣，所有的魚都比豬肉貴得多……「灶」之大小不同，其間的等級差別卻很大。這種「大、中、小灶」的差別延續了很多年，王實味在延安寫文章譏為「衣為三色，食分五等」就已如此了。這種生活享受上的巨大差異由來已久……王實味還因為寫了那篇〈野百合花〉而遭到了毛澤東的祕密處決，用大馬刀砍了腦袋瓜！

我們地團委是由中共樂山地委宣傳部長張力行兼任地團委的書記。張力行以後升任專員，再升任四川省副省長。另外有一個從中央團校畢業分來的，叫孫滔的做祕書，其他的十多個人則都是「兵」，還沒有誰是「官」。

二

一九四九年，國民黨軍陳超部隊在這裏被擊潰，有的逃向雲南，有的逃進涼山，很少數潰散潛伏下來。樂山越過峨嵋山便是大、小涼山高原的邊緣，崇山峻嶺，雷（波）、馬（邊）、屏（山）、峨

（邊），是有名的窮縣，全是些大山老林，「土匪窩子」。那裏的老百姓太窮了，千百年來過的是食不果腹、衣不蔽體的野人般的苦難生涯。苦難的歷史形成了他們販賣人口、販賣鴉片、槍彈、黃金、白銀的行當，為了一口袋玉米棒子就可以殺人越貨。國民黨時候就已有屯兵、屯墾的墾場，那是用來和彝族相對峙的武裝力量。但那裏已經成了地方土豪劣紳割據，國民黨鞭長莫及反而與之分庭抗禮的勢力範圍。

當時解放軍接收了這些墾場，改建為「國營雷、馬、屏、峨（勞改）農場」，這片地域，一面是大渡河，一面是金沙江，一面是大涼山，在這惡山惡水的包圍之中，建起了西南最大的監獄——勞改農場，跨越五個縣。以後陸陸續續把西南地區的「重罪犯人」都集中到這些不毛之地墾荒來了。全國如此，許多監獄都在惡山惡水的不毛之地。要千百萬勞改犯人——國民黨時代的富豪官吏沒有被殺害的——去征服不毛之地，以後許多從「肅反」、「反右」……等等運動中整出來的「懷疑犯」、「思想犯」等等囚徒都被弄到這些不毛之地來了……

二十世紀六〇年代，饑荒歲月裏，在這些勞改農場裏餓死、凍死、累死的勞改、勞教分子不可勝數……遍布全國各地的「古拉格群島」，數目驚人！白骨驚人！毛澤東屠殺的八千多萬冤魂當中，此中有的是「入帳」了的，肯定尚有不少是未予「入帳」的！殺死人、整死人、餓死人、冤死人……一直都是「保密」數字，不得為外人「道來」的「隱私」！

在一九四八年、一九四九年，蔣委員長就在重慶、成都舉辦了好多期「反共游擊幹部訓練班」，把各地的中統特務頭子、軍統特務頭子、土豪劣紳、黑邦頭子、慣匪頭目……他認為各種以後能夠用來反對共產黨的勢力，都一起召集到重慶、成都來，進行了各種反共游擊的相關訓練，而且一個個委任為「司令」、「副司令」等頭銜。樂山地區被蔣委員長召募去「反共游擊幹部訓練班」受過訓並被委任過「司令」諸如此類的「反共救國軍」頭頭非常多，因之反共武裝力量也非常強大而且頑固。

我帶幾個幹部要到峨邊縣去建立縣團工委。從樂山去峨邊縣城，交通險阻，來往全靠步行。過了峨嵋縣全是險峻山路──大峨山、二峨山、三峨山……翻山越嶺，路上還有「反共救國軍」伏擊、劫道者不斷。從樂山去峨邊得步行兩三天，現在通了汽車只需幾個小時。

走山路成了最大的考驗，走得來雙腳起血泡、雙腿發顫、腰痠背痛、精疲力竭。當時有句順口溜說：「上山腳桿軟，下山腳桿痠，平路腳打顫，站著打竄竄。」來訴說那種「行路難」的勞累艱辛。但是沒有任何交通工具，行軍、工作都只有靠這兩條腿，別無他法。

當時峨邊縣城在大渡河的對面，鐵索橋被反共救國軍破壞了，只有用船渡河。波高浪險，我們用的是木船渡河；再往上游，大渡河水流更為湍急，則只能用牛皮船了。那峨邊縣城易守難攻，解放軍攻占了縣城，城裏還隱藏著很多反共救國軍的武裝力量，和四外占山為王的反共救國軍裏應外合，軍隊便守不住城，又被「反共救國軍」打出來。攻進去，打出來，拉鋸戰相持近一年，第四次打進去才站住了腳跟。

我們到樂山地團委時候，樂山城裏還不時出現投毒、暗殺、放火的情況。當時中共樂山地委還在月兒塘公園旁邊坎上，我們地團委是一處獨立的小樓。一天夜裏，我們全都下去「搞運動」去了，只留下一個女同志何以能看家。何以能是和我從西南團校一起分到樂山地團委來的。夜間小樓幾處燃起來，立即火勢熊熊。何以能是大家閨秀出身，伯父是黃埔軍官學校第一期畢業生，曾擔任過國民黨抗日時期陪都重慶市的城防司令、將軍。何以能在重慶加入了中國新民主主義青年社（地下組織），當年像這種出身富家的子女，「著了魔」參加地下組織的不少，相信這就是追求真理、追求民主、追求自由。以後大多數都倒楣的被毛澤東打入了「另類」……如此突然大禍臨頭，她在驚恐之餘，強力鎮定自己。她分在組織部，她想最重要的應該是檔案。大火熊熊，她拖著一張裝滿了檔案的沉重的字檯便往樓下拖，真不知道哪來的那麼大的力氣，把那張存放檔案的沉重的字檯竟獨自的拖下了樓，再拖出了大門。當她再一次衝進去還想搶救點什麼的時候，火勢熊熊，她毫無經驗，被濃濃的煙霧熏倒在大火下面，地委的人趕來才把她救了出來。

三

不久全國掀起了「大張旗鼓、雷厲風行、轟轟烈烈的鎮壓反革命運動」。

我們便和地委的幹部一起投入到了「中心工作」之中。當時，我們地團委除了書記張力行之外，只有一個黨員，是地下黨的名叫王錄修，讀過一年高中，輟學，但以後擔任過樂山師範高等專科學校黨委書記。

我和王錄修作為工作組去了樂山中等師範學校，因為那裏的校長是已經內定了的逮捕對象。公安部門在學校裏面，已經在教職員和學生當中布置好了一批積極分子，由這些積極分子輪換著，二十四小時祕密監視著這逮捕對象。一切行蹤，點點滴滴都得向我們回報，如果有異常狀況，我們則立即向上面報告……

不久以後，進行了一次大逮捕行動，這些內定的逮捕對象由於被嚴密監視，故爾全都被「一網打盡」。

與此同時各個地方都展開了大逮捕行動！「三．二五」大逮捕逮捕了數以十萬計的人，操作方式大同小異。不多時候，快速的進行了一次大鎮壓。

當時槍斃人，基本上無須什麼認真審問諸如此類過程。運動的時間緊迫，以其「反革命」的身份，首長認定應該槍斃的大筆一揮也就批准槍斃了。「從重、從快、從嚴」的「大屠殺」方針也就是從茲起始。「從重、從快、從嚴」濫殺無辜不斷繼續、發展、無度、氾濫也就是從茲起始……

樂山高等技術專科學校（大專）校長李乃堯曾同周恩來一起在法國勤工儉學，參加了共產主義小組……回國後，又加入了國民黨……李乃堯曾經擔任過自貢市高等技術專科學校的校長，自貢市人，「雙牌坊」李家名門的公子。「上牌坊」、「下牌坊」那是自貢市的「榮、寧二府」——李家的兩座「大夫第」一牆相隔，因而被稱之為「雙牌坊」。其間牌坊、樓臺、亭閣、花園、殿堂，各種建築，雄偉壯觀。可惜在解放之初即被視之為自貢市的封建堡壘予以狠狠剷除，轉眼之間立即被掃蕩得蕩然無存，連片瓦寸磚也無以尋覓！全國如此，大多數文物建築被「革命」、「共產」掃蕩破壞延續了幾十年，而今尚存者不足其十一！毛澤東是中國歷史文物破壞的最大禍首，幾千年才出這麼一個！

和李乃堯同時「背叛」封建貴族家庭，逃亡出去追求真理的（從後花園鑽狗洞逃跑出去的）還有另一李公子，此李公子沒有去法國，去了北方，以後去了延安參加了抗日戰爭、解放戰爭……以後在國務院的某部擔任副部長。此副部長的兒子李銳（一九五〇年出生）著有一部長篇小說《舊址》，演義了「雙牌坊」的興亡歷史。李銳還寫了一本以自貢市歷史為題材的小說《銀城故事》等等（均被譯為多種文字），因而曾經獲得過「法蘭西藝術與文學騎士勳章」，接受了法國總統希拉克的親自頒獎……

我的祖母是「下牌坊」李家的四千金，比「下牌坊」李家的公子李乃堯和那位副部長高一輩，我叫李乃堯以及那位國務院的副部長為「表叔」。

李乃堯是樂山「大張旗鼓」中的首批鎮壓對象。據稱李曾經得到過周恩來的兩封信，要他去北京工作，李遲疑未定，遭到了逮捕。同時鎮壓的都是樂山的軍、警、憲、特的頭頭。

在樂山，這是第一次開萬人「公審大會」。那時候，殺場設在青弋江江邊沙灘上，暮春枯水時節，江水下降，露出來很闊的一片片沙灘。沙灘左前面是岷江和青弋江、大渡河三江交匯處，江面很寬，波濤洶湧，那有名的樂山大佛就矗立在眼前。樂山大佛在三江匯流處，與樂山城隔江相望。樂山大佛雕鑿在三江交匯處岩壁上，依岷江南岸凌雲山棲霞峰臨江峭壁鑿造而成，又名凌雲大佛，為彌勒佛坐像，是唐代摩崖造像的藝術精品之一，是世界上最大的石刻彌勒佛坐像，高達七十一米，與棲霞峰等高，巍巍壯觀！大佛後面鬱鬱蔥蔥的山上是著名的規模很大的凌雲寺——和尚已經被驅走了，改為「榮譽軍人療養院」，住了許許多多從朝鮮戰場上被打得斷胳膊少腿的「最可愛的人」……

大佛的兩隻腳在岸邊，身軀從江邊直抵山頂，大佛的頭與山頂相平。整個大佛乃戳山而成，高達七十一米，突兀在那筆立陡峭的土黃色崖壁間，真乃雄偉壯觀！大佛的一隻手掌上面就能夠擺下幾張桌子，可見其龐然之軀偉岸形象也。

樂山大佛昂昂然的俯瞰著整個樂山城，而今也昂昂然的俯瞰著這新開闢的殺場。大佛如果還有靈氣，定然想不到，他俯瞰了千百年的平靜的沙灘上竟突然如此喧囂！人們竟選擇在他的眼皮子底下來大開殺戒！真是阿彌陀佛啊！

槍斃人那天，萬人空巷，圍觀者人山人海，我也親臨現場。李乃堯高大魁梧，穿的一身深灰色長皮袍，神色自若，也頗有點「視死如歸」的坦然！

那年月槍斃人，都用威力很大的步槍：用槍口緊緊抵著後腦勺，一槍下去，腦殼粉碎，紅色的血漿向天空亂噴，灰白色的腦漿濺灑得遍地。槍斃之後，已經沒有腦袋了，只剩下軀體！老百姓沒有眼見過這樣槍斃人，有的說人道，有的說非人道。人道抑或非人道？眾說紛紜。我活了這二十歲的人也是第一次看到殺人。面對此情此景——塗地的血漿、腦漿！心情免不了緊張，但是必須強自鎮定，顯得泰然……靈魂深處，人性與獸性的搏鬥便悄然而生！

至於「人道」、「非人道」之說，當時億萬草民和我們這些年輕幹部都太孤陋寡聞，「老革命」們的「保密工作」又做得百分到家：延安時期殺人基本上不「浪費」子彈，都是「斬首」、「活埋」手段。活埋的較多，叫你自己挖坑自己跳下去，劊子手只負責填土。以後在東北，基本上都是「蘸糖葫蘆」——把被處死的人吊起來，拔光一切——赤身裸體用鞭子、藤條諸如此類抽打，打得皮開肉綻、血肉模糊；抽打數百鞭，打得鮮血佈滿全身，成了鮮紅的「血人」，叫做「蘸糖葫蘆」，真比「凌遲處死」那般殘酷！還同樣必須男女老少去「殺場」目睹殘暴，聽那痛苦的嚎叫，看那悲慘的走向死亡！當人變成了野獸時比野獸更加殘暴！毛澤東的超級法西斯主義從湖南走向文化大革命，就是如此這般走過來的！

就是要人變成為野獸，讓更多的人變成為野獸！和德國法西斯、日本武士道一個樣，只是日甚一日的向著「超級」發展。殘酷的殺人，而且要男女老少都去面對其殺人的慘烈，被稱之為「階級教育」、「革命教育」，實質上是毀滅全民族的人性，以獸性驅除人性！這是毛澤東給予全國人民的首次血的洗禮！

我們這些幹部，親臨殺場的時候，報社要我們蒐集「反應」。……「觀眾」們大都看得膽戰心驚，剛剛解放，老百姓長袍馬褂什麼服裝都有，還來不及「換裝束」，像我們穿幹部服的很少也很打眼，所以看見我們避之唯恐不及，把我們也視作儈子手一般……

第二天，《新樂山報》登了許多「擁護」諸如此類的群眾反應，當然都是記者的創作了。

作家李銳在他的長篇小說《舊址》中又是如此描述那場大張旗鼓鎮壓反革命的：

王三牛師長命令行刑隊「把反革命分子」們押赴刑場！立即槍決！不知是被這個命令震驚了，還是對這個過分拗口、過分突兀的膠東口音感到陌生，長江上游銀城市的十萬市民二十萬隻眼睛，一動不動停在王三牛師長激動而喜悅的臉上。緊接著，行刑隊長劉光弟更加激動的淒厲的口令聲，劃破了這冰冷而陰濕的驚呆。上報鎮壓的名單遠遠多於一百零八，也許因為是山東人對於梁山好漢一百單八將的偏愛，王三牛師長親自為這次最盛大的『鎮反』大會選定了這個數字……

這一百零八個死囚插上白色的亡命牌，被胸前掛滿彈匣的威武的解放軍戰士推搡著、拖拽著，擁向警戒線包圍著的老軍營校場對面的一截依山而砌的石牆。石牆上濕漉漉的長滿著青苔。剎那間，這一百零八面白晃晃的亡命牌，在那些柔綠的青苔上聚起一股陰森肅殺的鬼氣。

一百零八這個數是王三牛師長親自選定的，劉光弟暗自核對過，在這一百零八人當中有三十二個人姓李，幾乎囊括了九思堂李氏家族三支子嗣當中所有的成年男子。臨行刑的前一天，劉光弟曾向軍管會遞交「請戰書」，要求由他來打響第一槍，親手處決自己的舅公李氏家族的掌門人李乃敬。

隨著劉光弟清脆嘹亮的第一槍，大義滅親的子彈從美式卡賓槍的槍口中無情的呼嘯而出，李氏家族掌門人李乃敬的天靈蓋像一塊破碎的瓦片，飛進到青苔遍布的石牆上，「瓦片」上飛旋的亂髮沾滿了鮮紅的血和粉白的腦漿。緊隨其後，是一模一樣的一百零七次的塗染，那長長的一段石牆變得彷彿霜染秋林似的斑斕……

那令人膽戰心驚的一百零八顆子彈的呼嘯聲，李氏家族在銀城數百年的統治和繁衍終於結束。遍布銀城街頭巷尾的幾十座李氏家族的大大小小的功德坊、進士坊、節孝坊，從此失去了往日的榮耀和威嚴，面對著行人大張著驚恐而醜陋的嘴……

這是小說，文字有些渲染，但所描述的那個殺人場面卻確確是當時的一個縮影。那時候，凡殺人都要組織成千上萬的草民到殺場上來目睹這種恐怖場景。全國大小城市無一例外，從而在億萬草民之中造成恐怖氣氛，顯示暴力社會主義政權的無比威力，要你規規矩矩不得亂說亂動！

「大張旗鼓的鎮壓反革命」，聲勢浩大，全國莫不如此。像重慶菜園壩一天同時槍斃三百多人（上海一次槍斃一千多人），屍體擺了幾里路的長隊，前所未有。殺的方法如出一轍，老百姓稱之為「敲沙罐」。「敲沙罐」不僅全國震驚，在世界上也引起很大的震動……蔣、美方面大嚷大叫說「共產黨殘暴、大陸恐怖」，說：「這是古今中外罕見的大屠殺！」不停的在世界上大造輿論。不久「美國之音」說大陸「敲」了三千萬人，大陸說只「敲」了五百萬！

當時每個星期二都有由地委一級的首長向地委、專署的機關幹部做報告的制度。由於傳媒、書籍的貧乏，最先進的傳媒是收音機，那時候也很稀罕，很少人擁有。這種時事報告，也是政治學習的一種「思想教育」方式。像如此類似的「敏感」內容，都是中共樂山地委書記魯大東報告中說的（聽報告時候，我們都要記筆記的），因為當時只有地師級幹部才可以收聽「敵臺」，其他的人如果發現你收聽「敵臺」，你就屬於「現行反革命行為」，遭逮捕的都有……不過當年魯大東報告中的這個數字不夠準確。幾十年以後，任過國家主席的李先念說了「三個三千多萬」——五〇年代初期幾次「社會運動」共殺掉的是「三千多萬」；五〇年代末至六〇年代初「人禍」餓死的人是三千多萬；文化大革命中死掉的是三千多萬！但李先念這個數字依然不準確。二十世紀末，中共中央黨校曾經舉辦過一次中央部級高級幹部研討班，有兩百多人參加。其中研討的一個題目是「人禍」中餓死了多少人？他們的結論是——四千二百萬到六千萬！原四川省政協主席廖伯康的計算：四川省餓死的達一千二百五十萬，而不是幾百萬……唉！這一類的數字，從來都是祕而不宣，於老百姓而言，迄今一直是個謎！

大屠殺應該是史達林和毛澤東的一種「共識」。

一九五〇年，毛澤東在莫斯科和史達林曾經簽訂了一項祕密《特別協定》。此《特別協定》中第七條：「中華人民共和國之人口，因目前資源缺乏，非減少一億，絕不能支持，其詳細辦法，由中華人民共和國自行定之。」當時中國人口只有五億多，要求「滅」掉五分之一的中國人！

＊

《特別協定》六十二周年祭

一九五〇年二月十二日中共同蘇共簽訂《中華人民共和國蘇維埃社會主義共和國聯盟友好同盟特別協議》，毛澤東把他與史達林簽訂的這個《特別協議》，稱之為「名副其實的喪權辱國的賣國條約」。一九五〇年七月十六日，被美國對外政策協會在紐約公布了此《特別協定》的全部條款，共計十九條；是中國淪為蘇俄奴隸國的絕對喪權辱國的賣國條約。此十九條較諸段政府與日本人簽訂的二十一條，其喪權辱國的賣國程度，遠遠的過之而無不及！《特別協定》第七條：「中華人民共和國之人口，因目前資源缺乏，非減少一億，絕不能支持，其詳細辦法，由中華人民共和國自行定之。」（作者按：當時中國人口只有五億多。要求「滅」掉五分之一的中國人！）後來毛澤東又多次叫打大仗，打核大戰，可以犧牲中國一半以上人口來戰勝帝國主義，都表現了毛澤東秉承史達林的旨意想用戰爭來減少中國人口的思路。

＊

「大張旗鼓鎮壓反革命運動」分為「殺、關、管」三種。「關」和「管」的比「殺」的還多。據檔案數據介紹：四川省被判處七年以上並送至新疆一地勞改的反革命犯就有七十萬人，其他還有許多勞改農場，都送去了數以十萬計的反革命犯人去勞動改造……迄一九七九年八月上旬止，僅湖南全省已摘掉四類分子，即地主、富農、反革命和壞分子帽子的，就有三十多萬人。若再加上株連的，此次「大張旗鼓鎮壓反革命運動」之後，城市人口之中被打入「另冊」之眾，亦乃前所未有，定然不會少於數千萬的數目。從上述片斷中提及的樂山、自貢市、重慶市的敘述，可窺見一斑！當時全國為五億人口，在三億多人口的大半個中國以速雷不及掩耳之勢大開殺戒！在很短的時間裏殺掉了數百萬之眾。毛澤東提的要求是殺掉千分之一，殺的結果遠遠超過了「指標」！以後的一系列運動，都同樣由毛澤東提出了「指標」，每次運動「整」百分之五，連續不斷的「整」百分之五「整」下去，沒有挨過「整」的家庭也就所剩無幾了！

四

這些被快速殺掉的數百萬之眾，被稱之為「五種類型的反革命分子」——「特務、惡霸、反動黨團骨幹、反動會道門頭子、國民黨軍官、憲兵」都歸入鎮壓之列。在一九五〇年時候這麼幾百萬人，擁有武裝還有著盤根錯節的社會勢力，確實是一股非同小可的勢力，故爾在相當一段時間內，也掀起過不小的波瀾：中共中央西南局在一九五〇年三月向中共中央的一份報告中，對於「敵情」有如下敘述：

「近一個時期以來，西南川、康、雲、貴各省，連續有土匪（那時候，對於上述五種勢力統稱之為土匪——作者）在各地發動大規模武裝暴亂。」「繼二月五日在成都西南龍潭寺地區近萬土匪暴亂，殺害我一七九師政治部主任朱向璃及聞訊前往增援部隊五十多名幹部戰士，隨後被我派部隊前往殲滅後，二月份以來，各地土匪又圍攻並占領了包括溫江、崇慶、郫縣、金堂、新繁及川東之秀山等多座縣城。邛崍城遭匪萬人之圍攻。壁山軍分區一夜之間八個區政權遭匪襲擊而全部丟失。平塘全縣我地方工作人員被匪殺害達八十餘人。該縣忠孝鄉一保一次被匪劫去婦女十六歲至二十歲婦女四十名。次日，河揚鄉往平塘趕場之婦女二十一人被匪剝光衣服，七人被強姦，兩名軍屬被強姦後又擄走。清鎮縣屬雞場，三天之內遭匪兩次洗劫，第一次被搶居民十三戶，第二次全村九十餘戶全部被搶，並被土匪殺死七十餘人，八名商人被扔到火中活活燒死。另匪首曾紹華近數萬人接連三次襲擊貴州大學和花溪市，打死學生、員工多人，先後擄走男女學生九十餘名：長順縣匪首支超初用刀活活砍死我副縣長、縣政府部長、科長等四人。

成渝、成灌、渝黔幾條重要公路，渝瀘等水路全部被土匪掐斷，蓉雅、川湘兩路之橋樑全被破壞。土匪甚至組織兒童攔截我軍用汽車，搶走物資，殺害我押車幹部戰士。此類慘案，近日來連連發生，無法一一列舉。這同時，個別國民黨起義部隊在一些匪特的策劃下，也連連發生叛變。如原國民黨李振兵團及二十七軍之六十一師、二十軍之一二三師等。目前，據初步估計，僅川西地區，各種公開活動之土匪就達一〇四股之多，小股數十、數百餘人，大股萬餘人一起活動，總計不下六萬餘匪。並且，還有繼續以極其迅猛的速度蔓延發展之勢。」（當時對於上述的五種勢力統稱之為土匪。一如內戰期間共產黨稱國民黨為蔣匪，國民黨稱共產黨為共匪一樣——作者）

中共中央西南局在以上報告中所描述的僅僅是遍及大半個中國，三億多人口的「新解放地區」的千百宗類似事件的較為「典型」的少數事例而已。諸如此類「反共救國軍」估計有兩百多萬遍布於「新解放區」的山山水水，加上城市裏的國民黨黨團骨幹估計六十多萬，封建會道門骨幹估計六十多萬，如此三百多萬的武裝力量與共產黨勢不兩立的相抗衡，使得新建立的共產黨政權深深感到一時難以「站穩腳跟」！

一九五〇年十月八日，中國軍隊到了朝鮮，正式參加了朝鮮戰爭。兩天之後——一九五〇年十月十日，中共中央發布了〈關於鎮壓反革命的指示〉。

一九五〇年時候，共產黨把這世界分成為「兩個陣營」：「帝國主義陣營」，美國是其老大；「社會主義陣營」，蘇聯是老大，史達林是老大。史達林很喜歡別人稱呼他為「大老闆」。當時全國的流行歌曲中有一首叫〈一邊倒〉。開頭一句是：「一邊倒，一邊倒，我們就是一邊倒。」這首〈一邊倒〉我們都唱，全國男女老少都唱，要大家都倒向「大老闆」的麾下！

對於美國則宣揚要「反美、仇美、蔑美」。宣揚美國是「紙老虎」、原子彈是紙老虎，要大家不要怕。如此內容見諸於每天的報端，諸如此類的大標語貼滿了所有的大、中、小城市的大街小巷，男女老少耳熟能詳。

一九五〇年時候還宣揚要「把革命進行到底」！那個「底」就是臺灣和西藏。而且把「解放」臺灣作為一九五〇年的最重要的軍事任務，軍隊及沿海政府不僅在做打過海去的種種準備，而且對於沿海的一些島嶼還進行了試探性的進攻。共產黨因為缺乏海軍，大老闆史達林又一直不答應幫忙，所以遲遲不敢動手。

那時候毛澤東一切以史達林的馬首是瞻！殊不知一九五〇年六月二十七日美國第七艦隊駛入臺灣海峽，一時間形勢變得頗為緊張。臺灣方面大喊要「反攻大陸」，國內的這「三百多萬」「土匪」則大叫「第三次世界大戰」就要打起來了，許多地方弄得人心惶惶！

史達林說：「如果第三次世界大戰不可避免，那就讓它來吧！遲幾年打，不如現在打！」

當然毛澤東也不怕打大戰，在赫魯雪夫所著的《回憶毛澤東》一書中記載：

他試圖要我相信原子彈本身也是紙老虎，他說：「聽我說，赫魯雪夫同志，你們只要挑動美國人動武就行了。你們需要用多少個師來打垮他們，我們就會給你們多少個師——一百個、兩百個、一千個，都行。」我竭力向他說明，只要一兩枚導彈就能把中國全部的師都炸成粉末的。但是對我的爭辯他連聽都不聽，而且顯然認為我是個膽小鬼。

金日成早在一九四九年三月就去莫斯科要求「大老闆」「幫助」「解放南朝鮮」。

一九五〇年一月，「大老闆」發話「可以幫助他」。

一九五〇年三月，金日成被大老闆召到莫斯科。

一九五〇年五月，「大老闆」發電點頭同意，一個多月之後——

一九五〇年六月二十五日，金日成大動干戈，派出用蘇聯武器武裝的大批軍隊越過了「三十八度線」攻入了南朝鮮。僅僅一個月零幾天的時間，金日成的軍隊「解放」了南朝鮮百分之九十以上的土地。

第二次世界大戰之後，根據「波茨坦祕密協議」，美國軍隊占領了南朝鮮，蘇聯軍隊占領了北朝鮮，以「三十八度線」為界，儼然被分割成為兩個國家。在德國則以「柏林牆」為界，美國軍隊占領的西柏林那邊稱之為「西德」，蘇聯軍隊占領的東柏林這邊稱之為「東德」，也儼然被分割成為兩個國家。都被視之為「帝國主義陣營」和「社會主義陣營」各自的戰略要地！

如今南朝鮮這麼一塊戰略要地一下子被金日成吞併了，杜魯門當然捺不住了，認為破壞了「波茨坦祕密協議」，於是在聯合國發起了「抗議」；通過了決議，組成了「聯合國」軍隊，實際上是以美軍為主的軍隊。在一個多月之後，一九五〇年九月十五日，美軍在仁川登陸，一下子把金日成的軍隊攔腰截斷，首尾不能夠相顧。金日成慌了，趕急要求「大老闆」派中國軍隊幫忙。「大老闆」給毛澤東發去了電報……

於是，在一九五〇年十月八日，中國軍隊到了朝鮮正式參加了朝鮮戰爭。兩天之後——

一九五〇年十月十日，中共中央發布了〈關於鎮壓反革命的指示〉。因為要全力以赴的去打朝鮮戰爭，國內這三百多萬「土匪」武裝力量，確實是心腹之患。毛澤東認為在這個時候去鎮壓這些敵對勢力是最好的時機，於是才有了「大張旗鼓、轟轟烈烈、雷厲風行的鎮壓反革命」的大運動！實在是迫不及待，「從重、從快、從嚴」，恨不得三五兩下把這三百多萬「土匪」斬盡殺絕！

打朝鮮戰爭促使了迫不及待的「鎮壓反革命運動」的快速進行。

「鎮壓反革命運動」是為了解決打朝鮮戰爭的後顧之憂。

「大張旗鼓鎮壓反革命」延續毛澤東「槍桿子裏面出政權」的暴力社會主義的理念，發展成為「槍桿子保政權、槍桿子管政權」的暴力社會主義理念。毛澤東把它說得「詩意」一點，叫做「馬上奪天下」——「馬上治天下」——「馬上保天下」。「詩意」之中依然閃著刀光血影！漢高祖劉邦說過：「天下可以馬上奪之，然不可以馬上治之。」毛澤東不愧讀了十七遍《資治通鑑》，殺人的膽氣大大超過了劉邦。

五

毛澤東在進城之前就已經再三強調階級鬥爭問題，一直是暴力革命和階級專政的最堅決的主張者。毛澤東一再強調：「對一切反革命分子是獨裁、專政、專制」，必須「肅清全國的反革命分子」。進城後，毛澤東一再的公開聲明：「對反動派只有暴力和專制，絕不施仁政」，「或者把老虎打死，或者被老虎吃掉，二者必居其一」。毛澤東的如此種種「革命理論」為「殺人合理化」建立了依據，「必須」要以「大屠殺」來「肅清全國的反革命分子」成為「理所當然」。以後還不斷的宣揚這種理念，也就是堅持了幾十年的「人民民主專政」的理論，於是「殺人合理化」儼然成為了「毛澤東思想」的重要理論組成部分！以上理論都散見於《毛澤東選集》之中。

為了徹底消滅這些心腹之患，頗有點「寧可錯殺一千，不可漏網一個」的氣魄。又因為「鎮反」迫不及待，以致錯殺、冤殺、誤殺者不少。一九五三年，總結全國鎮反運動時候，公安部長羅瑞卿曾在總結報告中說：「鎮反的缺點和錯誤，最突出的是存在著亂捕、亂殺、刑訊逼供、誇大和造假案」。以後有個數據記載，公安部副部長徐子榮稱：「逮捕的二百六十二萬餘，槍斃的七十一點二萬餘，判勞改的一百二十九萬餘，管制的一百二十餘萬。」由於各地漏報、瞞報，實際上殺、關、管的都超過了這些數字。

八〇年代，中共中央終於局部的承認了「當時被鎮壓的還有部分起義投誠人員」這樣的事實：一大批在偉大的抗日戰爭中曾英勇殺敵的國民黨官兵，被當成歷史反革命分子而慘遭殺害；國民黨的一些著名將領，如傅作義等人的絕大多數部下（投降以後）均被鎮壓；全國各地因投降而被改編而吸收為解放軍者，其中被開除軍籍和判刑、勞改、管制的不計其數。

一九四九年四月二十五日，即占領南京後第三天，毛澤東以中國人民革命軍事委員會主席名義，與總司令朱德聯名發布的〈中國人民解放軍布告〉，向全國宣布的「約法八章」中要求：

「一律安居樂業，切勿輕信謠言，自相驚擾。」

其中第五章稱：「除怙惡不悛的戰爭罪犯和罪大惡極的反革命分子外，凡屬國民黨中央、省、市、縣各級政府的大小官員，立法、監察委員，參議員，警察人員，區鄉鎮保甲人員，凡不持槍抵抗、不陰謀破壞者，人民解放軍和人民政府一律不加俘擄、不加逮捕、不加侮辱。」

「凡有一技之長而無嚴重的反動行為或嚴重的劣跡者，人民政府准予分別錄用。」

那些自認為是「怙惡不悛的戰爭罪犯和罪大惡極」的反革命分子，看到這個報告後，都感到自己留下來不能夠逃脫被殺的災難，能夠逃跑離開大陸的大都跑了；一些「輕信了謠言妄自驚擾」的人，也提前跑了；只有那些相信了這個「約法八章」的人才留了下來。然而，就是這些相信而留下來的人，大多數都先先後後被「鎮壓」了，遭到了「不加俘擄、不加逮捕、不加侮辱」的完全相反的對待。被殺的較多，逃脫了的極少，也難逃「關」和「管」的命運。這麼一大批人，毛澤東、朱德已經公開的承諾「不加俘擄、不加逮捕、不加侮辱」，而且還承諾「准予分別錄用」，結果卻遭到了殘酷鎮壓。食言而肥！怎能夠取信於人呢？一次一次的欺騙草民，結果當然是「人必自毀而後毀之」。其實欺騙和鎮壓本來就是法西斯暴力社會主義的兩把屠刀，缺一不可。

一九五一年二月二十一日，發布了〈中華人民共和國懲治反革命分子條例〉。該條例將死刑擴大到了十數行，量刑的標準無譜，連「傳播謠言」都能「斬立決」，遂在全國掀起了鎮壓反革命的狂潮。然而，正是這麼一個〈中華人民共和國懲治反革命條例〉卻使得「殺人合法化」了。雖然那些殺人者依然是專斷獨行，眼睛裏並不看重此一〈條例〉，當然許多人也並不依據這一〈條例〉行事，但「殺人合法」已經「順理成章」。

再以後把一個個殺人者奉為「立場堅定」的「積極分子」，階級鬥爭的「英雄」，「誓死保衛革命成果」，「誓死保衛紅太陽」的「馬列主義者」，更使得「殺人神聖化」了！

如此的「殺人合理化」、「殺人合法化」、「殺人神聖化」便構成為「毛澤東思想」的重要理論組成部分，也是其「專政」、「階級鬥爭」的明確注解。如此的「毛澤東思想」被推崇為經典，我們這些「革命幹部」必須絕對信奉、絕對遵守，而且通過我們強力灌輸給於億萬草民，使之成為以後幾十年對於億萬草民進行精神閹割、思想奴役、「驅而往、驅而來，莫知所之」的絕對「信條」，成為了我們這些「馴服工具」信奉的絕對準則，成為暴力社會主義的基石。這種把殺人「合理化」、「合法化」、「神聖化」的「革命理論」延續了幾十年，還有什麼「人道主義」可言！迄今依然束縛著上上下下的統治者，無能擺脫它的束縛！大開殺戒自然成為了暴力社會主義政權的最重要的統治手段，從此一直延續下去。一九五一年的大張旗鼓鎮壓反革命只不過是一場「開場鑼鼓」，以之顯示暴力社會主義政權將在中華大地上怎樣一幕幕的扮演出那些血腥的歷史！

六

二〇〇七年，九十歲高齡的胡績偉老人的一篇文章〈史達林的社會主義是超級法西斯主義〉——關於社會主義比法西斯主義還壞！

胡績偉老人在文章中寫到——

一位朋友在給我的信中說：「列寧的老友伊斯門曾經說過：『史達林的社會主義是超級法西斯主義。』」我早有這個看法，但沒有說，原因是我沒做過認真研究。我請這位朋友幫我查查，這句話的原文和出處。

他給我送來了一個複印件，是哈耶克的《通往奴役之路》一書的第三十二頁。這一頁中引用了伊斯門先生的話：「史達林主義與法西斯主義相比，不是更好，而是更壞，更殘酷無情、野蠻、不公正、不道德、反民主、無可救藥。」經過這一核查，我才敢說：「毛澤東的社會主義比法西斯主義更壞，比史達林主義更殘酷無情、野蠻、不公正、不道德、反民主、無可救藥。」

從一九四九年以來，毛澤東所發動的一連串的政治思想鬥爭，特別是反右派鬥爭和十年「文革」，充分發揮了毛澤東社會主義制度的法西斯的殘酷野蠻傳統。在「文革」結束以後，上下一致的結論是：毛澤東無產階級文化大革命時期所搞的社會主義是封建法西斯主義，以後李慎之同志改為「皇權法西斯主義」。我也把毛澤東說自己是「馬克思加秦始皇」改為「史達林加秦始皇」，這才合乎實際。

毛澤東的「以階級鬥爭為綱」和無法無天的「殘酷鬥爭」、「無情打擊」那一套，恰恰是從史達林統治的蘇聯學來的。

胡績偉老人在提及「一連串的政治思想鬥爭」中沒有特別提到「鎮反」、「「土改」」，許多學者也還沒有觸及到「鎮反」、「「土改」」領域。因為迄今為止，「鎮反」、「「土改」」依然是一個可怕的「禁區」，沒有人敢於觸及。而且親歷者都已經耄耋之年，能夠如我者應該很稀少了。我認為應該觸及這一「禁區」，因為這是毛澤東法西斯屠刀留下罪惡最為深重的領域。認真研究歷史，求取歷史的真實，應該得到的結論是：胡績偉老人的認定：「毛澤東的社會主義比法西斯主義更壞，比史達林主義更殘酷無情、野蠻、不公正、不道德、反民主、無可救藥。」從其錯殺、誤殺、濫殺、冤殺、殺人的殘酷手段等等來予以反思。毛澤東的超級法西斯主義所採取的大屠殺手段，應該認定是從「鎮反」、

「「土改」」就已經開始。而且是其大屠殺的最重要篇章，開始了、奠定了以「殺人合理化」、「殺人合法化」、「殺人神聖化」作為其「超級法西斯主義」的理論和行為準則。從此而肆無忌憚，越演越烈。在鎮反、土地改革這一波峰之後，文化大革命只是它的又一個波峰而已。有人把二十世紀的大屠殺歸結為四十三次，最少的一次只屠殺了兩萬人……美國在日本廣島和長崎扔下的兩顆原子彈炸死了五十萬人……四十三次大屠殺總計為一億另二十萬人，其中毛澤東殺了百分之四十九，將近一半，因而排名第一。如果再加上二十世紀六〇年代被餓死的四千多萬，就是九千多萬人，這個數目恐怕空前絕後無疑的了！

七

當時「領導」向我們這些年輕幹部宣揚一個新概念，叫「階級感情」——「人性」和「獸性」的「角力」。看你站在哪個階級的立場來看問題就會有不同的解答，此亦一是非、彼亦一是非的各種輿論、各種街談巷議，形形色色、五花八門，各種說法都有……

記得當年土地廟裏出現過一副對聯（一九四九年以前，春節時候，都要為各處的土地廟貼新對聯，還得獻上三牲——雄雞公、大鯉魚、刀頭。刀頭是方方正正的一塊豬肉，以求保佑一方平安），上聯是「蔣匪共匪誰是匪」，下聯是「美親蘇親哪個親」，橫批是「天才曉得」。毛澤東和蔣介石在重慶談判的時候，毛澤東對著蔣介石說：「你叫了我二十多年的共匪，我叫了你二十多年的蔣匪，現在不是都不叫了嗎？坐在一起來了嗎！」當時因為要談判，雙方暫時都停止了叫「匪」；可是重慶談判破裂之後，共匪、蔣匪，在報紙上、電臺上又天天叫了。

天天叫，叫了二十幾年，這副對聯表達了廣大草民對於「蔣匪」、「共匪」的焦慮、擔憂、懷疑的惶恐心理。無可奈何，只得訴諸於天！其實一直到了這二十一世紀，在大陸生存的許多草民還依然被視之為「匪」。冉雲飛先生建了個「博客」就公然自命名為「匪話連篇」，堂而皇之！而且自命名為「反動居」，也敢堂皇的了！如此「氣魄」者，亦乃首例！有點扯杏黃旗的味道！至於「山寨刊物」、「山寨文化」……等等也尚無考證是自我堂皇出來的還是民眾予以堂皇的！「山寨」何許人也？草寇大王也！匪也！聚眾鬧事、砸衙門、砸車、砸砸砸……匪話連篇，匪類遍地！匪與非匪，誰是匪、誰非匪？遍地烽煙！億萬草民早已經在叩問蒼天了！

一九五一年，我作為一個二十歲的年輕幹部，在如此從未應對過的、從未體驗過的新的情勢面前，現實迫使你必須做出你自己的是非判斷。誰是匪？誰是非匪？億萬草民在思考！誰是真理？什麼才是真理？開始複雜化了，必須去分辨、去審視、去認定，而且不容遲疑。老百姓把這稱之為「換腦筋」，億萬草民都在「換腦筋」，沒有人敢於不「換腦筋」。

我當然也得「換腦筋」，還得不停的「換腦筋」，不「換腦筋」就趕不上趟。共產黨的說法是「思想改造」，也就是要不停息的進行「洗腦」，主動的去接受洗腦——接受「強大的意識形態灌輸」。用毛澤東的超級法西斯主義去破除傳統的優秀道德理念，用狼奶驅除人奶，用獸性驅除人性。

面對淋漓的鮮血，面對大屠殺，只能夠也必須見慣不驚，讓人性自我埋葬於靈魂的深處！讓自己獸性膨脹，禽獸化，才叫做「立場堅定」，才能夠安身立命於革命陣營，否則就會被作為「喪失革命立場」的「變節分子」而慘遭「滅頂之災！」——開除、勞改、殺頭……

因此我們這些革命幹部「禽獸化」是無可選擇的了，當然也有著「禽獸化」程度深淺的差異。這種「差異」非常重要，也因之造成了以後幾十年間不斷的分流：有的飛黃騰達，有的被打入十八層地獄！當時思想改造的手段應該是很少也很貧乏，要求用馬列主義的書來作為思想改造的藍本。但那時候這些書很少，去看也只能觸及皮毛，而且有點「遠水不救近火」，所以主要手段是首長報告和政治學習。當然那「藍本」也就參差不齊了。首長說的就是真理！就是藍本！就是標準！首長意志就是全體意志。

經過「大屠殺」之後，一度甚囂塵上的暗殺、投毒、放火、造謠在城市裏銷聲匿跡，因為「殺」掉了幾百萬，「關」掉了幾百萬，「管」掉的就更多了。毛澤東首次在新解放地區實行的法西斯恐怖已經瀰漫大、中、小城市，億萬草民對於法西斯暴行誠惶誠恐，敢怒而不敢言。這是毛澤東解放以後第一次以「異乎尋常的手段」來扭轉了全國局勢，教育我們，不能夠像蘇聯那樣，在「砲打冬宮」推翻沙皇之後，紅軍、白軍還廝殺了那麼多年；要求我們這些人當時的職責就是要保衛新生的政權，甚至要為此而奉獻一切乃至生命。

我們當然必須表現出百分之百的擁護，無庸置疑。要求所有的幹部都相信「槍桿子裏面出政權」，「槍桿子」掌政權就是社會主義，靠「槍桿子」專政就是真理。除了「大屠殺」之外，沒有其他的手段能夠達到此目的。「大屠殺」是革命的需要！這是像我們這樣的一些年輕的知識分子第一次接受的一堂「活生生的革命教育」，充滿了鮮血和暴力的革命教育。

一次席捲全國的血的洗禮！來得突然的惶惑而又不無震驚的默默的接受了這新的啟蒙！實際上我們這些人也就充當了那次「大屠殺」中「全國一盤棋」機器中的各種小小「螺絲釘」的角色！在大屠殺過程中被迫的「禽獸化」，把「人性」隱蔽、退縮到靈魂的最深處躲藏起來，不敢在獸性氾濫的「光天化日之下」有所表現！

一九五一年，我二十歲，在樂山地團委宣傳部工作，參加了中共樂山地委領導的「鎮壓反革命運動」。

第七章

共你的產——「土改」親歷

一

一九五一年春，中共川南區黨委（當時四川分為川東、川西、川南、川北四個行政區。都相當於省級政權）組織了川南「土改」工作團，以中共川南區黨委組織部長許夢俠為團長（以後擔任過中共四川省委書記），樂山地委書記魯大東為副團長（以後擔任過四川省省長、中共四川省委書記、中共中央委員），加上從川南、樂山等機關單位抽調的幹部（大都擔任工作隊長）組成的川南「土改」工作團去了犍為縣開展「土改」工作。

犍為縣是個很特殊的地區，地處於樂山通往涼山地區的咽喉要道！去雷波、馬邊、屏山、沐川、這些與小涼山接壤的地區，都必須經過犍為縣。

一九五四年涼山彝族地區進行「民主改革」以前，涼山地區的村村寨寨都遍種罌粟（提取鴉片煙的植物），每年都要從涼山地區運往外地大量的鴉片煙，作為交換從外地運進去大量的槍枝、子彈、黃金、白銀。這些日久年深形成的「黃、白、黑」和販賣人口的交易，都必須通過犍為縣這處咽喉要道。於是各種勢力——紅幫、黑幫、袍哥、土匪、地頭蛇、中央軍、地方武裝都競相在犍為縣地區割據、爭奪、明爭暗鬥，從這種種罪惡勾當中去各自攫取利益。

這犍為縣是一處水、陸碼頭，賭場、煙館、娼妓、旅館、飯館……非常繁榮。這些，或許是選擇作為川南「土改」工作團前往的原因之一。

我被任命為犍為縣第六區壽保鄉第三小鄉的「土改」工作隊隊長。當時被任命為工作隊長的人以具有高中畢業文化的較多，還有少數人是「西南服務團」（「二野」從南京進軍西南時候在沿途陸續吸收的一些學生，準備弄到西南地區來充當幹部的），這些人是在一九四九年下半年參加「革命」的，二十歲上下。其他人多數是在一九五〇年以後本地吸收參加工作的，也是二十歲上下，而諸如此類人中，具有高中畢業文化的就已經是佼佼者了，當年的大學生非常非常的少。

工作隊長以下的「「土改」」工作幹部有三類人：一種是最低層次的幹部，文化更低。一種是吸收農民積極分子新參加工作的幹部（小學文化和不識字的人）；一種是小學教師臨時借調來參加「「土改」」工作的，以後還回去教小學，這些人的水平當然就在工作隊長之下了。「戰鬥」在「土改」「前沿陣地」「鏖戰練陣」的就是這麼一些人。

指出這一點很要緊，因為對於那「地主階級」的「生殺予奪」的「命運」就完全掌握在諸如此類人的「殺伐決斷」之中。這些人包括從「「土改」」以後陸續吸收參加工作的農民，都成為了以後一二十年間歷次「殺人越貨」運動中的「骨幹」、「幹將」、「打手」，在歷次「殺人越貨」的「鬥爭」、「歷練」、「篩選」中有出色表現者便不斷「往上爬」以致飛黃騰達！一直成為權勢黑惡集團中的大小頭目，把十多億中國草民踩在他們腳下！這些「老革命」都有「輝煌」的「革命」戰績作為「投名狀」，因為他們都是在幾十年的「殺人越貨」的吸血過程中長大、長肥起來的！

當時毛澤東誇獎鄧小平說：一個老頭子帶領一群童子軍「在西南坐天下」！這群二十歲上下的「童子軍」把地主階級作為他們操練「殺伐決斷」的第一塊屠宰場！

遵照毛澤東教導的：「不是被老虎吃掉，就是把老虎打死！」

「童子軍」們殺氣騰騰的衝上陣去操練如何第一遭「把老虎打死」。這些「童子軍」的政策水平高度、文化素養程度、道德理念厚度，根據此前所說的「來源」，應該可想而知的了！

「童子軍」和內戰時期毛澤東所「運動」的「學生運動」——被毛澤東稱之為「第二戰線」的青年學生，以及文化大革命期間的「紅衛兵」，都為毛澤東立下了「汗馬功勞」！青年人，單純、幼稚、閱世不深，容易衝動，追求真理。毛澤東很知道青年人的這種種特點，所以一直「運動」青年人作為他的「革命主力軍」去為之衝鋒陷陣！

我「有幸」參加了內戰時期的「運動學生」的「運動」，「土改」時候又「有幸」成為了「童子軍」，才能夠「有幸」見證那些歷史。當然「有幸」中也有太多的不幸！因為指揮諸如此類「童子軍」的發號施令的領導幹部基本上都是從部隊轉到地方政權上來的，當然承繼已經習慣於戰爭年代的「戰鬥方式」——絕對服從、指到哪裏打到哪裏，首長意志就是全體意志！一切由首長說了算。誰統治的地盤誰就說了算。當然也得絕對聽命於他的頂頭上司。「官大錶準！」那就是法規。毛澤東擁有中共中央的「最後決定權」！上行下效，自上而下，書記都擁有「最後決定權」！都是些大大小小的「獨裁者」。

「童子軍」們只不過是些工具，歷次運動也就是打造馴服工具的作坊。我當然在我那麼一塊地盤裏面，也「風光了」「獨裁者」的一番滋味！從此起始，以後的一切運動，便成為了培養、鍛鍊、造就一切大大小小的「獨裁者」的「戰場」！當然也是打造馴服工具的作坊！延續了幾十年，一直到而今許多人都還不知道什麼叫民主！對於民主依然深惡痛絕。

第六區的區委書記名叫曹壽臣，是統轄我們這些工作隊長的「獨裁者」。曹壽臣是長征幹部，背地裏人們稱之為「半道長征幹部」——從四川川西北去的。因為「越窮越光榮」，所以常常自稱為是窮得要飯，參加紅軍的。人很瘦小，營養不良導致發育不好的結果。又瘦又黑又矮又小，年過四十還光棍一條，此乃原因之一。更主要的是「二五・八團」的條件中差那麼一個「團」字（省—軍級、地—師級、縣—團級、區—營級）。當年「鬧革命」之時，女人太少了，只能夠滿足「二五・八團」以上當官的人的需要。所以夠「條件」的才能夠向「組織」要求「配給」老婆。戰爭年代，除了「二五・八團」之外，只有打了勝仗、立了戰功的才能夠得到「獎勵花姑娘」的賞賜。

不過而今條件變了，女人多了，「性資源」豐富了，如此限制，即將「解套」。所以曹書記立即抓緊機會「抓」著了一個女人——也是頗為矮小的一個當地女幹部，文化不多，姿色無幾，然年齡相差二十歲。既然被物色中了，便調到了區委，「培養」入黨，調任區委祕書，成為了曹書記的最親密膀臂。由於年齡懸殊一半，頗有言聽計從的能耐了，便有了「大權旁落」的「嫌疑」，「挾天子以令諸侯」，往往代曹書記「瞎指揮」起來。

那時候有不少像曹書記這樣的老幹部：沒有文化，認識幾個字，連上頭發下來的文件也看不懂，又被封了那麼一個官，幹起現代而今諸如此類的「革命工作」，直叫頭痛。於是一切都由祕書代勞，毛澤東一直要「不歇磨，要換驢」，但那些「驢」多年都換不下來，當然只能夠由祕書代勞了。

縣委書記名叫楊志，本來是部隊上的營教導員，當時規矩——「下地方升一級」成為縣團級，做了井研縣的縣委書記。一九五一年暮春時節調到我們地團工委做了兩個月的書記，算是過渡，便升任犍為縣縣委書記。所以一切都是部隊上的上述作風，犍為縣的一切基本上是楊志說了算。

二

我們的運作方式，可以說是「熱炒熱賣」。都沒有幹過「土改」，但有「試點」工作經驗的文件。集中在一起學習文件、聽報告，立即從理論去實踐。幾天的學習討論，紙上談兵之後，立即分赴「戰場」大動干戈起來。

當時「土改」已經「程序化」了，分為五個階段：一、一下去是「訪貧問苦」，然後「串聯」發動群眾一。二、組織貧雇農協會一。三、劃階級成分，鬥爭地主。四、分地、分房、分財產。五、建立政權，要貧雇農當家。整個過程也就是製造仇恨、導演鬥爭、奪地劫財，率領積極分子無情的「把老虎打死」！

一下去便是「訪貧問苦」，這實在是樁很難很難的差事！貧者、苦者倒是好找，那時候的中國，貧者、苦者無處不在，但我們要的不是真正的貧者、苦者，要的是在這些貧苦者中去培養「骨幹」——敢於率領農民群眾去向地主階級進行鬥爭的「領袖」，有膽量率領人眾去「殺人越貨」的「大王」！

因而許多歷史學家認定：毛澤東就是「農民運動的王」！

好在「偉大領袖」毛主席早有教導，在毛澤東所著的經典〈湖南農民運動考察報告〉當中就明確樹立了權威「經典」——

毛澤東寫著：「我這次考察湖南農民運動所得到的最重要成果，即流氓地痞之向來為社會所唾棄之輩，實為農村革命之最勇敢、最徹底、最堅決者。」

我們要尋找階級鬥爭的「骨幹」、「領袖」、「大王」，也就是要去尋找諸如此類「農村革命之最勇敢、最徹底、最堅決者」，尋找地痞流氓！

之所以難找，有兩個原因：其一，大多數農民秉承了中華民族幾千年的道德傳統——忠厚、本分、誠實還怯弱，被認為是「階級覺悟」低。其二是，在共產黨開展農村工作的這一年多時間裏，諸如此類「階級覺悟」高的地痞流氓早已經一個個「鑽」了進來！在農村的諸如此類「權力機構」裏面攫取了權力，膽大妄為！又由於新的運動一來，發現了其為非作歹，又被撤換了下去……

現在「土改」運動來了，諸如此類人明白幹了不少壞事飯碗難保，肯定又會被撤換下去，於是也暗中尋找他們的「接班人」，幫助他們「鑽」進來，以求能夠延續他們的「既得利益」！

另一件難事便是「提高階級覺悟」。提高覺悟的手段是「訴苦」。諸如此類人「訴」出的「苦」，都難以達到我們工作隊的要求。於是便「啟發」，把他們「訴」的都歸結於地主階級的剝削、地主階級的罪惡！生拉活扯也要「教育」他們仇恨地主。要達到「仇恨」的地步，「階級覺悟」才算「提高」得合符我們的要求。從而達到向地主階級進行階級鬥爭！其實對於「階級覺悟」高的注解就是鬥爭起來能夠心狠手辣、六親不認、喪盡天良、敢打敢殺。除了那些「地痞流氓」之外還有誰合格呢？

然而要尋找地主階級的罪惡，這又是更為難辦的事情。近年有一篇寫關於「土改」「經典著作」的文章（刊載於《人民日報》二〇〇四年十月九日第七版），其中寫著：「關於丁玲《太陽照在桑乾河上》是一部宣揚「土改」的紅色經典，該書一九五一年獲史達林文學獎。」近年，發現了丁玲的一批遺作，有一篇談到該書，其中說：「《桑乾河上》是一本寫『土改』的書，其中就要有地主，但是要寫個什麼樣的地主呢？最初，我想寫一個惡霸官僚地主，這樣在書裏還會更突出、更熱鬧些。但後來一考慮，就又作罷了，認為還是寫一個雖然不聲不響的，但仍是一個最壞的地主吧。」

二〇〇六年《南風窗》雜誌記者田磊發表在《南風窗》二〇〇六年六月號的〈重訪桑乾河畔〉，寫到：「重訪了桑乾河畔的溫泉屯（小說原型），採訪了當年參加「土改」的農民，老人們敘述那時的溫泉屯，其實並沒有特別大的地主惡霸。但是，每個村都要鬥地主的，後來，就鬥了顧家三兄弟。顧家一共有三百畝地（每兄弟一百畝），算是地主。還有，就是李家三兄弟，可這都是些破落地主。」「地主其實人不壞，還經常資助四鄰，碰上天災歉收的年頭，那些『地主』還會在大戲臺上煮粥給餓肚子的鄉親吃。」分地後：「村民們暗地裏會覺得對顧家和李家有點不公平……分到的地並沒有去種，樹上的果子，摘了之後也都在家裏放著，沒有吃，也沒有拿去賣。」「畢竟，那是人家的東西呀！」

作者評述：「實際上，村民們的經驗與政權的想像是存在差距的，一般鄉民顯然不會把自己日常生活中熟悉的鄰居和鄉親看成是『階級敵人』，他們有自己的生活邏輯，只有強大的意識形態灌輸之後，人們才有所接受和改變。」

經過「創作」、「編製」出來的「紅色經典」和當時的真實現實差異尚且如此，其他的現實狀況也就可想而知了。

因此，我們下去搞發動群眾最重要的任務，就是必須進行「強大的意識形態灌輸」——進行階級鬥爭的「啟發」、「教育」。大力灌輸狼奶！這種「強大的意識形態的灌輸」也實在並不容易，真好得有那麼一部歌劇——《白毛女》。

當時各個專區都有地區「文工團」，都排練好了《白毛女》下來巡迴演出，把所有的幹部，「積極分子」一律弄去「受教育」。弄得一個個痛哭流涕，義憤填膺！這個《白毛女》，神話加上鬼話，宣揚的是：「舊社會把人變成鬼，新社會把鬼變成人。」把那個黃世仁的窮兇極惡描述得兇狠而且全面，很具有「教育作用」。所以參加「土改」的幹部，絕對不能夠將信將疑，不僅你自己必須深信不疑，還要叫所有的農民都深信不疑。

本來在現實生活中很難以找到的惡霸地主，很難以尋找的黃世仁、楊白勞、喜兒等等典型人物，一下子都有了，你當然都必須深信不疑，相信這些人就活在你的眼前。

看過了《白毛女》，「深受教育」之後，所有的地主似乎一夜之間都變成了黃世仁，一夜之間自己也都變成了楊白勞，也都充滿了血海深仇！

各個專區的地區文工團都是專門為這麼一部《白毛女》而建立的、存在的，也實在為土地改革立下了大功勞！然而時過境遷，在土地改革結束之後，各個專區的地區文工團都全部解散了，一個不留。

我一九五二年春（二十歲多一點）在五通橋市團委做宣傳部長的時候，樂山專區的地區文工團也在同時被解散了，主演白毛女——喜兒的那位演員，姓趙，因為文工團解散了就調到了我們市團委來工作，很漂亮的、很會唱歌的一個小女孩，那時候還沒有入團。

然而血海深仇並不是隨處都能夠找到的，《白毛女》的故事也就只有那麼一個。為了鞏固「教育成果」，在「強大的意識形態灌輸」之後，便立即熱炒熱賣，趁熱打鐵，火速抓出各個地方的小「黃世仁」進行鬥爭。不管你有無罪過，罪過有多大，只要是地主，便抓出來鬥爭，一鬥爭便就都成為了「黃世仁」！那些地痞流氓中也不乏「胡編亂造」的「作家」，無中生有，無限上綱都具有「才能」。

那時候有個「罪名」叫「間接人命」，也就是凡農民餓死的、病死的、窮死的，乃至老死的原因都在地主，罪惡都在地主，都是地主拖的「間接人命」。所以鬥爭起來，任何一個地主都可以給你加上個十條、八條的「間接人命」。

只有通過鬥爭才能夠培養仇恨、製造仇恨、凝聚仇恨，只有仇恨才能夠「把老虎打死」！因此也就必須把所有的地主都弄成「黃世仁」，所有的地主都是「惡霸地主」，都有「間接人命」！不如此那就仇恨不起來，也就鬥爭不起來。總要找個「理由」才能夠去「把老虎打死」，所以各個村的鬥爭立即「遍地開花」，各行其是！那些「最堅決、最勇敢、最徹底的革命者——地痞流氓」便成為了揮刀舞棒、拳打腳踢的打手衝鋒上陣！

《白毛女》、《太陽照在桑乾河上》（得過史達林文學獎）、《暴風驟雨》（得過史達林文學獎）這些「紅色經典」著作「教育」中國億萬草民幾代人。然而問題在於：什麼才是真實的歷史？是因為階級仇恨而必須進行土地改革呢?還是以土地改革這過程去製造階級仇恨和階級鬥爭呢?

「強大的意識形態灌輸」成為了必不可少的,甚至是唯一的,製造階級仇恨的手段。那麼,那些「紅色經典」還附和歷史的真實嗎?

到了一九五八年,由於「大躍進」的需要,製造繼續「階級鬥爭」的需要,又挖出了個劉文彩。又以劉文彩的「窮兇極惡」「教育」了中國億萬草民幾代人。近年出版了一本書《劉文彩真相》,才把那些編造的謊言公諸於世。《劉文彩真相》一書中寫著:「劉文彩的家中從來就沒有設什麼『水牢』、『地牢』、『行刑室』,那些都是極左年代基於當時某種政治需要而被刻意誇張和虛構出來的。當時經常幫我們憶苦思甜的冷媽媽,說了太多不應該說的話。」「水牢」原本是存放鴉片的倉庫,而「刑具室」、「行刑室」只不過是劉家擺放瓷器和年貨的儲存間。事實上,我們原來關於劉文彩的許多恐怖性的記憶和聯想,都是基於當時某種政治需要而被刻意誇張和虛構出來的。」

「四川大邑縣(劉文彩家鄉)的不少農民回憶說,劉文彩待人厚道,常對鄰里鄉親扶危濟困,特別是到晚年,他個人出資法幣二點五億元(折合當時二百多萬美元)興辦了當時全四川師資、設備最好的文彩中學,並刻碑明示:「學校成立之日,劉家不再對校產擁有所有權和使用權。」我的確看到了一個真實的劉文彩,劉文彩的鄉親沒有必要也不會編些瞎話吧。」

「面對塵封許久的真實,我們是否要懷疑歷史學家們的良心和責任了?這麼久了,歷史學家們為什麼選擇了沉默?我可以理解他們曾有的隨波逐流和沉重的無奈,但我不理解為什麼今天才有人站出來說句真話。終於有人站起來說話了，說得真實明白，雖然晚了些，但仍可見歷史責任感不滅。我們不想為劉氏翻案，只想瞭解一段真實的歷史。只有真實的歷史才能成為一面鏡子。但願有更多的歷史學家掃去真實上面的塵土，為了後人能把真相看個明白。隨心所欲的塑造一個人的形象，那是電影的事，如果搞歷史的也像編電影，從長遠來看對誰都沒好處。我們應吸取這方面的教訓。」

以上所說的「強大的意識形態的灌輸」應該是早已有之，而到了土地改革時候，更加充分發揮，因為在這種「愚民政策」操縱之下，狼奶灌輸之下，土地改革取得了巨大勝利。於是以後便變本加厲不斷發展，要全國人民都緊緊的「跟著毛澤東走」，指到哪裏打到哪裏。

孫子曰：「道者，令民與上同意也，故可以與之死，可以與之生，而不畏危。」

毛澤東長久以來都一以貫之的使用孫武老祖宗的這種「首要」戰略：第一步驟，發動群眾也好，運動群眾也好，要使得最廣大的民眾絕對擁護自己的主張，完全服從自己的意願，要達到捨生忘死的地步，要千萬之眾天天呼吼「下定決心，不怕犧牲，排除萬難，去爭取勝利」……「若驅群羊，驅而來，驅而往，莫知所之。」（《孫子兵法》）……愚兵，愚民，登峰造極！

有學者認為：「階級鬥爭的理論被有機的融進了某種功利性的動員操作框架之中」，並不是因為地主和農民間有「階級壓迫」而要分地，而是通過分地以製造「階級鬥爭」。這場「階級鬥爭」是導演出來的。

從此，「強大的意識形態灌輸」自土地改革起始，延續了幾十年，迄於今日。土地改革時候為了進行這種「強大的意識形態灌輸」，天天必須熬夜。我這個工作隊長，只得也必須陪著農民熬夜，每夜都得熬過十二點，無一例外。

其實許多夜都是可以不熬的，但已經養成了「成規」，我毫無改變這種「成規」的能力……許多地方都是工作隊在臺上講，要提高農民的階級覺悟；農民定然認為覺悟已經提得夠高的了，沒有人去聽那些「婆婆經」，偏要在臺下一團一團的擺龍門陣。去抵制這種「灌輸」！一晚上過去，工作隊講些什麼誰也不知道。一個會場嗡嗡嚷嚷，比最熱鬧的茶館還要熱鬧。不過農民是沒有茶喝的，他們渴了常常是喝冷水。天天晚上有的是滿屋的煙霧繚繞伴隨嗡嗡嚷嚷，那嗆人的葉子菸味得瀰漫到散場……

其實大多數的夜晚都是可以讓農民在家裏睡大覺的，然而已有「成規」，必須進行「灌輸」。豈止是對於農民，全國無不如此，凡是共產黨統治的草民都無條件的必須參加「政治學習」！每天晚上都要學習政策，提高覺悟，沒有人能夠逃脫這種洗腦，敢不接受這種「強大的意識形態灌輸」！無奈的農民，天天晚上，實際是昏昏沉沉、嗡嗡嚷嚷的熬三四個鐘頭，要熬過半夜。

幾十年如一日。那是對於農民、對於全國草民的另一種負擔和折磨，一種被扭曲的無聊的、可怕、可悲的「夜生活」，全國草民忍受這種折磨近三十年，一直到了「文化大革命」完蛋才得以終止。

從土地改革起始，這種「強大的意識形態灌輸」不斷發展，變本加厲，以後成為對於億萬草民進行精神閹割、思想奴畜、靈魂自殘、迷信膜拜的一把屠刀。這種「強大的意識形態灌輸」成為毛澤東的法西斯暴力社會主義的統治的重要理論組成部分，迄於今日！

三

當時已經公布了《中華人民共和國土地改革法》。按理說，土地改革就應該遵照《土地改革法》進行操作。無奈像我們這些工作隊長者流讀過《土地改革法》的就不多，等而下之根本就不知道《土地改革法》為何物，許多參加「土改」工作的幹部連有這麼一個《土地改革法》的存在也毫無所知。

那時候一個鄉距離區有數十里地，一個鄉下面有幾十個村，相距也有十多里地。每個村派去了一個「土改」工作組。鬥爭展開之後，都是以一個一個村為單位，每個工作組有兩三個「土改」工作幹部。那工作組長就是那裏的「獨裁者」，地主的生殺予奪就完全掌握在工作組長的手裏。工作組長的素質在前面已經介紹過了，難以懂得什麼「政策」、「策略」之類，「站穩階級立場」，「把老虎打死」，便是他們的使命和本領。

《中華人民共和國土地法》第三十三條裏有：「……嚴禁亂捕、亂打、亂殺及各種肉刑和變相肉刑……」的規定，然而鬥爭展開之後，各個村立即建立了自己的「集中營」，把成年的地主完全關押起來，把地主家的老人、小孩、女人留在外面。各個村都建立了「武裝隊」，由年輕的農民男女作為武裝隊員。他們的專政武器是大馬刀和梭鏢：用大馬刀背砍地主，用梭鏢刺幾下給點厲害看看，那是家常便飯！

當然鬥爭起來之後便遠遠不止於此了。肉刑和變相肉刑的花樣和殘酷程度，各個村不盡相同，那得看那裏的「獨裁者」們的「覺悟程度」和喜好而定了。當然那些「農村革命最勇敢、最堅決、最徹底的——地痞流氓」的人性還殘存有多少，衍化的殘酷狀況更是非常重要的決定因素。

根據費孝通等等社會學家的著作認定，中國的土地只有百分之三十到四十為地主所擁有（其中還包括廟產、學產、祠堂的族產等等公產），百分之六十的土地為自耕農所擁有。自耕農在劃分階級成分時候又被分為中農、下中農、上中農，這些人都沒有土地要求，不可能再分到土地。

土地改革以後不久，這些自耕農連他們世代擁有的土地也完全以「社會主義革命」（互助合作運動——人民公社運動）的名義被奪去了。他們對於地主階級的「仇恨」似乎也難以說起，因而也根本說不上有什麼「革命要求」！因此這些人對於土地改革非常淡漠，對於鬥爭地主也很淡漠，袖手旁觀而已；鬥爭的時候，湊湊熱鬧，不敢不參加。

鬥爭中的積極分子，只有那些「農村革命之最勇敢、最徹底、最堅決者——地痞流氓」了！這些人最膽大、最兇狠、最殘暴、最下得起手，也最無賴！

摘自《炎黃春秋》二〇〇六年第八期何之光的敘述有如下一段文字：「鬥爭會上打人成風，有的甚至被當場打死。為了多搞錢財，盡可能抬高階級成分，不是地主也要劃地主。強迫地主供出埋藏金銀財寶地點，否則嚴刑拷打，晝夜逼供，什麼稱半邊豬、吊磨盤、踩槓子、割耳朵等都用上了。普遍抄家之外，還有的掘地三尺，有的掃地出門，打死人和被逼投水、上吊的，時有所聞。有的老公死了，老婆隨後自殺，留下孤兒只好交給其親戚或願意收養者。一九五一年九月全省第三次黨代會，邵陽縣委書記鍾石在地區代表團討論時講道：『有一個村用鐵釘釘死兩個地主，還釘死一個農民；有的叫地主女人當場脫了褲子鬥爭，不脫就打，打了還要脫；還有的強迫地主自己挖土坑，然後把他活埋了。』隆回縣委書記方明說：『隆回問題也很多、很嚴重，關押吊打，非法鬥爭……』其他縣情況基本相似，不把人當人，死人不計其數。由此可見當時的混亂，『和平土改』變成了『暴力土改』。農會派人去抓逃亡地主，一時農民紛紛到各城市集鎮去抓人，幾乎造成城市工作一個亂源。當時有些地主還有起義人員住在城市或兼營工商業，從此以後，集鎮的店鋪全部關門倒閉，農村經濟一片蕭條。當時只要能搞到錢財，哪管什麼破壞工商業和統戰政策！在一片紅色恐怖氣氛籠罩下，一般農民特別是中農和婦女很是害怕不敢參加鬥爭，有的連開會都不敢來了……」

這位中共邵陽縣委書記在會議上所說的：「用鐵釘釘死人」、「踩槓子」、「割耳朵」、「活埋」、「叫女人當場脫褲子」；這位中共隆回縣委書記在會議上所說的「不把人當人，死人不計其數」……應該說都是完全真實的。

如此慘無人道、滅絕人性的作為，誰能夠幹得出來？誰下得起手？只有那些「農村革命之最勇敢、最堅決、最徹底的——地痞流氓」了。眾多本份、純樸、善良、怯弱的農民對於如此罪惡行徑看得膽戰心驚，絕對不會參與的！

然而這卻是一次前所未有的「法西斯」式屠戮「教育」，所有農村的男女老少人人都被動的、被迫的接受了這一次「階級鬥爭」的「道德教育」！它對於中華民族傳統的道德理念帶來的衝擊、破壞、摧毀是前所未有的！它對於普世價值的人權、人性、人道的「掃蕩」也是前所未有的！這難道不是中華民族歷史性的巨大悲哀嗎？

我作為工作隊長也是不支持以上這些作為的。在我的「靈魂深處」，對於這些地痞流氓是不齒的、厭惡的。我「靈魂深處」有著傳統的道德理念，我的人性無法湮滅。然而，對於地痞流氓的作為絕對不敢指責，一是有喪失階級立場之嫌，二是給群眾運動潑冷水。那不僅這個工作隊長會遭到「罷官」，甚至還會遭到難以預料的後果。所以對於那些罪惡勾當只能夠睜一隻眼閉一隻眼。違心的當睜眼瞎！放縱獸性猖獗，把人性深深的隱藏……

因此，在如此殘酷的階級鬥爭當中，我們這些人「靈魂深處」就已經和「左派」不合拍了。因為我們的「靈魂深處」還有著人性、道德這些最起碼的理念。當時各地還專門把城市裏的知識分子、社會賢達組織參觀團到「土改」現場來接受階級鬥爭的教育。血淋淋的現實看得這些人目瞪口呆！我對於這些人該怎麼去「教育」呢？實在難以啟齒！

四

不久，中共川北區黨委書記胡耀邦搞了個「聯合鬥爭」的經驗，四處傳播，上級要我們效仿。因為抓「惡霸地主」的地盤擴大了可能更好找到「罪大惡極」的。像黃世仁這樣的惡霸實在難找，於是命令我們四個工作隊組成了一個「聯合鬥爭指揮部」。

我被任命為「聯合鬥爭指揮部」總指揮，建團委員會書記。因為要「殺、關、管」的太多，我又被任命為巡迴法庭庭長。不過，此時已經不得亂殺人，不若以前工作隊長者流就可以殺人。規定了只有團長許夢俠（中共川南區黨委組織部長）和副團長魯大東（中共樂山地委書記）可以批「殺」。但必須由我們這些工作隊長整理好該殺的「惡霸地主」的材料，送到許夢俠、魯大東手中去「批」，所以實際上「惡霸地主」的命運還是掌握在我們這些工作隊長手中！

我們這些二十上下的年輕幹部一個個是如此的單純、如此的聽話，對於上頭說的對於首長意志沒有任何懷疑，只考慮如何才能不折不扣的實現領導意圖，出色的完成任務。一個個都是劉少奇以後教導的要「做共產黨的馴服的工具」，絕對的「馴服工具」，階級鬥爭、殺人越貨、槍桿子政權的「馴服工具」！

聯合鬥爭期間，把四個鄉成千上萬的農民從四面八方集中在一個鄉場上面來，密密麻麻的擠在鄉場上的窄小的一間間小屋裏，許多人都無法睡覺。幾千上萬農民的住、食都在那裏。時值寒冬，整日雨雪紛飛，幾千上萬人像「逃難」的災民一樣，到處都是在屋外砌壘的灶頭。有如災荒年代有錢人「施粥」那樣的境況，所有的人，無分男女老少，都「傾巢出動」，沒有人敢於不來的……

同時還集中起來分別關押著百十個準備挨鬥爭的地主。地主只能夠密密匝匝的擠在一些泥巴地面的牛圈等等旯旮裏，冷得瑟縮蜷伏像一條條的牲畜，四外由武裝隊員晝夜看守著。地主的吃飯問題沒有人去管，其家裏有人送點吃食來的就有吃，沒有人送的就只能夠挨餓，沒有人去管「囚糧」的；以致有些地主幾天沒有吃的，餓得站不起來。

鬥爭地主的日程安排得緊緊的……在轟轟烈烈的萬人鬥爭大會上，我還必須掌握好鬥爭政策，堅持說理鬥爭……作為這樣一場翻天覆地的群眾鬥爭運動的總指揮，我當然認為我是在把握真理、宣揚真理……一場低水平的鬥爭會，把地主拉上來，跪在中間，農民四面八方亂吼一氣，亂罵、亂嚷、亂打，打得頭破血流。我不允許這樣低水平的鬥爭會，上面也不允許，但下面卻經常出現如此狀況……那是司空見慣，因為許多鬥爭會上，農民說的不成其為理，說不過地主，那幹部難免老羞成怒，於是便指責地主頑固，堅持反動立場。農民少不了大打出手，打死的也不少，整得頑固不化的地主低頭認罪為止。

低頭認罪的主要標誌是整出錢來。從五個方面（政治、經濟、軍事、組織、思想）去打垮地主階級，其實最核心的是經濟。鬥爭的結果能夠整出來多少錢是評價一切的核心……

那時候「土改」工作組裏面農民幹部「當家」的較多，小學教師怕「喪失階級立場」，農民幹部立場堅定，所以要吊，要打……怎麼整得出錢來就怎麼整。

對於下面的工作組之如此作為，我這個「聯合鬥爭指揮部總指揮」常常有「鞭長莫及」之歎！於工作組而言，似乎說理、不說理無關緊要，能夠多整出錢來才是最重要的。

當時在南方葉劍英指揮土地改革，提出的是「溫和『土改』」，被毛澤東認為是「煮夾生飯」，「沒有把老虎打死」！於是把陶鑄調去「補課」，全部翻盤狠狠鬥爭了一回才算成功，才被毛澤東認可。

擔任那樣一個「聯合鬥爭指揮部」的總指揮，迄今依然還能回味那種種叱吒風雲、轟轟烈烈、令人難忘的「壯烈場景」！指到哪裏打到哪裏。而我是總指揮，指千萬之眾去打！這種回味自然是別有一番滋味在心頭了！當然犯下的那些，那些被視之為「立場堅定」、「敢於鬥爭」的「馴服工具」……的所作所為，既是那些血寫的歷史的見證，也是無可奈何的記憶！獸性驅除人性的無法洗滌的陳年老帳。

對於「糟得很」的事情，我是堅決制止。由於人性未泯，還有道德底線——「武裝隊員」輪姦地主家的少女，我立即抓起來，關起來，嚴厲查處。有次幾十個農民把一個地主家的少女全身脫光了，裸體站立在風雨之中。一個老農民慌慌張張的跑來告訴我，我立即趕了過去。一個少女渾身赤裸著，瑟縮在寒風中，彎著軀體，低著頭用雙手遮住羞處；一個年輕農民嬉皮笑臉的要去拉開她的雙手。

我憤怒的大吼一聲，斥退了那個農民，叫兩個女人趕快把少女帶去穿好衣服送她回家；讓這夥人站在雨地裏予以嚴厲申斥，而且把帶頭的禁閉起來……

後來有人來向我反應，說那個少女的父親是個惡霸地主，姦污過農民，所以他們要報復。我說：「這樣不行啦，共產黨講一人犯罪一人當，不能株連九族啊。」但農民不這樣想，要報復才解恨。這樣的階級感情我不贊同，我不允許使用這種低劣的手段來進行報復。老農民也不同意這些作為，他們都支持我在鬥爭中要掌握原則，把握住政策界限。我想這是作為一個工作隊長應該堅持的。

不過這種堅持對還是錯，也暗地裏自我思考過。因為《毛澤東選集》裏面有這樣的教導：「那地主少奶奶的象牙床也要泥腿子上去滾一滾。」我理解這只是象徵性的語言，並不是真要去上去「滾一滾」，更不能把人家的黃花閨女弄到草堆裏去滾，幾個人去輪姦。那和日本鬼子有什麼差別？所以我認為這種堅持不是喪失階級立場，而是堅持執行政策。然而，也並不是所有的幹部都持我同樣的觀點，也有的「獨裁者」對於「滾一滾」的行為視而不見，置若罔聞的，甚而還有也去「滾一滾」的。一些地痞流氓趁機去地主家裏隨意姦汙，被糟蹋者不敢告發，也無人敢於檢舉。奪地、劫財、打殺、姦淫遍布農村……

農民們怕地主以後「反戈倒算」，不只是從「五個方面打倒地主階級」，恨不得把他們從肉體上都全部消滅。分「浮財」時候，每個村都搞了「地、富集中營」，把地、富家的主要成員關押起來，把老的小的留在外面。一家一家的「掃地出門」，沒收了一切，有的甚至連穿在身上的衣服也扒掉。然而在實際工作之中。土地改革結束時候，一個工作隊能夠「整」出來多少錢，是最被看重的「工作成績」之一。也可以說一切鬥爭等等的中心點都最後放在「經濟」方面去打垮，弄個掃地出門，大都如此……

那個時候相信只有以無情鬥爭的手段才能取得土地改革的勝利——奪地劫財，把所有的地主整得精光。還有少數工作隊長犯錯誤的，和女武裝隊員發生性關係、和地主家的少女發生性關係而被處分的都有。那時候農村對於性關係，思想已經很「解放」了，通姦的事情，實非鮮見。所以有那麼些人便趁機去「滾一滾」。那時候有些「土改」幹部是很「威風」的。

五〇年代初期這些殘酷的階級鬥爭，反思起來只是一場大規模的實戰演習、練兵運動而已，要使得像我們這樣的年輕幹部和農民青年經過如此血和火的殘酷階級鬥爭的考驗之後，去步入以後一次又一次的更為殘酷、激烈的血與火的階級鬥爭之中去。

通過土地改革，吸收了千千萬萬的農民青年進入國家幹部的隊伍。而對於其中「根正心紅」者，其入黨之快、升官之快，遠遠使得知識分子望塵莫及。從中「培養」出來的一批批的鄉長、區長、縣長、專員，乃至副總理（如陳永貴）、副委員長（如楊汝岱）……在以階級鬥爭為綱的「偉大革命鬥爭」之中成為共和國的專政主力軍，民粹主義的頭牌，知識分子農民化的模具，而土地改革這樣的階級鬥爭是給予他們的啟蒙教育。當然大多數從這次啟蒙教育成長起來的農民精英以後都青出於藍勝於藍！

各個村因為那些「獨裁者」的水平差異，因為那些「地痞流氓」的人性殘留多少，所派生的惡毒程度也並非一致。由於以上不同原因，所以各個村的地主所受到的「鎮壓」狀況也就不盡相同。但有一點是相同的，那就是：「奪光一切，掃地出門。」沒有任何例外。

《中華人民共和國「土改」法》第二條：「沒收地主的土地、耕畜、農具、多餘的糧食及其在農村中的房屋，但地主的其他財產不予沒收……」但是，所有的工作組對於所有的地主都沒有「不予沒收」這一條，一切統統沒收，搜光掃盡，掘地三尺。當然也就不管你是不是「多餘」的、「吊命」的、所剩無幾的，一律沒收。連穿在身上的衣服也被扒掉，以致凍、餓而死者不少！

有人認為「土地改革」的核心內容是「奪地竊財」。而「奪地竊財」又是必須通過殘酷的鬥爭手段，「把老虎打死」！而導演這場「奪地竊財」的殘酷鬥爭的是這些大大小小的「獨裁者」和赤膊上陣的「農村革命之最徹底、最勇敢、最堅決者——地痞流氓」！以至於造成數以百萬計的人被打死、被餓死、被凍死、被折磨死，因為地主等等已經不被視之為人。而是「應該」被「打死」的「老虎」！所以這樣一個過程也是泯滅人性、踐踏人權、墮落人格、淪落道德的過程，中華民族的傳統社會形態、傳統道德倫理在此過程中遭到了徹底的破壞和摧毀。傳統社會的一切優秀的、美好的、善良的品質和理念走向淪落也就從此起始！為此後的一系列運動奠定了「基礎」！一次比一次更加墮落、沉淪。

五

九十一歲時的胡績偉老人寫有一篇文章：〈「共產」的定義到底是什麼？〉（原載《爭鳴》二〇〇八年三月號）胡老對於「共你的產」多有闡述，文章中寫道：「但是，許先生和我都認為把『共產』理解為『共你的產』、『你的就是我的』，卻是錯的。」據許先生查考，《共產黨宣言》中對這一點已經做過澄清：「把幾十年來，在中國蘇維埃時期就大搞『共你的產』」那一套，就違背了馬克思、恩格斯的原意……」「但是，毛澤東的主要思想並沒有完全放棄『共產』那一套左的東西。所以，在鎮反、「土改」、三反、五反中，左的傾向也時有發生，特別是在三年恢復建設時期以後，毛澤東就老病復發，把新民主主義建設視為右傾，實行『三大改造』，幾乎把所謂資本主義的錢財統統收歸公有。在三面紅旗、實行人民公社制度以後，甚至把幾億農民土地全部作為資本主義的尾巴，也統統割掉了。」

「十年浩劫，『革走資本主義道路當權派的命』，『興無滅資』、『鬥私批修』，從中央政治局到各省市縣委都被『一腳踢開』，大大小小官員都作為『走資本主義道路的當權派』，幾乎統統打倒。像我們這些高中級幹部大都被『掃地出門』、『趕出黑窩』，所有『貴重財務』，如古文物、手錶、收音機（那時還沒有電視機）、照相機、衣服細軟等等統統『抄走』，都被『共產』了！總之，『共你的產』、『你的就是我的』！毛澤東發動的一場接一場的『社會主義革命運動』，一方面大批大批地清洗各種『資本主義政治勢力』，一方面又大把大把地收繳『資本主義的物質財富』。」

「毛澤東在『馬上奪天下』以後繼續『馬上治天下』，治出一個集權而又極窮的『社會主義』，他的第二代核心用『馬上保天下』的辦法，保衛一個集權而暴富的『社會主義』，不只是全面的全國恐怖，而且是全面的全國豪奪，各種大官兼大亨，各顯神通，形成一個貪、贓、毒、黑的權貴資產階級和巨富集團。現在，虛假繁榮和貧富分化，日益惡化為全面性全國危機。難道這就是中國『共產黨』『共』出來的『中國特色的社會主義』嗎？」

據胡績偉老人的上述見解，我認為土地改革是「承前啟後」的一次「共你的產」、「你的就是我的」的「高潮」，繼承了史達林法西斯暴力社會主義的衣缽：「蘇聯建立集體農莊時，把各種財物大呼隆地集中在一起，全部沒收，大吃幾個月，充分顯示共產主義的優越性，隨即化為烏有。當時『以軍事共產主義的名義，實行紅色恐怖，美其名曰『共產』。」

「把從來自千家萬戶私有之產歸而為一，把所有衣食住行全部集體農莊化。」繼承以上衍化出來的「中國特色」，便是「農村革命中之最勇敢、最堅決、最徹底者——地痞流氓」們紛紛從「共你的產」、「你的就是我的」的「奪地劫財」的「革命運動」中成為大贏家。有的在奪地劫財的同時，還把地主家的女人也「分」了，占有了。

經過土地改革所建立起來的這種農村的集權政治，使得千百個「獨裁者」逐漸演變成為千百個村落的千百條「地頭蛇」，變成可以為所欲為的擁有對於億萬草民的「生殺予奪」的「奴隸主」。致使億萬草民淪落成為「農奴」，給以後幾十年的農民悲慘歲月貽害無窮。農村在土地改革以後幾十年的對於億萬草民的專政，畫地為牢，殘酷搜繳糧食比日本鬼子還兇狠，之所以在一兩年間竟餓死四千二百萬人……其根源始於土地改革和土地改革所建立的農村集權政治。

億萬草民的生存權、遷徙權、勞作權……一切權利完全被大大小小的「獨裁者」掠奪無遺——人權喪失殆盡，制度形成的鐐銬，使得千萬條地頭蛇使億萬農民變成為農奴！千萬條地頭蛇成為了土地的「主人」！以土地養肥了千萬條地頭蛇！成為億萬「農奴」的奴隸主。

六

鬥爭之後得立即整理好上報材料，該殺的還得帶上詳細、真實、確鑿有據的材料去找魯大東或者許夢俠審批（我們這些工作隊長已經不像早幾年那樣——工作隊長就擁有殺人的直接權力。現在已經「間接」化了）……經常是上面一通知開會就得連夜連晚的一個人步行幾十里夜路趕著去。人太疲憊，漆黑的夜晚，一個人一邊走一邊打瞌睡，走著走著一腳踩進水田裏面去了，再「拖泥帶水」的耐著饑寒繼續趕路，那是常有的事情。

聯合鬥爭總指揮部下設祕書材料組、宣傳教育組、武裝保衛組、鬥爭監管組、生活管理組……作為總指揮，每一個部門都必須去過問。真是食少而事煩，長了一身蝨子、一身疥瘡，蝨子、疥瘡幾乎是大多數「土改」工作隊員身上的「兩件寶」，女的也同樣有。一是因為寒冷，二是因為太忙。記得那幾個月裏只洗了一次澡，其他人也如是。不過那時候的蝨子還只吸血，癢得很難受，加上那奇癢的疥瘡，所以男女工作隊員都在不時的騷癢，上上下下渾身哪兒癢往哪兒騷，自然不甚雅觀，但誰都見慣不驚……

我們身上的蝨子遠遠沒有拿破崙遭遇的蝨子那麼可怕，拿破崙六十萬軍隊圍困了莫斯科，俄國人難以抵擋之際，蝨子幫了俄國人的大忙。蝨子困擾了拿破崙的六十萬軍隊，蝨子大肆傳播猩紅熱，於是六十萬人傷亡滅員只剩下幾千人。如果不是蝨子，那一次俄、法大戰的歷史很有可能改寫。

那時候《毛澤東選集》第一集已經出版。《毛澤東選集》我當然視之為真理，視之為《聖經》似的真理，我讀過兩遍而且帶在身邊。那是每個幹部的「必讀教材」，但我這個「讀書狂」在那書本奇缺的年代，較諸一般幹部「熱衷」十倍……在「土改」當中也讀了多少遍，而且忠誠得能夠把一些篇章背誦下來……

我在給農民做的報告中，常常把毛澤東的「風水論」、「好得很」、「糟得很」……諸如此類「引經據典」，風趣幽默，結合農民實際講說政策，聽眾們聚精會神，兩眼發光……

我當然認為這是在宣揚真理……所以，我給農民做報告的時候都鴉雀無聲……當年，真是真心誠意的把《毛澤東選集》作為我們這些革命幹部的《聖經》一般來看待，是那樣的虔誠，沒有一絲一毫的「二心」。而且真心誠意的追求作「全心全意的為人民服務」的「勤務員」，像張思德那樣「偉大」……

唉！悲夫！五六十年之後才知道毛澤東吹捧的這樣一位「英雄」是在熬製鴉片煙時候被燒死了的！

我們這一代革命幹部所崇奉的「聖經」，中國人全民的「聖經」在五六十年之後才知道點真相——最近看了《毛澤東選集真相》一書，摘如下：

一九九五年六月中旬，中共中央文獻研究室、中共中央黨史研究室、中共中央黨校聯合向中央書記處提出了書面報告〈關於《毛澤東選集》中著作原稿的審核、考證意見〉。根據該報告披露：《毛澤東選集》一至四卷的一百六十餘篇文章中，由毛澤東執筆起草的只有十二篇，經毛澤東修改的共十三篇，其餘諸篇全是由中共中央其他領導成員，或中共中央辦公廳以及毛澤東的秘書等起草的。

中共中央文獻研究室、中共中央黨史研究室、中共中央黨校聯合向中共中央書記處提出的書面報告〈關於《毛澤東選集》中著作原稿的審核、考證意見〉所披露的，經審核、考證、查證，《毛澤東選集》中的若干著作，分別由以下人士起草：瞿秋白、周恩來、任弼時、王稼祥、張聞天、謝覺哉、董必武、林伯渠、劉少奇、艾思奇、陳伯達、康生、胡喬木、陸定一、楊獻珍、鄧力群等，以及毛澤東的秘書、中共中央辦公廳有關班子的成員。該報告披露的對《毛選》一至四卷中若干著作審核、考證結果如下：……一百六十多篇（全書詳細記述了每一篇文章的原作者，寫作過程，發表、蒐集……過程），只有二十五篇可以算是毛澤東的，其他一百四十多篇別人的，為了打造一個「毛澤東思想」，便一起收入他的帳戶！

當然好處便大大的多多的有了！只以「票子」這一主題而言，就嚇死個人！「毛澤東擁有大筆稿費。在五〇年代，稿費數額就達人民幣一百多萬元……把這筆鉅款全部交到中央辦公廳特別會計室保管。（並不交公，只是保管而已）」當時普通幹部月工資四五十元，要一兩萬年不吃不喝才有這個數！

「毛主席在一九七六年的時候有大量私人存款，並且存款量超過了足以令經歷過毛澤東時代的、窮困的十億以上中國人目瞪口呆的七千六百萬元，其中七千五百八十二萬餘元，是毛主席假公濟私、瞞天過海以『中共中央中南海第一黨小組』名義開戶存放的……」一個幹部要十多萬年不吃不喝才能夠有這個數字！真是全中國當年絕無僅有的大富翁啊！如此巨額的稿費收入，都是那麼多其他人的「勞動成果」，竟全部收入他的帳下！

唉！五六十年後的現在來追思那些宣揚所謂的真理，實在太多的偽理！而那時是那樣的執著，那樣的忠誠。這種執著和忠誠在我們這一代人的頭腦裏結痂！結痂了幾十年！實在可憐！現在這二十一世紀來臨了，許多人的紅色結痂依然如故！像我這樣的紅色結痂開始剝解的人，應該是一種幸福吧！

一切幹部，包括我們這些年輕幹部都必須堅信：「共你的產」是理所當然的事情。五〇年代初期轟轟烈烈的幾大運動都是「共你的產」的「劫財」運動。用什麼方法去共產？採用暴力、鬥爭、屠殺，使用槍桿子去「共你的產」。我們相信永遠是正確的，不容置疑的，我們也就心甘情願、忠心耿耿的充當了暴力革命的「共你的產」的工具和打手！

這一次次鮮血淋漓的血的洗禮在我們這一代人的靈魂裏塗抹了太多的「紅色」。這種「紅色」被「浸染」了十年、二十年、五十年……甚至一輩子，種種「強大的意識形態灌輸」根深柢固以至於難以磨滅……

這是我們這一代人的悲劇，許多人迄今尚無能醒悟過來，而這樣的悲劇還在繼續扮演。目前不是還有些未死的新生的「毛派」，源於各種各樣的目的而「跳神弄鬼」嗎？其囂張的程度也絲毫不亞於文化大革命的年代！這種共你的產一直延續了下來，當年叫做「收歸國有」。當「黨天下」、「家天下」發展下去以後，全國的資產便成為了權貴黑惡勢力集團的私有財產了。土地改革時候共你的產是毛澤東開創的先河，也是現在而今成為了少數人侵吞全民財富的基礎！

＊

「土改運動」六十周年祭

一九五一年，我二十歲，在犍為「土地改革」時候擔任中共川南「土改」工作團「土改」工作隊隊長，學習中共川北區黨書記「胡耀邦經驗」，四個工作隊組成「聯合鬥爭指揮部」，我被任命為總指揮。

第八章
檻外之人

一

一九五二年春天，中共中央提出準備在全國（大陸）進行「大規模經濟建設」。建設年輕的共和國，要祖國繁榮富強起來，這是我們這些年輕人夢寐以求的理想。所以當中共中央提出「大規模經濟建設」的偉大規劃之際，我們真是歡欣鼓舞。建設一個富強、民主、自由的中國，去實現我們所追求的真理！真想全力以赴，摩拳擦掌的去大試一回身手！

遺憾的是這種歡欣鼓舞沒有歡欣幾天，很快就又被毛澤東的「階級鬥爭」取而代之。全國（大陸）人民又一次受到了欺騙和愚弄！

當年曾經規劃各個領域的「大規模」經濟建設項目，天津永利化工廠被納入了「大規模」的計劃之中。該廠生產純鹼，是「工業化」必不可少的重要原料。當時世界上有布魯南法、索爾維法兩種製鹼法，侯德榜綜二法之長創造發明了「侯德榜製鹼法」，建立了永利化工廠。總廠建在塘沽，而樂山五通橋區有它一個分廠，建在岷江邊上。因為便於排放污水，當年把污水排入江中也就認為「處理」掉了。塘沽製鹼總廠被列入了「大規模經濟建設」的全國重點之一，而五通橋的分廠亦被納入計劃之中。

經審批將五通橋區建為五通橋市。四川省委和樂山地委都非常重視這一新建的市，所以特意選派了一批有文化的年輕的朝氣蓬勃的幹部，去建立市一級機關。中共五通橋市市委書記李志琛，原是中共宜賓地委副書記（後來調去任中共自貢市市委副書記）。市公安局長趙清潔二十五歲，十四歲當「小八路」，後來調到自貢市任市檢察長，一九五八年也被打成了「右派分子」，我從樂山地團委調去任市團委宣傳部長，只有二十歲多一點，是我們從西南團校分配去樂山的十一人當中，第一個被地委組織部批准、任命「當官」的。

調到這新建市來的幹部情緒都很高，都想在經濟建設的嶄新任務面前有一番作為。我當然也同樣，我也想在這新崗位新任務面前一試身手，能有所作為，真是雄心勃勃。

二

上任伊始搞「三反、五反」運動，繼續在城市裏進行「共你的產」。

當時叫做「打老虎」。運動一來，積極分子們爭先恐後的蜂擁而上。打得多，功勞就大。被認為是「老虎」的，也沒有什麼依據。有點「亂點鴛鴦譜」的朱砂筆，點著了的弄出來往往採用「輪番鬥爭」。把「老虎」連續鬥爭他幾天幾夜，疲勞「轟炸」，想當然，逼、供、信，是並不鮮見的事。鬥爭之前並無真憑實據，只想從鬥爭之中去鬥出老虎的貪汙罪過來，而主要的鬥爭內容大都是鬥解放以前的貪汙罪過。解放才一兩年，留用人員大都處於被利用的處境，想貪汙也無能力去貪汙。

「三反運動」是反貪汙、反浪費、反官僚主義。浪費和官僚主義是共產黨當權者當官人的事，誰敢去反？走走過場而已。最多是「檢討檢討」，不痛不癢，胡亂過關。

餘下一個反貪汙，成了「三反運動」的重頭戲。當權者很快就「過關」變成了「三反」運動的指揮者。老幹部貪汙的也有，但只要退贓，靠邊站，處理都輕。如樂山地區公安處許處長是個長征幹部，把鎮反運動中沒收的反革命家裏的財寶──金銀珠寶、裘皮大衣貪汙了許多，私藏起來。「三反」運動一來，有人揭發。地委書記魯大東叫去個別談話，開了幾次「坦白交代」會，把贓物退了，也就「從寬處理」了……

年輕幹部大都無汙可貪，於是「老虎」的來源當然只有在「留用人員」當中去尋找了。胡亂抓出來胡亂鬥爭，那實在是有點「瞎子摸魚」的手段，瞎抓！疲勞鬥爭之中，「老虎」無奈，往往亂說一氣，於是到處都是大老虎。很快又翻案，把交代的一切全部都推翻了。大多數都是被逼亂說的，於是打來打去，打出了不少的「假老虎」。真的少，假的多。全國如是。有些積極分子鬥得太離譜了。便逼得跳樓、上吊的不少。

我去的時候，岷江電廠的軍事代表黃悌，縣團級幹部（也是中共黨組織的頭頭）因為逼死了工人，被停職反省，以後調到其他單位，照樣當官……

「冤、假、錯」案從此與日俱增，弄虛作假之風也日益增長。至於「五反」那完全是「改造」資本家的問題，實際上就是設一個圈套去「共你的產」！這個圈套現在反思起來也只不過「自欺欺人」難以自圓其說的把戲而已！

「五反」是「反行賄、反偷稅漏稅、反盜騙國家財產、反偷工減料、反盜竊國家經濟情報」。開頭是追查「五毒」。經工作組隨便一查，沒有一個資本家能夠逃脫「五毒」的罪名！大權握在工作隊手中，解說權也在工作隊手中，說你有「毒」就有「毒」。有「毒」就得退、賠……經過鬥爭的洗禮，最後「帳」一算下來，你那點家當還不夠「退賠」呢！「欲加之罪何患無詞！」的中國特色，在當年真是發揮得淋漓盡致！目的就是要「共你的產」。殘酷鬥爭之後，資本家也已經「深受教育」，沒有明白的繼續鬥爭讓明白為止！結果是「百年老店」世代經營全部白幹了，全都被「共你的產」共掉了。最後還給你吊個「芭芭」——公私合營，你是私方代表。資本家整垮了帽子還在頭上，以備後用。

我們這些單純而又幼稚的幹部依然是馴服的工具，完全的絕對的相信毛主席的決策永遠是英明的，把那些資本主義的家當拿過來改造過來是理所當然的事情。因此對於這些「瘋狂鬥爭」逼死人的現象，我們只能夠「麻木」得熟視無睹！——大城市裏許多著名的資本家紛紛自殺，上海資本家跳樓的太多，被老百姓稱之為「降落傘部隊」，「部隊」以狀其跳樓者聲勢之大。老百姓過路都不敢走高樓下，怕「天上掉下個林妹妹」！我們這些人，對於無情鬥爭的手段也「麻木」得毫無質疑，「老虎」——資本家吸了人民血汗當然應該鬥爭。毛澤東說：「死人的事情是經常發生的！」

至於共地主的產，共資本家的產，這本來就是共產黨的宗旨。不共產還叫什麼共產黨？。用什麼方法去共產，採用暴力，使用槍桿子。我們相信毛澤東永遠是正確的，不容置疑的……我們也就心甘情願、忠心耿耿的繼續充當了暴力革命的工具和打手！

三

緊接著這些社會運動之後，中共中央決定在全國進行解放以後的首次大量建黨工作，這是黨的最重視的「中心工作」，青年團被視為共產黨的要害部門。我被中共五通橋市委分配入「建黨工作隊」，我當然更是下定決心要努力工作、好好表現、做出成績，爭取在建黨工作之中入黨，了卻夙願。

我隨中共五通橋市建黨工作組到了岷江電廠，兩個老黨員是「組織員」（一個姓吳，另一個姓王，姓王的建黨工作結束後調去五通橋市人民法院做院長、姓吳的調去沫江煤礦做了黨委書記），我和另一個團員是「工作員」。

工人之中許多團員首先被發展入黨。當時已有規定：年輕人必須先入了團，才能入黨。

在建黨過程中，我把青年團員范幀輝（全國勞動模範）、范賢友、周俊良、黃進的優秀事蹟和他們入黨的歷程寫成了一篇「文藝通訊」（報告文學前身），篇名〈四個工人當了工程師〉。這事蹟和題材在解放初期在全國而言都是很為罕見的、難得的「新鮮事務」。解放初期，青年工人一般文化不高，初中文化的較多，高中的極少了，所以能夠通過自學，在專業知識、專業技能上能夠達到工程師（大專）的水平，實在是難能可貴，很值得宣揚的。

此文發表在《西南青年》雜誌（西南團工委的機關刊物，全國公開發行）一九五三年一月號上。

在中學時候「綠州社」的輔導教師劉令蒙當時擔任《西南青年》雜誌的主編。該期《西南青年》組織了四篇題材相近的文章，我這篇列為首篇。不久，劉令蒙專門派了一個編輯來樂山聘我為《西南青年》的特約通訊員。這是我解放以後第一次公開發表的作品，內容當然是思想性第一，把這幾個青年工人「愛黨愛祖國」的「高度覺悟」結合英雄事蹟予以宣揚，應該說其中不少的「成分」是假貨，不少成分是狼奶！製造和販賣狼奶是我們作為宣傳部門的業務，也延續我們的雙重人格！

當年開始的「共產主義教育」，要「製造」「英雄人物」作為青年一代的「榜樣」……以後發展到每年都要「尋找」「製造」出一名「榜樣」，在全國宣傳教育。除了毛澤東之外，基本上不宣揚活人，只樹立「死人」宣揚「死人」。因為死人肯定不會再幹壞事了……但以後也宣揚了些「活人」。像提出宣揚的時候，就有強烈爭議。有的認為宣揚這麼一個殘疾人，沒有「典型意義」，沒有「榜樣意義」。

有次我和范賢友一起出去搞「外調」，各騎著一輛自行車行進在江邊……忽然看見「川康鹽務管理局」對面，一個小碼頭上，許多人大聲呼喊，引頸齊向江心張望……有人溺水，因為天冷加上水流湍急，觀望的人多，但竟無人下水營救。溺水人正被沖向江心，情況十分危急。也看不清是個什麼樣的人，一個黑頭在江水裏一沉一浮的。

我急忙摔去自行車，奔向江邊，真是說時遲，那時快，我還穿著一雙半統皮靴，時間緊迫，衣褲靴襪都來不及脫掉，飛快的往江流跳了下……幾番衝擊終於從滔滔江流裏救起來一個五六歲的小女孩，氣息微弱然呼吸尚存，而我已渾身濕透。時植深秋，我和小女孩都凍得直打哆嗦。我請旁邊的人趕快尋找小女孩的家，把她送回家去……

范賢友把我領到不遠一個變電所周俊良處，借了衣褲鞋襪，渾身內外上下換過了，騎著自行車又上路了。事過去半個多世紀了，以後再也未能見過小女孩一次。你以後都平安嗎？現在還好嗎？給你送去遙遙的祝福啊！

那時候全國宣傳學習黃繼光、邱少雲……當無名英雄。這也是我們幹「宣傳工作」這行的「業務」。我這雖然小小小小的也算「領導幹部」自然應該身體力行，以身作則。我救人的事情還是被傳開了，我們「建黨工作組」的人也知道了。老王說：「這是見義勇為的行為，應該上報表揚。」我說：「求求你了，千萬不能，千萬不能。」在我的深心裏，真正的認為這不過是義不容辭的正常行為而已。當時五通橋市還出了個聞名全國的女英雄人物，名叫丁佑君，五通橋市的人。中學畢業以後，參加了革命工作，到西昌地區去「徵糧剿匪」，被「反共救國軍」的抓著了。丁佑君表現非常勇敢，被「反共救國軍」剝得赤身裸體的綁著遊街示眾，丁佑君高呼口號，寧死不屈，學習劉胡蘭和敵人鬥爭到底，後被殺害。丁佑君是團員，她的哥哥在中共樂山地委工作。她的哥哥送了我一張丁佑君的黑白照片，至今還保存在我那些老照片相冊裏面。有個詩人叫高纓的來五通橋市蒐集過有關丁佑君的材料，以後寫了一首長詩〈丁佑君〉，單冊出版發行，丁佑君的英雄事蹟還在全國宣揚，要青年人學習。不過不多時候有點「銷聲匿跡」，因為丁佑君的家庭是資本家兼地主，而劉胡蘭是貧農，根正心紅，丁佑君卻心紅而根不正。到了「根不正」者被打入另冊之際，也就銷聲匿跡了。

四

此時也我已經打過了多次「入黨申請」，也已被定為發展對象，而且被認定待建黨工作結束，回機關之後，即可解決這一夙願，而且組織上也已在著手進行調查瞭解工作。

誰知大事不好！在四外調查瞭解中獲悉我六伯曾魯已在「大張旗鼓鎮壓反革命運動」時候在自貢市被槍斃了，八叔在監獄裏絕食死去了，誤傳我娘亦被槍斃了，後來得知我娘只是被判了八年勞改。我向自貢市法院要了一份「判決書」。主要「罪行」是拖了幾條「間接人命」！寫了幾個我不知道姓名的農民，反正是死了。農民死了就是地主的間接人命！

而當此時也，毛澤東的「階級路線」亦已日益「明朗化」。當時在建黨工作中，由中共中央發放了一本《組織員手冊》，這《組織員手冊》本來是只能組織員看的，但老王對我不保密，他文化不多，還要我讀給他聽。《組織員手冊》中已有明確的規定：凡是家庭有被「殺、關、管」的人的子女，一律不得吸收入黨。當時還不知道我家裏出了那麼多的被「殺、關、管」的人，當然也就不知道我已經被打入了「禁區」。

若我等十足的「遺少」，亦日益「暴露」在「光天化日」之下，已經被視之為「混」入了革命陣營的「魚」，而非「龍」，則難以「混」入到共產黨裏去了。

不久「清理中層」，「出身不好」的便一個個「靠邊站」，一直到被「打入另冊」為止。從此起始，「階級出身」就定下了你一生的命運。以前說的：「出身不由己，道路可以選擇。」現在沒什麼可選擇的了，「階級出身」把你的「命運」和「道路」都定死了！只此一條路，它路不通。你一輩子就只能受苦受難、受折磨，有多少「階級出身」不好的人受盡苦難折磨，匆匆了此殘生！像我這樣大難不死還能熬到這二十一世紀的「幸運兒」，真可說是不幸中的萬幸。

後來得知。解放前夕，六伯和八叔都得到了國民黨國防部發放的去臺灣的飛機票，但一人只有兩張。因為八叔有三子、五女不能全部同去臺灣。兄弟感情甚篤，八叔既不忍拋下兒女，六伯也不願留下他們，兄弟多方考慮之後，六伯因而放棄了去臺灣的計劃。此乃一說，也是「公開」的表述。

另一說：當時康澤在山東擔任第五戰區「剿匪司令」，戰場上被俘，以後在監獄裏關了幾十年。六伯和康澤交往很深，一九三六年二月國民黨中央軍事委員會別動隊康澤任總隊長時候。六伯曾魯任第五隊上校隊長。一九三六年九月中國國民黨陸軍軍官學校（黃埔軍校十五期）康澤任特別訓練班主任，曾魯任第二大隊上校大隊長。康澤來自貢市都住在六伯家裏，都是軍統的高層領導。六伯是受蔣委員長密令潛伏，奉命留下來的。

我最近向國民黨中央去詢問此事，覆函稱：「尚無檔案可查。」這可能。一是，國民黨逃往臺灣之時，帶走的是金銀財寶，檔案大都丟失。二是，如果是蔣委員長密令潛伏，更無可能有什麼檔案可存了。

一九五一年春，我從重慶到樂山，途經自貢市時候，曾經悄悄的到龍潭村探望過六伯。因為被「積極分子」知道了怕有「喪失階級立場」之嫌。六伯說：「一個共產黨的團級幹部和他談話，要他在家裏等待安排……」他當時就給這位團級幹部提出：「想找個郵遞員諸如此類工作幹幹。」這回六伯又給我說：「如果我能夠有可能轉圜的話，他能夠得到一個郵遞員工作以度晚年，就心滿意足了。」現在想起了「找一個郵遞員工作」，是否有「便於活動」的打算呢？……我雖然也去為之「轉圜」過。但力不能及，同時我也必須匆匆離開自貢市，去樂山報到。

我記得六伯很坦然、很平靜、對於未來亦如止水，絲毫沒有什麼憂慮的含笑和我閒談著。曾經滄海難為水！然而我卻含著某種隱憂，難以預測六阿爸會有一個什麼命運在等待著他，談吐間常常走神。閒談了一個多小時，六伯娘留我吃飯，有豆腐、青菜、蛋湯，已經非常儉樸了。這是我和六阿爸的匆匆的最後一次見面，誰知竟成永訣。

一九二四年秋，我五伯父和六伯父曾魯一同考入「中國國民黨中央陸軍軍官學校」（大陸稱為黃埔軍校）第二期砲兵科畢業，以後參加了北伐戰爭。五伯在武漢犧牲了。我父親和八叔考入黃埔軍校第六期。父親因病返鄉，以後病逝在家鄉。六伯活到了一九五一年。在大陸「鎮壓反革命」運動中，在四川自貢市家鄉被槍斃，享年四十六歲。八叔一九五一年被捕，關在監獄中，絕食而逝。

六伯父曾魯字繼靈，生於一九〇五年（清光緒三十一年）。四川富順縣黃鎮鋪（現屬自貢市沿灘區黃石鎮）人，悉曾氏第七十七代孫。曾魯的祖父（第七十五代孫）為清朝正三品。做過貴州知府。黃鎮鋪的「欽賜大夫第」府邸極為龐大雄偉。曾國藩是曾氏第七十代孫。我一九三一年六月出生，尚在繈褓之中，二十六歲的六伯父曾魯已經擔任上校團長了……（一九三一年十月曾魯升任第十四軍第十師第三十旅第六十團上校團長，師長衛立煌，旅長李樹森）。

一九三二年七月，國民黨軍隊對於共產黨的工農紅軍所部鄂、豫、皖蘇區進行了第四次圍剿。一九三二年八月七日國民革命軍第十四軍第十師由師長李默庵統率從駐地湖北廣水出發。此時衛立煌已經升任第十四軍軍長，命令十師副師長兼三十旅旅長王勁修親自率領，曾魯的六十團、龍其伍的五十八團被任命為攻擊前衛部隊。前進路線從廣水向黃安縣城搜索前進。一九三二年八月八日，曾魯的六十團被任命為旅前衛團，部隊進行到馮秀驛地區遭遇紅軍襲擊，曾魯指揮部隊將紅軍擊潰。部隊繼續快速前進。行進到距縣城僅八里路的地方，埋伏的紅軍主力分三路向曾魯的六十團包圍猛攻。曾魯臨危不懼，勇敢善戰，指揮部隊就地占領紅軍駐地，與紅軍展開激烈的爭奪戰，戰鬥非常激烈。六十團的陣地時得時失，反覆爭奪。雙方激戰到下午二時，紅軍遭受重創，傷亡慘重；曾魯的六十團官兵也傷亡很大，在前線指揮戰鬥的團長曾魯和旅長王勁修都身負重傷。戰況十分危急之際，第十師師長李默庵率五十八團和二十八旅趕到……經過三天三夜的激戰，終將紅軍徹底擊潰，國民革命軍占領了黃安縣城。其後，第十四軍大部隊趕到，在十四軍軍長衛立煌的指揮之下，國民革命軍於一九三二年八月三十日占領了鄂、豫皖蘇區的中心根據地金家寨。

此次戰役六十團損失嚴重，傷亡大半，基本喪失戰鬥力，六十團番號撤銷，另行召募新兵成立第五十九團。由於在第四次圍剿戰鬥中，曾魯在指揮戰鬥中的綜合表現：一九三二年九月曾魯升任第十師第三十旅上校副旅長，旅長是王勁修。一九三四年五月，調任第十師補充團上校團長。一九三五年五月三十日，敘任陸軍砲兵中校。一九三六年二月，調任國民黨中央軍事委員會別動隊第五隊上校隊長，總隊長是康澤。這是以康澤為首被稱為「藍衣社」的特務組織，主要對像是繼續消滅遺留的蘇區共產黨殘餘力量。一九三六年九月調任中央軍校特別訓練班第二大隊上校大隊長。特別訓練班主任是康澤，從此發展為面向全國的「軍統」特務組織。而曾魯和康澤也從此成為「至交」！抗日戰爭以前，隨康澤一起在國民黨中央軍校校本部任職。一九三七年八月十三日起中國國民黨軍隊抗擊侵華日軍進攻上海的「八・一三淞滬戰役」，是中國抗日戰爭中第一場重要戰役，也是抗日戰爭中規模最大、戰鬥最慘烈的戰役，前後共歷時三個月，日軍投入八個師團和六個旅三十萬餘人，死傷七萬餘人；中國軍隊投入七十五個師和九個旅六十餘萬人，傷亡達十五餘萬人；至一九三七年十一月十二日，上海淪陷，淞滬會戰結束，江陰保衛戰開始。在淞滬會戰中中國國民黨軍隊浴血苦戰，粉碎了日本「三個月滅亡中國」的狂妄計劃，並爭取了時間，從上海等地遷出大批廠礦機器及戰略物資，為堅持長期抗戰起了重大作用。淞滬會戰之後，國民黨軍隊進行重大的重組，一九三八年一月，三十三歲的六伯曾魯被授予少將軍銜。並調升第一九三師副師長（師長李宗鑑）。

抗日戰爭繼續擴大，緊急需要不斷的補充大量的兵源。四川是抗日兵源的重要來源地區。曾魯於一九三九年一月調任第十一補充兵訓練處的少將處長。一九四〇年三月，調任雅安團管區少將司令，十月，調任第四十五補充兵訓練處少將處長。抗日戰爭期間全國招納了一千四百多萬兵丁陸續補充進入國民革命軍，而四川被招納去抗日戰爭前線的達三百多萬士兵。所以當時四川的補充兵訓練處，任務十分繁重。

一九四二年八月六日，曾魯晉任陸軍砲兵上校。一九四四年四月一日，調任國民政府軍政部教導第三團少將團長。一九四五年九月，調任國民政府軍政部第二軍官總隊少將副總隊長，總隊長是王公亮。

由於在抗日戰爭中的貢獻，抗日戰爭勝利後，論功行賞，蔣委員長於一九四六年頒授曾魯忠勤勳章。

一九四六年八月，曾魯入中央訓練團兵役班。九月，派任川東師管區少將副司令，司令是戴文。一九四八年八月，調任整編九十師少將副師長，師長是陳子幹。一九四八年九月二十二日，敘任陸軍少將。十月，整編九十師改編為第九十軍。曾魯任少將副軍長，軍長是陳子幹。同時，兼任國防部視察第二組組長。

國防部視察組，主要對於當時最緊急、最重要的戰場進行直接監督，直接受命於蔣委員長。自一九四八年十一月六日開始，至一九四九年一月十日結束的「徐蚌會戰」（共產黨稱為「淮海戰役」）時候，當共產黨對國民黨軍隊完成了戰略包圍準備全線進攻、劍拔弩張的決戰前夕，一九四八年十二月當毛澤東發表了〈敦促黃維、杜聿銘、邱清泉投降書〉之際，六伯曾魯奉蔣委員長親自授命，持蔣委員長手喻（聖旨）以「徐蚌會戰戰地特派視察員」有似於「欽差大臣」的身份赴徐蚌會戰戰場前線視察，去阻止黃維、杜聿明、邱清泉投降。以後邱清泉壯烈犧牲在戰場上，黃維、杜聿明被俘，再以後被關進秦城監獄。黃維在秦城監獄裏患精神病多年。

一九四九年四月二十四日凌晨，共產黨的第三十五軍第一〇四師三一五團二營占領南京總統府。一九四九年五月十二日至五月二十七日「上海戰役」結束。這段期間，國民黨已經陸陸續續的遷往臺灣。六伯曾魯和八叔曾也魯都得到了國防部發給的飛往臺北的飛機票，一人兩張，但都未能成行，於一九四九年下半年返回到了家鄉自貢市龍潭村。不去臺灣，留在大陸，乃受蔣委員密令留下來的。因為曾魯從一九三二年八月參加第四次圍剿至一九四九年八月整整十七年間都是在和共產黨打交道，係軍統高層領導人，被認為留在大陸比去臺灣的用處更多。

一九五〇年春，六伯曾魯和八叔曾也魯在自貢市被逮捕。八叔曾也魯被解往瀘州特別監獄，六伯曾魯不久被放了。一個共產黨的團級幹部給曾魯說：「等待安排工作。」曾魯提出希望能夠作一個郵遞員。

一九五〇年以來，自貢市周圍的縣份，反共救國軍活動非常頻繁。一九五〇年夏，曾魯在自貢市新橋頭找了一家小店，在那裏賣「冷淡杯」，也就是不賣熱菜，只賣點燒酒（老白乾）和焦花生、豆腐乾、滷牛肉諸如此類。每天早晨很早起來，用一個背兜去把燒酒、焦花生、滷牛肉、豆腐乾……諸如此類，買好，再用揹兜背回來。一人當爐、跑堂、切好牛肉——後來一個人稱「李矮哥」的告訴我，六阿爸什麼都不會，他教過六阿爸如何「橫切牛、直切雞、斜切豬」，以及如何「扯提打酒」——打好酒、送上桌……待買主緩醞一頓之後，再上前去算帳、收錢。還有賒帳的，得記好帳，還得笑著臉，歡迎再來！將軍的一切威嚴、一切風姿早已經煙消雲散蕩然無存了！小店地處要道，來往行人熱鬧非常，據說一度生意還不錯，可能因為是「將軍賣酒」有點類似當年「卓文君當爐」的味道吧，許多人聞訊前來。但也被認為，開這小店，是為了便於交往，便於和有些人「聯繫」，進行「活動」。

一九五一年春「大張旗鼓鎮壓反革運動」時候，六阿爸再次被捕。後來據六阿娘講：六阿爸被捕的前幾天，王用光每天都到家裏來好幾次。王用光是二姑媽（六阿爸的親姐姐）的兒子，既是「近親」，母舅家裏自然常來常往，自然沒有什麼疑心。一點也沒有察覺，也沒有去做何意外的設想。「以後才明白王用光是公安局派來監視你六阿爸的。」王用光是蜀光中學一九四七級高中畢業的學生，在蜀光中學畢業前和周更新等同學一起參加了中國共產黨，是中共地下黨員。周更新在八〇年代擔任過中共自貢市市委副書記。王用光做過《自貢日報》社社長、市醫藥局局長。

六阿娘說：「後來我們才明白，王用光一直是公安局派的『偵探』，一直都在監視你六阿爸和你八爺。」

王用光還畫了很詳細的一張「龍潭村」的地形圖，因為這龍潭村地形複雜，山環水抱，前有大門正面臨著釜溪河，左、右、後面都有門，門外面樹木掩映可以通達後面險峻的山林之中去，所以王用光畫了詳細的龍潭村地形圖交給公安局。公安局根據這張地形圖做了研究和布置，才去包圍了龍潭村

逮捕六伯曾魯那天，公安局的人之外還派去了一個連的解放軍，把龍潭村團團圍住。衝進去的時候，六伯和六阿娘很平靜的坐在客廳裏的沙發上。公安局的在龍潭村曾魯的府邸裏搜出了電臺、槍械……一輛吉普車（沉在了一口水塘裏）等等。搜出了電臺，引起了許許多多的追究，認為是和國外有聯繫的證據。

一九五一年三月，曾魯在四川自貢市遇難。那年月槍斃人，都用威力很大的步槍：用槍口緊緊抵著後腦勺，一槍下去，腦殼粉碎，紅色的血漿向天空亂噴，灰白色的腦漿濺灑得遍地。槍斃之後，已經沒有腦袋了，只剩下軀體！槍斃人時候都要組織成千上萬的老百姓現場觀看──「接受教育」。老百姓沒有眼見過這樣槍斃人，看得毛骨悚然！

曾魯被槍斃之後，公安部曾派專人來自貢市，瞭解情況之後，責怪不應槍斃。此等軍統高層人員本來就是「活資料」，留著的「用處」甚多，應該解送中央，人已死了亦算一種損失。

國民黨的一些將軍因為各式各樣的原因被留在了大陸，其中有一百多名被共產黨殺害。能夠成為一

名將軍，於國民黨、於當年歷史必然有著許許多多的淵源！不能夠因為在大陸被共產黨殺害了，就被遺忘、被埋沒，這是不公允的。

五

而八叔家則更為艱難得多。五女三子，只有最大的八妹參加了中國人民解放軍，在海軍總政文工團做獨唱演員（電影《紅珊瑚》主唱）。九妹、十妹在上大學，除了有一點很少的助學金（一個月只有幾塊錢，用以交伙食費）之外，八妹把很少的津貼節約下來供給他們一點零花錢，非常艱苦的、刻苦的完成了大學學業……還有五個小的弟妹在家裏讀中學、小學，六個人的生計就得全靠八嬸勉力去掙扎了……和所有這樣的家庭一樣。這些小的弟妹受教育的程度便每況愈下了，能夠完成中等教育就不錯了，許多在農村的「黑五類」子女連小學教育也難完成。

許多年以後我得知，我曾經那麼欣賞的八爺家裏的那小圖書館裏那麼多的珍貴的藏書：《世界文庫》、《二十四史》……那麼多的線裝書……那些珍貴的書籍那時候賣也沒人買的，生計太艱難，米如珠、薪如桂，只有文章不值錢。生計實在太艱難了，為了養活留在家裏這五個小兒女，那些珍貴的書籍竟全都用來當柴燒煮飯去了。用如此珍貴的書當柴燒，也是「今古奇觀」吧！

八嬸也是大家閨秀知書達理之人，寫得一手好字，晚年還寫了《回憶錄》，但生計逼人，太無以支撐！如此珍貴之物，一天一天的當柴火燒去了；當柴燒燒了一兩年，燒得一本也不剩！價值萬金的珍貴的藏書竟賤如糞土！

當時這些寶貴的古今中外的名著都被視之為封建的、帝國主義的有毒的東西，沒有人敢予以正視的！知書達理之人，忍痛燒書的痛苦心情可想而知，更可想見其生活之窘迫艱難到了何等無以維繫的地步！

當時八叔關押在瀘州川南特別監獄，我路過瀘州時候，受八嬸之託我去探過監，還帶給了八嬸寫的一封家書……當然是悄悄的去探監。

王用光是二姑媽（六阿爸的親姐姐）的兒子，我和弟妹們都叫他「籮老表」（生下來的時候沒有哭。依著民間方法把嬰兒放在一個籮筐裏面……後來活過來了。於是名之曰：籮籮），既是「近親」，母舅家裏自然常來常往，自然沒有什麼疑心。王用光是蜀光中學一九四七級高中畢業的學生，在蜀光中學畢業前和周更新等同學一起參加了中國共產黨，是中共地下黨員。周更新在八〇年代擔任過中共自貢市市委副書記。解放前夕那個夜晚，王用光受中共地下黨的命令，單身一人偷偷的潛過國民黨軍隊的防線，趁著夜色，跑了幾十里地去迎接解放軍，並且作為嚮導把解放軍領進了城。這段經歷，王用光曾以「回憶錄」的形式發表在《自貢日報》上面。六〇年代初期，王用光曾做過《自貢日報》社社長。國家主席劉少奇來自貢市視察時候，王用光曾經被指派參加了接待劉少奇的工作。因為是新聞單位的，所以接待同時也被指定陪同劉少奇去基層視察，多有接觸，還有不少照片。就因為被指派的這段極短的工作經歷，在文化大革命期間，打倒劉少奇的時候，王用光被造反派抓起來，挨鬥、挨打、關牛棚，逼他說出和劉少奇的「親密關係」，那些照片成了「罪證」。王用光說不出有什麼「親密關係」，便罰跪、挨打、被折騰得很慘。加之家庭出身不好，被說成是「混進共產黨裏面的階級異己分子」，關進「牛棚」

審查了很長時間，精神受到極大的打擊。文化大革命以後不久就死去了，死時尚未及「花甲」之年。

曾經作為公安局派的「偵探」，一直都在監視六阿爸和八爺。於王用光而言，奉命所差，是共產黨員必須得站穩立場，得大義滅親。這於他而言是「當然的真理」，也是必須遵守的革命紀律。當年所有的「革命幹部」，接受洗腦之後，把追求「真理」都視之為至高無上的情操，都是六親不認的。你要「認」就是喪失了階級立場，違反了革命紀律。違背了「幫規」，在「革命隊伍中」不僅被視之為很可恥的行為，而且還會受到嚴厲的紀律懲罰的——清洗、坐牢……而「背叛」剝削家庭則是一種被宣揚為光榮的行為。王用光也就因為當「偵探」諸如此類行為，更加自我狼性驅除人性，更加凸顯了雙重人格，以後才能夠升攀到局長這樣的官位！「背叛」這是當年思想改造的一個重要的主題，道德理念重塑的一個重要主題。這種背叛，這種道德重塑，這種逆人性，都是當年的神聖「真理」，是必須承受的一種心靈的苦難。像何以能在重慶參加了地下組織，西南團校畢業後和我一起分到樂山地團委，土地改革時候和我同時擔任工作隊長，當時得知她母親在合江「土改」中被迫自殺了，何以能這樣的女性承受不了這種心靈苦難的折磨，竟走了自殺這條道路。我和王用光這些男性，心腸很硬也很黑，很長歲月都能夠咬緊牙關站穩階級立場，戰勝著這種心靈苦難，隱藏著這種心靈苦難，把人性深埋起來、把人格封閉起來。

幾十年滄桑，被喚醒了心靈的時候，再去反思那種種背叛，才發現有許許多多的結等待著你去解、反思！對於「人性」、「人格」的重新審視，應該有著太多太多心靈叩問！

公安局的一個人後來告訴我，有一條很重要的罪名是：一九四八年十月曾魯任第九十軍副軍長，一九四九年三月兼任國防部視察第二組組長。因為這一職務，在「徐蚌戰役」（國民黨稱為「徐蚌會戰」）時候，當共產黨對國民黨軍隊完成了戰略包圍準備全線進攻、劍拔弩張的決戰前夕，當毛澤東發表了〈敦促黃維、杜聿銘、邱清泉投降書〉之際，六伯曾魯奉蔣委員長親自授命，持蔣委員長手喻（聖旨）以「徐蚌會戰戰地特派視察員」有似於「欽差大臣」的身份赴淮海戰場前線視察，去阻止黃維、杜聿明、邱清泉投降。以後邱清泉在戰場上壯烈犧牲了，黃維、杜聿明在戰場上被俘擄，以後被關進秦城監獄（被稱之為「御監」），黃維在監獄裏面患了多年的精神病。

對於在家裏搜出了電臺等等，當然有受命潛伏之嫌，當然查找不出什麼根據……但從擔任過蔣委員長的「徐蚌會戰戰地特派視察員」這種顯要的身份來看，受蔣委員長密令潛伏下來的可能性不能夠說沒有。領了去臺灣的飛機票而不去臺灣，偏要返回自貢市，也難以解釋！

近年相關資料披露：抗日戰爭期間，國民黨有兩百多名將軍英勇捐軀犧牲在抗日戰爭戰場上；內戰期間國民黨有兩百多名將軍犧牲在內戰戰場上；二十世紀五〇年代初期的「鎮壓反革命運動」中國民黨將軍有一百多名被槍斃，六伯曾魯是其中之一名。

當此時也，「階級路線」已經日益推上日程。於是像我這樣的出身不好，堪稱「遺少」的人，便日益「浮上了水面」。我等「遺少」之流便「命中注定」，「在劫者難逃！」了。階級出身愈益推上首位，我等「遺少」雖已「混入」「革命陣營」，但再也難以「混入」共產黨裏去了。中共中央明文規定：「凡家裏有殺、關、管的人，一律不得入黨。」我家裏「殺、關、管」的「花色」齊全，當然跨不進那道門檻，成了「檻外」之人！

第九章

流放生涯

一

一九五三年春天，中共中央命令成立了「中共涼山工作委員會」，直屬中共中央西南局領導，把原來隸屬於四川、雲南、西康三個省的大小涼山地域，全部納入管轄。因為是新建立起來的機關，來此的幹部主要是四川省由原來的川東、川南、川西、川北四個區黨委合併成為四川省以後，以原川北區黨委的一部分幹部（胡耀邦的部下）為主，再從樂山地區的、昭通地區的、西昌地區的機關裏抽調來的部分幹部組合而成。

我被調到該處工作。當時從樂山地委、專署機關調出的幹部大體有兩種狀況：一種是被「淨化」出去的。毛澤東的「淨化」理念幾十年間貫串於上上下下那些「管人」的「官員」——組織、人事部門。凡是「夾灰鏠口」的人員——出身不好的、運動中邊緣狀態的、犯過「錯誤」的、桀驁不馴的、領導不順眼的……一有機會便難逃「淨化」出去的命運。「淨化」的手段多種多樣：調出去、下放農村、強制移民、充軍邊遠、勞教、勞改、殺頭……不一而足。

從地、專機關調去不毛之地者誰都心懷恐懼，灰頭土臉！「一封朝奏九重天，夕貶朝陽路八千！」如此遭受「流放」者，大都有著「流放寧古塔，永世不得入關」的恐懼和悲哀！一旦流放出去，再要重返「中原」，幾乎是這輩子休想的事情了！組織安排你在哪裏，猶如鐵板釘釘一樣，你就只能夠一輩子被釘在那裏了。流放不毛之地，老死終身，能不悲哀嗎？

記得大概有百十人，集中在地委黨校「學習」了一個月，便揹著被蓋捲出發了……沒有汽車諸如此類，只有徒步行軍。走了七天走到了雷波——新成立的中共涼山工委所在地，一個個走得人仰馬翻、精疲力竭、狼狽不堪！一路行軍，徒步爬山涉水，大涼山屬於高原地帶，不少廣闊的平原，但海拔都在四千公尺左右。但位於大涼山外的小涼山則全是些險惡的陡壁懸崖，處於雲、貴高原的斷層崖地帶，造化像刀斬斧劈一般的把大山砍成了兩半。金沙江那邊是雲南地界，這邊是四川的小涼山地界，全是筆立的光禿禿石壁。

有一處著名的「抓抓崖」，那是從小涼山進入大涼山的唯一必經之路，抓抓崖就在這金沙江上的崖壁上面。那崖壁上面當然根本沒有路，但必須從筆立的崖壁上面攀援而過，否則就無法前進。光禿禿的石壁上面錯錯雜雜有些坑坑窪窪、凹凹凸凸之處，前進時候，得用雙手去抓著凸凸，用腳尖去「抓」著凹凹，用身體緊緊的貼著石壁，一個個有如攀崖運動員，全神貫注的、謹慎小心的、一步一抓的緩慢前行。稍有不慎，摔下萬丈懸崖，自然粉身碎骨，而攀援時候常常都有人摔下去的。

我第一次去攀援「抓抓崖」，真是膽戰心驚，雙手被磨破了淌著血，渾身衣褲都被汗水濕透了，最最的高度緊張，好不容易，但終於攀援過了那二三十米長的光禿禿崖壁。真是精疲力竭，一頭倒在地上，閉上了雙眼，什麼也不想……當我睜開雙眼，一股「雲橫秦嶺家何在，雪湧藍關馬不前」的惆悵纏繞心頭！但還必須趕快去追趕前頭的隊伍，狼群、熊的恐懼迫使你不敢不趕快向前。

小涼山是大涼山的門戶，處處都有「一夫當關，萬夫莫開」的險惡，比較李白〈蜀道難〉詩句中所描述的種種險惡真乃過之而無不及。千百年來，正是憑據著這等「一夫當關，萬夫莫開」的險惡，抵擋了歷代大漢族主義者「亡族滅種」的千百次圍剿。一路上那些關於諸葛亮「征南蠻」的種種傳說，打箭爐，射箭坪……這些地名的「傳奇故事」，幾千年以來依然演繹得有聲有色……諸如此類地名刻記著大漢族主義者的那些圍剿歷史……漢人進剿的武裝因為這些險惡的阻扼而不能深入到涼山腹心地區，使得他們得以艱難的繁衍生存了下來……

還有那些湍急的山澗，橋是根本沒有的，只有為數極少的「溜筒橋」，因此大多數的山澗都必須涉水而過，寒冬臘月也必須赤身露體的從那涷徹骨髓的湍急溪流裏涉過去、游過去。

一出門行軍就得去穿越那原始森林，黑黑魆魆，荊棘叢生，路是沒有的，坎坷不平，蛇蠍遍布，野獸出沒，最討厭的是那種旱螞蟥防不勝防的爬到你身上來，悄悄的吸飽了一肚子血。螞蟥吸血毫無疼痛的感覺，所以當你突然發覺手臂上或者脖子上、肚皮上……突然起了一個核桃大小的疙瘩的時候，已經被螞蟥吸飽了血緊緊的釘入你的肌肉裏面去了。

到處都是原始森林，一出門行軍就得去穿越原始森林。進入原始森林，如果發揮你的想像力，想像空間要多廣闊有多廣闊了。如果你還看過《泰山》諸如此類美國電影的，就更可以去充分發揮你的想像力了。那是一個迷幻世界、恐怖世界，是天堂也是地獄！如果迷路，其實也根本就沒有路。「陷」入了原始森林的迷宮，那就更夠你「玩」的了！說不定也就成為了豺狼虎豹熊瞎子的「點心」了！從此銷聲匿跡於人世間者，不乏其人。

對於流放到了如此的工作環境，如此的生存環境，被調進去的漢族幹部，許多都不安心。因此剛剛抵達雷波，不少人便不接受分配，要求外調。要求外調是不可能的。不接受分配便只有被開除公職、被開除團籍。砸破飯碗遣送回漢區去做平民做農民。但堅持接受「開除」不要飯碗的，不乏其人，寧肯回漢區去當農民，也不願意留在這裏吃皇糧當幹部！這些被開除的人表面灰溜溜而心裏卻是樂滋滋的逃脫了「流放」的這麼個不毛之地，跑回漢區去了。

二

一九五三年時候，涼山尚是未解放地區，共產黨的政治、軍事力量只能達到涼山邊緣的彝、漢雜居區。為了把政治、軍事力量深入擴展到整個涼山，中共中央決定成立「中共涼山工作委員會」，同時還成立了中國人民解放軍涼山前方指揮部。因為尚有國民黨軍人潰散潛伏在彝區，而彝人普遍都擁有槍枝子彈，同樣都被視作屬於敵對狀態。任命西南軍區公安部隊司令員魯瑞林為前方指揮部政委兼司令員，同時又是中共涼山工作委員會的書記。

魯瑞林是個傳奇人物，大革命時候是國民黨軍隊裏的一名馬夫。參加起義以後入了黨，在戰爭中英勇頑強，累立戰功。一九五四年在《人民文學》上面發表的有一篇「傳記文學」，專門記述了魯瑞林的傳奇故事。

不久又成立了涼山軍政委員會，任命雲南省副主席張沖任涼山軍政委員會主席。張沖又是個傳奇人物。彝族，在雲南軍隊裏十八歲任團長，二十二歲任軍長……解放前曾經不斷的給「川、桂、黔、滇縱隊」（中共地下武裝）的朱家壁司令以槍枝、彈藥、錢糧、物資的資助。趁參加國民黨國大代表會議之際，中途飛去香港，以後去了延安，擔任過（已經解放的）東北松江省省副主席。當時張沖已是個大胖子。

記得有一次工作會議上，有個工作團長彙報了一件事情，很有點傳奇色彩，魯瑞林來涼山不久，大為驚訝，張沖說：「這樣的故事，在我們彝族裏頭是多多的有啊！」

事情是這樣的：有兩個家族打冤家（當時冤家仇殺仍很嚴重），仇殺正進行得緊張激烈、難分難解之時，在那仇殺的戰場上，忽然衝上來了一個奴隸主的少女，赤身露體的揮舞著她的五彩百褶大裙，呼喚著：「停止仇殺！還我和平！」雙方的仇殺立即停止了，雙方立即退出了仇殺的戰場！因為彝族有一個傳統的習俗：當冤家仇殺的戰場上，如果有一個赤身露體的奴隸主少女，冒著生命的危險，衝上戰場來呼喚和平、阻止仇殺的時候，仇殺的雙方都必須立即無條件停止仇殺，退出仇殺的戰場。如果有誰敢於違反這條神聖的習俗必將受到全民族的反對和制裁。

習俗就是民族的不成文法，那是他們的真理，神聖而嚴肅。誰都必須十分虔誠的遵守。然而那殘酷的習俗也規定，這個制止了仇殺的少女則必須去自殺，以之答謝哈努大神的庇佑。

當這個阻止了冤家仇殺的少女正準備自殺的時候，工作團的幹部把她找到了，阻止了她自殺，並把她帶到了工作團。然而事情並沒有了結，少女堅持要自殺，兩個家族也堅持少女必須自殺，否則就是違背了神聖的民族習俗，而當時對於尊重民族習俗是非常認真嚴肅的。讓不讓這個少女去自殺？工作團長請示魯瑞林：這樣的問題應該怎麼處理？

這件事情給了我巨大的震動，巨大的誘惑。這是個剽悍的、勇敢的、無畏的民族。歷史造成了人民對內對外的殘酷頻繁的流血爭鬥。特別是內部冤家仇殺連綿不斷，月月年年，可以說每一天都有冤家仇殺的流血事件發生。

在這殘酷的無家不冤的紛繁流血仇殺之中，一個奴隸主女人赤身裸體的衝入激烈廝殺的戰場呼喚和平！仇殺雙方都必須無條件的放下武器，無條件的停止仇殺！這是一條多麼神聖、多麼崇高的傳統習俗啊！特別是多年以後我看到了如下的「愛的法律」、「人道干預」對付戰爭的理念時候，我驚異無比驚異的發現：這條神聖的習俗竟和這種理念是如此的驚人相似！

聯合國祕書長蓋里（BoutrosBoutros-Ghali，一九九二年至一九九六年在任）在他的〈國際法在二十一世紀的作用：一場格老秀斯運動〉一文中提出：「今天我們需要興起歷史上的另一場格老秀斯運動，這場國際法的文藝復興，有助於在一切國家已經進入的這個新時期改進世界景觀。意即，聯合國和國際社會將發動一場以格老秀斯的思想的一場格老秀斯運動。」

作為和平主義者，格老秀斯提倡一種「愛的法律」！關於爭取和平的方式，格老秀斯列舉的幾種方式之一是：敵對雙方在第三方的干涉下的妥協，即雙方在他人介入下不得不讓步休兵。這實際上是明確的提出了人道干涉的原則。在《論戰爭與和平的權利‧緒論》中，格老秀斯說：「戰爭始於雞毛蒜皮的藉口，或者無事起烽煙，沒有任何法律的審查——既無神的法律也無人的法律——而持續不斷。一次宣戰的結果似乎是導致各種罪惡得以釋放。」因此，這位主張以萬國法制止戰爭的荷蘭學者說：「上帝已經賦予良心一種司法權，這種司法權應是人類行為的最高指導原則。」

涼山彝族的冤家仇殺有許多都是「始於雞毛蒜皮的藉口，或者無事起烽煙」。當然奴隸社會的奴隸主相互掠奪奴隸、牛羊……是奴隸社會的產物。然而在千百年延續的這種殘酷仇殺的血腥掠奪之中，伴生了這樣一條「愛的法律」、「人道干預」，能令人不感歎這種神聖莊嚴的習俗的偉大和善良嗎！

這封閉在涼山這樣的惡山惡水之間，幾千年來艱難的、勇敢的繁衍生息的民族。這是個神奇的民族，在她那勇敢而神奇的幾千年來與世隔絕的悠久歷史裏，積澱下了多少誘人的英勇傳奇啊！我真想認真的瞭解探索這個神奇的民族和她的人民。

不久我下到了工作團……一直到一九五六年我負傷之後，調幹升入大學為止，在彝寨間「深入了」四年光景，這期間我把那少女的故事寫成了一個短篇小說，以後改成了電影劇本，再後改成了中篇傳奇。當時的涼山依然停滯於奴隸社會，這是當時的中國社會科學院做的結論。黑彝被稱為奴隸主，擁有生、殺、予、奪絕對的無上權威。黑彝是彝族的本始民族，白彝則是歷史上黑彝在奴隸掠奪的戰亂中從漢、藏、回、苗……等等異族中去俘擄搶掠而來淪為奴隸的。黑彝為了保持它「純潔高貴」的血統，所以嚴厲禁止黑彝、白彝之間有性關係；如果發現則必須雙雙處死，絕無寬恕。

然而黑彝或者白彝群體裏，性關係卻是非常的混亂。「婦貞女淫。」亦即在結婚之後，妻子必須對丈夫嚴守婦道，而未婚的少女卻可以隨意性交往，沒人過問的。新婚第一夜，新娘可以以任何方法抗拒新郎占有，因而新郎往往以失敗告終。婚後新娘即返回娘家居住，待到懷孕之後才能來到婆家。因而頭胎常常是「野種」，誰都是「心裏明白」的事情。

有的寨落只有白彝，白彝裏已經分化成為有奴隸主、奴隸、自由民幾種成分，然而全都臣屬於黑彝。白彝寨落裏有一個白彝頭人又是這個寨落裏的絕對權威，寨落裏的全部女人都是他的性奴隸，任其隨意占有。而奴隸則由奴隸主像給牲畜配種一樣任憑其配對，配對之後便升格成為了「安家娃子」，對於最下等的「鍋樁娃子」，奴隸主把男、女奴隸是分開居住的，所以這些男女奴隸往往在去山野間砍柴、揹水、放牧……諸如此類勞作的時候，那都是渺無人煙的曠野，男女奴隸便天做房地做床，恣意的在山野間去尋歡作樂……因為這樣的混亂，所以性病非常多，也非常可怕。

那時每個寨落都遍種罌粟，種植罌粟是奴隸主最為重視的頭等大事。用罌粟提取的鴉片煙，是每年去和漢人交換槍枝、彈藥、糧食以物易物的「黃、白、黑」中的最重要內容，已成為奴隸主歷史上每年經辦的頭等大事。因而奴隸主最看重罌粟的種植，遠遠勝過於糧食的種植。窮困的地區，如金三角、阿富汗、南泥灣、哥倫比亞……等等地區堅持種罌粟、大麻，因為種植罌粟、大麻的收益比較種植糧食不知道要高出多少多少倍。

此等黃、白、黑的交易使涼山成了冒險家的樂園。因為暴利，所以必須伴以強力的武裝作為後盾。劉文輝、龍雲……都是連年在這「冒險樂園」中大發橫財而飛黃騰達的。

糧食的種植則依然停留在「刀耕火種」的原始時代，毫無耕作技術可言，把山一燒，用一個杵在山野間隨意杵些坑，把玉米丟在坑裏，不除草、不施肥，讓它自生自滅，秋收時候去收穫，收多是多，收少是少。祖祖輩輩都是這種廣種薄收的懶莊稼，產量非常非常低，作物單一，只有玉米、蕎子、洋芋、蘿蔔幾種。奴隸大半年只能以野菜粑為食。那種犬彘之食也不如的食物，實在太令我驚訝，實在想像不到人世間還有如此艱難生存著的人類！因而成為了我國最貧困的民族，最落後的民族。

只有奴隸主終身有一二套布料衣服，成年以下的奴隸赤身露體是並不鮮見的。成年的奴隸也只有手編的藿麻裙，裸體上披著老羊皮。寨落全部都築在高山之上，那是為了防衛仇敵的攻擊。易守難攻的險惡之地是建築寨落的好地方，當然也把自己封閉了起來。一個家族、一個家族隔絕成為不相往來的小小天地。高山之上，水成了最最金貴之物。揹一桶水得花費半天時間，因之從無洗臉、洗衣、洗澡之說，許多人一輩子也沒有洗過澡。

黑彝是彝族的本始民族。高大粗獷、高鼻樑凹眼眶，自認為是神靈造就的高貴血統，是天生的統治者。神賦予他生、殺、予、奪的特權，擁有殘暴的統治和掠奪的無上權威。為了維護它的統治常常使用各種酷刑：刺眼、剜鼻、割耳、剁手、抽筋……令人慘不忍睹，當然也更令我驚訝。

三

如此黑暗、愚昧、野蠻、落後的奴隸社會存在於新中國，自然是不允許的。因此我們這些幹部進去的一個重要任務：就是要去輸入革命，要去廢除奴隸制度。然而此時的奴隸主擁有生、殺、予、奪的絕對權威，因而必須首先爭取奴隸主，否則軍隊和幹部都無法進入到涼山腹地的寨落裏去。因此「團結上層，不做下層工作」成為當時的工作準則。

「團結上層」的工作非常艱難，幾千年的民族仇恨和民族隔閡，對於漢人絕對的不信任，更加上逃進涼山投靠在奴隸主門下的國民黨軍、警、憲、特人員、地主等等人們的「現身說法」：「共產黨過橋抽板」，「共產黨欺騙成性」……更大大增加了工作的難度。這些國民黨軍、警、憲、特人員、地主等等當然深深知道我們所謂的「團結政策」只是暫時的「權宜之計」，他們都是上過當的。共產黨的政策是絕對不會放過這些「剝削階級」的。

奴隸主們從來對於漢人都是敵視、仇視、懷疑、不相信的。怕上當，怕受騙！他們也有幾千年上當受騙的慘痛歷史教訓……因此之故，可見我們要開展「團結」工作，是談何容易？

我們為了表示「團結」的「誠意」。總是由當官的和彝族的頭人「歃血為盟」——「鑽牛皮」（歃血為盟的莊嚴儀式）「喝血酒」，一起發誓——「結為生死之交，永遠不相背叛。誰若背叛，像牛一樣的死！」我們的「漢官」對於如此這般的儀式和誓詞，當然視之為一種手段，達到「團結」的一種過程，逢場作戲而已。態度上也裝得很誠懇，煞有介事！然而在心裏面根本不當成一回事。也不相信「一旦背叛」會「像牛一樣的死」的。也知道和這些奴隸主的「團結」不可能是長久的。我們的「統一戰線」歷來都是爭取「同路人」，也知道那條路是不可能永遠「同」下去的。彝族奴隸主頭人雖然十分重視，儀式上絕對虔誠，但對於「漢官」之信誓旦旦，也難免不心存疑慮……於是如此這般的「歃血為盟」便大大的打了折扣了！

在此同時還發放救濟糧，送給頭人珍貴禮物——花布、鹽巴、鹹肉……如此種種手段很快就被歷史做了結論——「權宜之計」的多方位喝哄誘騙而已！我們使用了諸如此類的多方位喝哄誘騙手段。只為了能夠達到一個「團結」的目的——和平的使敵對狀態的奴隸主妥協下來。

艱難工作的結果，能夠取得的最大的收穫就是把奴隸主們一個個被邀請到內地去參觀、訪問、學習，要把這些頭人請出那座寨子，真得費很大功夫……參觀、訪問、學習之後，再一個個的根據奴隸主的勢力大小，分別委以工作團長、工作隊長、縣長、區長……等等大小不同的職位，按月發放工資。有了職位，奴隸主便成為了「漢人的官」！得聽漢人使喚了！特別是有了工資，月月都有收入，於那些奴隸主而言，奴隸社會的貧困生活也是陡然改觀也是很誘人的事情。不過「誘人的」時間也太短暫了！

經過幾年的耐心努力，使用了諸如此類的多方位喝哄誘騙手段之下，一直到了一九五四年，大多數奴隸主都妥協了、「歸順」了！我們的軍隊和工作團「和平解放」了全部大、小涼山的每一個寨子。也就是在喝哄利誘之下，一個個頭人都「歸順」了我們。在其默許之下，我們的軍隊和工作團全部占領了每一個寨落——「和平解放」了大小涼山！

「和平解放」勝利後，必須把「革命」輸入給這個落後的奴隸社會去。於是中共中央決定在涼山進行「民主改革」：「廢除奴隸制度」，「解放全部奴隸」。

當時有條原則叫做「謹慎穩進」。但當我們全部占領每一個寨子並沒有多少時候，卻突然的宣稱要全面進行民主改革，推翻奴隸制度。這是謹慎穩進還是急躁冒進？應該是值得回顧、思考、審視的重要歷史問題。

當時制定的政策是和平改革，以和平方式廢除奴隸制度，以和平方式解放全部奴隸。

殊不知事與願違，「民主改革」一經宣布，立即遭到奴隸主們的瘋狂反對，包括那些當上了各種長字號的奴隸主也瘋狂反對。奴隸主掌控著一切權力，掌控著全民族一致行動，誰敢不一致，就會成為全民族不齒的奸佞，你那整個家族都被會釘上恥辱柱。維護神聖的民族氣節，於每一個奴隸主都是至高無上的。

奴隸主們不可能想像奴隸可以和他們平等！卑賤的奴隸竟要和高貴的奴隸主平起平坐！奴隸主們十分憤怒，紛紛四處糾集起來與我們武裝對峙。和平改革已經成為絕對的不可能了。我們本來不想亦如漢區那樣使用暴力去進行民主改革，而奴隸主卻要以暴力來反對民主改革，我們也就只能以暴力去對付暴力了。當時廣大的奴隸的生、殺、予、奪依然掌握在奴隸主手中，奴隸主以武力抗拒民主改革，把奴隸裹脅進他們起義（我們稱之為叛亂）的武裝中自不待言，如此一來自然成為全民族性的行動了。

他們以神聖的全民族起義相號召，義正詞嚴！我們稱之為奴隸主叛亂，也義正詞嚴！奴隸主們認為必須把漢人全部趕出去……那些戰鬥非常殘酷，每個寨落都首先驅趕工作團和駐軍，以及一切漢人……我們雖然明白奴隸主們會武裝反抗，雖然也在各個寨子裏面收買了許多「線人」，但奴隸主的祕密行動進行得非常機密而且快速，快速得迅雷不及掩耳！

各個寨落有一種祕密的叫做「打木刻」的行動方式——「打木刻」是幾千年傳承下來的一種全民族的「契約」：一是全民族立即停止內部冤家械鬥；二是全民族無條件聯合起來，一致對外，驅除漢人。「打木刻」飛快的把各個家族、各個寨落聯合了起來，發動了起來。快速的遍地烽煙……彝人武裝潮水般的，眾寡懸殊的，百倍於我們的包圍了工作團、駐軍、所有的貿易公司、貿易站、醫療所……殘酷的燒殺搶掠，先殺人——所有的漢人都是被殺的目標。然後全被搶掠一空，瓜分一空，再焚毀一空……

來不及撤退的幹部、戰士被打死之後被屍解，還被挖去心肝，割去生殖器，被燒了來吃。這些工作隊、工作團的駐地周遭全部都是險峻無比的叢山峻嶺，有如汪洋大海中的一個個孤島！彝人武裝四面八方包圍上來，大都全軍覆沒！彝人武裝不要俘擄，斬盡殺絕！我們遭到了「突如其來」的重創，犧牲慘重！我們當地駐軍很少，寡不敵眾！從外地調動，千里迢迢，路途險阻，需要時日，全面處於被動挨打局面！

終於調來了幾十個團的解放軍，進行全面清剿。我們稱之為「叛亂」。我們的行動叫做「平叛剿匪」，他們叫做民族起義——「大反漢人」、「驅除漢人」！他們只有步槍——唯一的火力，咱們有衝鋒槍、機關槍，有迫擊炮，有手榴彈，還有火焰噴射器。其威力懸殊之巨大不言而喻。他們翻山越嶺如履平地，鑽原始森林習以為常。占盡了天時、地利、人和！而咱們處處步履艱難畏首畏尾。我在明處，他在暗處，似乎電影《地道戰》那般狀態。當然那些「地道」比較這裏的崇山峻嶺、原始森林簡直是「小巫見大巫」！隨時隨地都會「砰」出幾聲「黑槍」要了「鬼子」的性命！我們這些漢人都成為了「鬼子」了！憑藉崇山峻嶺、原始森林的諸般險惡和我們周旋、頑抗……「平叛』之險惡和艱難可想而知。我們一起參加「平叛」而死掉的很多幹部、戰士，都是十八九歲、二十掛零的小夥、處男，連女人都沒碰過。

一九五四、一九五五年全國都沒有戰事了，弄到這裏來糊裏糊塗的命喪黃泉！在好多寨子旁邊都有烈士墓，那就是在「平叛」戰亂中被殺害的年輕漢族幹部和戰士，孤魂野鬼！「蒼山峻嶺埋屍骨，誰能馬革裹屍回！」這次雙方大屠殺，雙方到底死了多少人？我等不知道，肯定不少。一時大家都殺紅了眼！那些屍橫遍野的場面留在了許多人的眼簾！最後勝利當然屬於我們！我們的解放軍是無敵的！我們押解著幾百號長長的俘擄群，非常緩慢的行進在深深積雪的荒原上，死了的無法弄走的也就只能扔在那雪原上了，當然也就成為了饑餓的狼群的食物。

經過了一年多的大「平叛剿匪」，奴隸主率領的彝人武裝被消滅了。一些奴隸主逃進了原始森林堅持下去……好多年都「窩藏」在原始老林裏，進行著「反革命破壞活動」！

民主改革進行了。奴隸得到了解放，建立起了有奴隸加入的政權。而不少的奴隸主（被俘擄的或者投降了的）都被吸納入鄉的、區的、縣的、州的「政治協商會議」，給以鄉、區、縣、州不同級別的「政協委員」的身份，按月發放給不同等級的工資。鄉也有「政協」，這是我們這旮旯的「特色社會主義」特色了！對於「政協委員」月月給以不同級別的工資，實際上是把奴隸主們全部「養起來」。

彝族的文字非常簡陋，他們的歷史都是口耳相傳。在火把節等等盛大節日時候，各個寨落都會有歌手，深情的把民族英雄的動人故事歌吟一番，有的歌手能夠幾天幾夜的歌吟而內容不會重複。我們漢人有《三國演義》演繹諸葛亮征南蠻，七擒七縱孟獲。他們的歌手則把孟獲演繹為偉大的民族英雄！最為重要的主題是歌頌他們家族的英雄故事：何年月日，他們的祖先居住在何地，被漢人屠殺驅逐，先人某某率眾抵抗，最後率眾逃亡……來到深山荒嶺，不毛之地，披荊斬棘，艱難的生存了下來……他們一代代祖先的山寨不斷的被漢人屠殺、驅逐、占領……他們的祖先不斷的逃亡！逃亡！歷經千百年的逃亡……最後被漢人驅逐來到了現在的寨落！

何年月日，他們的先人——恩札家、阿侯家、烏拋家……一起「打木刻」，聯合起來民族起義大反漢人。消滅了多少漢軍，占領了多少場鎮……他們也實行「三光政策」——燒、殺、搶掠一空。然後俘擄了多少多少漢人來到彝區作為奴隸……

哪位先人殺死了誰誰誰，哪位先人怎樣被誰誰誰殺死，生生死死的英雄的英勇戰鬥故事是他們永恆的歌頌主題。以之來傳承他們不屈鬥志的民族魂！他們用歌吟歌頌他們的反抗、用歌頌戰亂的紀實情節來頌揚祖先。同時記錄他們一代代的家譜，一代代的血淚歷史！這一回最殘酷最大規模的大屠殺，不知道他們將如何去演繹？如果這些歌吟者還有著倖存者的話。我離開那裏之後，無法再聽到那些悠揚婉轉激蕩的歌聲了！在漢人辦的各類彝人學校裏，後來人肯定不會讓知道這次大屠殺，告知的是：「偉大的民主改革，徹底消滅了奴隸制度。涼山彝族奴隸社會一步跨越了幾千年，直接進入了社會主義社會！」奴隸主家族被消滅了，這些口耳相傳的家族歷史也中斷了！家族史滙集成民族史，這是他們口耳相傳的民族英雄史詩！漢人寫的歷史是他們的恥辱史！這樣傳承的英雄史詩就這樣中斷了（或許不至於中斷）。這是民族的悲哀，民族文化的悲哀！

一九五三年至一九五六年，我在涼山橫槍躍馬。

四

在涼山還有幾件很難以忘卻的事情：

其一是聽了在機關內部傳達的「關於高崗、饒漱石反黨集團」的報告。記得在傳達報告中高崗的主要「罪過」是：想當國家主席，把東北變成獨立王國，挑撥中、蘇關係，挑撥中、朝關係……

而最令我驚訝的一條「罪過」是宣稱高崗「亂搞了三十多個女人」！因為在我們這些二十多歲的年輕幹部的幼稚頭腦中，當然認為像高崗這樣的身為中華人民共和國國家副主席的大人物，定然是道德高尚的謙謙君子，竟有如此「罪過」，實在是太驚訝了（這些罪過以後都在報紙上面公開披露過）。

許多年之後才知道在共產黨的大人物裏面，「寡人有疾」者還不止高崗一人。近年來才知道，高崗之被打下去，也並不只是因為「搞了三十多個女人」諸如此類「罪過」……傳達報告的內容，只是說給局外人聽的。

半個多世紀之後的今天，據高崗夫人李力群透露的真實歷史資料和《高崗日記》等披露：高崗被調往中央，當副總理，是為了削弱周恩來的權力；當國家副主席，是為了削弱劉少奇的權力。而毛澤東還祕密交代要高崗聯絡一些諸侯，把劉、周拉下馬……高崗奉毛澤東之命行事，不料被劉、周察覺，提交毛。毛權衡劉、周力量太大，不能夠輕易動彈，於是翻臉不認人，給高崗扣上一頂「高、饒反黨集團」的罪名，逼得高崗自殺而告終。

五

其二是從反「胡風集團」開始的全國「肅反運動」。最先是在報紙上面公布了一批、二批、三批「胡風反革命集團的材料」，「材料」都加上了「批語」——都是偉大領袖毛澤東的手筆。而這些「材料」基本上是些來往的私人信件。從這些非法「抄」出來的，或者逼迫其「自動」交出來的私人來往信件之中，去挑選出幾段抑或幾句，即可成為反革命的罪證，也就可以「憑」這些「罪證」把你打成為反革命分子。

這是毛澤東製造的大「文字獄」冤案之一。這樁冤案在將近三十年之後，也即毛澤東嗚呼哀哉六七年之後才全案平反！而遭到冤屈的「胡風分子」們已經在獄中關了二十多年，關死的不在少數。

緊接其後：全國上下都開展了這一「肅反運動」。把有點「歷史問題」而在此以前的歷次鬥爭、審查之中未予以「打擊」到的，或者平常表現出對於共產黨有不滿情緒的都集中起來、封閉起來。叫做「重點分子」。再抽調一批積極分子作為「打手」，去對於「重點分子」一個一個的鬥。積極分子對於「重點分子」日夜嚴密監視。一間小屋子住七八個人，其中有一至二個「重點分子」，其他的都是監視「重點分子」的「打手」，拉屎撒尿都有人跟隨，白天夜晚輪換看守。「重點分子」二十四小時在積極分子的監控之下，形成一個個的警戒森嚴的小集中營。任何人出入都得請假，當然「重點分子」是絕對不允許出去的。

「重點分子」中，被認為有「活的」，亦即被懷疑是和臺灣特務機關或者美國特務機關還有著聯繫的「現行特務分子」；有「死的」，亦即在歷史上可能幹過諸如此類勾當的。還有一種被叫做「自發的」反革命分子——當然是指那些家庭出身不好的，因為不滿，進而仇視；再進而反革命。當然更無須什麼真憑實據諸如此類的講究了。集中了許多人去鬥爭和被鬥爭，費了許多力氣到全國旮旮旯旯去「跑材料」，花了許多錢、許多時間、許多精力，結果是假的多，真的少。「打手」們想當然，逼、供、信，疲勞鬥爭，「重點分子」被折騰得說了一堆謊話，很快又全部推翻。「三反」、「五反」、「肅反」中，打手們都是一個手法，特別是那些在「三反」、「五反」運動中得到了實惠的、入了黨的、當了官的，在「肅反」中自然更為「奮勇向前」，以求去撈得更多的實惠。因此在「三反」、「五反」、「肅反」之中，由於逼、供、信，不實事求是而造成「跳樓的跳樓」、「抹喉的抹喉」確實並非鮮見。

我們親眼所見就有好些個。一個叫孟績祿的在上廁所時候，從一個只有一米高的臺階上一個魚躍，頭朝下先墜地。頭破血流，當場斃命。一個姓張的從監管他的人枕頭下面偷了手槍自殺……種種被迫無奈的自殺頗有點防不勝防……據最新資料認為，此次「肅反」運動之中受到審查鬥爭的至少在四百萬人以上，株連之眾當然更多……這是被製造的另一件大冤案！

六

還有一件頗值得一提的是，在涼山那幾年還大飽了一番口福，那不是一般的口福，那是這地球上的絕大多數人連什麼布希、布萊爾、百萬富翁……都難以品嘗到的諸多山珍美味。

那是時也，運也！因為二十世紀五〇年代之初，中國人還根本不懂得「保護野生動物」諸如此類。其實彝族一般也不撲殺野生動物，那是國營雷、馬、屏、峨農場建立起來以後，種植了許許多多的玉米，滿山滿野。玉米成熟時節，野豬、猴群蜂擁而至，一山一坳的糟蹋得面目全非，於是農場開始撲殺。

以後彝人也開始撲殺。彝人不吃野獸肉但漢人要吃，撲殺以後，彝人可以用來賣給工作團和解放軍換錢。那時候因為運輸困難，一切全都得用人揹，山路難行，崎嶇險惡，揹運一百斤糧食，腳夫在背運途中就得吃去一半。所以蔬菜、肉類很難獲得，特別是距離漢區遙遠的大涼山腹心地區的山寨……而今發現這些野生動物可以買得到，覺得這是獲得肉食的一個途徑。特別是工作團、工作隊，只要有就買。

後來彝人不要錢，要求用步槍子彈換。於彝人而言，解放以前用黃、白、黑（黃金、白銀、鴉片）去換取槍枝、子彈那是最大的頭等大事。槍枝、子彈是「打冤家」絕對不可缺少的絕對威懾力量！龍雲、劉文輝這些大大小小的軍閥都是在歷史上諸如此類的千百次罪惡交易當中而大發橫財、而飛黃騰達的。解放之後，用黃、白、黑交換槍枝、子彈的途徑被絕對的禁止了，子彈成了最最珍貴之物，打去一顆少掉一顆：一隻野豬要十五顆，以後降到十顆；一隻老虎要三十顆以後降到二十顆……但那子彈可以打野獸也可以打人，所以上頭知道了這種「非法交易」之後才下命令絕對的禁止了。

熊掌吃過很多次。在中山坪工作團時候，我是團支部書記；那個炊事員正在爭取入團，所以總有意的要把一整隻的熊前掌給予我。熊前掌叫做「舔掌」，熊一閒著總喜歡用舌頭不停的舔牠的前掌。那種美味嫩滑難以言傳，孟子說的：「二者不可得兼，捨魚而取熊掌者也！」而我得到的總是熊掌中的精品。吃猴子時候炊事員先是把腦袋全部扔掉，後來我叫他把猴腦取出來放上少許鹽蒸了來吃。

最稀罕的是在西寧農場，那是國營雷、馬、屏、峨農場總場部的所在地，所以那時候逐漸繁榮起來了。那地方貿易公司設了一個收購站，彝人漸漸的把一些黃連、天麻、蟲草……諸如此類珍貴藥材拿來賣了再買回鹽、糖、布等等物資。那收購站裏有一個工作人員，姓鄭，是老鄉——自貢市人。我們幾個人去檢查農場的少數民族政策執行情況，地方的漢族幹部有一二十個人的伙食團一起開伙。一天下午，鄭老鄉悄悄的把我叫了去到了那茅草棚裏的伙食團裏。那桌上已經放好了一個大大的燕穀。我一看那蒸穀裏面熱氣騰騰的香味四溢，白生生的像一個嬰兒胴體蜷縮在那蒸穀裏面，難免心中一緊。這是什麼東西？鄭老鄉說：「仔細看看……」淺淺的隱約可見細小的一個個梅花型圖案。鄭老鄉說：「難得的東西，梅花鹿鹿胎。」四塊錢買的（現在得上萬元吧）！其中一人打量片刻，站起身來說：「這我不敢吃。」轉身走了。餘下四個人開了兩瓶酒慢慢享用。當然其鮮美嫩滑較諸熊掌更勝一籌！如此人間珍稀的美味，在這人世間能夠品嘗過的人實為稀少！鄭老鄉還弄了一次鹿蹄筋清燉母雞來請我們打過一回「平夥」——AA制，也是稀罕之物。至於什麼鹿肉、麂子肉、野豬肉、老虎肉、大雁、山雉……吃過的山珍實在是多乎哉！這些稀罕之物待在機關裏面是根本享受不到的。彝人吃肉類只有兩種方法：一是煮。四肢、軀體砍成拳頭大小一砣一砣的，在涼山叫做有名的「砣砣肉」。心肝五臟也大塊大段的，都不洗。腸子也不洗，把腸子裏面的東西用手一擼，擼末擼乾淨無所謂。一起放在大鍋裏去煮，煮到半生不熟撈起來，抹上一點鹽就咬。另一種方法是用篝火燒烤著吃，禽類則糊上一層稀泥去燒烤，一如漢人吃「叫化雞」的作派。所以我們喜歡把豬肉、牛肉燒烤著吃，味道鮮美也更乾淨。

那有名的高原無鱗魚也是難得的美味。彝人不吃魚。因為山寨都建在高山之上，那些山澗溪流清澈見底，可以看見魚群嬉戲其間。有些被擄進去的漢族娃子（奴隸）會弄魚來吃——只要一條繩，繩上繫上幾個鐵鉤子甩入急流，橫拉豎拉都能夠拉到魚。不管鐵鉤子鉤著頭、鉤著尾，拉起來就是幾斤大的魚。用篝火燒著吃，也夠鮮美的！如此眾多的鮮美食物，也只有那時、那地、那等機緣種種因素湊合在一起才得以留下來如此美好的種種回味！

第二部

第十章
跳槽「入關」

一

一九五六年二月，蘇共二十大的赫魯雪夫報告，公開揭露、批判史達林個人專制、獨裁所犯的嚴重罪行，從而提出反對「個人崇拜」這一順應歷史潮流的倡議，在國際社會引起了強烈反響，特別是在東歐的社會主義國家引起了強烈的共鳴，掀起了一股反對「個人崇拜」的高潮。在中國卻只能在高層內引起極其強烈的反應，絕大多數領導人也主張反對「個人崇拜」，而億萬草民則被「瞞」得一無所知。

＊

「祕密報告」祭

一九五六年二月十四日至二十五日，蘇聯共產黨在莫斯科召開第二十次黨的代表大會。赫魯雪夫代表蘇共中央向大會做了總結報告。但是，在會議結束前夕的二月二十四日深夜至二十五日凌晨，赫魯雪夫又做了長達四個半小時的題為〈關於個人崇拜及其後果〉的祕密報告。一九五六年三月一日，此祕密報告正式下發蘇聯共產黨各級黨組織。不久，又決定傳達到共青團組織積極分子和蘇維埃機關工作人員。三十多年之後，即到一九八九年，才向蘇聯全體國民公布。在中國被隱瞞了半個世紀，近年始在互聯網上披露。

一九五六年年四月，在中共中央政治局討論關於經濟發展方針的問題時，毛澤東的意見遭到多數成員否決。毛澤東從一九四三年起，擁有了十三年的「最後決定權」第一次被剝奪了，居然出現了毛澤東絕對不能容忍的事！他決心進行「反撲」，奪回這「最後決定權」。

一九五六年，中共中央認為全國性的社會運動、社會改革工作已經基本上結束了，再次提出應該轉入以「經濟建設」為中心的社會主義建設。一九五二年早已提出過的「大規模經濟建設」雖然被擱淺，推遲了幾年，但現在再一次由中共中央重新提出來。大家依然是再一次的歡欣鼓舞，完全相信去建設繁榮富強的新中國已經提到了日程上來了。

唉！殊不知毛澤東不能夠容忍他的「最後決定權」的專制、獨裁地位被剝奪，不容許被「少數服從多數」的民主制度所取代。於是費盡心機精心策劃一場更殘酷的階級鬥爭，再一次取代了「經濟建設為中心」，把中華民族拖進了更大的苦難。

然而當時就已經嚴重感到知識分子短缺，後繼無人，為此，一個建國以來從未曾有過的決定，中央特別在全國各級黨報上公布：「中央號召全國的機關幹部，都可以自願的自由報考高等學校，任何單位任何領導均不得以任何理由加以阻止……」

中央的態度如此鮮明！這一消息的「自由度」既使得我非常震驚又使得我無比的興奮。我慫恿陳宗游一起去報考高等學校，我和陳宗游立即把報紙給書記看了，同時交上了請求報考高等學校的申請書。由於書記看了報紙上中央那麼堅決的規定，那麼鮮明的態度，我和陳宗游的申請報告很快就被書記批准了。

於是我們火速行動。我們真是得利於這個火速行動，如果不是火速，什麼都完了！我和陳宗游各預領了三個月工資，一起火速趕到了成都。一九五六年時候四川省只有成都和重慶兩地才設有高考考場，全省的考生都得「進京趕考」！

殊不知我們到了成都後不幾天，中共四川省省委、省政府卻以自己的名義聯合下發了一個文件：文件中特別規定四川省三個州（甘孜州、阿壩州、涼山州）的幹部不在此列，一個也不准出去報考高等學校。

就只差這麼幾天的「機緣」！我們的申請是「生米已成熟飯」，書記既已批准，而且我們已經去了成都，也不再收回成命，於是我們得以逃脫了此一禁令的約束而得以去報考。遲則生變，遲幾天，我們就完了！

二

我當時之所以很堅決的要求離開機關去報考大學，從內心裏已經深深的感到「此路不通」了。陳宗游當時在那裏做黨委祕書，我做黨委政策研究員。陳是黨員，我是團員。陳是從江南進軍大西南來的，和他一同進軍來西南而又入了黨的，當時提拔做了縣長、部長諸如此類的已經不少了，而他依然還是個祕書。和我一同從西南團校分到樂山來的潘光傑，入黨以後，已經做了馬邊縣縣長（鳴放時候也被打成了右派分子）。陳也因為家庭出身，恐怕再要繼續「進步」，難度不小了。而我因為家庭出身，已經有了中共中央的明文規定「不得吸收入黨」。不是黨員，最多也就「原地踏步」，要想「進步」，幾乎是可能性趨近於零。

起眼一看上下左右，自詡無論從工作能力、理論水平、道德理念，諸多方面相較，自已都堪稱「略勝一籌」。許多平庸之輩，只因為有了一種本領。當時對這種本領，只能暗地的悄悄談論，叫做犯點「自由主義」。不能公開的說，公開的說那可是犯下了有損「黨的威望」的嚴厲律條。

解放初期，一切普通幹部都懂得一個規矩：對於維護黨的威望、維護領導威望，被視為很嚴肅、很認真的義不容辭的責任。再小的領導，小到十七品芝麻官，只要是在「領導崗位」上，下面的幹部就得維護他的威望。無論是好幹部歪幹部只要在那個領導崗位上，你就得無條件的去維護他的威望。因為他就是黨。他自視為黨也要求別人視他為黨，反他就是反黨。

一九五七年，「大鳴大放」之際，「真心誠意」的請儲安平出來「放」。儲安平「放」了個「黨天下」的「謬論」，被打成大右派，其緣於此。

當時，不入黨就不能「進步」——當官，幾乎所有的「領導崗位」都是黨員，至少百分之九十以上吧。民主黨派的，或者民主人士而能當官的，為數極少極少，人們都把它稱之為「裝點門面」的「配眼」。很難握有什麼實際權力，有職無權，滿天下如是。如此情況，人們都稱之為「黨天下」，亦即

「共產黨的天下」。這本來就是客觀現實存在，為什麼不能說呢？老百姓不敢說，而儲安平竟

「危言聳聽」的說：「今天我來是要給『老和尚』提點意見！……」給「老和尚」竟提了個「黨天下」，這還得了！所以在反擊戰中，儲安平成了全國被圍剿的眾矢之的，天天報刊上面都有批判他的各式傑作……

其實「老和尚」之說也是毛澤東自己說的。幾天前，毛澤東說：「大家給小和尚提了不少意見，希望給老和尚也能提點意見。」毛澤東自己戲詡稱自己為「老和尚」是大人物的風趣，你儲安平也敢稱「老和尚」，卻是大不敬的該殺！該掌嘴！「黨天下」是客觀現實，但是，客觀現實往往都是只能心知肚明，你戳破了毛澤東一黨專制獨裁的實質，敢於公開說了出來就犯禁囉！

對於這種本領當時很形象的稱為「吃燒紅苕」。紅苕因為是燒的，所以沾滿了灰，吃的時候先得「吹」掉灰，吹不掉得「拍」，因為燙手，在「吹」和「拍」的同時雙手還必須挪過來挪過去的「捧」著。「很會吃燒紅苕」暗喻長於「吹、拍、捧」。當時「很會吃燒紅苕」的，不乏其人，因為藉此「吹、拍、捧」本領而入黨，而當官，而步步高升的亦不乏其人。像我這樣的人，以人格尊嚴為重，自然絕對不會去向任何人「吹、拍、捧」的。對那些「很會吃燒紅苕」的厭惡之極，不齒其為人，對於此種「仕途經濟」當然不屑於為之。

三

因了以上種種，便有了「此路不通」的意念，共產黨的天下只有共產黨人才能夠去「坐天下」，我等便只有也必須去「另闢蹊徑」了。

當時只有二十五歲，正是「狂妄之年」，從天而降這麼一個「跳槽」的實在難得的千載難逢的好機會，當然得緊緊抓著不放了。如果不是中央那麼堅決的決定，如果遲了幾天，我們就只能和當時的「三州」幹部一樣，是只能就地「安心、生根、開花、結果」的了！

如果不是「跳槽」成功，也就只有「流放寧古塔，永世不得入關」的了！

到了成都以後，把那些丟了六年多的書本，熬更守夜的複習了一個月。我們都考上了大學……因為當時高考也已同樣突出了「階級路線」，絕對的工農優先，絕對的排除異己。陳宗游第一志願填的四川大學，他的考分比我低，第一錄就被四川大學錄取了。而我呢，因為填寫志願的不當（全是北京大學、南開大學諸如此類名牌大學），第一錄全都沒門，但考的成績還不錯，而我因為過度熬夜勞累，臨考前突發高燒，是在發著高燒的情況下進的考場，堅持考完了的。二錄錄到重慶師專中文科……

到了學校，真正是大大的大失所望！「大學招牌、中學師資、小學校舍。」實在後悔！那時候的重慶師專，一九五四年辦了個學習時間只有一年的速成班，抽調了一些重慶市的中學的「優秀教師」來任教。一年速成班的學員被「熱炒熱賣」，分到重慶市裏去做急需的初中教師去了。

一九五五年才籌建命名為：「重慶師範高等專科學校」，任命重慶市副市長鄧墾（鄧小平的弟弟）任校長，民盟中央委員李嘉仲（早期參加過共產黨）任副校長。實際上只招收了幾個班，規模很小。

一九五六年由於中央「大規模經濟建設」的要求，才大興土木，擴大招生。所以我們去的時候學校依然還在初始階段。只有一個食堂兼做開會、做報告諸如此類用途（權當禮堂兼用）。只有一幢小小的樓房用作教室，還有一幢辦公大樓和一幢教師宿舍，僅此而已。這樣的規模，竟是一所高等學校？即使與我們美麗而廣闊的建築雄偉的蜀光中學相比，也是「小巫見大巫」！

當時在我心目中的高等學府，最起碼也得像重慶大學、四川大學那樣的規模才能算得上是個大學，所以在內心裏完全是受騙上當的後悔。再一打聽，沒有一個教授，副教授也沒有一個，講師也沒有，全是中學上來的「優秀教師」。真是心灰意冷，想不到「大學夢」竟來到了如此不倫不類的一個旮旯。

當然，退一步想，總之，有了一個讀書的地方，可以「啃」書本的地方，那就拚命的去「啃」吧！那時候規矩很嚴，不准缺課。上課時候聽不進去也不能離開課堂，便在座位上把「課外書」放在下面偷著看。中文科很多「調幹學生」，很多人對講課大為不滿。

第二年來了一些「教授」，那是被「放」出來的「舊文人」。有國民黨湖南省黨部宣傳部長周邦式、在清朝皇宮教過溥儀弟妹們的陳守原、四川省教院教務長杜維濤、中長鐵路翻譯官、馮玉祥的祕書、四川大學文字學教授……這些「夾灰鏟口」的人們，說不上有什麼罪惡，「解放」之後被集中在某一角落去「思想改造」——「洗腦」同時交代問題。給飯吃，每月也給點零花錢，亞「集中營」吧！

經過這七年多的「洗心革面」之後，「放」了出來「做貢獻」。這些人雖然尚心有餘悸，然其中也不少飽學之士，與從中學上來的「優秀教師」亦大相逕庭……然而明天於他們依然吉凶莫測。周邦式在文化大革命中被鬥爭時候，紅衛兵一棒打來，鮮血直噴，腦漿遍地，當場喪命……

第十一章

割了舌頭的被告

一

一九五七年，毛澤東為什麼要發動「反右派運動」？

近年來有多種解讀。我發表的一篇文章〈毛澤東的始皇夢〉是如此解讀的：「一九五六年二月，蘇共二十大的赫魯雪夫報告，公開揭露、批判史達林由於個人專制、獨裁所犯的嚴重罪行並提出反對『個人崇拜』的倡議。」立即在各個社會主義國家內部引起了強烈的共鳴，掀起了一股反對「個人崇拜」的高潮。中國共產黨領導層也產生了強烈反響，多數人主張在中國也應該反對「個人崇拜」。

毛澤東對這個問題最敏感，他深知這是衝著他來的。一九五六年九月召開的中共「八大」通過的〈決議〉中，為了徹底肅清個人崇拜在黨內的流毒，在修改後的黨章中，把「『毛澤東思想』作為黨的指導思想」這一政治命題刪除掉了。它表明中共黨中央與「八大」全會跟「個人崇拜」徹底決裂的堅定信念和行動，更說明，中國共產黨內大多數是厭惡「個人崇拜」，反對「個人崇拜」的。

從一九四三年五月的中共政治局擴大會議，毛澤東被授予「最後決定權」。到一九四五年召開的「七大」所通過的〈黨章〉中塞進去「毛澤東思想」，使得毛澤東的「個人崇拜」的統治地位延續了十三年！使得毛澤東向著「始皇夢」的步伐不斷前進！

中共八大決議反對「個人崇拜」衝擊了毛澤東的「始皇夢」！有如當頭棒喝，毛澤東的『始皇夢』面臨滅頂之災！他絕對不能夠容忍，他必須反撲！毛澤東認為黨內、外的知識分子崇尚自由民主，反對專制獨裁，反對「個人崇拜」，是他實現「始皇夢」的的死敵，也是他實現「始皇夢」的最大障礙！他必須掃清障礙，消滅死敵！知識分子是民族的脊樑，毛澤東要斬斷這根脊樑——知識分子是社會的良心，毛澤東要剜掉這顆良心！毛澤東必須愚兵愚民才能夠實現他的「始皇夢」，然而要想愚弄知識分子卻是很艱難的。對於知識分子一是收買、豢養，使之成為愚兵愚民的幫兇和奴才；二是禁錮、屠殺、割掉舌頭，使之噤聲。

「反右運動」、「文化大革命運動」便是毛澤東掃清障礙、消滅死敵的最大「陽謀」！以之達到這樣的兩個目的：以愚兵愚民之路去達到實現他的「始皇夢」。

因之，我認為毛澤東發動「反右派運動」是對於「中共八大決議反對『個人崇拜』」的反撲，是對於「黨內、外的知識分子崇尚自由民主，反對專制獨裁，反對『個人崇拜』」的扼殺。

一九五七年那個「乍暖乍寒」的春天，毛澤東「請」「民主黨派」「幫助」共產黨「整風」。然而這幾年間，各種運動把他們嚇怕了，個個胸懷城府。三緘其口。你請你的，我沉默我的。毛澤東則信誓旦旦，一再表白「真心誠意」，大喊特喊「言者無罪、聞者足戒」。

全國各種報紙上，天天都是大字通欄標題寫著：「知無不言、言無不盡、言者無罪、聞者足戒。」每天如此，不厭其煩，煞有介事，要「謊言重複三遍，變成為真理」……

一請二請三請，請大家「大鳴大放大字報」，放的方式也從未有過的自由，什麼「神仙會」、座談會……總而言之，不管用什麼方式，什麼形式，要的是只要你開口講話。諸如此類會上，其開場白也是：「知無不言，言無不盡，言者無罪，聞者足戒。」如此信誓旦旦的先給你吃定心丸。

然而這麼些年都是「輿論一致」，若有不一致者，定立即遭到群起而攻之。「歌德派」統轄天下，若有不歌德者，定立即遭到群起而攻之。這些年，嘴裏標榜的「和平、民主、自由、幸福的新中國」，而這幾年來卻是民主太稀薄了，自由太束縛了，幸福太遙遠了。

「民主黨派」裏不乏愛國之士，在煞有介事的多番「真心誠意」、「三顧茅廬」之下，開始有人勇敢的獻計獻策，一進忠言。連費孝通都有感於春意之來，已不是「乍暖還寒」而是「乍暖乍寒」，偶爾還「寒」意有點襲人而已，所以也踏進了「大鳴大放」的行列……

而當此時也，章伯鈞卻告誡說：這是在「引蛇出洞」，切勿上當！

禁不住一放再放的誘惑之下，「牛、鬼、蛇、神」們紛紛出籠。而當毛澤東下令「收網」，對於「右派分子」進行反擊的時候，章伯鈞則吶喊這是在「搞陰謀」。

章伯鈞早期曾經是共產主義者，也加入過共產黨，所以對於許多事情知之甚深。毛澤東厚著臉皮強詞奪理的說：「這是陽謀，不是陰謀！」

其實賦予「陰謀」以亮色的，是早在二十世紀之初法國的巴拿波，拿破崙．拿破崙就理直氣壯的說過；「政治家、軍事家有搞陰謀的權力！」」當然，這話說得直率得太「赤裸裸」了，直率得不無幾分可愛。不是說「真理是赤裸裸的」嗎！

其實中國的老祖宗孫武等等人早在兩千多年前所說的「兵不厭詐」，「誘敵深入」，其「詐」其「誘」難道和「陰謀」不是同一系列嗎？那有名的《三十六計》之中無一不充滿了「詐」、「誘」、陰謀。都是「赤裸裸」的！所以拿破崙只不過是對於古今中外的歷史現實的高度概括和充分肯定，闡述他所認定的真理而已，為「陰謀」披上了一件「光彩」的外衣而已矣。古今中外的政治家、軍事家如果真的缺乏點「誘」、「詐」、陰謀……等等手段，一定是無法去克敵制勝的，可是毛澤東硬要生造一個「陽謀」出來為自己增添點「亮色」。曾幾何時，現在還有人能去為「陽謀」叫好嗎？只能與「指鹿為馬」一樣成為「傳世」之笑談！

當時對於「言者無罪」也有一位大名鼎鼎的辯護士——被國外稱為「第一御用文人」的，發表過如此這般的高論，辯護士咱們四川才子郭沫若說：「無罪的言者是無罪的，有罪的言者還是有罪的。」這使人想起我小時候聽到過的另一高論，我六舅公「唱隔壁戲」對我說的：「對於聽話的娃兒可以廢除體罰，對於不聽話的娃兒是不可以廢除體罰的。」真乃異曲同工之妙。拙劣的使用了戰國時候「諸子百家」之一家——名家代表人物公孫龍「白馬非馬」的詭辯術，此等絕對偷換概念的詭辯亦只不過留為笑談而已矣。

而據目前查出來的有關資料，打出來的右派分子不是官方瞞了幾十年的五十五萬，而是三百一十七萬以上！就如此被「坑」了二十年！二十年最可珍視的寶貴年華被無情的埋葬了！老百姓們視之為地地道道的「坑儒」！胡耀邦把這「鐵案」翻了，百分之九十九點九九都是「錯劃右派」，似乎還真有那麼幾個「真」「右派」。中央留了五個，章伯鈞自然是一個，全國最後留下了九十六個「不予改正」的「真」右派分子，占十萬分之三。所謂的「擴大化」竟擴大了數萬倍！無恥的鬼話！

歷史太無情了，三百一十七萬忠貞之士，有用之材，民族精英遭此莫大的災難，葬送了最可寶貴的「寸金難買寸光陰」的二十年！這真是中華民族曠古未有的奇冤！曠世的災難？

反右派運動使得「人民民主專政」在政治上上升到了另一個層面——意識形態領域。所「整」出來的這些人只是在「誘」和「詐」的「引蛇出洞」的「陽謀」之中，在信誓旦旦的「言者無罪」的許諾之下，被「請」出來「言」，而被「以言定罪」的。

秦始皇的「頌古非今」者斬，「焚書坑儒」的手段得到了認可和讚揚。毛澤東的詩句：「勸君莫笑秦始皇，焚書之事待商量。」「商量」的結果是開以言定罪之先河！打出了三百一十七萬古今中外都無有先例的「思想犯」。「反右派運動」使得專政進入到了思想領域，槍桿子的威力震懾力量滲入到了千家萬戶。「三反之後不管錢，反右之後不發言。」輿論一致、萬馬齊喑，奢談民主！史達林的暴力社會主義政治演化為毛澤東「史達林加秦始皇」的極左路線肆無忌憚越益猖獗。使得中華民族一步一步的陷入文化大革命的黑暗深淵！

最為慘重的是從茲起始，中華民族開始了全民族的「噤聲」，較之秦始皇的「偶語棄市」（說二話殺頭）的震懾力有過之而無不及。法西斯統治手段日益發展，人與人間互相監督，相互告密，人人自危！全民族生存在恐懼的沉默的無聲狀態之中。這種恐懼的心態便像瘟疫一樣的在全民族間蔓延……年復一年。幾十年蔓延至今，全民族生存在恐懼的瘟疫蔓延狀態之中……

免於恐懼的自由，依然是當今追求的理想！

「反右派鬥爭」的殘酷性還在於：「右派分子」成為了「割了舌頭的被告」！毛澤東和他的打手們既是原告又是法官！瘋狂的鬥爭當中。「右派分子」們不能夠陳述，不能夠申訴，更不能夠抗訴、抗辯！「右派分子」不「低頭認罪」的一切解說都被作為「對抗運動」而遭到更殘酷的鬥爭！沒有是非，一切誣陷捏造胡說八道，「右派分子」都必須無條件接受。古往今來從未有過如此的「全民族」蠻橫無理！當然這個「全民族」僅就指毛澤東威權所及的「黨天下」！「黨天下」挾持了「全民族」！

這種狀況維持了四五十年……右派分子依然沒有發言權，在一切官方領域被剝奪了「言論自由」！右派分子在四五十年間依然被迫「沉默」：沒有陳述、沒有申訴、沒有抗訴、沒有抗辯！在中華民族歷史上，似乎一切依然「維持原判」！

這是中華民族的恥辱！歷史的恥辱！人類的恥辱！毛澤東的這一大罪過，迄今並沒有向中華民族認罪、認錯。向全國的民眾認罪、認錯，這是「維持原判」的最根本之處！

要洗雪這種恥辱，最根本之處是必須判定毛澤東的這一大罪過！判定毛澤東的這一大罪過，是判定毛澤東的所有罪過的一個很重要的一個必不可少的部分！歷史是無情的，因為許許多多的有識之士，已經認識到了這一重要的課題，並開始勇敢的投入了這一課題！

二

新世紀來臨。有一些壯士挺身而出，義不容辭的、勇敢的開始發難！開始向歷史法庭提出了抗辯，開始了公正的實事求是的評述歷史。

在紀念「右派誕辰」五十周年之際，鮑彤老人寫了三首詩：

鮑彤〈右軍便是自由神〉三章

其一，共和國裏人權死

六億神州盡舜堯，舜堯失語獨夫囂。共和國裏人權死，不哭前朝哭本朝！

其二，右軍就是國之魂

國有義師起右軍，右軍就是國之魂。分明五十年前事，五十萬魂叩國門

其三，不破焚坑總不還

膽碧汗青照國難，頭顱同擲血斑斑。銜冠易水今猶昔，不破焚坑總不還

右軍就是自由神，右軍就是國之魂。這是對於右派分子最準確的評價，也是最高的禮讚！

二〇〇九年我在美國發表了一篇文章〈也談為右派分子正名〉，對於迄今依然被定為「不予改正」的「國家級」右派分子，我在文章中為之提出了歷史的抗辯。

文章中寫道：「毛澤東給右派分子欽定的罪名是『反黨、反人民、反社會主義』！」「反黨」的著名「代表作」之一——儲安平的「黨天下」是也。

儲安平先生對於民主和獨裁可謂「知之甚深」的了。蔣介石曾經對著儲安平先生說過：「我給你們的民主是多與少的問題，毛澤東的民主卻是有與無的問題了！」儲安平先生深知這「有與無的問題」卻依然勇敢的、巧妙的、策略的給「老和尚」提出了「黨天下」的「謬論」！

「黨天下」鏗鏗鏘鏘！擲地有聲！凝練的、準確的一針見血的揭露了專制獨裁的實質！剝開了全部虛偽的喬裝打扮！當然也斷然的撕裂了毛澤東史達林加秦始皇的真獨裁、假民主的全部偽裝！

毛澤東苦心經營的「黨天下」最終目的是「家天下」，為自己充當「始皇帝」構建營壘。多年的清除「異己」，樹立個人絕對權威，直至在毛澤東臨死之前所構建的「未來皇朝」的「遺囑」中，依然「心尤未死」，此乃其「家天下」「始皇夢」的絕對、充分、完全的罪證！

儲安平先生作為右派分子族中的中堅分子，為了自由、民主率先向毛澤東的專制獨裁發起了挑戰！雖然這種挑戰被毛澤東殘酷的鎮壓下去了！然而「黨天下」、「家天下」的「標籤」卻牢牢的永遠的貼在了毛澤東的「額頭」，把毛澤東永遠的釘在了「獨夫民賊」的歷史恥辱柱上！

章伯鈞對於「黨天下」說：「儲安平成為歷史人物了！」我說：「儲安平當之無愧的被命名為自由神！國之魂！」雖然儲安平先生「失蹤了」，「消失了」，但儲安平——自由神——國之魂，將在中華民族的歷史上永恆！

「反人民」的著名「代表作」之一——章伯鈞的「政治設計院」是也。

「政治設計院」者也，只不過要求：「政協、人大、民主黨派、人民團體應該是政治上的設計院，應該多發揮這些設計院的作用。」實際上，當年一切「政治設計」都是毛澤東「包辦」了的。政協、人大只不過是「橡皮圖章」，民主黨派、人民團體更是「配眼」。

毛澤東的「人民民主專政」，實乃假人民之名行獨裁專政之實。既無人民，更無民主，只剩下專政。各級人民代表大多數是官員，大多數是黨員。人民代表都是由共產黨「圈定」的，這樣的人能夠代表人民嗎？沒有「選舉」，中共的選舉也叫做選舉的話，這世界上就沒有專制獨裁了！人民既非人也非民。人民這個詞詞義已經完全「蛻變」，在實質上只囊括從屬於毛澤東專制獨裁體制下的，維護其機制運轉的官員、屬員、幫兇、幫閒、幫忙……者流，絕大多數的人、絕大多數的民都被排斥於人民這個特定範疇之外。

因之毛澤東提出的「反人民」這一罪名，亦即「反專制、反獨裁」的同義語！章伯鈞先生的「政治設計院」只不過是想爭取一點點民主，從「有與無」中爭得「多與少」的一點點民主而已矣！

即使如此，也為毛澤東所不容！章伯鈞先生和儲安平先生一樣率先為民主發難，也是右派分子族中的中堅分子！自由神！國之魂！

「反社會主義」的著名「代表作」之一——羅隆基先生的「平反委員會」。鄧小平說：「什麼是社

會主義，我都說不清楚！」毛澤東肯定也說不清楚

但我可以幫他「說說清楚」：毛澤東的「社會主義」可以用他的「馬上奪天下，馬上治天下」來予以闡述。武裝奪取政權，槍桿子是其精髓！「不是被老虎吃掉，就是把老虎打死！」是毛澤東「馬上治天下」的主題，槍桿子依然是其精髓！因之鎮反、「土改」、三反、五反、肅反中大肆殺、關、管。殺死人以千萬計，是毛澤東的「社會主義」內涵的最重要部分。

謝韜老先生為之總結出「暴力社會主義」的權威論定，迄今為止，是無人能夠予以推翻的了。

胡績偉老先生為之總結的另一最重要內涵是「共你的產」。除了大開殺戒之外，瘋狂的「共你的產！」把中國人的一切資產瘋狂的「共」了！「共」的結果，時至今日是百分之零點四的權勢黑惡集團占有了百分之七十以上的全國財富，致使絕大多數草民淪落於貧困線！毛澤東的社會主義除了瘋狂殺戮，瘋狂「共你的產」這樣兩個「基本點」之外還有什麼呢？

除了「三面黑旗」，餓死四千二百萬人，文化大革命全國一片混亂，天怨人怒，國民經濟崩潰等等而外，還有什麼呢？

羅隆基先生的「平反委員會」只不過提出「檢查過去三反、五反、肅反工作中的偏差，並鼓勵受委屈的人士向這個委員會申訴」，當然就被毛澤東認為是直接指向他的社會主義的「瘋狂殺戮、瘋狂共你的產」的兩大內涵、兩個「基本點」而必須予以瘋狂鎮壓的打擊對象了。

羅隆基先生同樣是反對專制獨裁，爭取自由民主的發難者，右派分子族中的中堅分子、自由神、國之魂！

三百一十七萬右派分子中，除了少數如領取津貼充當線人者流之外，都應該列於「自由神！國之魂」的範疇。不僅止是章、羅、儲……等等「國家級」右派分子是爭取自由、民主、人權的發難者！右派分子族都曾經為爭取自由、民主、人權而發難！為反對專制獨裁而抗爭！從現存於世的這些耄耋之年的「倖存者」的回顧、追思的可貴記實文章之中，從這些血寫的歷史之中可以充分認定他們是自由神！國之魂！

右派分子族的抗爭不僅止於發難的「鳴放」階段，一直延續了二十年、三十年、五十年……以迄於今日！

「衝冠易水今猶昔，不破焚坑總不還！」

三

我在這場災難之中，「在劫者難逃」！在毛澤東發表他的〈這是為什麼？〉——《人民日報》社論的前三天，亦即下令「收網」的前夕，我被中共重慶市委宣傳部副部長陳夢玎「引出洞來」。被打成了「反黨集團頭子」、「極右分子」。由此而踏入了這社會主義社會的最最社會底層，被打入了十八層地獄！兩次入獄，九死一生，嘗盡了這人間苦難。

二十年啊二十年，最最美好燦爛的人生二十年啊，血汗淋漓的艱難掙扎在這人間底層！

胡耀邦把我們「挖」出「坑」來，「坑了二十年」才得以「重見光明」，哥兒幾個才「二十年又是一條好漢」！

一九五七年春天，那「乍暖乍寒」的東西南北風絲毫無能吹拂入我的書房，我兩耳不聞窗外事，無日無夜的埋頭書堆，如饑似渴真想狠狠的「啃」盡古今中外聖賢之書。在機關裏面有每天讀報紙讀文件的必不可少的習慣，現在報紙也少看了，對於報紙上每天都大肆鼓吹的「大鳴大放大字報」實在是十分的冷漠，從建國以前到建國以後的這十年間，一致關心政治的我，已經對於政治很冷漠了，一心一意只想多多的去讀竟天下聖賢之書走「白專之路」。一九五七年六月五日下午，中共重慶市委宣傳部副部長，市委派駐沙坪壩工作組組長陳夢玎，到學校來做報告，命令所有的人都必須去聽報告。我當時對於這些事只想逃脫，然而任何人不能缺席。班長周鳴旦把宿舍裏的每個人都趕了去。我沒法逃脫，去了那當時權作「禮堂」的大食堂，八個人圍坐一桌，去享受臺上陳部長的侃侃而談。

陳部長那三寸不爛之舌，真會「煽風點火」。他一再號召黨團員帶頭「幫助黨整風」，「北京人民大學一個女同學（指林希翎），真是一代新人」！我已經麻木了的心靈被他點燃得有點蠢蠢欲動。陳夢玎以後也被打成了「右派分子」，是中共重慶市委宣傳部長張文澄反黨集團的「骨幹分子」。

聽過報告之後，為了響應黨、團員帶頭「幫助黨整風」的號召，心情不能平靜。這時候數學科正準備全體集會聯合簽名請願，請求延長學制。我認為這不僅僅是數學科學生的心願，也是全校學生的心願。我一時心血來潮，寫了一篇「大字報」。

「大字報」只有二十個字：「要求學生會領導全校同學請求進行學制改革。」「大字報」於當天晚飯前貼在大食堂外邊，誰知竟「一石激起千層浪」！緊接著半小時裏，晚飯後一眨眼之間，百十張響應，支持的「大字報」雪片般的貼滿在大食堂外邊，以後被陳夢玎稱我這篇「大字報」掀起了全校的「大鳴大放高潮」。

為什麼能「一石激起千層浪」呢？當時調幹學生很多，大都對現行教學制度、教學方法不滿，不能容忍，渴望改變現狀。而這種不滿的鬱悶心情久已經悶積於心無處發洩，這麼一篇「大字報」道出了心聲，激起了同感，有如導火線一點就著！故而能「振臂一呼，應者雲集」。

在此意想不到的快速劇烈反應之中，「刺激」我立即寫了一篇〈矛頭指向哪裏？〉的文章。

文章裏認為在中國的大學裏面從蘇聯去「先搬後化，全盤蘇化」是教條主義；全校廣大學生對現行教學制度、教學方法不滿，當局視而不見、聽而不聞，是官僚主義；只是紙上談兵，毫無改正的具體行動是形式主義。「矛頭」應該指向教條主義，指向官僚主義，指向形式主義。當時毛澤東號召「幫助共產黨整風」，整風的內容是：「反對教條主義，反對官僚主義，反對形式主義。」而我這篇文章正是針對毛澤東提出來的這樣個三方面的內容去「幫助共產黨整風」，而且有理論、有事實、有煽動性。當天晚上我這篇文章在校廣播站連續廣播，引起了陳孟玎的注意。此文以後被稱為是「反黨集團的綱領」。

當時錢偉長也因為「反對硬搬蘇聯那些不值得學的東西」而被打成了極右分子，因為當時宣揚的是：蘇聯一切都好，一切都要向蘇聯老大哥學習。誰敢說不的，就是反蘇，反蘇等同於反黨，反黨就是反革命，罪過就大了。許多人對於這種「奴氣」，敢怒而不敢言。因為許多人在和這些蘇聯專家打過幾次交道之後，大都大不以為然。什麼樣的蘇聯大鼻子一來到中國就妄稱專家，一個技術工人、一個剛剛畢業的大學生，甚至中等專科學校畢業生，都敢於妄稱專家！有如「天朝」降臨臣屬小國的欽差大臣！真是戲弄中國人，蔑視中國人！侮辱中國人！

我在樂山當幹部也和諸如此類的蘇聯專家打過交道，真覺得頗為廉價。錢偉長敢於「頂撞」，敢於抗拒這種奴氣，與毛澤東「一邊倒」的要求背道而馳，當然罪不能免。

第二天，在我們的「督促之下」，學生會主席王文哲（以後擔任過重慶師範學院副院長）召集了一個「興趣者座談會」，會上成立了「學生會學制改革領導小組」。與會者四五十人都要求王文哲兼任組長，王文哲不幹，指定學生會文娛部長鍾文江為組長，我被大家推舉為副組長。

幹這麼一樁事情不幹則已，幹起來當然多有運籌帷幄之處，而我成為了運籌帷幄之人。

「學生會學制改革領導小組」聲勢浩大，下設祕書組、宣傳聯絡組、後勤組……每個小班都有聯絡員，網路遍及校內外。參加各個小組工作的大都是久經操練的調幹學生，有的也擔任過一定的領導職務（鍾文江任過瀘州市的區長，鄧鎮河任過中共縣委祕書……），而且在過去機關工作中訓練有素，不僅工作能力強，而且對「學制改革」滿懷熱情、忠心耿耿，一個個廢寢忘食，能量極大。把校廣播室作為了「學制改革」的宣傳鼓動陣地，許多寫手，白天、夜晚大廣播裏都是鼓吹「學制改革」的文章，「學制改革」立即成為全校關注的中心。全校師、生、員、工幾乎人人都在討論這件事，關注這件事。一時成為了全校的熱點，人心所向，熱情高漲。

領導小組開會決定：以領導小組名義召開大會，大家推舉我在大禮堂主持召開了全校師、生、員、工大會。許多教師圍繞「學制改革」發表演講，獻計獻策，情緒高昂，非常非常的熱烈。會上通過成立「請願團」到北京請願。大會快要結束時候，受學校黨組織指使的幾個學生跳上臺來呼喊斥責我們「反黨」……

在全校大多數都熱烈的去鬧「學制改革」之際，竟敢於如此「明目張膽」的唱對臺戲斥責我們反黨，當然使得我敏感到情勢不妙！我估計一定背後有硬的後臺有所指使。

當天午飯之後我緊急召集「學生會學制改革領導小組」主要成員十多人（大都是「調幹學生」）開會。我提出味道不對，必須立即停止「小組」的一切活動，退出「小組」，並草擬了一份「公開聲明」，聲明退出「小組」，並提出從此以後「小組」的一切活動都與我們無關……十多個人都簽名，然後在校廣播站廣播了幾次。

從貼出那張二十個字的「大字報」到發表「公開聲明」「放下屠刀，洗手不幹」，一共也只有兩天多的時間。但是我們的「公開聲明」弄出去之後，陳夢玎部長卻一再要連夜「召見」我，我避而不見，鍾文江也躲了。

第二天，陳部長又召開了全校師生員工大會。大會上，陳部長說：「『學生會學制改革領導小組』是有成績的，因為掀起了全校的『鳴放』高潮。打破了自『鳴放』以來的沉默局面。看來小組還是『有水平』的。只是有些提法上還可以商榷。比如說：我們的行為是正義的，有正義就有非正義的，所以是不是可以說成是正當的。當然，這是缺點而已，無傷大雅……希望『小組』繼續工作，再一次掀起新的

『鳴放』高潮！」這位陳部長依然很有煽動性，但我已經敏感到了「風向」在轉，覺得自己已經上當，趕快縮腳，決心立即堅決「洗手不幹」了。這一回，絲毫沒有被陳夢玎煽動起來，堅決不再繼續上當了。卻偏偏還有一夥「不省事」者，李萬元、鍾家原……等人又去掀起所謂的「第二次鳴放高潮」，當然只不過是再次被引出洞來的「牛鬼蛇神」而已。

我既已「出洞」，便再無有退路了！我採取的「緊急退卻」的果斷措施，完全無濟於事，已經被當局緊緊的揪著不放，腳已經無法縮回來了……下一步便進而成為了重慶師專反右鬥爭運動中的重點。「出洞」兩天多竟換來了災難二十年！

四

一九五七年六月八日——我們「出洞」的第三天，我的那張二十個字的大字報是六月五日貼出去的，毛澤東的〈這是為什麼？〉作為《人民日報》社論公開發表，「反右鬥爭」便隨之展開。

然而此時對於是否在大學生中進行反「右派」鬥爭，上頭還沒有發話，下面也不得擅自行動。因為在「鳴、放」初期，中共重慶市委書記任白戈曾召集重慶市各個大學的學生會幹部，在中共重慶市委小禮堂開會交底說：「這一回主要是想看看民主黨派人士對黨有些什麼不滿的，你們這些年輕娃娃對黨有什麼不滿的，所以沒你們什麼事（有叫大家「知趣」、「識相」的「先打招呼」的意思）……」

其實毛澤東的「陽謀」早在一九五七年五月十五日寫了一篇〈事情正在發生變化〉的文章發給高

層，已經向黨內的高層領導交過底的。任白戈應該是知道了底細的人，而重慶市市委宣傳部長張文澄以下可能看不到那份文件，成了不知道底細的人，所以在一九五七年六月份還在積極的去發動、去鼓吹「大鳴大放」。這種鼓動以後被視為反黨活動，於是打出了重慶市黨內最大的「張文澄反黨集團」。殊不知全國不聽招呼的大學生竟也要湊熱鬧，也要關心政治，而且不省事的鬧得不亦樂乎。因為大學生們也相信「民主」似乎真的要來了！這還了得！大學生也敢妄想什麼民主！……於是毛澤東說了一句：「大學生中也有右派分子。」學校得此「尚方寶劍」，立即忙不迭的行動起來。

重慶師專當局立即組織了幾十個人，蒐集整理了二十多頁一份材料，名之曰：「關於學制改革小組的活動情況」，並發給全校師、生、員、工討論。討論中許多人反對，斥問當局：這些人的所作所為「哪一點反黨」？就這些材料「憑什麼說反黨」？我自己當然更不認為幹了什麼反黨的事情。此份材料儘管觀點不同然而事實俱在，材料把我們的所作、所為、所行、所說都記錄在案。有感於此，既是「官方」的「證據」且尚有某種「客觀性」存在，我便把這份材料「偷」了兩份起來，保存了二十多年，一直到胡耀邦來「挖」我們出「坑」的時候，這份「證據」都還在我手中……

以後學校當局下令全部收回去，把它全部燒掉了。因此我「偷」起來的那兩份便成為這世界上僅存的「歷史文件」了！

不久，反右派鬥爭很快在各地展開，學校當局立即重新另搞了一份關於我的個人材料，發放給全校討論。這份材料當然上綱上線，因為不無限上綱、不誇大其詞是無法把這個「學制改革領導小組」打成反黨集團的。當然也就打不出我這個「反黨集團頭子」來了。

這份材料發給全校反覆討論，而且同時首先向我集中「開砲」，大會、小會向我鬥爭。我當然據理反駁，巋然不動。

第一次全校鬥爭我的大會竟邀請了重慶市各個大學派代表前來參加，因為那時候一般的大學生放出去的內容也都是些點點滴滴的東零西碎的。像我這樣被認為是「有理論、有綱領、有組織」而且最引人注目之處是家裏有那麼多的殺、關、管的對象，就憑「出身」這一點，在此以後相繼在全國就被打出了不少的「啞巴右派分子」。於是學校當局便把我內定為反黨集團頭子，作為重慶市的大學生中的重點鬥爭對象。

對於我的那鬥爭會真是聲勢浩大，口號聲震天。於我而言，只不過司空見慣而已。在這些年鬥過來鬥過去的洪流當中，我早已經是隨意指揮、任憑擺弄那些沉浮的「游泳健將」的練達行家了。爾等小小場合，何懼之有？我都是幹這行的行家，我主持過的鬥爭會，大至萬人，我站在那臺上，談笑風生，視若無物，絕對的和當局對著幹！實實在在的冥頑不靈，我怕誰呀？

「學制改革領導小組」的其他成員一個個相繼被鬥爭，以後凡參與了的，以及支持、同情過這一活動的，都跑不脫。無論教師、學生，都以此「劃線」，一時成了重慶師專的「反右派標準」。

但是什麼是右派？於全國而言，根本就沒有一個統一的「標準」，各行其是。右派分子的標準是，在全國已經把三百多萬右派分子打出來之後，中央才「馬後砲」的制定出來，反右派運動已到尾聲才下發給全國的，可見其滑稽程度了。

沒有標準打出了五十五萬右派分子（現有資料認定是三百一十七萬），毛澤東規定打右派分子要完成百分之一、二、三的任務。諸如此類任務當然都得超額完成，至少要打出個百分之三以上。而許多地方打出了近百分之十！所以，毛澤東最先說，全國大概有四百名右派分子，很快變成了兩三千名右派分子，以後飛漲成幾萬，一直膨脹到五十萬，三百多萬。因為不下達硬性指針，許多單位打不出右派分子來。下達指標之後，不打也得打，必須湊夠數目。這是毛澤東的狠毒之處！

一九五七年八月一日《重慶日報》以很大版面刊登了「曾、鍾反黨小集團」的材料，不久《四川日報》、《中國青年報》也有報導，於是「反黨集團」之說似乎成了「鐵案」。

當此時也，民盟中央的雖然被打成了「反黨集團」，但對於那些全國「第一流」的以後被封為「國家級」的大右派分子都還在全國圍剿之中。像對於章伯均、儲安平，在一九五八年春季、夏季都還在大事圍剿，而這時候的我早已經「穩坐釣魚臺」了。我已經被「閒置」了半年多，等待著處理。

我知道絕對不會鬥一鬥就了事的。其實，那時候對於右派分子到底如何「打整」，上頭沒有發話，全國自然也就不知所云。一九五七年八月，我「抓緊時間」從重慶回自貢市去住了一個月，因為那時候娘已經提前三年從監獄裏放出來了。我自感對於未來的歲月難以預料，趕快去看看老娘，此次「自由行動」之後，一切的行動自由便完全的被剝奪了很多年。

我們被打出來之後，還在學校裏面繼續上課，怎麼處理要等待上面發話。早在一九五七年八月三日中央就專門為右派分子諸如此類「思想犯」制定了一個「勞動教養條例」。因為既然已經說了「敵我矛盾不按照敵我矛盾處理」，而對於右派分子中的「罪大惡極」者，不關進監獄實難解心頭之恨，有了如此一個「勞動教養條例」，弄進監獄似乎「名正言順」了，而實質上也就按「敵我矛盾」處理掉了。

最後鍾文江被處以「開除學籍，勞動教養」的一類處分，受到此一類處分的還有馬列主義課的教師任達遠，因為他也是「反黨集團」的支持者。我則因「在機關一直表現較好」等理由給以從輕處理，受到「保留學籍，勞動察看」的二類處分。

但是還有另一個說法：說是上頭的決定，在每個高等學校裏，都要留下一二個右派分子作為「樣板」，去當「反面教員」，在後來者中去起「警示作用」。頗有點像動物園把猛獸關在籠子裏面去供人參觀同時嚇唬膽小鬼一個樣。說毛澤東發話：把林希翎給北京人民大學留下來做反面教員的。又據說，重慶師專當局認為我也還可以當個「反面教員」，因而把我留下來的。後來，又據說，這種做法被認為似乎殘酷了點，也可能嚇唬不了誰，說不定這些「反面教員」又臭又硬蛻變成了「正面教員」，適得其反，弄巧反拙，因而不予付諸實施。

＊

「反右運動」五十四周年祭

一九五七年七月，我二十六歲，因言「學制改革」「幫助」共產黨「整風」，在重慶師專被打成「反黨集團頭子」、「極右分子」。首次全校鬥爭我的大會，重慶各個大學都奉命派代表前來「參戰」。

第十二章

黑旗翻滾

一

一九五八年春，二類處理的十多個右派被遣送到重慶九龍坡區茄子溪農村去「勞動察看」，說這是為了加速改造。實際乃「清洗」、「淨化」的手段之一種。

我們一二十個人去到了一個生產隊，被安排住在兩間糧食保管室裏，牆上還吊滿了收穫的胡豆，下面一間陰暗潮濕，我們住在上面的一間閣樓上，較為有點光亮。閣樓有三米多長、兩米多寬、一米多高、伸手可觸及屋頂，十來個人擠在一起，睡下去便緊緊的一個挨著一個，因此一個人的「領地」大概一米左右寬，「待遇」不如監獄！

到了夏天，這以「三大火爐」著稱的重慶，這小閣樓真乃火爐中的「八卦爐」，牆面、地板熱得滾燙滾燙。「八卦爐」正當西曬。一扇小小的門一扇小小的窗，又不通風，散不了熱，夜間也難以退涼。沉重勞動之後，疲憊不堪的我們走進「八卦爐」來，往那水泥地板上倒頭便睡。不多一會，沉睡中的一個個大汗淋漓，汗水濕了地面。無可奈何，忍無可忍，又沒有孫猴子的諸般能耐，只得逃離那「八卦爐」，到露天壩去睡大石板，寧肯去

「餵蚊子」也無奈那「八卦爐」的熬煎。

生產隊為了充分利用這二十多個強壯勞動力，特別成立了幾個「村辦工廠」：肥料廠、鹹菜廠、磚廠。這些所謂的「工廠」，全是些又髒、又臭、又苦、又累的苦力的幹活。農民二哥（以「工、農、兵」排行，工人稱大哥）是不屑於也絕對不會幹的。

那所謂的肥料廠，是把重慶城裏的各種垃圾，從長江裏用「糞船」運到茄子溪來。我們在茄子溪長江岸邊從「糞船」上去把垃圾刨起來，用籮筐裝滿，一挑一挑的挑回生產隊的那些「工廠」裏去。那些垃圾實乃奇臭無比，能臭倒人、臭死人，堪稱天下第一臭！集重慶城汙穢惡臭垃圾之大成：臭骨頭、死貓、死耗子、死嬰、臭襪、臭菜幫子、臭月經紙……迄今還有噁心之感。我們把這些臭東西從臭不可擋的「糞船」上，一銑一銑的去刨出來裝筐挑回去，再堆積成一座小山，讓這些臭物繼續「漚」爛。「漚」的過程中，更為惡臭之氣不停的四外散發。農民過路都只得躲著繞道走，右派分子無法躲，不僅不能躲，還必須如蠅之逐臭「奮勇向前」，和嗡嗡嗚叫的千百頭綠頭蒼蠅為伍，去擺弄那些臭物。把下面「漚」爛了的用鐵鏟翻到上面來，把上面沒有「漚」著的翻到下面去，還得從中挑選出無法「漚」爛的東西，把它扔掉……待到基本上「漚」好了，再拌上又黑又臭的污泥，還必須攪拌均勻，最後再弄成指頭大小一顆一顆的，當時被稱為「顆粒肥」的東西，給農民用來施肥。

整天與惡臭為伍，一天勞累下來，渾身上下、從頭到腳、心肝五臟都奇臭難擋！自己也變成了「顆粒肥」了！農民二哥自然是絕對不會幹的！右派，你敢說個不字？你敢不服從改造？

鹹菜廠其臭次之，也依然臭不可擋，依然一天到晚都與成千上萬隻綠頭蒼蠅為伍。

如此繁重勞動之後，一天三頓都只能吃稀飯。二十多個右派從中選了一個煮飯的。稀飯裝在一個很大的缸裏，用一隻很大的木勺去撈，一大木勺可以裝一大大的搪瓷缽缽。因為一天三頓都吃稀飯，小碗根本不管用，所以市面上很大的搪瓷缽缽、很大的搪瓷盅盅一上市就被搶購一空。第一個撈的沉在底下的「乾」的稀飯，在那木勺上可以堆成很高的尖尖。撈第二個遜之，依次遞減。因此第一個撈的比末一個撈的，撈取的「內容」要「豐富」二至三倍。於是便立了個規矩：每天輪流撈第一勺。而且那撈的順序也依次排列下來，「輪流執政」，誰也不能違反。輪著撈第一勺那天，可以把你脹得來鼓著肚皮，不過得一二十天才能去「享受」一次那種脹得來苦樂相兼的滋味。

其實這「輪流坐莊」也是從實踐中總結出來的。記得第一次那一大缸稀飯抬出來的時候，熱氣騰騰，許多人一擁而上。對於吃的，在那時候我還保持著文質彬彬的「溫良恭檢讓」的高雅風度（由於那時候還沒有真正餓過飯），等所有的一二十個人都撈走了，我才慢吞吞的上去撈了一小碗；此時，鍾家原已經狼吞虎嚥的吞完了第一大碗來撈第二大碗了。稀飯很燙，我慢條斯理的邊吹邊喝，鍾家原已經去撈第三大碗了。我發現那鍾家原搶稀飯搶得滿頭大汗，衣服也被大汗濕透了。等我喝完那一小碗準備去撈第二小碗的時候，才發現那一缸熱氣騰騰的稀飯早已見底。當然日久天長，不能夠頓頓如此的搶稀飯，於是漸漸的，不斷完善的形成了而今如此一個輪流坐莊的撈稀飯規矩。菜則是水煮鹽醃的老菜幫子。殘酷的勞動加上營養不良，一個個很快面黃肌瘦起來。

*

幾十個右派分子被解到重慶茄子溪農村生產隊，監督勞動改造。一日三粥，裝於一缸，上稀下稠，輪流當頭。

下班後跳下長江去洗個澡，把渾身上下，心肝五臟，令人噁心的臭氣，裏裏外外，徹底的洗個乾淨，那是每天必不可少，也絕不可少的。

有時也到茄子溪場上那唯一的小飯館去「操」一番：一份紅燒肉兩毛錢，有拇指大小的一二十砣，淨是五花肉，當年那是難得的美味佳餚了。一大碗乾飯八分錢，二毛八一頓，三下五除二眨眼就消滅了，再趕回住處去撈稀飯。「調幹學生」每個月二、三十塊錢的「調幹助學金」，那是「國家規定」的（二十二級以下每月二十一元，二十一、二十二級每月二十五元，十七級以上每月三十五元），莫名其妙的被學校當局取消了（據說是上頭規定，全國都取消了），每個右派分子一個樣一個月發給十三塊錢，還得從十三塊錢中扣去七塊伙食費去吃稀飯，剩下六塊是零花錢。當時重慶監獄裏的「勞改犯人」每個月發五塊零花錢。我們的待遇比監獄裏的「勞改犯人」還要「優厚」一塊錢！然而「勞改犯人」是「穿公家、吃公家、背上揹個紅疤疤（藍色的布衣服上面用紅色印的勞動改造四個大字）」，我們不「穿公家」，背上雖然沒有「紅疤疤」，然而頭上那頂「帽子」的重壓卻遠遠超過了「紅疤疤」。一個個漸漸的麻木了。本來是衣冠楚楚的「文明人」，而今一個個赤身露體、精疲力竭，只穿著一條內褲招搖過市，十多個「野蠻人」就這般模樣闖進小飯館去狼吞虎嚥又昂首闊步招搖過市而去。在當年茄子溪場上留下了一道「亮麗」的風景線！

然而即使在如此惡劣的環境、如此殘酷的勞動條件之下，我依然沒有什麼怨言，總想著「脫胎換骨」，埋頭苦幹，老老實實，盡力而為，好好改造，做一個新人。還期望著早日摘掉右派分子的帽子，重新回到人民隊伍中來。

當然為了實現這一願望，不少的人不擇手段，告密、出賣別人、出賣靈魂——我自然是絕對的不會幹這種寡廉鮮恥的勾當。反右派鬥爭的過程就是踐踏人格、蹂躪尊嚴的過程。經過如此慘烈的踐踏、蹂躪之後，知識分子群體（特別是右派分子）的人格和尊嚴已經殘垣頹壁、土崩瓦解了。而可悲的是，這些人還要用人格和尊嚴去換取廉價的施捨，真乃是「喪家的癩皮狗」了。像我這樣還堅持去維護自己一點點人格和尊嚴的右派分子應該還有著相當的比例吧。在這十多個右派分子當中，可能有一半去出賣過靈魂！墮落成為狗了！

在如此殘酷的「勞動改造」之餘，疲憊得一回到那「八卦爐」，紛紛倒頭便睡……每當夜幕降臨，站在那窄窄的小小窗戶前，我情不自禁的總要引吭高歌。我是那裏唯一的「歌唱家」！低沉惆悵的男中音便在山野飄蕩……每天引吭高歌的是兩首歌：一首是〈貝卡爾湖是我們的母親〉：

貝卡爾湖是我們的母親
她溫暖著流浪漢的心

為爭取自由而苦難
我流落在貝卡爾湖邊……

這是俄羅斯社會民主黨人被流放去西伯利亞時候傳唱的一首有名的歌曲，而當我引吭高歌的時候，總匯入我的一種分外沉痛的情懷！

貝卡爾湖那是蘇武牧羊的所在啊！貝卡爾湖那是我們的母親！

沙俄侵占了遼闊西伯利亞幾百萬平方公里的土地！以後又侵占了外蒙古！是侵占中國領土最遼闊的侵略者！貝卡爾湖變成了他們的母親！

另外一首是高爾基的〈囚徒〉：

太陽出來又落山囉！
監獄永遠是黑暗
你要監視你就監視
我永遠逃不出這牢獄……

唱這兩首歌，被「狗」匯報了上去，以後作為送進監獄的「罪狀」之一。

二

毛澤東一九五八年三月在成都會議上向與會的大區第一書記號召：要當「馬克思加秦始皇」。在同年八月召開的北戴河會議上及其後（九月）召開的八屆十中全會上，毛澤東又重新撿起了「階級鬥爭」這個整人的「法寶」，並且鼓吹什麼：「階級鬥爭要年年講、月月講、天天講。」

毛澤東反撲開始了，他要以「階級鬥爭為中心」取代中共八大決議「以經濟建設為中心」。於是階級鬥爭的弦越拉越緊。

毛澤東以前說的：「右派是敵我矛盾不按敵我矛盾處理。」現在變了。以前的「敵、富、反、壞」「四類分子」而今突然變成了「敵、富、反、壞、右」「五類分子」，「右派分子」「上了一個臺階」，公開的被「打入另冊」，也就是變成了要「按敵我矛盾處理」。如此出爾反爾在那個年代是屢見不鮮的。

毛澤東必須要突出階級敵人以為其階級鬥爭服務。為了突出階級敵人，強加給以殘酷的苦力幹活，監督改造，進行肉體和精神的雙重虐殺，是毛澤東一貫的手法。「勞動可以改造思想」，這是共產黨的一貫理論。當時有一個教授為此理論予以闡述，教授曰：「勞動改造思想有其生理基礎：殘酷勞動使得全身血液充滿了肢體的毛細管，大腦的供血便減少。長此以往，大腦因供血不足，腦細胞便退化、木訥，思維活動大大減少，變傻了、癡呆了，思想也就改造好了！」教授因此理論取得了「右派分子」的頭銜。

毛澤東的「階級鬥爭要年年講、月月講、天天講」，落實到基層，其最重要的措施也就是以「加強專政」體現抓「階級鬥爭」。於是全國以鄉為單位成立「五類分子集訓大隊」——「集中營」是也。全國一聲令下，千萬個「集中營」立即在全國旮旮旯旯建立起來。古今中外以罰「苦力」來懲罰他的壓迫對象，無一例外，這是人類統治者與被統治者在漫長的統治歷史中總結出來的經驗。對於「五類分子」，種種迫害手段之殘酷，比以往有過之而無不及。

五十年之後，謝韜等等有識之士人把這種「槍桿子」政權命名為「暴力社會主義」，視之為人類社會進化的一個階段。蘇聯的「暴力社會主義」被他的人民拋棄了，表示他們已經越過了那個進化階段，而我們似乎還在攀登。

我們那二十多個人裏，李宗林是教師，調到「集訓大隊」去當隊長；任景光原是學校的團委幹部，調到「集訓大隊」去搞伙食，而我呢，「反黨集團」頭子，調到「集訓大隊」成了唯一的「加速改造對象」！只有我一個人「升級」了，其餘的學生都依然留在生產隊裏，繼續去幹那些又髒又臭的惡臭勞動。似乎能夠繼續「惡臭」下去也比我這「升級」更為幸運。

臨行時候「惺惺惜惺惺」，同學們都為我捏著一把汗，懸著一顆心，認為我此一去凶多吉少也！於常理而言，像我這樣的文弱之人，去經受那等殘酷加上恐怖的集中營勞動，預想也是走向死亡之路。

獨自一人揹著被蓋捲，一派「風蕭蕭兮易水寒」的惆悵和悲愴走向那五類分子集訓大隊。

三

「集訓大隊」，實實在在的集中營是也。集中了全觀音鄉的地、富、反、壞、右五類分子有一百多人，設在觀音場場上。那是鄉政府所在地。有幾個民兵荷槍實彈的，日夜看守著這一百多號囚徒。民兵押著去勞動，只准規規矩矩，不准亂說亂動。勞動是很殘酷的，「五類分子」們還得自帶伙食。那時候農民的生活都是十分艱難，「五類分子」們自然更為艱難十分，吃的都是犬彘之食。然而從那可憐的菜金之中，任景光這個混蛋還敢貪汙了去吃喝。真是：「殺人可恕，情理難容！」貪汙了二十多塊錢，弄了個「開除公職，勞動教養」的下場，實在罪有應得！

一天隊長李宗林青面黑臉的把我叫了去，板著那張木訥的臉斥問我：「你這幾天在幹啥？」我說：「沒幹啥呀！」李說：「哼！看沒看大字報啊？」我說：「看了。」李說：「有你一張嗎？」哦！明白了，要我寫大字報！那時候全國正在搞「交心運動」。對於讀書人，歷代的統治者最討厭的也是最懼怕的是：「出則巷議，入則心誹。」「言者無罪」卻「以言定罪」，開亙古未有之先河！嘴巴基本上封著了，知識分子群體已經絕對領悟了老祖宗的慧言——禍從口出！大都成了啞巴。巷議基本上堵著了，然而心誹這一條，歷代統治者恐怕難以有什麼良策。現在而今出了個創造性的新招：要你把未言的、無言的、隱藏在心裏的一切心誹的貨色，一起都老實坦白交代給共產黨，名之曰「交心」。把心誹也扼殺在肚皮裏頭。這當然是古、今、中、外都聞所未聞、十分古怪的思想統治方法。只要交了心，就可以寬大處理。比較秦始皇的「偶語棄市（說二話殺頭）」、漢武帝的「腹誹者斬」來「開明」「寬大」得多了。

所以據說那時很多知識分子都「向黨交心」！心者，無形，看不見，摸不著。驚魂未定的知識分子交給你真的假的，實乃真假莫辯是也。真乃自欺欺人之舉！不過可能也有像在神父面前做懺悔那樣的，真的把心中的隱藏的「邪念罪惡」一股腦兒兜出來的確有其人，亦未可知也。

我瀏覽了一遍大字報。這觀音場的「分子」們似乎沒那麼傻，名為交心實則胡扯。我亦如法炮製。我看李宗林只有兩篇大字報，我一口氣隨便就揮毫寫了二十多篇，就是要壓倒他，真乃輕而易舉。我那些大字報滿紙馬、恩、列、斯、毛，也不無自責，然而卻與「心」風馬牛不相及。那姓黃的公安員文化本來就不高，我又寫了二十幾篇，占了整個大字報的一半多，全部大庭牆上都是曾國一的大名，這些莫測高深的大字報把姓黃的搞糊塗了。

不幾天李宗林又青面黑臉的來叫我說；「黃公安叫你！快點！」那年月是「有理說不清」的，也不知道什麼事發，是不是自己弄巧成拙，那些大字報裏有什麼被抓住了小辮子，叫去問罪？

不無忐忑的快步跟著李宗林來到了黃公安的辦公室。在場的還有另一公安，還有兩個民兵隊長，都雄赳赳的拿著槍站在那裏。這種陣勢真有點使人生起將大禍臨頭之感。我不無忐忑強自鎮定的站在那裏，等候黃公安發話。因為前兩天就有一個國民黨軍官排長被「升級」，從「五類分子集訓大隊」，由民兵用槍押著送進了監獄。

我正茫然間，黃公安指著一張凳子，叫我坐下，慢慢的慎重的宣布說：「曾國一表現很好，提起來當集訓大隊的副大隊長，專門管學習，李宗林管勞動。」

這種意外，使我的心情平靜了下來。我看李宗林的神色立即也大大變樣，我和他都絕對絕對想不到會有如此的大好運道會落到我的頭上來。我心中暗自竊喜，我那四五十篇大字報竟把那姓黃的公安員鎮住了，而且換來了如此一個「美差」！

黃公安又講了些要深入開展「交心運動」、要搞好學習、讀好報紙諸如此類才叫我們離去。

不久要從「五類分子集訓大隊」抽調幾十個精壯勞動力去中梁山搬運礦石，去為中梁山山下一個正熱火朝天的「土高爐」煉鋼場當突擊隊。叫李宗林帶隊去了中梁山。這觀音場的「五類分子集訓大隊」還剩下了百十人。我成了大隊長，總管一切，從而擺脫了繁重的勞動，只負責管理指揮，「以彝治彝」之術也，然而我卻也算是因禍而得福！

＊

集中營

從一九四九年起各地廣設「地、富、反」集中營開始（由於監獄太少，需要關押之眾，十倍、百倍），以後不斷發展、擴大。一九五八年「地、富、反、壞、右五類分子」集中營遍及全國每一個鄉，以後繼之「右派分子」集中營亦遍及全國（都建在邊遠荒蕪、人跡罕至之處，生存條件萬般艱難困苦），遠遠超過了史達林的「古拉格群島」，以十萬計的集中營裏，餓死、累死、凍死者不計其數。五十多年前我兩次被投入此類集中營。

四

那時候全國大煉鋼鐵，要「超英趕美」，要年產一千零七十萬噸鋼。一九五八年八月中旬，北戴河會議最後決策此事時，鋼產量指標才完成了四百五十萬噸，剩下四個半月時間要完成六百二十萬噸的任務是根本不可能的，毛澤東硬要堅持做出翻一番的決定，等於打造了一個緊箍咒套在了自己頭上。他太相信自己的領袖意志了，自認為只要他下決心，揮巨手，全國人民赴湯蹈火去幹，沒有辦不成的事。

一九五八年八月十九日，毛澤東在北戴河的中央政治局擴大會議上對鋼鐵翻一番下了死命令。毛澤東說：「必須堅決完成！」於是全國開始了「大折騰」！旮旮旯旯兒都迫不及待的掀起了全民煉鋼的高潮！男女老少齊上陣！這觀音場自然也不例外。「集訓大隊」自然是主角。那時候經常會「苦戰三天三夜大煉鋼鐵不下火線」不准睡覺，吃飯也在那「火線」旁邊！

「集訓大隊」當然是堅持「挑燈夜戰」不下火線的「主力部隊」。先是用煤，煤很緊張，像觀音場諸如此類不入流的小場當然沒有計劃。頂多能從民用燃煤中去擠一點點出來「煉鋼」，煤完了就用木柴。鐵礦石自然是根本沒有的，有了也熔不化，熔的是從家家戶戶搜繳來的鐵鍋、鐵壺、鐵鏟……諸如此類，凡是帶鐵的都跑不脫，一律收繳，連每家每戶家具上面的金、銀、銅、鐵、錫諸如此類裝飾物也必須摳下來也一律上繳。把這些收繳上來的鐵物砸了，然後一起放入一人多高的「土高爐」中，再加入木材，持續燒它個三天、五天就名之曰「鋼」。誰都明白這是「脫了褲子放屁」，「捏著鼻子哄眼睛」，但誰都懂得點「難得糊塗」！

當此時也，我們還增添了一項夜間任務：由我這個大隊長帶領二三十個「五類分子」到長江岸邊去裝船。茄子溪長江岸邊有個很大很大的國營木材加工廠。規模真是非常巨大，因為要把從長江上游所有大森林裏砍伐的木頭，組成很大很大的一個個大「木筏」群，漂流水運來的千千萬萬棵原木，都先運進這國營木材加工廠來，粗加工成粗材，再往四外調運銷售。加工過程當中，那些邊邊角角的廢材便扔棄在長江岸邊。年復一年，從「解放」以前迄今，日積月累，這些廢材堆積如一座一座的大山。大山連著大山，那些廢材有幾千萬斤或幾百萬斤誰也不知道，沒人管也沒人要。

幾千萬斤或幾百萬斤廢材而今時來運轉，也不知道是哪位「伯樂」發現了這處豐富「寶藏」，尋寶者紛至遝來，廢柴被派上了大用場！廢材要拿去煉鋼！我們被派去為這些煉土鋼的用戶們裝船。也就是爬上那「險惡」難料的高高廢柴山上面去，把那些廢柴拾起來，再用鐵絲捆成一捆一捆的，再扛了上船，一捆一捆的整齊堆放在船上，運去四面八方「大煉鋼鐵」去也！

我們為這些「土鋼鐵大王」們裝一船廢材，可得三十塊錢工錢。勞動下來已經深夜兩三點了，每個人發三毛錢的加班飯錢，剩下二十多塊交給黃公安。幾個月下來，那幾百萬斤或是幾千萬斤的廢木材山便被夷為平地！拿去煉鋼去了。

全國許多山林被夷為禿頂，許多山頭變成了和尚頭，也是拿去煉鋼去了。全國生態大破壞也就從此肆無忌憚。那年月全國上下愚蠢得連生態為何物都非常的陌生！

最可憐的是那些大鋼鐵廠也跟著倒楣。那年重慶鋼鐵廠出爐的不合格的鋼鐵堆滿了大渡口長江岸邊，真有點令人慘不忍睹！那一年把重慶鋼鐵廠建廠幾十年來的積累全部賠光了！愚蠢的大煉鋼鐵把全國那點可憐的家當，到底被賠進去了多少?!諱莫如深！小老百姓除了暗自痛心之外什麼也毫無所知！

周恩來說的：「吃祖宗飯，造子孫孽！」實在太形象不過了！

還有更為愚蠢的便是深翻土地。殘酷的勞動，農民不情願去幹，「分子」們不敢不去幹，於是又成了「五類分子集訓大隊」的主要任務，成了愚蠢的深翻土地運動的「主力部隊」。要去把千百年來世代苦心經營的良田沃土翻下去埋在下面，不讓它長莊稼了；同時把一米多深下的生荒土翻上來，要在生荒泥土上面去種植莊稼。真不知道是什麼「聰明人」想出來的「好」辦法？要深翻一米多深，只能用兩米長的「鋼釬」，無比吃力的蠻幹。深翻土地曾一度風靡各地，全國都在推廣。老農民看著直淌眼淚：「這麼一搞，明年哪來收成哦！明年吃什麼哦！」老農民不幸而言中。苦難的饑荒歲月接踵而至，一年餓死的人以幾千萬來計算。真是亙古未有，駭人聽聞！

同時「人民公社」、「大食堂」要每家每戶都砸鍋毀灶，不准獨家開伙做飯，全國以億萬計算的家庭一霎時全部強制性的趕進了大食堂。可見那「軟」暴力的「威力」大到了何等程度？那等法西斯統治的殘酷沒有任何一個人敢於抗命的。全國城鄉莫不如是！種種弊端、種種混亂使得這異想天開的「軍事共產主義」裹足難前，不攻而自破，大食堂一個個土崩瓦解，全國的大食堂全部自動垮臺！

更為悲哀可笑的是那「糧食放衛星」。這裏畝產水稻四百斤，那裏便五百斤、八百斤……大喊的口號是：「人有多大膽，地有多大產！」……毛澤東很讚賞這種說法。於是一下子出了個畝產二千多斤的大大大衛星……當年湖南有個縣委書記，在全國都謊報大增產的時候，竟敢於實事求是的上報說全縣糧食減產了。《人民日報》竟以頭條大標題「社論」〈大躍進中豈能大躍退？〉予以鞭撻。中央黨報如此帶頭，當然是全國群起而攻之！縣委書記因實事求是的上報而遭到撤職，誰還敢說真話？上行下效，誰還敢實事求是！誰還不胡說八道？如此現實，中華民族的傳統道德理念被踐踏到了如此程度，實在是叫人不得不「難得糊塗」了。

說假話、製假、販假從此發展蔓延了五十年，時至今日，禍國殃民而無法杜絕。其禍根乃從當日始，其始作俑者便是荒謬的「大躍進」！從此善於說假話的、製假的、販假的便能夠步步往上爬，一直爬到如今。「三面紅旗」，弄得天怨人怒，但誰也不敢不積極擁護。若有怠慢者，立即被打下臺去，被打成「反社會主義分子」。我們所在的觀音場的鄉長就是在這個時候被打成了「反社會主義分子」的。

許多年以後才知道，連國務院總理周恩來在當時也被打下去「靠邊站」站了將近三年……周恩來認為這是「冒進」，提出「反冒進」，這就惹腦了毛澤東。毛澤東把周恩來弄去管水利，實則打下去「靠邊站」，一站站了三年。三年後「三面紅旗」一敗塗地，不得已又把周恩來推上前臺為之收拾爛攤子。

毛澤東親自發號施令指揮一切，以強迫命令的方法要「逼」出個「大躍進」來。「逼」的結果當然只有浮誇、虛報、弄虛作假……

近年來有關統計數字：「三年『大躍進』，中國國民經濟損失達一千兩百億元。而第一個五年計劃的基本建設投資才五百五十億元。『大躍進』損失了兩個五年計劃的資金。」

大躍進的次年開始便出現工業產品（鋼、煤……）、農業產品（糧、棉……）的絕大幅度減產。一年的糧食減產竟達到一千億斤，相當於三億人一年的口糧了！不僅糧食倉庫裏面沒有存糧，許多大城市連日常供應都連連告急，常常需要緊急調運才能夠開門售糧！全國餓死幾千萬人的大災難必然接踵而至。這些巨大的災難應該說都是違背科學規律、毛澤東一意孤行造成的。近年來一些稗官野史認為這是毛澤東諸多大罪過之一，而官方依然在「隱惡揚善」把真實的歷史隱瞞著、蒙蔽著，從來不認錯！幾十年的歷史如此偽造。中共統治的政權在世界上成了著名的「從不認錯的國家」！「偽造歷史的國家」！這不可悲嗎！

「三面紅旗」從政治、經濟、思想、道德、理念……諸多方面給中華民族帶來了些什麼？誰人曾與評說？誰人敢與評說？隱惡揚善成了他們的專業。無視歷史真實，還有什麼真理可言？不去追思，不敢追問，這個民族也就那麼點出息了！敢於認錯之日是給中華民族喚起希望之時！

五

不久我們二十幾個右派分子被送到了重慶桐子嶺「集訓大隊」。這是個比觀音場鄉一級的「集中營」更「高級」的「集中營」，屬於市一級的「集中營」之一所。其他還有許多所，如有名的長壽湖集中營……

桐子嶺「集中營」集中了二三百人，全是重慶市市級機關（政法口），和重慶醫學院、重慶師專……等大學來的「反、壞、右」分子，而以「右派分子」為多。此時全國的右派分子除了送進監獄之外，基本上都關進了「集中營」。這是個地地道道的「集中營」，有那麼一個地地道道的姓朱的「法西斯」隊長。「法西斯」隊長規定「集中營」裏的這些「分子」，每人每天必須挑運五百斤石灰石。從桐子嶺山上，途經十多里崎嶇難行的山路，挑著百多斤重的石灰石運到公路上用汽車運走，用來做熱火朝天的大煉鋼鐵之用。

挑運這五百斤，來回有一百多里地。無論盛暑嚴寒，不管天晴下雨、山路泥濘、三病兩痛、肺結核、肝炎、一切病號都必須去挑運，絕對無價可講，一斤也不能少。早晨八點全體集合，遲到一分鐘就定為遲到。遲到者罰多挑一、二百斤絕無價可講。

「集中營」裏還有幾十條「禁令」，也是這法西斯隊長訂的「私家法規」。誰違反了「集中營」的幾十條禁令，也是採用罰多挑的辦法。被罰者半夜三更還在那崎嶇山路上拚命掙扎，有的累得倒臥在荒山野嶺動彈不得，以致累死在路上……

沉重的勞動，吃的依然是犬彘之食。上路時候，因為肩負重擔，所以不敢吃得太飽，但是挑上百多斤翻山越嶺，到不了下一頓就餓了。餓著肚子是無法再負重的。人們只得用一個搪瓷盅盅緊緊的按滿一盅盅飯，挑運的中途，肚子餓了，便用那冷飯就著山溪流水當作乾糧充饑。以後到了饑荒年代，糧食定了量，只有餓著肚皮去掙扎了。

挑運這五百斤石灰石來回一百多里地，許多人都必須用十多個小時才能完成。早出晚歸，中午根本不敢稍事休歇。一個個正如牛馬般的搬運機器一樣，一條條無形的鞭子抽打著你去「脫胎換骨，重新做人」，驅趕著你沒命的奔跑，精疲力竭也不敢稍事休歇。人與人之間冷漠得沒有互相幫忙，沒有同情，沒有憐憫！人性已經完全死寂，完全僵硬得了無生氣！人性、人格已經在黑暗之中隱藏得無處尋覓了！割了舌頭的右派成了割了舌頭的牛馬，沒有了呻吟沒有了哀鳴！在殘酷的苦痍之中死寂的走向死亡！如此殘酷的折磨超過了歷代的苦役囚徒！我們去的時候，那些老「集中營」，一個個被殘酷的沉重苦役折磨得沒了人形，個個沉默寡言、面黃肌瘦。那時候，都相信只有認真的老老實實的改造好了，才能夠摘掉右派分子的帽子，回到人民行列。若有不順從者，那個「法西斯」隊長隨時都可以羅織罪名把你弄去勞改、勞教。

右派分子們根本沒有明白苦役的目的並不是要你「回到人民行列」，而是要你在苦役中「了此殘生」！毛澤東的「多抓、少殺、長判」目的就是要你把命葬送在無償勞動的苦役之中！這種「軟」暴力之殘酷逼得人們只能逆來順受，沒有人敢於抗拒的。這一套「暴力政治統治手段」，把好些人折磨至死都回不到那個「人民行列」。像重慶桐子嶺這樣的「右派分子集中營」，還有殘酷的長壽湖「右派分子集中營」等等重慶就好多個，全國而言為數眾多，不可勝數，而且其處境之殘酷遠遠超過監獄。

據《上海文學》二〇〇〇年連載的一部紀實文學〈夾邊溝記事〉敘述的「夾邊溝右派分子集中營」，裏面有四千多名右派分子，大多數被活活的餓死在那裏。被活活餓死的境況都十分悲慘，令人慘不忍睹。而那些暫時還沒有被餓死的也都一個個奄奄一息，以致一堆堆的死人，根本沒有人有力氣去掩埋。最後剩下來的奄奄一息的只有三百多個！這樣殘酷的事情被當時國家監察部部長錢正英知道了，親自過問，始下令解散了這樣一處地獄般的右派分子集中營，把尚未被餓死的少數右派分子弄離開了那個夾邊溝，真是死裏逃生啊！為了掩蓋那餓死人的真相，最後那集中營的頭頭，特意留下了一個醫生，叫這個醫生在每一具屍體上面去編造一個「病歷」來說明其「死因」，真是欲蓋彌彰。

從我親身經歷過的重慶桐子嶺右派分子集中營（官名是五類分子集訓大隊）和《上海文學》上面敘述的這個夾邊溝右派分子集中營，近日不斷揭露的四川峨邊、雲南昭通、青海、北大荒……全國各地數不勝數的右派分子集中營的殘酷狀況，特別是當全國餓死四千二百萬人的可怕歲月裏，被餓死的右派分子遍及全國每個角落！〈夾邊溝紀事〉所紀實的不過「一斑」而已！據近年披露的資料，在北大荒、青海、寧夏……的右派分子一堆堆的被餓死，一坑坑的被埋葬，慘況遍及全國。在那饑餓歲月裏，這些掙扎在集中營裏的右派分子死去的、尚沒死的，活得是怎樣的可憐，怎樣的恐怖，怎樣的殘酷……可想而知。

一九五九年大年三十那天，學校來人叫我們全體回校。「集中營」那天春節大聚餐，殺豬、宰羊、還有雞、魚、兔，抽了許多人去幫廚。廚房內外都到處擺放著食物，忙個不停……從未有過的豐盛，幾年未見過的，真是令人饞涎的美餐。那隊長叫我們聚餐後再走。好長時間都是以犬彘之食果腹，好長時間都沒有吃過如此令人饞涎的那麼豐盛的豬、牛、羊、雞、魚、兔了，不吃實在是太捨不得！但吃過晚飯，今夜便不能成行了，而且距離學校還得翻山越嶺走好幾十里路，那得等到「明年」大初一才能離開這個恐怖的「集中營」了。

在這「集中營」裏雖然只「關」了兩個多月，但是那種壓抑的、束縛的、恐怖的心情，似乎連氣也喘不過來，渴望飛出這可怕的「牢籠」去獲取一點自由的心情越來越加的強烈……

只有失去自由的人才知道自由的可貴！自由對於囚徒其寶貴的價值真正的高於一切！

權衡之後，決定放棄了這頓美餐，連平時最「豬八戒」的都同意放棄。十多個右派分子反覆「磋商」，既經大家決定，便快速行動，誰也不想在這恐怖的「集中營」裏多待上一分鐘。大家確實捨不得然而又一致下定決心放棄這頓豐盛的聚餐，趕快打被蓋捲連夜連晚的回到了學校。回校已經夜深了，連晚飯也沒有撈得上吃，但是大家的心情還是很輕鬆，似乎是「自由」得多了。因為桐子嶺「集中營」裏除了我們這十多個右派學生之外，沒有放走任何一個右派回去過春節的。

第十三章
人格的掙扎

一

春節過後我們才知道，回校一點也不值得慶幸。原來學校想利用這二十多個廉價勞動力，興辦了一個磚廠。那時候學校準備興建一些樓房。

春節假期只有三天，三天以後，我們全部去了磚廠。學校聘用了一個農民（轉業軍人）來當廠長，據說轉業之前當過排長，是個共產黨員。那廠長對於這些右派分子實行軍事化管理，把我們視作可以聽憑他指揮、管轄、不敢抗命的「敵人」，依然是沉重的苦役。因為他也是被雇傭者，所以把對於我們這些右派分子管理的嚴格程度作為工作表現。這位廠長被學校雇用了不到一年，以後回到重慶歌樂山農村去被餓死了。

那時候做磚完全是手工操作，在學校最後面的山坡半山腰，靠近小溪旁邊，築了一座磚窯。因為學校正準備擴大規模，要新建許多座大樓，需要許多磚，小溪旁邊幾千米長的一溜山便是我們取土做磚的磚場。小溪對面便是「沙坪公園」。

我們十多個右派分子，一人劃撥給你一塊「地盤」。在你的「地盤」裏面，各自先搭上一個「撻磚」的「工作臺」：也就是半人高，字樓大小的一個土堆，表面必須是一塊很平而且光滑的硬石板。因為要在那石板上面用力的去「撻磚」，得用力的「撻」它個千次、萬次。這種手工製作的全過程完全是沉重的苦力的幹活。第一工序是……撻好了的磚，你得一塊一塊的碼在你各自的一條「嵊子」（四川方言，指用來放磚的土坎子）上面。收工之前，有個右派分子組長要來清點數目，而且記錄在案。到了月底評比「算總帳」。磚「撻」得多的就是改造得好，少的就改造得不好，以此來論斷你改造的好壞。那時候每天「撻」得最多的是蔣慕堯，他一天能「撻」三百多坯子，一個月上萬坯子。我、劉大模、段敦溥每天只有兩百多坯子，一個月下來七千多，則處於末流。因為蔣慕堯一直領先，那個（農民）廠長就視之為改造得好，不久就指定蔣慕堯擔任右派組長。組長管這些右派是管不了的，誰也不會聽組長管。當了組長就被大家視之為「狗」。因為組長既然管不了大家，就只得去向上頭回報，大家自然也就視之為監視大家的「狗」，也就自然存有了戒心。組長是上頭指定的「狗」，還有一等自己鑽營削尖腦袋去當「狗」的。那是許多右派分子都有一等僥倖心理，認為被學校當局認定是改造好了的就能提前摘掉帽子，變成「好人」。「靠近組織」去回報旁人，經常去告密就是立功表現，就有好處可撈。這是當年那個歲月裏當權的大小統治者所提倡的慣用的統治手法，可以說凡是中國人統治中國人的任何角落都長於此道，機關、工廠、農村、居民、學生、監獄、軍隊……無處不長於此道。這是《孫子兵法》在中國兩千多年發展的「豐碩成果」。鼓勵相互告密、相互監督，使之各自的孤立起來，這種軟暴力統治手段使用了幾十年。目的是要把知識分子所珍視的人格、尊嚴摧毀得杳無痕跡。變成木頭，變成奴隸，變成狗！於是那些不願意當「狗」的，也不能不心存戒備，夾起尾巴做人，因為怕狗咬。記得這二十來個右派分子中，右派組長先後更換了四個，因為他咬人，還另有想「立功」的狗又去咬他，於是被咬下去了。勾心鬥角，自己主動去充當「線人」，無處不在。

我則總是被狗咬，無中生有的被告密，因為我是反黨集團頭子，眾矢之的，誰都認為可以從我身上撈點好處。我這一輩子，已耄耋之年，從未去靠近、乞憐、出賣過靈魂，我很珍視我這根人的脊樑。脊樑都直挺挺的挺立著。

實際上這些去當狗的大都也並沒有得到什麼好處。因為那只是一種手段，在這種手段的擺弄之後，不少當過狗的明白過來難免歉疚後悔，可是那已經成為了眾人所不齒的狗了。當然，那狗回頭不再咬人了也算改過自新。進入這漫長的形形色色的「長期改造」過程之中，全國大大小小的右派分子們，不能不，不得不，漸漸的展現自己的人格和人性了。

雖然同樣是法西斯統治，但其殘酷的程度還是有所差異的。在其統治手段上有一條是共同的，那就是必須時時刻刻對於所有的右派分子進行嚴密的監視。最有效的手段之一就是：安置線人，鼓勵告密。上上下下無處不使用此種手段。所以像馮亦代被安置在章伯鈞家去充當暗探，只不過是千千萬萬名暗探中之一名而已。馮亦代良心發現，把自己做過的醜行大膽公諸於世！而依然隱瞞著的，隱瞞至死也不悔悟的卻是千千萬萬。

我們這自貢市就至少確定了兩個「右派暗探」把他們的醜行帶進了「高煙囪」（火葬場）。這些暗探有的是被物色後收買的，有主動告密，充當線人，多次「有功」後被收買的……總之線人、暗探無處不在。

幾十年之後回憶，在我們這二十來個右派分子中，沒有幹過告密勾當的只有我等幾個，其他的至少有一半幹過告密的勾當！

還記得在重慶師範學院學校裏的時候派來管右派的一個助教，人很矮，不超過一米五，男性，左得很可愛！每一次給我們訓話時候都要說：「你們這些人，說得形象點，就是必須把頭低下來。」可能在他的眼睛裏我們這些人都高高在上吧！

去你媽的，老子憑什麼要把頭低下來？士可殺，不可辱，我特意要昂首挺胸、高視闊步、衣冠楚楚、旁若無人。當時調幹學生也好，普通學生也好，基本上都只有棉布衣服穿，穿毛呢服裝的極少極少，首長才穿。我在機關裏有一套美國麥爾登呢料製作的中山服，那時候堪稱稀罕的高級服裝了——首長穿的也不過是國產的毛呢，特意拿出來穿起。我穿的上海製造的三接逗尖頭牛皮皮鞋（一雙的價錢可以買一般的好幾雙）在全校是唯一的一雙。因為反右鬥爭之後不久全國各地四處都在排演話劇《右派百醜圖》。學校裏排演話劇的人來給我借那雙三截逗尖頭皮鞋時候，借的人很誠懇的說：「全校只此一雙。」而且很客氣的希望我「支持」他們的演出。我本來就是大方之人，也就借了……

這本來就是上海什麼趕浪頭的「作家」趕浪頭的東西，全是一派胡言，上演過幾場，從此銷聲匿跡，化為烏有。稍後的人們，聽也沒有再聽說過還有如此一場話劇！

二

一九五八年暑期招收了不少的新生，開校之初學校弄了個「反右派鬥爭成果展覽會」，反黨集團頭子曾國一理所當然的成為了展覽會的重點內容。殊不知看過了展覽會之後，不少的好事之徒，對於只見照片未見人並不滿足，四處打聽要尋找真人，一睹為快。

我既然早已經是全校「天下何人不識君」的「頭頭」了，為了不「辜負」「觀眾」的視線，所以每當外出之際，特意的要穿著出衣冠楚楚、頭髮弄光、眼鏡擦亮，還特意要昂首挺胸、高視闊步、旁若無人。於是當時學校的人事處長李光奇，每次訓話時候都要點名：「曾國一這個這個，這個老先生，總要把頭一昂起，你把頭昂得那麼高，是幹什麼？」當時，互相都稱「同志」，稱「先生」便表明你是「異類」，不像而今稱你為「先生」是尊重你的意思。賦予「先生」以「褒義」是在一九四九年之前，中華民族幾千年間對於先生的稱謂都是尊重、褒義。到了一九四九年之後，對於「先生」的稱謂便只有「貶義」和惡意。到了「文化大革命」完蛋之後才又恢復了「先生」的「褒義」。但是，我這只有二十多歲的「老先生」，偏不吃那一套，偏要昂首挺胸、高視闊步。就這一條從不「低頭認罪」，以後竟也被定為送去勞動教養的罪狀之一條。因為學校的環境比較在「集中營」裏的「肅殺」之氣似乎稍微和緩一點，所以人格的尊嚴很自然的開始復甦起來！人總得有點人樣！然而在左派的頭腦中，右派分子就應該是獐頭鼠目、青面獠牙、猥猥瑣瑣、衣衫襤褸、蓬頭垢面……諸如此類的嘴臉，而你偏偏是衣冠楚楚、風度翩翩的「光輝形象」，他們就可以定你一條「從不低頭認罪」的罪名。

在那種年代，中國的知識分子群體已經可憐得人格掃地，尊嚴掃地。無可奈何的忍氣吞聲，還要竭力去為自己保持幾分人格維護幾許尊嚴的人是如此的艱難；而作為一個右派分子還要竭力去為自己保持幾分人格、維護幾許尊嚴，將付出的代價必然是慘重的。「從不低頭認罪」於暴力政治，等待你的當然只有監獄之門了。

磚坯「風乾」之後再裝窯去燒。第三道工序是「裝窯」，我們只去搬運磚坯，「裝」是專業的工人幹。第四道工序是「出窯」，大家都得去幹。那是殘酷的幹活，「窯」裏攝氏六七十度的高溫，二十分鐘更換一次進「窯」的順序，一站進「窯」裏去就汗流浹背，令人眩暈，得進「窯」裏去把還滾燙滾燙的燒了幾天的磚取出來。雖然帶著厚厚的布手套，那磚依然炙手。特別是暑天去「出窯」，那真是太殘酷的幹活。那些專業工人因為這幹活太殘酷，所以工資高，還有各種補貼諸如此類。右派分子則還是那一個月十三塊錢，還得扣去七塊錢交伙食費，真是太廉價的勞動。學校當局對於右派分子沒有任何「表現」，沒有任何的「恩寬」，殘酷的、麻木的、把我們當成勞改犯人一樣的看待，殘酷的剝削著我們。

年復一年，有的右派分子在那磚廠幹了十來年！承受著沉重的苦力勞動，殘酷的剝削。重慶師範學院以後不斷建立起來的幾十棟大樓的以億計的磚塊都是剝削我們這些右派分子的血汗得來的！

只是在勞動之餘，稍微多了一點點可以自我掌握的時間，可以借一點書來看看，這比在「集中營」多少好了一點。其實在沉重苦役之後，大都疲憊不堪，紛紛暈頭睡大覺，還能夠堅持去借書來看的也甚寥寥。我是寥寥者中之一，因為那看書的癖好實在根深柢固不能改造。

那時候每個月都必須要寫一次「思想總結」，個個都必須寫，要你懺悔、認罪、悔過、交心。每一次我都必不可少的要寫上一段「開場白」：

我認為我這個「右派」和全國任何的右派都不相同，我沒有片言隻字攻擊過黨的任何政策法令，在歷次社會運動中我都擔任一定的領導職務，更沒有片言隻字攻擊過這些社會運動。我提出的學制改革是真心誠意幫助黨整風，絲毫也不反黨。而今重慶師專已經被教育部正式改名為重慶師範學院，這不說明我們的那些活動是有收效的？

每個月如此這般的「開場白」宣言，當然是對於被打成右派分子的內心不滿的表白，也是一種變相的抗議，一種人格重整的宣言！不過這種表白和抗議大多數的右派分子已經不採用了，已經逆來順受了，表面上已經低頭認罪了，至少也已沉默了。而且不少的右派分子已經採取種種自責、自辱、卑恭屈膝的去低頭認罪以求得法西斯統治者寬恕！全國的知識分子也已經噤若寒蟬！正所謂：「只見千士之諾諾，不見一士之諤諤。」對於像我這樣還敢於如此「諤諤」表白和抗議的頑固不化的右派分子，已經為數不多了，自然被認為「拒不認罪」，「拒不接受改造」。於是我這個「反黨頭子」便被定為重點監管對象。對於我的人格重整施加壓力。

三

一九五九年夏，新入校的女生之中不乏花容月貌的窈窕淑女。我們住在二樓最邊的一間，樓下是女生進出食堂的來往通道，站在二樓窗戶旁是較近距離的、居高臨下的、觀光欣賞的最佳角度。我們這一群二三十歲的囚徒，無論心靈和胴體都在走向性渴求的高峰期，然而被剝奪了自由，被剝奪了青春，被剝奪了人性，那種性渴求被壓抑的衝動，衝動的被壓抑是很易逼向瘋狂的（其中就有一個被逼成了單相思而近於瘋狂）。性渴求是人性的復甦，人性的渴求！右派分子們當然無法得到滿足，於是心理變態為「意淫」類的虛無渴求！

我尚能自持。此中有個鄒俊，是「最可愛的人」——「志願軍」轉業的，考上大學幾個月就被打成了右派分子。原因是閒談中吹了一些朝鮮戰場上的真實：饑餓……饑餓得偷吃的；中國兵和朝鮮女人的性關係；朝鮮女人脫光衣服等待美軍姦淫以求免遭一死……和報紙上的、報告裏頭宣揚的「最可愛」形象完全相異。人，在那麼嚴酷的生存環境裏總還有最起碼的求生本能嗎？人非草木亦非戰爭機器，然而求生本能似乎很不夠英雄氣概，有損「最可愛」的英雄形象，而這個鄒俊竟要來撕裂這張炫目的圖畫，於是被同學中的積極分子檢舉揭發告密。

集中了全校幾十個「志願軍」來鬥爭，說他是在造謠。鄒俊說：「眼見為實。我親眼所見，你們是瞎子，你們沒看見，誰在造謠？我還是你們？」這等頑固不化對抗到底。揭露真實，總會遭到禍患的！

於是當局給了個二類重處分。

　　鄒俊不只當兵三年。「淮海戰役」時候在國民黨軍隊裏是個十五歲小小勤務兵，被俘擄，被稱為「解放戰士」。當時像這種被俘擄過來，掉轉槍口而成為「解放戰士」的，達數百萬之眾！以後便隨解放大軍參加了「渡江戰役」，以後諸如此類大批大批的「解放戰士」被「志願」去了朝鮮戰場，當上了中國人民志願軍。在幾十萬人葬身異國他鄉的戰火之後，鄒俊也算死裏逃生，從朝鮮戰爭結束轉業回國以後，被「照顧」考入了重慶師專。前後加起來已經當兵十年，可以稱為「老革命」了。然而這等時刻，老帳、新帳一起算，「老革命」自然變成為「兵痞」，十年兵痞，自然更「老母豬當貂禪了」！

　　每天晚飯過後伏在那窗戶前「打牙祭」，可望而不可及，望梅止渴而已！這種被壓抑的悲哀而可怕的性變態心理很快傳染給了群體。人性在女性面前是更容易復甦的！於是誰都參與進入這「打牙祭」——「意淫」的行列。聚集在那窗前聚精會神的去觀賞異性，觀賞之餘，右派分子們免不了評頭品足。對出眾者免不了給以命名，給個代號、綽號諸如此類。然都不倫不類。當時正在上演蘇聯，蕭洛霍夫小說《靜靜的頓河》改編的電影。淑女中有一特別出眾的，高挑身材，鶴立雞群，豐滿勻稱，若以今日標準來評判，定是一名超級模特無疑！鴨蛋臉兒，黑黑的頭髮，紅紅的面龐，人面桃花，高高的鼻樑，大大的眼睛顧盼而生輝，端莊而又活潑。右派分子們在這窗戶旁邊一致推舉為「校花」！然而不知其姓，不知其名，更不准給她一個不倫不類的代號。我說：「我來命名。」我莊重的舉起一根手指頭，慎重的說：「阿克西尼亞！」右派們歡呼起來！神了。不僅形似而且神似。那種豐滿！那種性感！那種靈性，那種野性。絕了！絕了！就像電影《靜靜的頓河》裏面那女主角。從此「阿克西尼亞」成了我們最最關注的偶像！我們尊重我們的偶像，再也不允許誰傷害她。每天晚飯之後我們都伏在窗前，等待她優雅的走過來、優雅的走過去。那條小道變成了T形臺。我們全神貫注的那短短幾分鐘，成了我們每天最最幸福的時候。被那些殘酷的泥土、磚塊加之於我們的一切勞乏憂愁都一揮而去了！

「阿克西尼亞」今天穿的鵝黃色上衣，真美！「阿克西尼亞」今天面帶笑容，我們心裏便愉快……被苦役折磨得精疲力盡的這群奴隸們，被那些磚坯枯萎了靈與肉的這群囚徒們，麻木了的心靈！麻木了的胴體！真有點像高爾基寫的《二十六個和一個》中的那「二十六個」。這群奴隸們的心靈和胴體卻在此一時刻被她點燃了！照亮了！靈與肉都復甦了！奴隸們哦！那樣崇高的苦戀著！那樣崇高的可憐！

還有一位淑女，走起來富有特色。全身優美的輕輕搖動著，雙臂輕輕的飄動著，雙腳輕盈的輕輕跳動著。有人給了個「渾身扭」、「秧歌妞」諸如此類不倫不類的名字。我說：「我來命名。」當時有首很流行的歌曲：「……小妹子兒好來實在是好！走起來好像水上飄！」我命名之：「水上飄！」自然也絕了！由我命名的只此二位，別無他人。然而就是因為取了兩個如此「動情」的美好的綽號，如此兩個雅而不俗的讚美的雅號，也被定為送去勞動教養的罪狀之一條！罪名是「給女同學取綽號」。

不久，我這「拒不認罪」、「拒不接受改造」的「反黨集團頭子」，為了殺雞給猴看，以上述的幾條莫須有的罪名，招了個「開除學籍，勞動教養」的升級處分。「勞動教養」三年，那是它的最高年限。李萬元亦在其中。當然對此災難降臨，心中不無恐懼，然而在那鬥爭會上依然神態自若，侃侃而談，昂昂然旁若無人，高談闊論，談笑風生的反擊那些鬥爭我的謬論。如此「臨危不懼」的坦然，下來後右派們高舉大拇指說：「佩服！佩服！」

我被軟暴力提升上了一個臺階，第一次被送進了監獄。人為刀俎，我為魚肉，你能奈何？當此時也，不少的右派分子已經絡繹不絕的走進了監獄去和殺人越貨、流氓妓女、雞鳴狗盜之徒為伍，成為了絕對的專政對象了！我是眾多的走進監獄的右派分子群體中之一，多數都是「欲加之罪，何患無詞」！

就全國而言，這個時候的知識分子群體已經噤若寒蟬！右派分子以及非右派分子大多數已經「低頭認罪」。毛澤東說的：「知識分子賤，三天不打屁股，就自以為了不起。」經過這麼些年的打屁股、掌嘴、拳打腳踢種種「再教育」之後，大都更賤了。

知識分子群體的墮落！淪落！因為還有個更為致命的恐懼：「不低頭，不管飯！」為了最原始的本能的活命的企求，大都麻木而恥辱的埋葬了自己的人格和尊嚴，甚至不惜廉價的以人格和尊嚴去換取卑賤的生存——求得「賞」的一碗飯苟延殘喘！中華民族光照千秋的氣節、品格已經分文不值！告密、相互告密習以為常，可怕的相殘，可怕的自虐，已經在知識分子群體間不以為恥了！

＊

「重新做人」

六十年來，幾乎所有在毛澤東統治下的人都必須進行「思想改造」。都有罪過，因此都必須被改造或自我改造，以求「重新做人」！實乃以「毛澤東思想」給全民予以奴隸化、奴才化、狗化、狼化……

反右派鬥爭是一次全面的以國家強大的機器對於知識分子群體施行的犯罪，毛澤東盜用了國家名義進行的這種犯罪古今中外從未曾有過。對於知識分子這一公民群體進行國家組織的誣陷、侵害、踐踏基本人權、非法拘禁、濫用刑律等等國家罪錯，只有待古老的亞細亞生產方式意識日漸隱退，民粹主義日漸隱退，法西斯專制獨裁日漸隱退之後，只有現代文明意識、現代法理意識在中國社會得以建立之日才得以認定，得以審判。希望這樣的日程能夠到來！

第十四章

鐵窗生涯

一

一九六一年春，快「而立之年」，遭遇了牢獄之災！

當時擔任重慶師範學院的黨委書記劉平直、校長王厚浦是以「莫須有」罪名給我以「開除學籍，勞動教養」的責任人。我得向他們追討違法罪責的。

宣布的當天晚上，重慶師範學院的黨委書記劉平直、校長王厚浦用學校唯一的一輛小汽車（一九六一年時候很稀罕的），派人把我押送到了「解放碑」附近的重慶「勞教轉運站」。懷著忐忑惶恐的心情，在這裏度過了十八個囚禁的日日夜夜。聽說「上一批」是押往大涼山勞改農場去了，我們的「歸宿」在哪裏？聽天由命啦！

一個陰雨濛濛的黎明前，囚在這裏的六七十個囚徒，在黑暗中緊急集合，各自揹上自己的被蓋捲，由荷槍實彈的大兵押著，餓著肚子步行去菜園壩火車站，沿途行人稀少……抵達火車站時候天還濛濛未大亮，這是特意選擇的押送時間。我們被押上了一輛「悶罐車」，幾十個囚徒擠得一個挨一個，沒有窗戶，密不透風。又饑又渴，到了下午兩點，一個人發了兩個硬幫幫的冷饅頭，餓得發慌的囚徒們，餓狗搶食般的啃將起來……一天一夜悶在擁擠得無法動彈的「悶罐車」裏。渴死了也不給水喝，便很少人撒尿，雙腿麻木得沒了知覺！空氣惡臭蔽悶，有的昏暈了過去。又餓又渴，一個個呆傻得真有如送去屠宰的牲畜一般。押送一二十個小時只發兩個饅頭（二兩），大都「囚糧」都被押送的幾個傢伙分贓了！誰都敢怒而不敢言！

終點站——成都，在貨運站下了火車。囚徒們排成兩列，又餓又渴，一個個傻呆呆的像牲畜一般被押送到了成都荊竹壩的一所監獄。關在成都監獄似乎比關在深山老林不毛之地的監獄，「運氣」好一些吧？誰知道呢？

成都荊竹壩監獄，在成都近郊，對面是有名的昭覺寺，後面是飛機場，周遭是曠野。這裏對外名叫「動力機械廠」，實則是四川省公安廳直屬的一座監獄。有好幾千人，勞改犯人、勞教人員都有。反革命分子、惡霸地主、殺人放火的、偷摸扒竊的刑事犯，和我們這樣的政治犯、思想犯，被稱之為「分子」：「右派分子」、「反社會主義分子」等等。全國的知識分子群體這時候已經有相當的 部分被趕進了這一類的與雞鳴狗盜之徒、殺人越貨之徒相與雜處「同吃、同住、同改造」的冰窖。閃光的刺刀和高高的大牆，使你殘存的那麼一點點人格和尊嚴，真有如赤身裸體掉進了冰窖的那點點雞巴那樣，萎縮得絕對的變形。而尚沒有掉進這等有形冰窖的知識分子，其人格和尊嚴的萎縮程度，在各式各樣的無形冰窖包圍之中，有的或許尚具形狀，有的萎縮得無影無蹤。

在刺刀、鐐銬、死亡的寒光逼射之下，中國人的人格已經變成為侏儒！右派分子的人格還能夠怎樣去維護呢？毛澤東時代是人格缺失的可悲歲月！

我被分配到了二車間。這廠裏正生產車床、柴油機諸如此類，二車間生產各種鍛件、壓件，大都是半產品，還得把這些半產品送到三車間去進行精加工，才能成為成品把它送到總裝車間去組裝成機器。二車間生產鍛件的方式，大件使用汽錘、夾板錘，然而大多數的人是生產小件，用原始的生產方式——爐子烈火把鐵燒紅再掄大錘來鍛打。那是沉重而殘酷，古老而原始的「鐵匠」勞作。

看見荷槍實彈警戒森嚴的監獄裏一派陰森氣氛，看見那些在熊熊火爐前舞動著大鐵錘，赤膊尚揮汗如雨的囚犯們，我實乃惶恐不安、不寒而顫。我不可能經受得住這沉重的、殘酷的勞動，然而一切監獄、一切集中營對於改造對象的改造手段都不外乎沉重的殘酷的勞動途徑。以之榨取你最後的生命力，無償的榨盡你最後的血汗！我想這條命大概就葬送在這裏了。

一夜無眠，想得太多、太亂、太可怕……

第二天叫我們新來的幾十個人去聽候分配。坐在那裏，聽著一個一個名字的叫下去，基本上都是分配去爐子上當下手。一個爐子一個師傅（上手），大都是犯人或「脫法犯人」帶一個徒弟，徒弟（下手）也就是掄大錘、燒爐子的沉重而殘酷的「鐵匠」幹活……想著那爐子、大錘就不寒而顫，真有點如坐針氈之感。

一直敖到了最後一個，才宣布我被分配做「半產品收發」。當然不知道這是什麼的幹活。後來得知全車間生產有幾千種半產品，我只記它們進貨、出貨的來往帳目。因為生產出的半產品種類繁多，多達數千種，而且其數量每天變化，所以幹這活路也是十分複雜的。除了必須有文化之外還得分外的認真細緻。這幾千種半產品的實物保管、來往運輸等等體力勞動的活計則專門有其他的幾個犯人、勞教人員去幹。因此，只記帳目，實則是歸於「企業管理」的腦力勞動的幹活。在監獄裏能夠擺脫苦力的幹活，那是非常非常的少有，幾百分之一吧。當然這是最大的幸運。因為恰好有這麼一個半產品收發的空缺，也不知道為什麼又偏偏給了我，只能說是鬼使神差碰巧把這種幸運降臨到了我的頭上。這是嚴峻的監獄，只有好運道才可能如此。

除了企業管理這項差事之外，還有一項更為繁重的差事，那就是做這二車間裏五六十個勞教人員的大組長。要負責管理他們的學習、思想以及生活管理諸多方面的事務，「以彝治彝」是也。而這個大組長卻是個很難很難的差事，如果搞不好，輕則「撤職」；如果還夾雜著點錯誤諸如此類，少不了的是「加重處分」，也就是升級成為勞改犯人。

這個監獄裏勞改、勞教的有好幾千人。勞改犯人很少有越獄的，大多數都是國民黨的軍政人員、特務、惡霸地主等等，似乎都已經「遵守監規，認罪伏法」了。而勞教人員越獄的時有發生：有越獄時被擊斃的，有不少跑掉了的，有跑出去又被抓回來了的，有不少時刻準備伺機越獄的。越獄是監獄裏面勞教人員的最後抗爭手段。

我所在的二車間先先後後都有越獄的。記得一個姓朱，朱智釗，進來以前曾經參過軍，在解放軍一個軍文工團裏拉了幾年手風琴，是個文藝兵。後來考入西南外語學院，學的是俄語。自從解放之後，全國所有中學學生都停止了學英語，因為那是資本主義世界的語言，現在是社會主義世界，所以全國的中學一律都學俄語，中學的俄語教師一時奇缺，外語學院迅速大開俄語專業。殊不知，蘇聯赫魯雪夫赫光頭和中國決裂之後，俄語對於中國人也派不上用場了，於是所有中學裏的俄語課立時全部都取消了。跟俄國大鼻子一切往還都斷了，學俄語的還幹什麼？這些學俄語專業的畢業生便沒有了「出路」。左整右整把這位姓朱的竟分到了重慶枇杷山公園來拉手風琴。當時枇杷山公園一天舉辦三場舞會，賣票盈利，三毛錢一張票。當時跳舞只能用樂隊伴奏，任何音響設備、錄音機、電唱機……諸如此類，中國人還沒有見到過。姓朱的差事便是每天去拉那三場手風琴。搞了一段時間，姓朱的多次找領導要求調動工作而不得，於是便不幹了，因為此一罪名，被處以強制勞動教養三年。

當時對於一生的職業，個人沒有任何選擇的自由，一切必須服從組織安排，不服從就是犯法。給了你一行職業，一般來說你得幹一輩子。像姓朱的這樣以「罷工」來抗拒，便只有進監獄。那年月，要想「跳槽」，那是絕對的不可能。姓朱的被弄進監獄，當然不服，於是越獄。

還有一個姓張，是個手藝很好的鐵匠，在重慶鐵匠裏還小有名氣。因為「單幹」，多次勸阻，都不聽，因此而處以強制勞動教養三年，罪名是「堅持走資本主義道路，屢教不改」。當然不服，於是越獄。

越獄的非常多……這些勞教人員非常複雜：無法生活，鋌而走險，偷、摸、扒、竊，年輕暴躁、血氣方剛，一個個都非良善之輩。跑出去就是成都市區，要吃要喝，必然的要去為非作歹才能活下去。因之監獄裏警戒特別森嚴。即使警戒森嚴，越獄者依然絡繹不絕。

特別是一九六二年，全國鬧饑荒，全國餓死人，監獄裏的生活變得越來越糟。沉重勞動之後，吃不飽，更增添了越獄者鋌而走險的決心。

那時候在勞教當中，不少的人想方設法的去「混飯吃」。在這與外界絕對隔離的監獄裏面，除了能夠去吃那三頓飯之外，一切能夠入口之物，什麼也無法弄到。而對於那三頓飯管理非常之嚴，在這等極為嚴格的管理當中，要千方百計的去「混」到「雙份」的飯來吃，那真是得挖空心思、「花樣百出」、

「花樣番新」，那些手段你很難以「防範」得來。儘管抓著「混飯吃」的懲罰極為嚴厲，然而總是難以禁止。在那沉重勞動之餘，饑餓實在是太難以忍受了，一碗飯的價值也非常的貴重。

那年月中華民族正在忍受饑餓的煎熬，全國農村裏一家一家的被餓死，一村一村的被餓死。全國城市人口的糧食定量不斷的降低標準，監獄裏也在降低糧食標準，也從走向饑餓中走向死亡。然而對於全國餓死四千二百萬人，全國各地人吃人的事實，我們這些被關在監獄裏的當然不知道，在監獄外的全國老百姓絕大多數也不知道被瞞得密不透風，最多只知道本村、本地餓死人。全國民眾被瞞了四五十年之後，這等罪惡近年逐漸的才被揭露出來！由於饑餓，由於監獄裏患腫病的日益增多，只看見一些人渾身腫大、頭大、臉大、兩眼腫成一條縫諸如此類，「患腫病」的很快便一個個的「消失」了……

我們所在的監獄因為是省屬監獄，情況較諸全國其他大多數監獄要好得多。各地監獄大量的餓死人，餓死的比例從百分之十到五十不等。對於描述這些罪惡的紀實文字，近年來不斷的披露，真是駭人聽聞！最可憐的是餓死了的人許多地方（夾邊溝、峨邊、北大荒、青海……）都無人埋葬，被拋進「萬人坑」……

二

一九五二年《毛澤東選集》第一卷出版發行時候，我就預定了二至四卷。十年之後，第四卷才出版，那張預定卷我還帶在身邊帶進了監獄。於是託了個刑滿釋放留廠就業的人（被叫做「脫法犯人」），拿到城裏新華書店去把書換了回來。星期天可以看，平時則沒有時間看。然而一看起了頭便想看下去，於是在上班時間也拿出來看，有人便悄悄的去向管教幹事趙秉和彙報。趙秉和來到我們的辦公室，眼見我看的是《毛選》第四卷，什麼也沒說就走了。

這位趙秉和在我的記憶之中沒有見過他「發火」的時候，對犯人和勞教都輕言細語的，不傷害這些人的自尊心。我們從重慶押往成都的「悶罐車」上，有一個從雅安監獄逃跑而被抓回去的勞教分子，我們同行的有人詢問他監獄裏的情況，他說他們那邊獄卒要拳打腳踢、搧耳光。這很引起了我的憂慮和恐懼，一度頗還有點提心吊膽。但我在成都監獄沒有見到過這種事情發生。

勞教鬥爭勞教的會上，勞教打勞教，拳打腳踢的事情倒也不少。不過這種時候，獄卒都躲開了不在「現場」。在現場的時候就不能動手動腳，離開現場叫做睜一隻眼閉一隻眼，勞教鬥爭勞教的時候較多，特別是對於抓著了混飯吃的是一定要開鬥爭會的，那些人叫我也離開現場。我明白要動手動腳了。我只得離開現場，也睜一隻眼閉一隻眼，否則，難免有包庇之嫌。所以變相的打是並不鮮見的，可能這是省屬監獄吧，政策要求比一般的監獄多一些。

監獄的最高首長是四川省公安廳的一個姓趙的副廳長兼任的，經常給全廠的勞改、勞教做報告。

我這大組長也解決一些勞教人員之間的糾紛矛盾，當然少不了批評表揚。我處事公正，講求原則，實事求是，絕不偏袒，因此大都能夠使得這些人心服口服。經我處理之後，很少有再去找獄卒告狀的。幾個月之後給了我最大的信任。所以那時候還依然是充當著「馴服的工具」的角色，只能夠兢兢業業，絕對的依附人格。但我從不去向獄卒回報，去告密，我「秉公執正」的自行處理一切。我所處理的這些事件，都有人去彙報給獄卒。當然被認為是符合「原則」，否則早已經被「取締」了。所以由於有獄卒在「後臺」的認可，我這大組長「權力」還是滿大的。一個車間只有一個，是「以彝治彝」的治彝者。給獄卒幹了許許多多的事情，減少了許許多多的麻煩。其他車間也有的大組長從中貪圖點便宜，謀取點私利的，那可就授人以柄了。因為覬覦這大組長差事的大有人在。特別是三車間，勞教有一二百人，其間「藏龍臥虎」，不少「掌紅吃黑」深諳爾虞我詐之道的。三車間的大組長更換頻繁，設個圈套，抓個把柄，便去告密；甚而有把大組長捆綁起來，毆打一頓，再押到獄卒那裏去的。

覬覦我這差事的也大有人在，也給我設圈套，甚而想把我弄死。我在那裏的時候，勞教之間暗中爭鬥，故意設圈套用「夾板錘」砸死了一個，腦袋砸成了肉醬。用鹼毒死了一個……雖還不至於提心吊膽，但必須兢兢業業。我自信身正不怕影子斜，理直氣壯的領著這大組長的差事。在半產品收發這一本職工作上，我很快就掌握了業務，認真負責的、極少差錯的、出色的工作著。實在是身不由己啊。

在這裏被「升級」判刑的有得是，還有以「抗拒改造」的罪名槍斃了的。三車間一個右派分子，以破壞進口設備的罪名，在監獄裏開大會審判。審判時候嘴裏被塞了一大團布，審判時候不停的扭動、掙扎、流淚，表達有著莫大的冤屈！勞改、勞教都明白在那個饑餓的年代，紛紛越獄的時候，只不過是「借頭」之舉而已！

監獄裏的勞動強度當然非常大，但這裏的「刺激」手段比集中營更為巧妙，更為「有效」——不停頓的各種「競賽」，鼓動犯人和勞教拚死拚命的幹活，經常開「比武打擂」有聲有色的車間會。會上要每個爐子，每個人定出「產值」，你追我趕，爭取超額完成競賽目標；其目的是最大限度的榨取犯人、勞教的智力和體力，一心一意的投入「勞動改造」的苦役之中。每個月、每個季度、每年都評獎，給以「減刑」、「記功」等等獎勵；目的是要犯人、勞教「老老實實」改造之中最大限度的榨取犯人、勞教的智力和體力。一九六三年春節前夕，我被提前一年宣布解除勞動教養，同時摘掉右派分子帽子，也算是給的「獎勵」。然之所以能夠如此，當時的大背景才是真正的決定因素。

當時的大背景，根據報上宣傳是：蘇聯「老大哥」突然背信棄義，私自撤走了蘇聯「無私援助」中國興建的一百三十多項特大型工廠和其他幾百個建設項目。全部都是當時中國最最重要的命脈工業。一夜之間悄悄的撤走了全部專家、圖紙。一夜之間使得全國這些特大型工廠幾百個項目立即全部癱瘓了！爛尾了！官方散播的這些消息傳開，全國震驚，全國震動！

赫魯雪夫，中國人叫他赫光頭，上臺伊始，在蘇聯共產黨第二十次全國代表大會上，來了個震驚世界的「祕密報告」。「祕密報告」揭露了史達林的獨裁政治、大搞個人崇拜、瘋狂鎮壓異己、濫殺無辜……種種駭人聽聞的罪惡歷史，種種暴力社會主義的罪惡行徑。美國中央情報局得知赫魯雪夫做了這個「祕密報告」，便很想把它弄到手；用盡了一切辦法都始終弄不到這份報告，最後只得通過世界聞名的以色列特務用高價錢從波蘭共產黨一個高級領導人手中買到了手，不幾天便在《紐約時報》上全文公開發表了。於是在史達林統治時期那些恐怖的暴力社會主義內幕，便在全世界公諸於眾，立即引起世界公眾的巨大震驚！當然中國人例外，因為毛澤東要為史達林保密。

史達林的個人崇拜不只禍害蘇聯，而且波及中國，中國所受的禍害較諸蘇聯有過之而無不及，因為毛澤東為之推波助瀾，史達林在蘇聯被頌為「父親」，毛澤東在中國被頌為「大救星」。前者「人化」而後者則已「神化」。

「解放」初期，中國人對於毛澤東的個人崇拜，那種迷信的程度已經到了「癡迷」的地步。那時候宣揚的「偉大的、光榮的、正確的中國共產黨」，我們這些人，全國多數的人都沒有絲毫的懷疑。因為中國最重要的現代史都被篡改了，被偽造了，當代的中國人只能夠糊塗的盲目的「接受」虛假的宣揚。幾十年一直宣揚的是：「國民黨消極抗日，積極反共。」在這種宣揚控制了民眾幾十年之後，現在一些人才漸漸的知道了是國民黨軍隊在遼闊的正面戰場上抗拒了日本鬼子，消滅了日本軍隊。到了一九八五年抗日戰爭勝利四十週年時候，共產黨追認八十五個國民黨的將軍為「抗日烈士」；之後又出版了一本書記載了國民黨一百一十五個將軍的抗日戰爭的「英雄事蹟」，承認了他們歷史上為中華民族的衛國戰爭所立下的功績。然而這僅僅是在不得已的情況下，羞羞答答的一點點作態而已。真正的衛國戰爭歷史，大多數民眾迄於今日，依然是一無所知。

二〇〇八年由北京華夏出版社出版的拙著《我的黃埔魂》（二〇〇九年九月，我侄女來郵件稱：「開學第一週，我接待了美國哈佛大學費正清中國中心主任柯偉林（William Kirby）教授，交談中敘述到我外公的歷史。他是一個中國歷史學家，對家族史非常感興趣，硬是要我送他一本您執筆的《我的黃埔魂》。他說我有責任和義務來研究這一段歷史……），在海外版的序中有如下的文字：

抗擊日本侵略的衛國戰爭是中華民族現代史最重要的一頁。抗擊日本侵略的八年戰爭在大陸中國人頭腦中存在許多空白，存在許多盲點，存在許多誤區。甚至不知道黃埔軍校！不知道黃埔軍人幹了些什麼？似乎「地道戰」、「地雷戰」、「平原游擊隊」、「敵來我退」的游擊戰，就能夠把數百萬日本軍隊趕出中國神聖的領土。人們不知道抗日戰爭的正面戰場進行過二十三次大會戰，一千三百多場大小戰役，兩萬多次戰爭。是一千四百零五萬國民黨軍人，有一千多名國民黨將軍率領的十萬多黃埔軍官在中華民國國民政府軍事委員會蔣委員長的率領之下，浴血奮戰，慘烈犧牲才能夠取得的勝利。偉大的衛國戰爭當中，國民黨有兩百多名將軍壯烈犧牲在疆場！在古今中外的所有戰爭史中是獨一無二的。黃埔軍校畢業的軍官有一半人壯烈犧牲在抗日戰爭疆場！日本人在此次戰爭當中死、傷、被俘擄的官兵是四百多萬。對於這四百多萬，各方都記下了「明細帳」的。這些「明細帳」記錄在兩萬多次戰爭當中，只不過各方記法不同而已。隨摘幾筆帳目如下：

二十三次大會戰中記載：

國軍統計是：殲滅日軍共計一百八十二萬四千九百人

日軍戰報是：被殲日軍共計一百八十五萬二千四百八十七人

（二者基本上相吻合，符合歷史紀錄）

抗日戰爭中，八路共殲滅日軍十萬多人，而國軍殲滅日軍僅僅是在二十三次大戰役中就達到了一百八十多萬，共殲滅日軍近四百萬，能夠相提並論嗎？

一九八六年八十歲高齡的郭汝瑰自告奮勇，在南京軍事學院牽頭主編了兩千多萬字的《中日戰爭正面戰場作戰史長編》。把抗日戰爭中黃埔軍校十幾萬名畢業生和他們所率領的一千多萬士兵在偉大的衛國戰爭中正面戰場英勇殺敵、壯烈犧牲、為國雪恥的抗日戰爭歷史如實的載入於史冊。中國國民黨軍隊與日本在正面戰場進行了二十三次大會戰，一千三百多場大小戰役，兩萬多次戰爭，這部《中日戰爭正面戰場作戰史長編》以詳細、真實的歷史資料記述了這些戰爭的原貌。壯哉黃埔魂！正面戰場也就是主要戰場。兩萬多次戰鬥在主要戰場的作戰歷史。真實的記載了十幾萬名黃埔軍校畢業生的同仇敵愾、報國雪恥和一千多萬國民黨士兵英勇抗日，壯烈犧牲的偉大場面……遺憾的是這樣一部書，沒有多少人能夠看到……

因為向老百姓宣揚的是「光榮的、偉大的、正確的」毛澤東「消滅」了四百多萬日本軍隊的謊言。

這部史書真實的紀實了兩萬多場戰爭的詳細過程，詳細的紀實了四百多萬日本軍隊是怎樣被國民黨一千四百多萬軍隊消滅、趕出中國領土的歷史！

毛澤東當然要為史達林保密。史達林「殘酷鬥爭、無情打擊」的手段，史達林一次可以殺掉百分之八十以上的蘇共中央委員……毛澤東其駭人聽聞之處絕對不在史達林之下。暴露了史達林的罪惡，也就不能不阻止人民不去聯想。對於這份「祕密報告」企圖盡力的「捂」著，「捂」當然是「捂」不著的，不得已在以後的「中國」全國人民代表大會上，給每個代表發給了一份，以示對於這些人的民主待遇。又給十三級以上的高級幹部發了一份，很想到此為止。

殊不知一九五七年，「大鳴大放」之際，北京大學一個學生，把這份「祕密報告」從《紐約時報》翻譯了出來，並以小字報張貼在北京大學紅牆上面。一貼出去就驚動了北京城。絡繹不絕二十四小時排隊，夜間打著手電筒觀看，盛況空前，如此持續了幾個月。拜讀過的人幾萬、幾十萬，沒有人統計，其「洩密」範圍自然大大的擴大了。

赫光頭想享有共產主義陣營的王位，把東歐的小兄弟們和中國這個大力士都一起納入赫光頭的麾下。殊不知毛澤東嗤之以鼻，毛澤東認為共產主義運動的王位非他莫屬，特意在游泳池旁邊穿一條游泳褲來接待赫光頭，以示輕蔑。毛澤東還回答赫光頭：「三次世界大戰打起來，大不了拿三億人去對付他的原子彈，然後再上井岡山……」

赫光頭明白自己打錯了算盤，與虎謀皮，白來了一趟……而今又看到中國工農業凋敝。赫光頭說蘇聯的共產主義是「土豆燒牛肉」，說中國的社會主義是「喝大鍋清水湯」。赫光頭怕中國從此一蹶不振，又不聽話，怕自己陷得太深，爬不出來，於是像賊一樣的一聲呼哨撒腿就跑。一夜之間悄悄撤走了他的全部人員，單方面撕毀合同。

以上是我方公開宣揚的說法。

赫魯雪夫在《回憶毛澤東》一書中有如下文字：「我退休幾年以後，聽到一種說法，說中蘇爭吵是我挑起的。我用不著來駁斥這種誹謗，歷史已經證明這些謠言是胡說八道。」顯然，赫魯雪夫不認同「我們」的說法。

其另一段文字似乎想透露「分歧」、「裂縫」之所在：「我們雙方存在著根本的分歧。但是我們和中國的裂縫比這要深。中國人知道他們在蘇共二十大以後的國際共運中的地位是危險的。這次大會批判了個人崇拜、獨裁和其他一切反民主、反黨的生活方式，中國人當然懂得這種批判對他們來說意味著什麼。大會揭露並譴責史達林濫用權力，槍殺了成千上萬的人。而毛澤東則正在步史達林的後塵。」

赫魯雪夫認為「中國人」毛澤東和史達林走的是「一條路」，這一點和胡績偉老人的見解倒頗有同感。

其實這世界上任何聯盟都是暫時的，利益相同則合，利益相悖則分。什麼「堅如磐石的同志加兄弟的永恆的友誼」諸如此類，全都是騙人的，自欺欺人的胡說八道而已。

現在，赫魯雪夫和毛澤東自己撕毀了這胡說八道！

當時蘇聯的共產主義計劃經濟也已每況愈下，困難重重，迫切需要尋找出路。也就是在這種共同需要的情況之下，才有了假以「無私援助中國建設」之名搞的那一百三十多項「特大型」工礦企業和其他幾百項建設項目。其實蘇聯人把圖紙、方案、決策權一切都拽在手裏，一切都對中國人保密。所以赫魯雪夫突然下令，一聲呼哨全部撤走蘇聯專家，這些人同時就把全部圖紙、方案、計劃……一切都拿走了。席捲一空，只剩下一堆爛攤子，處處都是「爛尾工程」，慘不忍睹！中國人乾瞪眼，沒轍！白交了一回太大太大的「學費」，幾乎近於傾家蕩產的地步。

共產主義陣營兄弟般的牢不可破的友誼的神話，也一下子撕得粉碎！蘇聯老大哥在中國人心目中這麼多年培養起來的偉大的「國際主義精神」、「共產主義精神」諸如此類崇高「威望」，一下子徹底的毀滅了。

這麼多年宣揚的神聖的真理原來竟是如此的卑鄙、無賴、惡劣。受騙上當的懊惱是很難以抹去的，毛澤東自然對於赫光頭也傷透了感情。在懊惱之餘，毛澤東開始發動了一場持久的「論戰」。把赫光頭斥為國際修正主義頭子，以《人民日報》社論連續發表了一評、二評、三評……一直到九評。

我和全國民眾也就糊裏糊塗的過了幾十年。四五十年以後的今朝，才有了謝韜等等一批耄耋之年的執著的壯士，命名之為「暴力社會主義」。

三面紅旗的徹底破滅，赫光頭的翻臉，中國工農業完全崩潰！各種恐懼威脅著億萬個家庭。壓縮即失業，失業即饑餓，「黑雲壓城城欲摧」哦！真是個陰霾的艱難歲月。

全國糧食緊張，物資匱乏。於是不斷降低糧食定量，最低的時候每個月一人定量十九斤！發放各種票證，購買一切物資都要票證：火柴票買五盒火柴，煤油票買二兩煤油，一個月買二三兩植物油、半斤肉……

於是黑市應運而生：黑市上的米要四五塊錢一斤，價格是國家價格的三十多倍。而黑市豬肉則要五、六塊錢一斤，價格將近十倍。一隻雞要賣到三四十塊錢，相當於一個普通幹部的月工資，所以普通幹部被戲稱為「雞幹部」。那時黑市上的買主絕對沒有小老百姓，小老百姓只有賣票證的份。民不聊生，鋌而走險，殺人越貨、偷摸扒竊……社會次序極度混亂，一是作奸犯科者太多必須關進監獄，而同時是監獄裏人滿為患，不得不來個「清倉出貨」。特別是搞工業的監獄，必須大大壓縮，把這些「貨」弄到農場去，弄到山裏去，把那些可放以及可放、可不放的，都一起放了出去，讓其去「自生自滅」。

我就是在這樣的大背景下，被提前一年放了出去「自生自滅」的。

*

大饑饉五十周年

一九六〇年前後，大陸人口六億多，三年間餓死了四千多萬人，占總人口的百分之六。罪惡被蒙蔽了三四十年，近年始在互聯網上被揭露。

離開成都前夕，當時集中了十多個這類人員到這個監獄來，等待著「遣散」各地去，我被指定做「組長」。前民主同盟重慶市委組織部長蘇軍、宣傳部長李康，還有一個「三八」式的十三級幹部叫雷里也弄來這個組裏等待著「遣散」……

一九五七年「大鳴大放」時候，蘇軍、李康被定為「章、羅聯盟」（全國最大的反黨集團）重慶市的代理人。重慶市民主同盟打出了這個很大的「反黨集團」，蘇軍、李康被定為「反黨集團」頭子。重慶十幾個大學的副校長（民盟的）定為他們的「智囊團」，當然也被打成了右派分子。解放以前蘇軍、李康曾在《川中晨報》做過記者，當時我八叔曾也魯在《川中晨報》做社長。蘇軍、李康以後在昆明加入了民主同盟（地下），還被國民黨抓起來關進過渣滓洞。在「大鳴大放」「收網」的時候，蘇軍、李康也是被處以勞動教養三年，三年以後沒有放，拖到而今監獄人滿為患才予以解除勞教同時摘去右派分子帽子的。他們勞動教養是在廣元修鐵路，勞動十分艱苦。二人談及此前此後感慨萬千，自認為是經過了苦修苦煉，真是脫了幾層皮才得以「脫胎換骨」，才得以回到了人民行列。談及我在監獄而擺脫了苦役，他們非常驚訝而又不無羨慕之歎，認為真是太大的幸運。談及未來還真是充滿了信心，似乎如此艱難才回到了人民行列，從此一切都會好起來。且不說像以前那樣躋身於「參政議政」、「幫忙幫閒」行列，跑跑腿，打打雜，弄碗小菜飯吃也不算奢望吧！以前是「不低頭，不管飯」，現在是不僅低頭而且俯首匍匐捧出了人格和尊嚴去換取「回到人民行列」，去換取最起碼的「人民」待遇，應該不算奢望吧！

唉！愚蠢！愚蠢！愚蠢！當然我們都太天真了，太愚蠢了。我們這些「摘帽右派」那布滿荊棘苦難的艱難之路我們都沒能去想，當然也難以去設想。只有當「回到了」現實之後，才能夠「發現」你依然還在「人民行列」的外面！因為那個時代，那種暴力社會主義制度，對於知識、知識分子已經判處了死刑。知識、知識分子已經成為了罪惡的代名詞。「吃屎分子」和過街老鼠已經屬於了同類貨色，還要想討點好果子吃，實在是癡心妄想。

半年後，我去重慶李康家裏去探望過他一次。在那全民挨餓的歲月裏，李康請我吃了一碗麵條，他們依然閒散在家。李康的妻子是個很漂亮的白族女人，在重慶市民主同盟機關裏工作，依然和李康忠誠廝守。也就不愁會餓飯，吃飯有老婆的工資，聊以度日。舒軍則獨居，妻子已經離異，只有靠機關裏給二十多塊錢生活費度日。言談間心情已經甚多抑鬱，對於未來的信心亦多渺茫之感，已經拿不出多少人格和尊嚴去換取一碗小菜飯來吃了。

又幾年以後，我再去重慶時，蘇軍、李康都已經過早的離開了人世間！

第十五章
人間底層

一

一九六三年春，我離開了成都監獄，回到了可愛、可戀、可恨、可惱的故鄉自貢市！薄暮時分下了火車，只見火車站四外許多帶著紅臂章的和幾個公安警察警惕的盯著來往行人，不時還盤查一下。後來才知道這是在抓「流竄犯」。

「流竄犯」是個創造性的新鮮罪名，可以載入共和國的史冊！

「流竄犯」者，「畫地為牢」是也。戶口制度本身就是法西斯式的禁錮。嚴格的限制、剝奪了人的居住、遷移自由。同樣也就是城市裏的「畫地為牢」。

而今更殘酷的是，饑荒的農民不准許逃荒！中華民族古已有之的逃荒史從此了斷！即使餓死了四千二百萬人，也不許逃荒。要餓死你就餓死在那山野間，不准跨越雷池一步！饑民進城必然作奸犯科，設想一下數以億計的饑民若果蜂擁般的湧入到大、小城市中來會是個什麼樣的景象？

「畫地為牢」是中國有史以來最狠毒的絕招！一些農民，被逼得走投無路、鋌而走險。當年全國鬧饑荒的時候也出了不少的「真命天子」，揭竿而起！全國餓死人，全國人吃人，全國都出現過草莽英雄！向法西斯罪惡制度抗爭，當然全都被殘酷鎮壓下去了。小城市的不准去大城市，城市之間也不准往來。來往得路條，得介紹信，各地檢查是很嚴格的。因此戶口本本和糧食供應關係比一個人的性命更重要，「黑人黑戶」在城市裏是難以生存的。城鄉差別越來越大，城市人口被視為「有享受」的「貴人」，而農村人口則被視為一無所有的「賤人」；擁有城市戶口就高人一等。正因為如此，我這七尺男兒在祖國這九百六十萬平方公里的遼闊大地上是投靠無門，生存無立錐之地，只有「落葉歸根」了！

＊

大逃港

大陸餓死四千萬人的大饑荒歲月，哀鴻遍地，民不聊生，畫地為牢，禁止逃荒，眼睜睜的活活要人餓死！一九六二年五月中共廣東省委書記陶鑄決定放廣東饑民一條生路！一九六二年五月五日駐守廣東邊防的駐軍在陶鑄一聲令下後突然撤崗，大開缺口。結果引發了一場數十萬饑民瘋狂快速的逃亡香港的空前洪潮……

自貢市的李氏家族一直是顯赫的「貴族之家」，前清時候兄弟二人同居三品，被皇帝「欽賜大夫第」。兩座府邸相連，亦如自貢市的「榮、寧」二府。因為府邸大門外面都修建有高大雄偉的牌坊，久而久之，老百姓便以之作為地名，那條街就叫做「雙牌坊」——上牌坊和下牌坊。在解放初期即被視為

「封建主義」的「堡壘」，予以毫不容情的沒收充公，徹底破壞了。在被搗毀掃蕩之後，一切古老宏偉的建築蕩然無存，片瓦寸磚也無從尋覓。那地盤很大，從新橋一過一直到海潮寺，在那很大的地盤上面先後建了一座軍營、一座糧倉、一座醫院、一所中學、一所小學、一個工廠。

劫後餘生在上「牌坊」的邊緣餘下了一排平房，那是以前看守果園的僕人們居住的。雙「牌坊」的貴族們被「掃地出門」之後，我大舅公李幘固和大舅婆住到這裏來了，一間有二十多平方米的小屋，住了他們老兩口和一個不願意離他們而去的老僕人。我娘八年勞改提前三年放了出來，以前家裏的所有房產都被沒收充公了，無有去處。我祖母是下「牌坊」的四千金，李幘固是她哥哥。娘投靠到大舅公家，大舅公收留了她。大舅公他們以前過慣了的優裕的貴族生活完全改變了，年事已高，當然很難以適應，於是先後過世，留下娘住在這間小屋裏。

殊不知下「牌坊」三千金的兒子被打成右派之後，其家屬被驅逐返鄉，他老婆帶著二子一女無處落腳，也投靠到了這角落裏來。三千金是四千金（我的祖母）的親姐姐，我叫她三姨婆。三姨婆有一女名叫范蓮芬，蜀光中學畢業以後讀完了大學又回到蜀光中學來教書，是中共地下黨員，以後擔任過自貢市科學技術委員會的主任；有一子叫范國念，在蜀光中學和我同班同學，解放以後做過西南鐵道文工團的團長；還有一子叫范國賢，范國賢被打成了右派分子，留在單位監督勞動改造，其家屬被驅逐還鄉。范家解放前的房屋也早已被全部沒收，其妻帶著二子二女無處落腳，投靠到了這角落。同是天涯淪落人，而且同樣都是投靠無門，娘只得把那小屋分隔成了兩個半間：一半八平方米歸娘住，另一半十多平方米，由那五口之家去「擠」了。

離別了一十三年的娘，歲月的艱辛在她過早佝僂的瘦弱身軀上刻滿了悲愴的烙痕。滿頭白髮，滿臉深深的皺紋，烙記著她掙扎在艱難歲月裏的辛酸，看上去比她的實際年歲至少要衰老二十年。

在我腦海中那端莊、雍容、慈祥、美麗的娘的光輝形象已經蕩然無存。堂堂七尺男兒，竟要投靠到這樣一個無助的、弱小的、已經無力掙扎的老人門下來，那種羞愧、那種懊惱、那種無奈！堂堂七尺男兒真乃無地自容！母子相見，相對無言。我望著她掙扎在生命暮年那黯然無助的眼神裏還跳動著幾絲殘留的不得不掙扎的頑強氣質，黯然神傷，潸然而涕下！

娘是被判了八年徒刑提前三年放出來的「脫法犯人」，而我是「反黨集團頭子」、「極右分子」、勞動教養三年提前一年放出來的「摘帽右派」。這樣一個家，自然是這社會主義社會裏的最最最底層。

有個叫李國文的右派（作家），發表在《人民文學》上的有篇作品裏，我記得有這麼一句：「無論一條什麼樣的狗，都可以在你頭上任意的拉屎撒尿！」李右派把他的遭遇，他的切身感受，凝練而深刻的活畫出了那樣的現實；那樣的一些狗，那樣的一段歷史真實。那是人權淪落、人格掃地的年代，我們這樣一個「家」，自然是「無論一條什麼樣的狗」隨時隨地「都可以在你頭上任意的拉屎撒尿」！

那真是嚴酷的歲月！在那些形形色色的狗前要麼讓牠「任意的拉屎撒尿」，逆來順受，要麼與狗們頑強的鬥爭——當然得付出更多的充滿血淚的犧牲。

人權得自己去維護，人格不容侵犯，堂堂正正的人不能逆來順受，我必須挺直我的人的脊樑與狗們頑強的鬥爭。用我的知識和智能去與狗們進行「合法鬥爭」，用魯迅的「韌性戰術」，還得用點毛澤東的「游擊戰術」諸如此類。我頑強的與狗們戰鬥了，付出了充滿血淚的犧牲，但是維護了我做人的尊嚴。在此以後十多年「摘帽右派」的人生歷程中譜寫下我自視為無悔的、自視為不無輝煌的篇章（注意，我用了「輝煌」這麼兩個字）。

娘那半間八平方米的「屋」，是由一條兩米長一米寬的窄巷和三米長、兩米寬的角落組成的。一巷一角像一把帶把的刀的平面圖，相加大概八平方米。那一巷是「廚房」，也就一蜂窩煤爐子。那一角「臥室兼客廳」裏只能容得下一張床外加一個很小很小的「條桌」（大概八公分長、三公分寬），沒有窗。巷頭是一道窄窄的小小的門，出入通風全靠它了。此天地之廣闊比監獄裏的單人間差不多吧。由於沒有窗，每當夜間那蜂窩煤爐子釋放的一氧化碳毒氣瀰漫這「廣闊天地」之間，嗆得人喘不過氣來，只得趕快起來打開小門通通風，換換氣。

我在這「廣闊天地」裏嗆了整整的一十三年，在這裏求生存、「打天下」、討老婆、生兒子……與狗們頑強的戰鬥，還「驚天動地」的在此譜寫了我不無輝煌的「摘帽右派」人生篇章……當然留下的更多的是不堪回首的血淚，嗆了十三年。一九七六年，也就是毛主席他老人家仙逝的那年，我才搬離了這「廣闊天地」。

*

蝸居

一九六三年至一九七六年，我在光大街最低劣貧民窟的一間八平方米的蝸居裏，嗆了整整十三年，在這裏娶妻、生子、奮鬥、打天下、流血汗……

二

回家第四天，也就是大年初三那天，狗找上門來了，鬥爭從此揭開了序幕。

那是一條地地道道的狗，那是「人民政權」最小最小的「細胞」——居民委員會的「衍生物」，被叫做「組代表」的東西。這東西自視為「人民政權的」一部分，似乎帶了幾分「官氣」，故爾趾高氣揚，故爾為非作歹。

千萬不能小覷了這居民委員會，有個美國人叫克拉克在他擔任美國中央情報局局長的時候曾經發表過一個高論，克拉克說：「中國的居民委員會比蘇聯的『克格勃』還要厲害！」可見其「名聲在外」的響亮程度了！

許多居民委員會主任猶如一方諸侯，獨霸一方。當時這光大街居民委員會的鄧主任是個「跛跛」，拄一根拐杖，自稱是「負過傷」的，究其根柢，是涼山森林工業局的伐木工人，伐木時候摔斷了一條腿成了「跛跛」的。既然自稱是「負過傷」的，當然趾高氣揚……竟大膽去調戲一個軍屬，當時老百姓把軍屬稱之為「軍用品」，那可是動不得的，鄧「擘擘」竟敢於去動「軍用品」當然被踢下了臺。

被稱之為組代表的那狗的男人是國民黨的一個「師爺」（低級職員），也不是什麼好東西。師爺買來做小老婆的，這小老婆生下了兩兒一女。那女走了好運，嫁了個當官的，據說是什麼省軍區參謀長。這狗還有一小兒子很不爭氣，因了這不小的官，也弄去參了軍。那年月對擁軍優屬很認真，對軍屬很尊重，「軍屬老太爺」、「軍屬老太婆」是個叫得十分響亮的光榮稱號。小老婆變成了「雙料老太婆」，那份趾高氣揚，可想而知！這條被叫做「組代表」的狗，之所以被視之為狗，她自視為是全組居民們的統治者，對上頭俯首貼耳搖尾乞憐，對下面則頤使氣指作威作福。

那狗來到了我家那小門前，高聲大氣的直呼娘和我的大名，厲聲命令道：「快快快！你們兩個拿起掃把去掃街，那些人都去了，你們快點。」娘說：「好的，老太婆，我這就去。」我則嗤之以鼻，盯了它一個白眼……我對娘說：「不去。」娘說：「我不去不行的。」說著拿起掃把步履蹭跚的走出了小門，回頭用疑難的眼神望望我，慢慢的去了。

第二天，那狗又來到了我家那小門前，這回是直呼我的大名。還特特別提高嗓門，很有點公諸於眾的意思說道：「派出所叫你去。馬上去，快點。」我心裏有點犯疑，這狗不知告了什麼黑狀，但還是十分鎮定的問它道：「什麼事啊？」那狗說：「去就知道了。快啊！」

我去了派出所，一看已經坐了十多個人，我走到一個女民警前問她：「請問，叫我來什麼事啊？」她問：「你叫什麼名字啊？」我說了。她說：「叫你來學習啊。」我問：「什麼學習啊？」她遲疑了一下問道：「你摘沒摘帽啊？」我說：「不應該這樣來問我吧？你們沒看介紹信？沒看檔案？」這些問話確實把她問住了。她望了我一眼便低頭去看她手中的文件。我轉身昂然而去。

真他媽的，不行，第一回合給了那狗一個軟釘子，而今又給了這專政機關一個軟釘子。不行，不能到此為止。我轉身疾步走到了三聖橋，來到了中共自貢市市委統戰部，找到了一個名叫馬篤參的幹部。我說：「想問一問『摘帽右派』和沒摘帽的右派分子有沒有什麼不同？在政策界限上有沒有什麼差異？」如此問話當然是有點「來者不善」，也還顯得有點水平。

那馬篤參板著面孔盯了我幾眼，帶著點「審問」式的問道：「你叫什麼？」我想第一次和這統戰部打交道，在政策上這應該是當地「說了算」的吧。今後如果要想依靠政策來和那些狗們進行合法鬥爭，這是個離不得的衙門。這是第一回，應該心平氣和的和他們打交道為好。我於是平靜的做了些自我介紹，平靜的講述了這兩天來的事。

馬篤參說：「我們瞭解一下情況，啊。」又說了些教育的語言，要主動接受群眾監督、要尊重基層諸如此類。

我不想和他弄僵，只好不置可否。當時滿世界的人把右派分子和摘帽右派分子都「一視同仁」，同樣對待，但是我這個做過共產黨黨委政策研究員的人，則認為不行！我應該利用這種政策界限來為我今後的生存環境進行鬥爭。當時這種觀念還較為模糊，以後生存環境越加惡劣我越益感到必須如此。以政策來作為維護人權的鬥爭武器，這是我唯一還能夠去把握的合法鬥爭手段。

回家以後，最大的問題是吃飯問題。如何活？如何才能夠活得下去的問題！生存權在哪裏？而今在這社會底層，廉價勞動賣不出去了，能夠肩挑手提一二百斤的強壯苦力，廉價也賣不出去，何況像我這樣的文弱書生。

魯迅也有條「赤裸裸的真理」，魯迅說：「盛世，是能夠去做奴隸的歲月。亂世，那是去做奴隸而不可得的歲月。」那年月真是億萬之眾寧願去做奴隸而不可得！一文難倒英雄漢啊！杜甫那首有名的〈哭窮詩〉裏有這麼兩句：「囊空恐羞澀，留得一文看！」我卻沒有辦法，經常一文也留不住。

實在不得已，娘只得去向一家鄰居叫陳慕俠的小學老師去借幾塊錢聊以周轉。陳老師的丈夫姓王，做過康澤的機要祕書，也是個國民黨的高級軍官，當時在市政協裏（統戰對象）拿幾十塊錢工資，所以在那個小院裏算日子還「過得去」的人家，康澤和我六伯曾魯交好，所以去借幾塊錢的時候，還必須悄悄的避開耳目，免得給陳老師家添點是非。

出監獄時候，監獄給了二十塊錢，叫做遣散費。不多幾天，真是數也把它數完了。娘的生活費是靠妹妹一個月寄來的十五塊錢勉力支撐的。廉價勞動賣不出去，要活下去，只能和老娘口中爭食，去分享那十五塊錢。

七尺男兒啊！吃飯問題成了母子倆必須面對的而又無力解決的大大難題。

全國大壓縮、全國大失業，誰還來管你這樣的從監獄裏放出來的？因為三年「大躍進」，到一九六一年，糧食比一九五七年減少九百億斤，減產約百分之三十，餓死四千多萬人。因為三年「大躍進」，中國國民經濟損失達一千二百億元，而第一個五年計劃的基本建設投資才五百五十億元。「大躍進」損失了兩個五年計劃的資金——十多年的國家基本建設投資被毛澤東折騰沒了！毛澤東的大罪惡造成工農業危機，造成全國大壓縮、全國大失業，誰還來管你這樣的從監獄裏放出來的？

無法生存下去了。娘去四處奔波，好不容易啊，終於找到了一個納鞋底的活，納一雙鞋底兩角錢。娘點著煤油燈納，熬更守夜，一天也納不完一雙。找不著那兩角錢，我實在無法忍受，我便學著納；手不知扎傷了多少處，一天納不完一隻。辛勞一天，腰痠背疼，賺到的就幾分錢。廉價到如此，心理承受不了。他娘的！這不是自己作踐自己嗎？實在是幹不下去了。挑蔥賣蒜、販夫走卒什麼低賤的活都試著去幹過，實在是幹不了。艱辛勞累，賺不了幾文錢！毛澤東說的：「不低頭，不管飯！」現在是不管你低不低頭，統統不管飯！全國人口的嘴巴，都拽在毛澤東的手掌之中！給飯不給飯完全在這個法西斯制度的掌控之下！生存權任何人都絲毫無能為力！

糧食定量供應從一個月三十斤降到二十七斤，每況愈下，還不斷的降，眼前已經降到了一個月只有十九斤，其中還有兩斤胡豆、兩斤包穀粉，大米只剩下十五斤。一天只有半斤，吃稀飯也不夠！全國人民「喝大鍋清水湯」。但是沒有人知道全國已經餓死了幾千萬人！更沒有人知道全國都出現了人吃人！那時候全國人民患了一種「時髦」的「水腫」病，實際是由於長期的營養不良導致的雙腳浮腫，進而腿腫、身腫、臉腫、全身腫，最後是死亡。歸根結柢也就是被活活餓死的。城裏餓死人不像農村來得那麼快速，那麼猛烈，因為總還有那麼一點「定量供應」在吊著性命。我和娘一天改吃兩頓，甚至只能吃一頓，不久，都開始患時髦的「水腫病」了。一天到晚都是饑腸轆轆、腳趴手軟的，饑餓得頭昏眼花，站著坐著都感到精疲力竭！脆弱的生命力苟延苟活，許多人莫名其妙的失去了生命！

娘想方設法，四處奔波，好不容易從什麼糧食加工廠去找熟人、開後門才買到了一點細的米糠，那是很難買得到的，把它和著粗菜做成糠團來摻和著吃。難以下咽不說，最恐怖的是吃下去後拉不出來，一拉肛門鮮血直流，那等痛苦實在是無法忍受，而且真是「得不償失」。我不敢再吃了，娘卻背著我悄悄的偷著吃，目的是想省一點點讓我多吃一點點……我多次試圖去阻止娘，但沒有辦法能阻止得了。那種自我犧牲的偉大母愛使得我真正體會到了什麼是心如刀絞的滋味！這使得我在肉體的痛苦掙扎之中更增添了巨大的精神上的痛苦掙扎。

娘和我的行為，凸顯了娘和我的人性的差異、人格差異。時至今日，我依然自愧弗如娘的偉大人性、高尚人格！傳統的優秀道德文化給予娘的涵養太深厚了！而我在體制裏面受到的人性的衝擊、人格的扭曲，在面臨同樣的苦難面前，高低優劣凸顯得如此分明！

糧食緊綳綳的只能夠「拖」半個月，我們自然根本無能去購買黑市糧食來吃的。對於那可怕的饑餓，實在沒有任何抵禦的能力。那時候依然在宣揚社會主義的優越性，其優越性體現在「鐵飯碗」上面。殊不知，所謂的「鐵飯碗」是只有少數人才擁有的，全中國大多數的人、平民、農民，是「飯碗」毫無保障的。在城市裏，多數人的生存權毫無保障。在農村更無保障。共產黨的代理人——生產隊長以上的一夥人成了農村的新貴，這些人可以任意的侵吞廣大農民的勞動成果，噬人血汗。國家強制性的收購計劃糧食，農民的辛苦所得，大部分被「國家」機器廉價的「掠奪」去了。各地的「搜糧隊」臭名昭著，比日本鬼子、比土匪還要兇狠。搜糧時候吊、打、捆綁，整死人，狠毒而惡劣，也根本不給你留下口糧。農民在毛澤東時代是國家財富的最大積累者，最殘酷的、最狠毒的被剝奪得一無所有！血、汗、生命都被毛澤東的社會主義剝奪得一無所有！而當年最殘酷的是「不准逃荒」。畫地為牢，農民只准許在居住的村落「活動」，不准許出外。走出村落就被稱之為「流竄犯」，要抓起來，甚或被流放到大西北人跡罕至的不毛之地去自生自滅。很多年之後才知道，全國就唯一的有這麼一件去香港「開放」了幾天的「邊防哨卡」，釀成一次「大逃港」的鬧劇！

三

一天，娘說：「芷芸他們在茅頭鋪，你是不是去他們那裏看一看？」芷芸是我們家的丫頭，和我們家的男僕劉光宗結婚以後，在茅頭鋪農村安家落戶、生兒育女，不見他們也有十好幾年了。當時，經過殘酷的階級鬥爭，這種主僕關係，絕大多數都已經反目成仇了！而他們會怎樣對待我呢？不得而知……

下半個月的糧食所剩無幾了，我硬著頭皮去走一遭，當然主要是為了「打秋風」，看能不能去混幾天伙食。我兩手空空的上路了。我們實在也拿不出一絲半點的任何東西可以作為禮物來送人。我一邊問路一邊走，四五十里地走了一天。路上餓了一頓，大下午了才精疲力竭的問到了他們家。

芷芸的身世非常淒涼，幾歲的那年鬧饑荒，他娘無法養活他們，揹著一個嬰兒，牽著幾歲大的芷芸，在大橋上攔住了阿祖的轎，跪下來乞求收留芷芸做丫頭，然後一轉身揹著嬰兒投河自盡了。那時正漲大水，芷芸眼見著洶湧奔騰的大水捲走她娘，狂奔到大橋旁要跳下去，被人抓著了，哭得死去活來，從此在我們家做了丫頭。

為人寬厚的娘，在我的印象之中，從來沒有罵過她，沒有打過她，更不用說虐待了。芷芸見著了我，那等驚愕！在她的腦海中，只知道我是在外面吃「皇糧」當幹部的，而今卻突然來到了她這偏僻的窮鄉僻壤，心中必然生起重重疑團。她也一定想問我點什麼，但她忍著沒問，一定是怕有傷了我的自尊心。在我的印象中，芷芸是懂事、體貼、很能善解人意的人。大概是從娘那裏學得的溫柔和慈愛，在我的印象當中，她對我和妹妹都是溫柔和慈愛的。

我這不速之客的突然降臨，除了驚愕以外她臉上顯露的是更多的不安、無奈和不知所措。她眼眶有些濕潤了，哽咽的問我：「娘是不是好的？」我說：「活著吧，有什麼好不好的。你們家都好嗎？」她說：「也一樣。你劉四哥和大娃兒生產隊上工去了……」

那時候全體生產隊員都像奴隸一樣的一群群的集體「修地球」！她把我娘叫娘，讓我叫劉光宗為劉四哥或者四哥，我叫她鄧大姐或者大姐。不知道她為什麼會姓鄧？真的姓什麼我想她不一定知道吧！她無奈而很愧疚的說道：「你一定餓了，我，我，我……什麼也拿不出來招待……我煮『飯』夫……」

她家只有一間臥室。臥室裏兩張大床，一張飯桌，一個大櫃子，把屋子擠得滿滿的。另外還有一間大大的廚房，很大的灶，很大的鍋。燒的柴草，滿屋立即煙熏火燎直嗆人口鼻……她一邊燒火一邊說，她去看望過娘幾次，現在不准農民進城，抓「流竄犯」，再說也實在拿不出什麼東西給娘送去……誰都自顧不暇啊！

正說著話，兩個小孩一男一女聽說家裏來了客人跑了回來。芷芸叫他們喊「舅舅」。哎！初次見面，我什麼也沒有給小孩子的，自感愧顏。廚房外面是豬圈，但空空的什麼也沒有。雞鴨一隻也沒有，養豬、養雞、鴨本應該是農民家家戶戶習以為常的延續了幾千年的傳統。雄雞報曉，雞犬之聲相聞，這些延續了幾千年的風景，在那個可怕的饑荒歲月裏，一切都沒有了。人吃豬狗之食，也就無食去餵豬狗了。不少地方把豬圈修在公共廁所旁邊，用人糞去餵豬，那時候只有城市人口一個月一人一張「肉票」，可以買半斤豬肉（農民是沒有任何票證的），如果買到了這種「屎豬肉」，實在叫你噁心，不吃也噁心。芷芸在大鍋裏先摻了一大鍋水。特意打開櫃子，捧了一捧米。就一捧，那口袋裏米已無多。當然是因為我來了才捧的這麼一捧米（因為以後就沒有再捧米了）。最後和了一些玉米粉。我看見芷芸從一個口袋裏一捧一捧的捧了五捧，他們家一共五個人，稍作遲疑，又捧了一捧。大概因為我來了才加上的一捧。先放在一個陶缸缽裏用冷水調勻，再倒進大鍋裏去煮，煮來煮去，也不見稠。真是赫光頭說的「大鍋清水湯」！

食鹽也很珍貴，因為食鹽要用人民幣去買。那年月，幾十年間農民唯一的「現金收入」，只能以養雞去賣一點雞蛋換來人民幣，以之去買鹽、針、線……等等。現在雞也不准許養了，也沒有可以養雞的雜糧諸如此類了，所以要弄點人民幣在許多農民家裏是件難事。

食油則是沒有的，再弄了點什麼老菜幫子剁碎了一起煮進去。勞動之餘只能以這樣的食物來維繫生存。哎！此情此景，真乃「三謝不能餐」啊！

住了兩天，奪人口中食，實在住不下去了。我辭謝他們，他們強留。劉光宗說：「你在這裏，不過多摻一瓢水就是了。去年全家害水腫病，那時候吃的還更艱難，險些都餓死了。我們這些地方餓死的還算少，周麼嫂娘家那邊一家人一家人的餓死的多得很哪（連界的榮縣餓死了一半人，村村人吃人……）！再過一個月，春荒過去了，收了小春（小麥、豌豆、胡豆）怕要好一點吧。」又強留我過了一天，我堅持要走。芷芸悄悄的從他們在山野間旮旮旯旯裏偷著點下的胡豆土裏（那時候生產隊是不准許種自留地的）摘了一些嫩胡豆。農民是從來不吃嫩胡豆、嫩豌豆、嫩包穀的，那是城裏人吃的，農民捨不得吃嫩的，那是暴殄天物！又摘了「魚鰍串」諸如此類一些野菜，噙著淚說：「給娘拿回去吧。這個把月最惱火，再過一個把月，有空再來……」

他們夫婦能夠對我如此禮遇，在那樣的歲月是很難得的了。許多這種主僕關係的人家，在階級鬥爭的教育之後，早已經變成為仇敵了。

一個多月以後，我又去了。一天吃過午飯，我覺得他們全家都很興奮而又緊張，好像有什麼大喜事即將到來。劉光宗和芷芸悄悄的似乎商量些什麼，但是最後還是沒有向我「公開」其祕密（後來知道這是第一次去幹這種「冒險」的幹活）。還是把我一人留在了家裏，他們全家五口一起出動了。天黑了還沒人回來，我自然早已饑腸轆轆，更不知道他們全家一起出動是幹什麼去了……

天黑了好一陣，全家終於回來了，一個個都很興奮。點上了煤油燈（一個月一家供應三幾兩煤油），芷芸拿出一個很新的筐，大家便從口袋裏往外掏。裝了大半筐，全是燒得半生不熟了的乾胡豆、乾豌豆。劉光宗招呼我：「快吃快吃，明天你也去……」第二天我也參加了他們的壯舉：一群群人非常興奮的割倒了滿山滿野的成熟了的胡豆、豌豆，堆成了幾大堆，再把這幾十個人平均分為幾個小組，一個小組一堆。

薄暮時分，點火一燒，立即炊煙嫋嫋。不一會，劈哩啪啦的響起了音樂般的爆炸聲響。人們有點迫不及待躍躍欲試……火尚沒盡，人們餓狼一般的撲上前去，搶著用雙手各自刨堆子。和著還在發燙的草灰、泥土，拚命的往各自面前刨，刨著了就是自己的了。這些燒荒的半生不熟的胡豆、豌豆能不金貴麼？那是當時的救命之物啊！搶著了就能吊命，搶不著就得喪命。眼見著自己面朝黃土背朝天終年辛苦種出來的糧食一次一次的被掠奪走了，連最起碼的活命糊口而不可得，萬分的不得已才出此下策啊！

也就是在當年，毛澤東在「七千人大會」（全國縣級以上的幹部大會）上被迫「檢討」說：「感謝三億農民瞞產私分……」也就是在這個「七千人大會」上，劉少奇、鄧小平「逼迫」毛澤東「退居二線」，由劉少奇、鄧小平上臺走了一段「資本主義道路」，使得餓死人的局面有所緩解。當然為毛澤東後來整死劉少奇結下了一個大疙瘩！

我之親眼所見，也就是毛澤東所說的瞞產私分的一種形式吧！瞞產私分雖然使得億萬的農民得以暫時逃脫了繼續被餓死的災難，然而瞞產私分卻是向制度的挑戰，是「抗拒」國家「機器」的強制性「掠奪」。但你還能去把這幾億的農民怎麼樣呢？感謝三億農民瞞產私分，只不過是無可奈何的馬後砲而已！

第十六章
吃飯是最大的真理！

一九六三年八月，那日子實在是活不下去了，一天遇到一個姓李的，有點親戚關係吧；夫妻倆同時下放到了西昌農村。當時的所謂下放幹部，大多數都是有點「夾灰鏠口」的——出身成分不好；歷史上多少有點問題；運動中處於「臨界」狀態；不會「吹、拍、捧」，得罪了領導的，等等諸多原因而被「淨化」「清洗」掉的。到了饑荒年代，實在堅持不了，眼見許多人在那裏被餓死了，不想一家人活活的餓死在那裏，趕快挈婦將雛從西昌農村逃跑了回來（滎經縣餓死了一半的人），皮裂嘴歪的還帶著四個小孩，小的剛剛出生呢！

以前本來都是國家幹部，「下放鍛鍊」（實際是「淨化」——強制移民）就都變成了農民，回來全家六口人都成了「黑人黑戶」，全靠吃高價的黑市糧食度日。沒有工資，沒有任何收入，當盡賣光，走投無路吧，要活下去，迫不得已鋌而走險做起了走私香菸的勾當。那時候菸、酒專銷，有「茶、糖、菸、酒公司」專營。管制很嚴，私人絕對不准許幹經營香菸的買賣，抓著了肯定坐牢。他跑了幾趟昆明去走私香菸。一次一大皮箱，當然都是高檔香菸。據他說，跑一趟下來可以「撿」一千多塊錢。（至少頂現在好幾萬吧）為了逃避檢查，據他擺談起來，那等驚險的故事其驚心動魄不亞於而今那些販毒的行徑吧。冒著性命，跑過無數趟，攢了大筆錢。而今每天出入那高級餐廳，每天都全家酒足飯飽，吃魚吃肉，口角流油。

當時高級餐廳在自貢市只有一家，因為高價所以不收糧票，在工人文化宮斜對面。每天都有雞、魚、肉諸如此類菜餚賣，當然價格非常貴。比以往價格高出十倍、十多倍吧。比如一份肉絲平常價格是五毛，它這裏就得賣上六七塊一份。每天還是賓客盈門，當然都是些幹諸如此類走私勾當，用各種手段、各種伎倆鑽計劃經濟的空檔，內外勾結狼狽為奸之徒發了國難財的，以及那些「財產來源不明」之流者，才有那麼多的票子能夠去光顧。以那高級價格而論，一個「雞幹部」每個月工資只有三四十塊錢，而這三四十塊錢是只能在那高級餐廳吃得上一兩頓的。

我自然是從來一次也不敢問津的。這種高級餐廳全國各地都有，是國家經營的牟取暴利的買賣。據說通過如此經營方式使得通貨膨脹中許多票子得以回籠。

我那時還穿了那套美國麥爾登呢做的中山服，已經只有五六成新了。「衣錦還鄉」之後沒什麼衣服穿，糊口也難，當然更無能去添置衣服，只有拿出來穿，那時已經是唯一的一套「外出服」了。手上還有一塊金殼的瑞士手錶，那是一九五四年在雅安買的。當時尼泊爾商人諸如此類從西藏運進來大量大量的高檔瑞士手錶，三幾百塊錢能買到最好的名牌，瑞士的羅來克斯牌手錶四百多塊就能夠買到。在拉薩那時候的尼泊爾商人用大麻布口袋裝著手錶，一口袋裏裝著幾百隻各種各樣的瑞士手錶，只要交兩三百塊錢之後，讓你伸手進麻布口袋裏面去瞎摸，憑你的運氣摸著什麼手錶就給你什麼手錶。我在雅安買這塊手錶已經是轉手的買賣了。我這塊金殼錶一直戴著，下農村、進「集中營」、栽監獄、「衣錦還鄉」一直都在這手上。因為它是負傷住醫院時候餘下的幾百塊錢買的，覺得是一種紀念，不忍心輕易的捨棄了（最後還是被共產了）。

姓李的說：「你這不是端著金飯碗討口嗎？少說你這塊金錶也可以賣個一兩千塊錢（那時通貨膨脹，物價昂貴）。你這身穿著，儀表堂堂，風度翩翩，一看就是個科長什麼的幹部。提上一口大皮箱，遇到什麼檢查站諸如此類，只要一說是圖紙、檔案什麼的，檢查站是不能夠檢查的，再一亮介紹信（那時還沒有使用身份證，身份證明全憑一張介紹信）誰還不開路開路的！再說這介紹信，什麼介紹信我都還有，中央的都有……老兄，幹，把金錶賣了做本錢，兄弟捨命陪君子，陪老兄跑兩趟，弄幾個錢起來，才能躲得過這場劫難……」我說：「讓我考慮一下吧……」

回來認真想了想，我還是不想幹這種作奸犯科發國難財諸如此類的勾當，心底還有著「餓死事小，失節事大」的為人處世之道。但是生計實在太艱難了，我最不安、最痛心的是拖累了老娘。整日無計可施，整日如坐針氈，生計太逼人。

又有個親戚來說，有個姓余的小學教師正在給文教局找人。現在正值公辦小學全面壓縮，公辦教師被壓縮了不少，招生人數也隨之壓縮了，因而好多地方八九歲的娃兒都上不了學。所以特別開禁，准許私人辦學（在此之前是從未有過的）。只要去文教局辦個手續，就可以自己找地方自己辦學。我覺得可以去問一問再說。

我衣冠楚楚的來到了文教局，一個女幹部接待了我。她見我文質彬彬、談吐儒雅，也沒多盤問，拿出一張表來叫我填了。也沒多細看，就拿出介紹信來一邊寫一邊說：「你是第一個來應聘的。火車站那邊靠近農村，因為距離市區較遠一點，四面沒有一所小學，那都是屬於城市的戶口，有很多兒童迫切要求入學。你拿這介紹信先到東街街道辦事處去，他們會協同辦理的。」寫好了介紹信，還蓋了一個大紅公章，紅得很是醒目。當然是取得了「最正當」的合格手續了。

不多周折，比較順利的來到了火車站外面四川省建築工程公司的宿舍。那居委會主任看了介紹信，非常熱情的說：「太好了，哎呀，這裏失學的娃兒太多了，滿十歲的都有，大人都焦死了。太好了！」一聽說是來招生辦學的，一個一個的都來打聽……娃兒們在那大院裏一群一浪的，看來野慣了，野得很，有人悄悄的說這些娃兒不好管囉！沒有「王法」是降不住啊！夥起去偷東西的都有。

我現在只想著眼前的，只擔心著能不能招上幾十個人，好歹把這個班辦起來，能夠先把幾百塊錢「學費」弄到手，以後的事還沒能去想。娃兒失學對大人太揪心了吧，這是主要的。加上我拿著蓋了大紅公章的介紹信，不僅衣冠楚楚也還儀表堂堂，一派「公事人」煞有介事的莊重，還有居委會主任在旁邊打邊鼓，所以極為順利，一天多時間，就在那個大院子招了五十多個學生。如此順利，連我也沒有想到。我收費十分合理：學費、書本費一共五塊，報名費五角。一人一學期總共五塊五，和公辦小學的收費差不多。我一共收了將近三百塊錢。我想除去為學生購買書本、作業本、粉筆……諸如此類一切開銷，剩下來的，平均下來我一個月的「工資」也有個四十多塊吧！也就相當於一個「雞幹部」的月工資了。有了這些，也可勉強維持一段時日吧。「衣錦還鄉」半年多以來，逼於生計，焦急無安，正如陸游的那兩句詩，真乃「山窮水盡疑無路」突然降臨這「柳暗花明又一村」。暫時可以憑這合法勞動來獲取生存，失業的、挨餓的、焦急無安的半年多來緊繃的神經自然得到了暫時的放鬆。

為了「慶祝」，破題兒第一遭去買了四個一元錢一個的「高級粑粑」回家想和娘共用。我排隊剛剛買好了那高級粑粑，我身後一個老頭遞過去兩塊錢買了兩個高級粑粑，迫不及待的張口咬了一大口，突然從我身旁訇然倒地。那粑粑還咬在嘴裏，兩腿一蹬，已經死了。立時圍觀者裏三層外三層，原來是餓死了的，不知道好久沒有吃東西了，咬著那塊粑粑，心情激動，一下子猝死。圍觀者感慨唏噓……

實在不是好兆頭，我快步離開了那家商店。剛剛到家，還沒落座，那狗又找上門來了。在小門外高聲大氣直呼大名，提高嗓門說道：「派出所陳所長說的，你們兩個都是下鄉對象，一個星期之內，自己去找個農村落腳地方，一個星期啊！派出所是要下戶口的啊！要下戶口的啊！這是正式通知啊！一個星期啊！」

暫時放鬆了的神經立即緊繃了起來。我們一夜無安，憑什麼？想趕就可以隨便把我們趕到農村去？一旦真被趕去農村，如此老、弱之軀，我們是根本無能去謀求生存的。去農村遭罪、等死，對於那種種恐怖的現實實在不敢去想像。突然降臨的這五雷轟頂的災難折磨得我們一夜無眠，我們不能不「挖空心思」去盤算著各種能逃脫這一災難的對策。被打入「另冊」的分子，你敢於不規規矩矩聽專政機關的話嗎？這確實是面臨一道險惡的難關，要怎樣才能夠渡過這道險惡的難關呢？

過了很久才知道，是這條狗在派出所開會時候，研究哪些是可以動員「上山下鄉」的對象，這條狗「積極」的把我們作為「可以動員對象」上報給派出所的，所以下來「假傳聖旨」，說這是什麼所長大人的決定要趕我們下農村，而且以一個星期為限，否則就要下戶口！強迫你去到農村。

這是這條狗向我們第一次發起的「致命性」的攻擊。那年月，即使是如此一條狗，也有能耐隨意的擺弄人的命運甚而草菅人命！像我們這樣的人，我們的命竟是如此的脆弱，如此的一條狗都能夠把你置之於死地。如此的一條狗就擁有草菅人命的能耐，那法西斯的恐怖「軟」暴力威力竟大到了如此程度！

冤魂之多，也就不足為奇了。

第二天，我懷著忐忑的心情，拿著我家的戶口簿來到了郭家坳派出所。我先拿出文教局蓋著大紅公章的介紹信給那個戶籍員講：「我已經應聘在火車站那邊辦學，這是文教局的介紹信。為了教學方便，他們要我把戶口轉過去。」本區轉本區，又有文教局蓋著大紅公章的那張介紹信，那戶籍員瞟了一眼，沒什麼周折，把戶口關係轉過去了。然而因為是個「空」戶口，所以特意去給那邊的居委會主任打了個招呼。首次採用了「游擊戰術」來對付那狗，也算是取得了勝利而得以逃脫那狗的致命性的打擊。也真是鬼使神差手頭有這麼一份文教局的介紹信，被我運用了一下，否則真不知道將會怎麼來對付那條狗的攻擊了。

不到一個星期，那狗又神氣活現的來到了我家小門前，依然高聲的直呼大名小姓，依然高著嗓門說：「陳所長問你們有沒有落腳地點。要是沒有落腳點的話，派出所已經給你們找好了落腳點。陳所長叫你們明天就去下戶口，後天居委會就開歡送會，歡送你們下鄉去安家落戶！」

那狗兇狠的刻不容緩的要逼我們就範，而我的快速應變勝狗一籌。

我昂昂然的站在小門前，冷眼直盯著這條狗得意洋洋的在那裏吠、吠、吠，待牠吠罷，我昂昂然也提高了點聲音說；「去告訴那個陳所長，叫他少費點心思吧。我的戶口已經轉走了，不在他管轄的地盤裏了，我到那邊教書去了。」那狗聽了這樣的話，自然大為驚愕。萬萬沒有想到我會來個「短、平、快」！也還玩了點「游擊戰術」。但牠又不能不相信我竟這麼幹了。無可奈何之際，那狗又問及我娘，我說：「你也叫他少費點心思吧，六七十歲的人了，哪裏也不去！」不軟不硬的釘子碰得那狗冉冉而去。

在重慶師專還有很多書想把它運回來，於是去了重慶。重慶師專在把我們打成「反黨小集團」之後，一年左右，就得到了國家教育部的批准，正式更名為重慶師範學院了。那時候我們這些為此「學制改革」而獲罪還在農村勞動改造的右派分子們真是哭笑不得。幾十年的滄桑變化，現在而今當年的重慶師專已是具有相當規模的重慶師範大學了。

回到於我是傷痕累累的母校，真有點「不堪回首」。我去看望了一下趙德華老師，他的右派帽子依然戴著。他請我在家裏吃了一頓玉米丸子，臨行時候我悄悄的放了兩斤「全國糧票」在他的寫字檯上面，算是點「不成敬意」的小小「禮物」，黑市價相當於一個普通幹部四分之一的月工資呢！

大多數右派學生都還依然戴著帽子，還是在學校的磚廠裏幹做磚、燒磚的苦力的幹活。對於摘帽亦或未摘帽都顯得麻木，興趣索然，因之對於我之「出來」以及摘帽諸如此類非常淡漠。閒談之間，心情頗多抑鬱。右派分子抑或摘帽右派，這九百六十萬平方公里的大地於他們而言，都是不許亂說亂動，充滿了無限辛酸，沒有自由，沒有人權，人格掃地的大監獄而已。

從重慶回來，娘很不安的說：「文教局通知，叫你回來立即到文教局去。」我去到文教局。兩個公安警察正和那個經辦此事的女幹部神情緊張的談及此事。原來前來應聘敢於私人辦學的「鋌而走險」的「勇敢者」，別無他人就我一個。再一打聽原來是個右派分子（對於右派分子抑或摘帽右派分子他們都「一視同仁」的），這可把他們嚇著了，趕快以詐騙案報給了自流井區公安分局。於是自流井區公安分局立即派了兩個警察來調查此案。

我自然理直氣壯的說道：「你們邀請我來辦學，你們出具了蓋著大紅公章的介紹信。我通過街道辦事處，通過居委會，光明正大的去招生，還有居委會主任一直在旁邊參加招生工作。何詐騙之有？」

我不想和他們多做糾纏，跟他們肯定說不清，便說：「我已經把這事告訴市委統戰部了，你們是不是去和他們聯繫一下。」那文教局的女幹部說：「你把收的錢先交給我們，餘下的事再說吧。」我說：「收了三百來塊錢，還了些債，所剩無幾，沒法交給你們了。」

其實那時候我也還沒有告訴市委統戰部的，這不過只是個緩兵之計而已。連市委統戰部都知道了，那兩個公安便不好插手，那文教局的也無法，我便告辭而去。我出了文教局轉身立即去到了市委統戰部，找到一個叫鄒永楊的科長，談及此事的前前後後。鄒永楊聽了以後說：「這怎麼能說是詐騙呢？不是詐騙，也不涉及公安局的關係。不過，這事我們得研究研究，還得和區裏聯繫……看怎麼合理的去解決。」

我對這個鄒永楊科長的比較懂道理也比較講道理的態度，第一印象不壞。後來漸漸的知道這鄒永楊，店員出身，解放不久即參加工作。自貢市的土著右派分子（我是外來右派分子）對他印象都不錯。只是「進步」不快，到了九〇年代，快退休了，還是個副部級。兢兢業業幹了四十多年，只「進步了」一個臺階。為此自己去找市委頭頭談話，想找市委頭頭去討點，當然只能是在心裏想，而又不能明說，想去討點「公道」的意思。剛一開口，還沒有來得及「討」「公道」，心情激動，心肌梗塞，當場死去。知道他的人，免不了一番感慨！

鄒永楊為我這事還費了好些周折，找了中共自流井區委的一個姓陳的區委書記。這位區委書記還通知我去他那辦公室面談過一次。最後市委統戰部、區委統戰部向區文教局「打招呼」。區文教局無可奈何才不得不給我這個「摘帽右派分子」開禁，破例的給了一個小學代課教師的飯碗，給了個最高額的工資每月二十五元（當時小學代課教師月工資是：大學生是二十五元，高中生是二十一元，高中以下是一十九元），但每月還要從那二十五元中扣去十元「抵債」。每月幹下來只有十五塊錢收入，五毛錢一天，當然只能一人「吊命」而已。

即使如此「吊命」之下——五毛錢一天，我依然全力以赴、任勞任怨、聲嘶力竭、辛辛苦苦的非常出色的幹了一年多小學代課教師。小學教師那行當實在是太辛苦，從七點多早讀到放學加上晚間兩個鐘頭的政治學習「提高覺悟，改造思想」，一天十三四個鐘頭，體力勞動為主，腦力勞動次之，全力以赴的幹活，天天弄得精疲力盡……當然還是在「作踐」自己。

在那個可怕的年代，這樣的「作踐」當然比納鞋底一天勞累下來收入幾分錢要好了許多。

那個可怕的年代，要去尋求這種「作踐」都還得使盡那九牛二虎之力才得以到手。那真是個知識分子斯文掃地的年代。還不止此，因為即使是如此最起碼的「生存權」，隨時都會被剝奪的。

一九六四年「四清運動」前，什麼也沒說就把我炒了魷魚了。我最後在石板田小學代課，距離我家有二十多里地，只能住在那學校裏面。憑我這點能耐，憑我的熱忱，加上全力以赴，再加上為人公正（小孩是最講公正的）「一視同仁」絕不厚此薄彼，自然深受學生喜愛和敬重。一下子突然莫名其妙的被炒了魷魚，老師（因為我的水平比他們為高，難免向我請教些問題，而我又和氣待人，誨人不倦，所以都能和睦相處），和學生在驚訝之餘對於我都戀戀不捨。臨行時全班學生送了我十多里地。「介之個」一程又一程，不少學生噙著眼淚、掉著眼淚和我「介之個」依依惜別。學生說，沒有遇到過像我這樣的高水準的好老師，我相信學生們的這種真實感受，相信這種由衷之言。

不久每個學生都給我來了一封封充滿熱情的「歌功頌德」的信。我心裏自然憤憤不平，便把這幾十封信一起交給了文教局。

不幾天，區委統戰部一個叫劉克昌的幹事把我叫了去，聲色俱厲的訓斥道：「你這是去向政府示威！」他說對了，當然有這麼一點意思，但我說：「示什麼威！那些信上不是都寫了？他們要到我家裏來看望我。這當然不行，所以請文教局的去阻止。就這意思。」最後區委統戰部那個叫劉克昌的幹部說：「你這種情況不能做這種工作，只能做勞動工作。」

當時所謂的勞動工作就是挑、抬、打、挖、拗苦力的幹活才算是勞動，其他都不算。腦力勞動是不算勞動的。自貢市市文聯主席張羽高——解放前做過大學教授，被打成右派分子以後，被「抹光」了一切，生活無著，便特意在市政府對面（似乎也有點示威的味道），一家大茶館門前擺了一張桌子，寫了塊大招牌：「下里巴人代書處」。儘管生意清淡無能糊口，不久，也被取締了。因為當局認為張羽高那幹的不是勞動，得不到改造。不過給他安排了個到「清潔管理所」打掃公共廁所的幹活。當時以及文化大革命期間，知識分子，特別是高級知識分子，被弄去「掃廁所」的，從中央到地方真是習以為常。許許多多的在世界上、在全國著名的高級專家教授都去「享受」過這種「光榮勞動」。給張羽高每月工資二十三塊錢（比我那小學代課教師每月二十五塊還要少兩塊錢）。張羽高年過花甲，在那廁所裏沒折騰幾年也就死在了那裏。

還有個副市長聶無仿，早期留學日本，係「民革」頭頭。打成右派分子以後下放勞動，每月給三十塊錢生活費（比我多五塊錢），不時酩酊大醉，倒臥在市政府門前的大街上，很有點「醉臥街旁君莫笑，管他春夏與秋冬」的無奈。自然「影響」很不好，然而其耐我何？當然最後還是被「勸阻」了。

市檢察長趙清潔，抗日戰爭時期的小八路，只有十四歲，一九五二年和我在五通橋市一起工作過。被打成右派分子以後弄去做護林員，山上去看守森林，巡山、防火、防盜諸如此類……趙清潔不幸早死了。二十一世紀，聶無仿還活著，九十多歲了。總而言之，所有的右派分子都必須去苦力的幹活才叫勞動改造

第十七章
食、色性也

一

或許正因為有了代課的這段機緣，解決了另一件生存著的大事，也就是孔聖人的名言：「食、色性也。」於「食」也，暫時每個月有了那十五塊錢吊命。在代課教師的勞動之中苦幹了一年多，於「色」也，那是「水中月、霧中花」，可望而不可及。

三十多歲正是性慾最最強烈、最最旺盛的年齡。雖然常年處於半饑半餓，那慾還是沒法絕的。這人世間幾十億人口，男女參半。大概也就是便於調整這「食、色性也」的平衡，使得人類生存中之另一件大事「色」，能夠較為「平均主義」的大都能夠得到滿足，不至於落下那麼多的「曠男怨女」。然而這人世間儘管造化生就了幾十億的女人，依然「分配不公」，有的男人怎麼也撈不著一個女人。當然，「色」從人類起始便是強者、統治者有如占有奴隸、土地和財富一樣的可以隨意占有。這有如動物世界裏的許多動物一樣，一條強壯的雄動物可以憑藉其強壯驅逐其他的雄動物，而占有一大群雌動物，而流落許多的「曠雄」。許多動物都是一雄多雌，此乃人類這一萬物之靈的動物一夫多妻的由來，其實也是獸性。

此種獸性在人類的進化過程當中，比動物類更為「文明」一點的是沒有動物類那麼「絕對化」，普遍現象在進化過程中被淘汰了，只是遺留給了部分權勢者流可以憑藉權、錢、勢去享有這種「色權」！想不到的是，到了現在這「中國特色社會主義社會」，對於「色」的享有權卻變得如此的殘酷，如此的罪惡滔天！中國現在擁有的妓女至少是一千萬至兩千萬人。因為幾年前十七個國家部長級離退休幹部在給胡錦濤、溫家寶的一封公開信中就特別提及妓女達一千萬人！時至今日，妓女人數應該早已經達到中國總人口的百分之一以上。這不能不說是一個十分驚人的數字！一百個人中有一個以上的妓女！而更為怵目驚心的是這一千多萬花樣年華的少女所受到的凌辱、欺壓、剝削是如此的殘酷！黑幫、流氓、鴇兒、官吏、警察都在同時吸她們的血！管仲在兩千多年之前已經為之立下了幾條基本規則：公開、合法、國營。當今如果遵照宰相管仲這三條基本規則進行，問題定然迎刃而解！現在土地已經賣得所剩無幾了，然而「性資源」卻是如此豐富呀！總人口百分之一算什麼？再來個百分之一，但必須「收歸國有」，不能夠還叫黑、惡、鴇兒去霸占了這一寶貴資源！下大力氣發展成為第三產業的「龍頭行業」，成立「性行業工會」，建立黨委、團委，黨支部、團支部。有了黨的堅強領導，黑、惡、鴇兒可能不敢來「爭權奪利」。除此之外，誰收拾得了他們？公開、合法、國營，按質論價！多勞多得！立功受獎！達到了李師師層次的可以授予將軍銜，獎勵別墅！隨行論價，標準可以定為數百、數千，數萬，數十萬……為了普及，亦可以如中國中央電視臺在二〇〇四年七月一次《焦點訪談》的節目中展示的——在四川渡口市某綜合市場二樓緊緊相連著幾十家「妓院」，妓女站在、坐在門口公開拉客，公開喊價是：「只要十塊錢快來『耍一嚇』。」那些鏡頭就是如此展示的……而武漢的「開處」在三萬元以上。可見這些規則早已經有了「先行者」。但由黑、惡、鴇兒所把持，則受凌辱、欺壓、殘酷剝削的處境定然無法改變！

其實早在二〇〇五年八月，中國中央電視臺已經出現了一個新鮮名詞：「性從業者」。大陸沒有妓女，只有「性從業者」。既然被認為是「從業」，便有了「職業准入」的默許。既有了默許，距離公開、合法、國營，也乃五十步笑百步之異而已矣！

「公開、合法、國營」此三原則，最能夠「化消極因素為積極因素」，發揮這總人口百分之一以上人群的最大效益。元朝時候，蒙古人把人分為十等——一官、二吏、三僧、四盜、五醫、六工、七匠、八娼、九儒、十丐。而現實中的娼總體地位應該是「提升」了的，高級的娼已經混入了二、三等人的隊列。早兩年，國家評什麼什麼「十大」之際，老百姓也學著「評選」「十大老虎」、「評選」「七匹狼」，已經把娼評入於「七匹狼」「狼」的行列，與官、警、黑、匪……並駕齊驅！娼之總體狀況比較大多數之工人、農民、知識分子可能「好」一點。在「笑貧不笑娼」的「現代化」觀念俯視之下，知識分子雖然自愧弗如，然而對於這一二千萬中華民族的「花朵」被官、警、黑、匪……殘酷吸血、殘酷凌辱、殘酷壓榨的殘酷現實，卻不能不哀歎莫名！

記得有個叫李正聯的，也是自貢市名門李家之後，富家子弟，追求真理去投身革命，在新四軍做隨軍記者時候寫了些作品，彙集成冊，還請聶榮臻作了序。出版前給胡風看了，有過信件往還。因而被打成「胡風分子」（反革命分子）判了徒刑，送到青海去勞改。

刑滿以後，要他留在青海，因為在自貢市有個年邁的無依無靠的老母，毅然偷偷的回來了。當然沒有戶口和糧食關係，成了「黑人黑戶」。那時候在修龍王爺廟一段濱江路。全是石灰岩，堅硬異常，打石頭、抬石頭全是最苦力的幹活。這李分子在青海勞改時候「鍛鍊」有加，練就了一身「莽力」，所以在那裏幹計件工幹得很得心應手，每月能拿到一百多塊錢，相當於兩三個「雞幹部」的月工資了。

下班之後一個人待在工棚裏，無所事事，便拿著一本英文版《資本論》來讀。讀《資本論》當然無人可以去禁止，然而當時讀「洋文」雖無明禁但極稀罕，於是自然招惹來了有關當局的關注。一查原來是個「黑人黑戶」，於是便要把他趕走。李分子無奈，便寫了個「萬言書」直上國家主席劉少奇。既逾萬言，其中自然高論不少。據說此中引經據典，國際法某條某款，中國憲法哪章哪節……最後請問：「到底允不允許居住自由？有沒有居住自由？」

不久，派出所主動上門給李分子把戶口糧食關係都上了。李分子合法鬥爭取得了如此勝利，在當時苦力群底層之間傳聞很廣。因為苦力之中「黑人黑戶」不少，要想上個戶口糧食關係真是比登天還要難。便有人效仿，全都無果而終。當時「挑、抬、打、挖、拗」最最苦力、繁重、勞累、危險而又廉價的是「臨工」族，其間確也「藏龍臥虎」。

李分子得到了戶口糧食關係，又能夠去承受那繁重的苦力的幹活，在底層者中收入可算不少了，飽暖之餘，便託人找老婆。李分子的生存兩需求論也在苦力底層之中流傳……李分子也算「命大」，熬過了「劫難」。八〇年代，「胡風反革命集團」被作為「冤案」推倒之際，還沒死，以後到一個大學教書去了。

我自然也有生存兩需求，儘管常年處於失業、處於饑餓狀態，三十多歲的「處男」，同樣也有著「兩」需求。無奈那代課的幹活也被炒了，連「食」的需求也求天天不應、告地地無門。

那是落花有意，流水生情，一回邂逅，結成了一段姻緣。

我在紅旗小學代課時候，認識那裏的一個教師叫伍淑華，比我年長一歲，在那裏代課時候只是一般的交往。有天，我出外謀生無果，鬱鬱而歸。剛剛走到家門口，偶然相遇，免不了打個招呼，閒聊幾句，人之常情是也。她聽說那小門裏便是我的家，然而那哪是個什麼「家」啊！我自然不好意思隨便請人進去坐坐諸如此類。她往那屋裏張望了一眼，說道：「時間不早了，娃兒要回來吃飯了，我得走了。」走了兩步又轉過身來叫住了我，把手中提著的幾個饅頭遞過來，說道：「給你。」我說：「這不行，你肯定是給娃兒當午飯的。」她說：「不是，我在光大街小學開會，他們分饅頭，我分了幾個。」

那時候饅頭也很稀罕。她見我執意不要，把口袋放在那臺階上，轉身匆匆走了。我提起饅頭要追上去還她，她已匆匆而去。大街之上，衣冠楚楚，提一口袋幾個饅頭追人，似有些不雅，只得作罷。

過了兩天，她來敲門，只得邀請進屋。這「家」裏只有一張矮凳子，放在那巷裏。請她坐了。看她手裏又提了一個口袋，她說：「那天給你幾個饅頭，有些失禮，是不是生氣了？」我說：「不，不。按常理而言，送幾個饅頭，似乎，然而而今米珠薪桂，這幾個饅頭也是難得之物。」她打開口袋說：「我們一個人分了五斤紅橘，給伯母送一點來。」那時候別說紅橘，一切，任何水果世面上都沒有賣的，內部分配，當然是低價的。在中華民族的歷史上特權的延續是從來沒有中斷過，任何年代都如此……

如果這樣一個小學教師都可以分到五斤的話，一個幹部，一個當官的便可以得到十斤、二十斤……八十斤……其他稀罕的緊缺物資自然也如法炮製。故爾「灰色收入」特權享受那是由來已久。

從此開始更多來往。後來知道她父親叫伍成章，是上「牌坊」的大管事。娶了三個妻子，故爾兄弟姊妹有十來個。她十七歲時經父母之命、媒妁之言嫁給了一個叫陳子俊的。陳在自貢市市政府任職，解放以後被弄到屠宰場作為留用人員使用，幾年前患肝癌逝世。有四個兒子，老大在蜀光中學讀高中，小的還在紅旗小學讀書，她有四十多塊錢工資，養活全家五口人，平均一人一個月的生活費只有八九塊錢，其拮据艱難可想而知。這些年的艱辛勞累自然給三十歲剛過的女人平添了滿目風霜，然而依然眉清目秀，確也「風韻猶存」。

她家裏的姊、弟等人知道我們交往而且有了結婚的打算，全都反對。一個連「臨工」也撈不上做的人，生存都成問題，而且是個右派分子，不是自找麻煩嗎？

幾番爭吵，少不了逼出些難聽的話來。在這樣的強烈反對和激烈爭吵聲中，我們去扯了結婚證。

後來有人給右派分子的婚姻狀況做了個「概括」，那年月能夠嫁給右派分子的是：瘸子、瞎子、傻子、瘋子、寡母子！

右派分子「熬」到了頭以後，到了所謂的「錯劃改正」之後的八〇年代，右派分子才有黃花閨女找上門來。像右派分子王澤隆從自貢市回到北京，被安置在教育部做了司長，和一個黃花閨女結婚了，然已經「知天命」之年矣！

真乃「旁觀者清，當局者迷」！那時候我依然失業在家，分文收入也沒有。於是只能吃飯各吃各，晚上同上床。那畸形年代裏這樣的畸形夫妻不止我們，多乎哉也！生計太艱難，犬彘之食都只能各顧各。同上床，那是生存的另一需求。當然除了需求之外，於我們這樣的人而言，也得要有愛情因素才能結合。這人世間，唯有愛情是不需要任何理由的，我們就在那嚴酷的現實裏結成了患難夫妻。

當然，就伍淑華而言，如此決斷，一個手裏捏者「鐵飯碗」的人要下嫁給我這樣一個最最最下層的第十一等人（工農兵學商地富反壞右），她至少也可算是個四、五、六等人吧！元朝時候被分成了十等人，一官、二吏……官和當今的幹部同樣都被尊為一等人……八娼、九儒、十丐，儒即知識分子只排在乞丐的前面而在娼妓的後頭，所以被稱之為「臭老九」，豈不是大大提升了嗎！她當年確實也是需要相當大、相當大的勇敢才能如此敢作敢為的！

二

「新房」只能選在我那一巷一角的那個「窩」，她在她姊家裏借住了一間房，房裏擠下了兩張床，容納五口人已達到了極限。而我那個「窩」的頭上鋪有一些木板，絕對不能稱之為「樓」的。以前在那些木板上面只放了一些雜物，故爾用兩根圓木釘上幾條橫栓算作「梯子」以供上下；而今便在那頭上的木板上面打掃打掃鋪點墊的，拿上一床被蓋，就成了「新房」！

人是文明動物，當然不能像阿貓阿狗性之所至，可以不選擇時間、不選擇地點，大街上、山坡上，隨處都行，白天、夜晚，隨時都可，人卻不行，人一般而言要有個遮擋，一般不在露天下去「野合」。

中華民族有這麼幾千年的悠久文明史，故而有幸賞賜了如此屋簷遮蔽下的一個「窩」，使能成其好事。無奈那些木板太簡陋了，平添這兩百多斤的重壓已經到達了承受極限，何況這兩百多斤又是生物而不是死物，還得動作，連續動作……不知道孔聖人動作起來是不是也「溫、良、恭、儉、讓」？這比貧民窟還貧民窟的「窩」，動作起來，這「窩」便有了搖搖欲墜甚至地動山搖的險情，同時那「餘震」波及四鄰！

那狗的可惡竟可惡到如此地步，她把「群眾反應」警告我娘。娘無奈，便堅持要上「樓」去住。娘是纏過腳的「小腳婦女」，擔心她上、下那「梯」，摔一下可怎麼辦？娘的堅持，只得提心吊膽看著她上去。

這時，階級鬥爭的弦又開始拉緊了！餓死四千二百萬人之後，嘴裏託詞天災，心裏在相照不宣之餘，不能不有所反省。「七千人大會」上，劉、鄧把毛澤東迫得「退居二線」！劉、鄧開始走「資本主義道路」搞「三自一包」，讓幾億農民暫時得以喘口氣。那時候的鄧小平還來不及發明「中國特色」、「初級階段」，這樣一些發展了的「新鮮理論」……所以在毛澤東的「維權」餘威之下，「三自一包」沒有「理直氣壯」幾天！

不久，毛澤東殺回馬槍，斥責劉、鄧是「走資本主義道路」，背叛了馬克思主義……毛澤東捲土重來，發動了「四清運動」以求重新握權。只有重新握權，才能夠去實現他的皇帝夢！毛澤東必須重新舉起「階級鬥爭」的超級法西斯的屠刀指向全國！實際上是準備最後一搏，去實現他的「始皇夢」！於是便拉緊階級鬥爭這根弦。

展現「軟」暴力的強大威力，具體落實到了我們這樣的社會底層便是：把所有地、富、反、壞分子的帽子全部一個不拉的給予重新戴上去。不知道為什麼把右派分子「從寬」而未予以「重新」。何所考慮，尚不得而知。

毛澤東為了凸顯他的「階級鬥爭」，必須凸顯階級敵人。沒有階級敵人，他的階級鬥爭也即「無的放矢」！雖然階級敵人已經整死得所剩無幾了，餘下的也已經被認為改造好了。現在為了階級鬥爭的需要，全部，一個也無例外的重新戴上「帽子」，重新打入另冊！實質上這是一種對於全體草民的警示，告訴你：暴力法西斯專制獨裁的屠刀就懸在你的頭上！只准許規規矩矩，人人自危！

如此大氣候之下，娘自然沒有例外。一個年近七十的老婦，循規蹈矩、兢兢業業的掙扎在社會底層，其「破壞性」、「反抗性」幾乎趨近於零，也毫不含糊的被捲入了這根緊繃的階級鬥爭的弦上去了。重新戴上了帽子，亦即納入了「殺、關、管」的「管」，屬於「管制分子」，通稱「現管分子」，現成的「專政對象」。必須定期回報，平添一些勞役，屬於這社會底層的最底層。

當娘告知我她毅然做出的決定：她已經把城市戶口「下了」，而且把戶口遷到了農村，去安家落戶。已經在農村生產隊裏去租好了一間住房，準備近日遷居了。我真被驚愕得目瞪口呆！「這麼重大的決定，怎麼不和我們先商量商量呢？」「正因為你們必然會反對，所以不和你們商量。」「那裏可不是狗而是狼啊！會把你撕咬得遍體鱗傷，說不定什麼時候就會要了你的命！」「信教的人不是有句話：我不入地獄誰入地獄？我現在是管制分子，對你們，對你們以後的小孩……住在一個家裏影響太大了，分開總要好一點的。」「你快七十歲的人了，一個人去那樣的環境有多少難處，想沒想過哦！」「當然想過，我會儘量挺住的。」「你能挺得住嗎？」

我知道，最根本的目的，娘是要為我挪出這樣一個可憐見的「窩」來，所以毅然的、勇敢的做出如此決定，選擇了這樣重大的犧牲。

然而娘付出的代價有多麼巨大，我們一時還沒能預計到。不久之後特別是文化大革命期間，那些狼真把她撕咬得遍體鱗傷最後要了她的命。

多少日子裏我都無法放下心來，如此年高體弱還為我做出這樣沉痛的犧牲，我能夠心安嗎？覆水難收，那戶口遷出是絕對遷不回來的。那是一條走入地獄的不歸路啊！還能夠怎麼辦呢？

在娘偉大的母愛、偉大的人性、偉大的自我犧牲精神面前，我萬分愧疚！我無法心安！我的人性、我的人格相形見拙，萎縮得亦如侏儒！這是我造成的罪孽。我不應該結婚，結婚是我有生以來第一個真正的錯誤。在那不正常的年代，我本來就應該過不正常的生活。不是好多右派分子都在「打單身」受煎熬嗎？和尚、尼姑不也是人嗎！娘為我挪出了這樣一個可憐見的窩，負罪的心情折磨了我很長很長的一個個日日夜夜。

不久之後，「四清運動」開始了，全民都在學習文件、討論文件。伍淑華那小學裏，一學習討論，那些人發言便是：「有人和老虎一起睡覺！」伍淑華實在是受不了了，回來說：「怎麼辦呢？」能怎麼辦呢？說來說去，離婚吧！其他還能有什麼辦法呢？

於是向法院正式提出了離婚申請。法院開庭問：「感情怎麼樣？」兩個人同時都說：「還不錯。」「那為什麼要離婚呢？」我只得說：「那些人天天說她和老虎一起睡覺，她實在受不了了，所以我這個老虎請求離婚，讓她得到解脫。」顯然這理由，無法判決，於是那些人又說我們是搞的假離婚。

此時伍淑華已經懷孕了，是第五胎。一九六四年，那年月還不講什麼計劃生育。「大鳴大放」時候，北京大學校長馬寅初宣揚馬爾薩斯的「人口論」，被毛澤東斥之為反動的「新人口論」，而且把馬寅初打成了右派分子。殊不知馬右派又不幸而言中。馬爾薩斯的人口論認為：人類人口增長成幾何級數的增長，而人類生產物資的增長，只能成數學級數的增長，因此二者間增長的速度，其差距隨時間的推移而日益加大，物資增長速度緩慢，人口增長速度快速，物資生產便滿足不了人口增長的需求。到了一定的期間，就會出現戰爭、瘟疫、饑荒、災害等等造成大量的人口死亡。大量的人口死亡之後，可以使得二者間的矛盾一度得到緩和，暫時得到平衡，然後又一度新的矛盾又開始發生、發展。

二十世紀初中國人口是四億五千萬，五〇年代增加到了六億，幾何級數增長，後三四十年間翻了一番，現在是十三億多，二十世紀這近一百年間，中國經受了多次的長年的特大的戰爭，特大的饑荒。這些災難造成中國人口非自然死亡至少在一二億人以上吧。儘管如此，依然無法緩解二者間的矛盾差距。

馬寅初的「反動理論」被批駁。馬寅初被打倒之後，僅僅十多年間，中國人口那幾何級數的可怕增長嚇倒了中國、嚇倒了世界。於是亡羊補牢，迫不及待的「狠抓計劃生育」，定之為「國策」。所以有人「算倒帳」，「科學計算」認為：當年如果毛澤東不打倒馬寅初，而是聽了他的忠言。早十多年就抓計劃生育，這後半個世紀裏中國人口有可能少生四個億！四個億！

伍淑華要生小孩了，我還沒有謀得一個不管什麼樣的飯碗。一切求生之道都在當局的嚴格控制、嚴格管制之下，很難得找到一點點的謀生縫隙。「找」一碗飯吃竟比登天還難！有一天，也是一個像我這等生計維艱的人，他不知道怎麼獲息得到了這麼一個謀生的縫隙。他說蔬菜公司找人要打一百床「篙簾子」（草墊子），找那些「叫化兒」（乞丐）都不幹。

至少也有幾百年的悠久歷史，打「篙簾子」和紮「雞毛撣」（撣子）都是丐幫的「傳統工藝」。雞毛不花錢，稻草很廉價，也不需要「設備」，所以久而久之已經成為了丐幫的「專利」。

第一天我沒有在意，過了幾天，那人又提及此事說，以前是丐幫堅持要五角錢一床的工錢，交易沒幹成，現在是蔬菜公司出到了五角錢一床，丐幫怎麼也不幹了。

我說：「為什麼呢？」那人說：「太麻煩……」

這使得我有點動心。打一百多床「篙簾子」工錢能夠掙到五六十塊錢，於我而言實在是個誘惑。對於我那將要來到這個美好世界的虎子，我這條老虎真想也能夠做出點微薄的奉獻。能夠掙到五六十塊錢！夠誘人的，還能夠怕什麼麻煩呢。

我決心進行一番調查研究。第一原則，我絕對不能夠去和丐幫口中爭食，而且對於這打「篙簾子」的操作工藝等等毫無所知。所以我把調查研究的第一站選擇首先去丐幫進行私察暗訪。我得知打「篙簾子」的丐幫就菌集在釜溪河岸邊的一條陋爛的窄巷子裏。私察暗訪當然得穿著樸素一些。我找到了一家丐幫的住屋，籬穿壁漏，暗黑黑的窄小的窩棚，和我那窩棚的層次可以比美吧！

我當然不能洩漏我「私察暗訪」的真正意圖，只得謊稱想買一些「篙簾子」，來看看質量，講講價錢。那丐幫當然想不到我會是前來打聽他們的商業祕密蒐集他們的技術祕密的「競爭對手」。我先問了問價格，再查看他的質量。實際目的是看看它的「設備」和「工藝流程」。原來如此簡單：一邊一個木頭樁子，其間橫放著一根小的木棍，木棍是用來捲篙簾子的，先選好了一小把稻草，得剔去了草衣子餘下那草莖，那小木棍上面已經拴好了四五根細細的草繩——草繩是用來捆那一束草的，放進草打上一個死結，一束一束的紮起來。但其一束一束之間得捆緊了不能留有間歇。也就如此簡單。我認真的看了看，還動了動手，很自信把一切機密都已經弄到手了。

第一個目的已經達到。於是轉換話題，已經得知原來對方正是這碼頭的丐幫首領。我說：「聽說你們很忙嗎？」他說：「不忙不忙。」我說：「唉，不是要去蔬菜公司加工幾百床篙簾子嗎？」他說：「只有百多床，不去了。」我說：「為什麼？」他說：「太麻煩，要我們去他那個地下室裏幹活，又黑又潮濕，黴臭，那些草都發黴了……」「百多床是個大生意哦。」「命總還是要吧！」我說：「真不想幹？」他說：「我都說了不想幹，哪個還敢去幹？」

看來丐幫首領還很自信自己擁有的權威。私察暗訪的目的已經達到了，便告辭而歸。

聽說一個姓李的女的手工業者曾經想去承攬這宗活路，但不想去和丐幫爭活路，可能怕丐幫惹不起。我把私察暗訪得到的最新資訊告訴她，慫恿她去把活路承攬下來。因為像我這麼一副尊容出面去承攬丐幫的專利業務，實在覺得有諸多不便之處。那女性果然帶著她的設備去那地下室幹了一天，來找到了我，說：「太可怕了，那個地下室又潮又臭，冷得叫人發抖，幹上幾天怕把人都會整死。我不幹了，你要幹你去幹吧。」

我去參觀了一下那地下室，實在不是人能夠待的地方。所以連丐幫都不想幹這樣的苦活，我已經心灰意冷，打算放棄了。

過了幾天，我偶爾路過張家沱。看見河岸邊有一片簡陋的牛棚，那時候土產公司在做販牛的生意，私人是不准做的。這是販牛流轉途中臨時餵養牛的牛棚，還看見飼養員在抱一捆捆的稻草去餵牛。靈感一動，計上心來。我找到了這牛棚的負責人，先遞給他一支菸，說道：「蔬菜公司買了一些稻草，買多了，便宜些處理給你們餵牛。」我並沒有亂打招牌，但那人則以為我是和蔬菜公司總有點什麼什麼的人，滿口答應的說道：「沒問題，兄弟單位嘛。價錢無所謂，只是要給我們運過來。」我說：「那當然，明天運來，行嗎？」那人說：「行行行。」

既然已經成功達成口頭協議，我於是來到了蔬菜公司，那時候蔬菜公司在張飛廟。我找到了那位負責人提及篙簾子的加工項目。他正愁急著需用篙簾子，因找不到人加工而著急呢，交易一拍即合。堆積的草全部賣給土產公司餵牛了，然後由蔬菜公司每天給現錢由我自己去市場買草，加工好了再把「篙簾子」給他運過去。

於是我那曾經做過「新房」的旮旯立即作為了「篙簾子」生產車間。那丐幫的營生真是要多苦有多苦，和稻草打交道只能赤膊上陣，一身都被稻草扎得又紅又腫……幹了兩個月，弄了五六十塊錢，為我那即將降臨這美好世界的虎子買了點黑市糖、黑市油諸如此類，聊以自慰而已。

一天居委會來通知，派我出去做「臨工」。這對於吾類失業者而言實在是特大的喜訊。後來得知是娘給自貢市市政府的「來信來訪處」去了一封「哀的美敦書」，陳述種種。於是這市裏才給居委會打招呼，才有了這樣的派遣。

這回是被派到木材公司去修一個很大的儲木場，要推平一座山築成一個平壩用來做儲木場。招來的「臨工」上百人，全是些土方、石方苦力的幹活。因為要「搶」時間，必須趕在「雨季」之前建成。為了提高功效，拿錢買進度，故爾是搞「計件工資」。非常廉價，為了多掙幾個錢，能夠被派出來撈得上「臨工」活幹的，大都是吃了上頓沒下頓的最窮光蛋。所以對這「計件工資」的活計，儘管廉價，也是難得的求之不得的大好事。

小組計件，為了一家子的生計，誰都捨命的拚著命的幹。人人捨命，小組計件，我還能夠不去捨命的拚命幹嗎？當然不能夠一個人拖十多個人的「後腿」，拚命的幹還不到一個月。

糟了！在涼山「剿匪」期間負傷的傷口爆了。五〇年代在野戰醫院茅草棚裏做的手術太粗糙，縫合的肌肉全破了，腸子鼓出來拳頭大一坨，一層皮把那爆出來的腸子包住……生命之憂，於是趕快送醫院做手術。

手術之前，很難以忘懷的一件事情：我們那個小組有男女臨工二十來個人，我被大家選舉為「學習組長」，而且負責每天的評工記分，這是大家非常看重的差事。因為關係到月底的工資分配，許多人為了多評半分常常勾心鬥角，我則大公無私，常常是大家要為我評高分，我一直拒絕，只為自己記中等分，因此很受到尊重。特別是每個月分發工資，我們那個小組總是在下班之前，我就已經分別計算清楚，而且一份一份的包好了，一下班，個個都歡歡喜喜的從我手中拿過包好了的錢，數也不數，拿著就跑回家。窮光蛋們哪一家不是急等著錢買米呢？而好些小組下班之後等到天黑還沒有計算清楚……

如此等等。在我進醫院之前，全組二十多個人一致決定，要在當月工資中給我提取一份，記得大概有三十塊錢，給我送到醫院裏來。我非常感動。儘管是些最窮光蛋，也能夠如此雪中送炭，也可見他們的善良心地和對於我的無比尊重。手術以後，木材公司給了我三個月的「臨工」工資，按月工資二十九塊五計算總計不到一百塊錢。那年月的「臨工族」沒有任何勞保福利諸如此類保障，給了你百十塊錢，算是把我打發了。經過了這麼一次的折騰，自然心有餘悸，從此以後，當然再也不敢去承攬苦力的幹活了。求生之路也就更為狹窄，生計自然也就更加艱難！

生存權，你在哪裏？我要怎樣才能求得一條得以活命的生存之路呢？

第十八章
血盆裏抓飯吃

一

要活下去！怎麼辦呢？當年那種現實，凡是與寫寫、算算，與紙、筆、墨、硯有點牽連的幹活，即使算不上腦力勞動的活計吧，也是不准許右派分子幹的。而我現在身體狀況當然是絕對不能再幹苦力活計了。不能去偷，不能去搶，不能去乞討，不能去投機倒把作奸犯科。還有哪一條是容人得以求生之路？

經過多番探求，各種斟酌，我想去幹縫紉工，但這是完全陌生的幹活，只是在想像中認為這是用不著花多大力氣的手工類的活計。聽說我六伯父曾魯將軍被槍斃後，六伯娘、八嬸生計無門，都只得去了一家街道工業的縫紉店裏幹活，以之謀生。但我沒有臉面去見她們。

然而即使想幹縫紉工，沒有門路，也沒法幹得上。那年月限制重重，任何活計都不准許隨意去幹，即使是去幹個體縫紉工，那也被叫做「走資本主義道路」，也是犯法的、不允許的。求生之路於我竟是如此的艱難。

我只得又去找市委統戰部，鄒永楊科長得知我這等具體情況之後，答應去和下面研究研究。待市委統戰部層層往下打過招呼之後，叫我去郭家坳街道辦事處找到了街長趙自金。趙把我安排到了「街道工業縫紉店」。

那是十多個老嫗湊在一起的一家縫紉店，不入流的最低等店鋪。我什麼也不會，連縫紉機都沒碰過。那些人一看就知道我是個一竅不通的門外漢。第一關是要把縫紉機踩得轉。應該踩得來順時針轉動，外行總是踩得來逆時針轉動。咬牙切齒，出了一身毛毛汗，不到一個小時，它聽話了，於是開始幹活。打蚊帳，走直線。打一籠蚊帳營業額是一塊錢。自己可以得到四毛三分的工資（縫紉工計件工資是百分之四十三）。第一天幹了一半，第二天把它幹完了。兩天找了四毛三，也算開了一個「好頭」！第一個月下來收入了十來塊錢，根本還沒入門。勉力幹了幾個月，依然是只能幹些簡單的活，什麼三角褲、長褲、短褲諸如此類。還不會做衣服，那得上一個等級的幹活。因此每個月工資總超不過二十元，還天天幹得精疲力竭。生計依然十分艱難，但總算暫時有了個得以吊命的飯碗。

殊不知這幾個月裏卻已經暗暗的惹惱了、激怒了一個老嫗。此嫗很笨，手藝一直處於末尾，我來此之前，諸如此類簡易活一直由她獨攬……而今把這些低級的幹活給了我，她認為是我奪了她的飯碗，使得她不僅遭受折磨而且收入也減少了，她不能容忍我的存在。

如此一個小店也有一個「統治者」。這人世間生存規律也就如此，動物世界裏生存規律也是如此。任何高低層次的動物群體裏都有大小不等的各式「統治者」：猴有猴王，蜂有蜂王，國有國王，山裏有山大王，小旮旯裏還有土霸王……各有其統治著的勢力範圍。

連這樣一個可憐旮旯裏也有它的「統治者」。這裏的「統治者」是小店裏的「裁工」，也是一老嫗。「活路」的分配權屬於「裁工」，她想給你便宜又來錢的活就給你，想給他吃力又不來錢的活就給他，分配權絕對由她說了算。因此每個人的飯碗似乎都是她賞賜的。於是幾乎每個人都得仰承鼻息。老嫗們中午帶來的飯菜裏頭少不得夾一筷子請她嘗嘗……特別是那個笨老嫗，為了能夠獨攬那些簡單便宜的活幹，一直給那「裁工」貼得很緊。現在，她已經到了不能容忍的地步了，一個拙劣的陰謀悄悄醞釀出臺。

二

那時候「文化大革命」運動已經在全國各地開始了，北京的「紅衛兵」已經開始鬧得很熱騰了。這市裏也開始了熱騰的群眾「大辯論」了，階級鬥爭的腥風血雨已經越來越濃。共產黨多年的階級鬥爭教育，啟發了那幾個老嫗竟也要趁機來一個「抓階級鬥爭」。想用這些年並不鮮見的栽贓、造謠的手段來懲罰我這個敵人，至少是把我趕出那個小店。

那樣一個罪惡的年代，其可悲、可憐竟到了這樣的地步，本應該是善良、寬容的老嫗竟是如此的兇狠、惡毒！把我這樣一個「階級敵人」當成了她們階級鬥爭的活靶子。而竟又採取密謀的伎倆，鬼鬼祟祟的來施展她們的陰謀。而且還狠心往死裏整！

中華民族啊！五千年的道德文化，人心啊！為什麼竟墮落到了如此地步？連這樣的老嫗都學得使用起這等卑劣的陰謀栽贓害人的伎倆來整人。我真為那個可悲的年代心疼！連如此卑微的草民都有草菅人命的罪惡心理，都有草菅人命的罪惡手段和能耐，這個社會主義社會已經墮落到了何等地步？

一天下班以後，那「裁工」叫大家留下，說街裏頭要下來開會。不一會，趙自金帶著兩個街裏的幹部來了，二門市部、三門市部的人都來了，密密麻麻的擠滿了一屋子。據說，把三個門市部的人集中一起來開會這是第一次，趙街長親自下到這麼一個可憐見的縫紉店來開會這也是第一次。

我對當前現實沒有任何感覺，還不知道有什麼大事將臨。

趙自金很嚴肅說了幾句開場白，似乎是會上將給某某人提意見，似乎是「鬥爭會」，而又不是「鬥爭會」。趙自金帶點強調的語氣說：「提的意見要有根據，有根據的意見才站得住腳。」那年代的流行詞彙裏頭已經沒有「實事求是」這個詞彙了。「實事求是」已經被充滿各種各樣的鬥爭現實埋葬了。

那「裁工」老嫗第一個發言，一開頭便駭人聽聞，把會議推上了高潮。那「裁工」老嫗很「蹩腳」的上綱上線，有點牛頭不對馬嘴，然而聲嘶力竭，火力十足，矛頭直指向我。在那年代那是死罪的罪名。這時候我才意識到這是專門鬥爭我的鬥爭會，要抓我這樣一個現行反革命的。難怪趙自金不得不親自下來。

在「文化大革命」的「偉大」年代裏，誰敢對偉大領袖毛主席有一絲、一毫、半分、半點的不敬，就是死罪。像我這樣的人更是罪無可恕。那年代有人不小心砸破了毛澤東石膏像，不小心弄髒了毛澤東畫像而被鬥、被打、被抓、被打死、被處死的並不鮮見。

給我的罪名便是：「惡毒的撕毀了偉大領袖毛主席的光輝形象，而且把他焚毀了。」我這樣的「敵人」膽大妄為的犯下了如此現行反革命罪孽，趙自金敢不親自過問嗎？不過問他也會挨「包庇」的罪名。

三個主攻手，三個老嫗，相繼發言之後，冷場了。因為所有的與會者都被這罪可致死的現行反革命大罪名嚇壞了。二、三門市部的沒有一個人發言，會場靜得可怕。

趙自金叫我也說一說。當然得說，這個罪名太大了嘛！罪可至死！

那是在一個月以前，他們要我在這小店外面的高牆上面去寫大標語。那時候，全國人民都在寫，普天之下，旮旮旯旯無處不在寫這樣的大標語。我寫的就是外面牆上巨大的「毛主席萬歲！」這五個大字，一個字有一個人高。那年月如此的大標語無處不在，其數量比中國人口數量不知要多出多少?!那牆那麼高，梯子夠不上，就弄了一張小桌子，把梯子放在小桌子上面。太不穩了，搖搖晃晃，有四五米高，稍有不慎，摔下來肯定嗚乎哀哉！那真是太危險的幹活，至今想起來還有後怕。麻起膽子提心吊膽的在那搖搖晃的梯子上去寫，劉長春在下面幫忙。寫著寫著實在不想冒個無謂犧牲，我便站在梯子上叫劉長春找點什麼來墊穩梯子的腳腳。劉長春去拿了點報紙來……我站在梯子上給他說：「哎！你還是檢查檢查那些報紙啊！」提醒他不要犯禁。他胡亂的看了看就墊上了。依然不穩，我就從梯子上下來，站在小桌子上面，叫他把梯子墊好了。劉長春拿出報紙一牽。我站在小桌子上晃見那張報紙已經撕破了，撕破處有一幅毛主席頭像。我說：「不行不行。」劉長春便索性把那報紙撕碎了，然後隨手一扔。我又說；「不行不行。」提醒他犯忌。劉長春只得把那張撕破了的毛主席頭像扔進爐子裏燒了。

「那報紙是你劉長春去拿的，墊是你墊的，撕是你撕的，燒是你燒的，我一直都站在那梯子上，一直都站在那小桌子上，跟那張報紙遠遠的沾也沒沾著一絲一線，我還一次再次的提醒你劉長春，全都是你一人幹的，一手幹的，那報紙我連手都沒有沾一沾，這與我何干？你這不是血口噴人嗎?!你這不是栽贜誣陷嗎？」我心平氣和然而理直氣壯。真相大白，所有的人都輕鬆了。趙自金沉默著。

那「裁工」老嫗真的老羞成怒要起無賴來了，連哭帶罵的說：「這個右派分子，有他無我，有我無他，我不幹了，我走我走！」她似乎很知道她在這個旮旯裏的斤兩，那十多個人的飯碗都繫在她身上，這該有多麼的了不得！

這等無賴伎倆和剛才的無端誣陷，激起了不少人的不滿。人們沉默著，趙自金也沉默著。在這長久的沉默中，我不由得想起了那句古老的戲文：「龍遊溝壑遭蝦戲，虎落平陽被犬欺！」看來我而今如此處境是「古已有之」，在中華民族悠久的歷史長河中，遭受過種種誣陷、屈辱、磨難的，定然不在少數。

沉默中，突然，三門市部的一個人，大家叫她曾三姨的，解放以前曾經風塵中人，走州闖縣，見識過這等人間險惡，染了些江湖氣魄，有點路見不平，拔刀相助的義氣。這個和我素不相識的曾三姨站了起來帶點激動的語氣說：「趙街長，我可不可以說幾句？」

趙自金說：「可以可以。」

曾三姨很激動的說道：「殺人不過頭點地嗎？做事何必做得那麼絕呢？她不要，我們要，我們三門市部歡迎曾師傅到我們這裏來，你們說，歡不歡迎？」三門市部的人說：「歡迎歡迎。」這一問一答，顯然是剛才已經商量過的。這三門市部的不少曾經風塵中人，都少不了點「路見不平拔刀相助」的江湖俠義。

落難這麼些年了，第一回有人稱呼我為「曾師傅」，第一回有人對我說聲「歡迎歡迎」！我不由得想起了「自古俠女出風塵」的詩句！誰能夠想到竟有如此曾經風塵中人，竟會在如此境況下不期而至呢?!

戲劇性的巨大變化，在我所面臨的「生死存亡」之秋的險惡關頭，向我伸出一隻「救援的手」！剛才憤怒鬱悶的心情一下子被這種「俠義」的豪情感動了。也同樣的是老嫗，竟能挺身而出，在這危難之間，竟能「拔刀相助」！我真有點熱淚盈眶，但我強忍住了，平靜的說一聲：「謝謝你們！」

趙自金問我說：「你的意見呢？」

我說：「只希望用勞動去換取一碗飯吃，別無它求。」趙自金說：「散會。」三門市部的人笑笑罵罵的走了……

三門市部的縫紉機是每個人自己帶來的，屬私人財產。我沒有縫紉機，這成了我進入三門市部的第一大難題。曾三姨很熱心，她去找人為我租賃了一臺很舊的縫紉機，每月租金三塊錢，第一個大難題算是解決了。然而那三門市部店鋪太窄，實在無法再擠得下去一臺縫紉機的落腳之地盤，這一難題比第一難題要大得多了！無計可施之際，曾三姨竟想出了個辦法。原來那三門市部裏有個雷三姨，是個殘疾人，只有一條腿，在三門市部「鎖扣眼」，是最最費時費力而又不來錢的幹活，熬更守夜一個月能找到十來塊錢。她有一間住房，雖然陋爛但是臨街，距離三門市部有二十多米遠近，與一門市部隔著一條街遙遙相對。那房是個「吊腳樓」，有二十多平方米大小：前半間「腳踏實地」臨著大街，所以放置了一張床和一張飯桌，而後半間卻懸空吊著，用幾根木頭支撐在懸崖之上。懸崖間有一個下水道的出水口。

那又臭、又黑、又髒的污水無分晝夜的從那出水口傾瀉噴灑有如一瀑布，風一吹，那噁心的臭氣吹來，能叫人暈倒。

曾三姨千方百計去說服了雷三姨，叫她把床和飯桌挪進了後面那半間吊腳樓上，用一張篾摺把臨街那前半間弄成了一間鋪面。交換條件是每個月給她十塊錢房租，同時幫她去租一臺縫紉機，負責教她學會做縫紉。這樣的交換條件，給予她的好處是很大的，雷三姨當然求之不得。

於是一條腿的殘疾人雷三姨，曾經風塵的曾三姨和我這個「摘帽右派分子」，用了三臺破舊縫紉機在那風雨飄搖、籬穿壁漏、搖搖欲墜、常常臭氣逼人的旮旯裏幹起了艱難的營生。

文化大革命越來越鬧得天翻地覆，紅衛兵運動越來越風起雲湧，中華民族「史無前例」的大災難一步一步的降臨了。殊不知，就是這樣一個風雨飄搖、籬穿壁漏、搖搖欲墜的小小旮旯，文化大革命的時勢造就了它一回「燦爛輝煌」，聲名大振！用我們的勞動、知識和智慧發了一回不大不小的財！我也從那要餓死人的艱難困窘之中，闖出了一個「聲名遠播」的「大學生裁縫」！

第十九章

文化大革命

一

史無前例的文化大革命，自貢市也和全國一樣，沒有任何不同之處。鋪天蓋地的大字報，古今八怪、荒誕不稽、憑空捏造、誇大誣陷，真是史無前例，集胡說八道之大成……

當然，這些「大字報」於草民而言也是一種發洩，對於法西斯專制的諸多罪惡的發洩，也揭露了法西斯專制的諸多骯髒、醜惡的人和事。使得這麼多年的所謂「光明、偉大、正確」的遮羞布被撕裂，顯現出被精心遮蓋著的歷史中種種面目猙獰、鮮血淋漓、臭氣熏天的諸多骯髒、醜惡的歷史！如此骯髒、醜惡的歷史也是首次公開揭露，使得億萬草民大開眼界！

大字報災難的時候，自貢市出了個「小字報名家」，此人名叫諸葛有進，蜀光中學畢業，比我低兩個年級；在北京大學中文系讀書，到了快畢業之際，卻犯了精神病，只得休學回家；其病時好時壞，也就一直未能復學。大字報災難鋪天蓋地氾濫在這大街小巷的時候，中國的一切忙人和閒人都捲入了這場混亂的所謂「大辯論」的漩渦，「槍桿子語言」在那些大字報海洋裏已經發展得隨時隨地都在迸濺出「革命的火花」！各種暴力政治、暴力意識形態交互用「槍桿子語言」的大混戰！什麼「砸爛你的狗頭」諸如此類「槍桿子語言」，對壓抑了多年的普通民眾是一種難得的發洩！變態的發洩！

因而連諸葛有進這樣的精神病人也被捲了進來，而且成了無分晝夜時刻關注的積極分子，被那種瘋狂的躁動也惹躁了，按捺不住也想參與這場論戰的躁動中去。所有的人寫大字報的紙筆墨硯都是「單位」免費供應的，而他卻只能夠從那只足以維持生活的不多生活費當中挖出一點錢去買紙、筆。於是只能用屁股大點的紙片，以蠅頭小楷去發表他的高論。在大街小巷密密麻麻的汪洋般的大字報群間，他為了不致被淹沒，總選擇最醒目的地方比如刊頭諸如此類，去貼上他那屁股大點的，有礙觀瞻的小字報。

自然激怒了原大字報的主人，有的給他撕去，撕了又貼，很有點韌性戰術，而且幾乎無處不在。幾乎有大字報的地方就有他的小字報，而且堅持不懈，一時間當然立即名聲大噪！諸葛有進先生必須瀏覽過目一切大字報，得用他那時瘋癲時明白的腦袋去思考，有感而發，去抨擊，去表示支持，去表示反對，去發表他瘋狂的、正常的、半瘋半傻的各種高論。他得看、得想、得寫、得拿出去貼，他忙得來廢寢忘食晝夜不停。他像一個總裁判，幾乎每一處大字報他都得去亮一亮相，或褒或貶，用他的小字報去亮出他的高論。

諸葛有進先生高度近視、光頭，雖然尚屬老青年，距離不惑之年還早，但已明顯駝背，走起來「腦殼朝前竄」，一顛一顛的。這般具有特色的形象，令廣大觀眾很有點過目不忘的深刻印象。加之諸葛有進先生起早貪黑，朝朝日日都匆匆忙忙的出沒於群眾熙熙攘攘的大庭廣眾之間，毫無拋頭露面的顧忌，於是不多時日，便「天下何人不識君」了！於是每當諸葛有進先生出現在大庭廣眾之間，熱心觀眾立即圍堵上去，有如當今的歌迷、影迷、球迷諸如此類追星族去追趕他們心中的偶像那樣的狂熱，生怕漏掉了每一次難得的遭遇的好機會。而那些紅衛兵小子們又總不忘趁機尋點開心，找點樂子，隨意點惡作劇什麼的……

這些紅衛兵小子們把文化大革命作為遊戲人生的第一場遊戲！而一時間這些紅衛兵小子們竟成為了這場遊戲的主角，任憑他們去「全武行」開打。如此這般的人生第一課會給予這億萬之眾的品質、道德、心靈烙印下些什麼，毛澤東去想過沒有？

毛澤東為中華民族歷史、道德、倫理在這一代人身上犯下了多少罪孽？清算還並沒有真正開始！

諸葛有進先生自然成了紅衛兵小子們做遊戲，尋開心、找樂子、惡作劇的最佳人選。邀請諸葛有進先生來個什麼表演諸如此類，比如唱個「毛澤東語錄歌」，跳個獻給「紅太陽」的「忠字舞」——有如原始的「跳神」諸如此類裝神弄鬼的動作，很能夠和非州的土著舞蹈相比美……來個對於「紅太陽」的「早請示、晚彙報」——比基督教徒做禱告更頻繁、更煩瑣……的示範動作等等……當然立即引來成堆成堆的熱情觀眾集體欣賞諸葛有進先生種種神乎其神的精彩表演，一群群笑得來前仰後合直叫肚子痛！諸葛有進先生認真而嚴肅的「為革命做貢獻」，不在乎紅衛兵小將們把他作為小丑來逗弄戲耍！

而最使得遠近傳播的是蜀光中學的「紅衛兵」小子們的傑作：蜀光中學的一群「革命小將」「紅衛兵」以歡迎老校友返校指導文化大革命的名義，連簇擁帶綁架的把老校友從城裏「拖」到了伍家壩蜀光中學大運動場裏。當然，一群群的熱心觀眾長串長串的蜂擁尾隨其後。人群來到了大運動場，消息傳開，立即更招來千百觀眾。閒著也是閒著，早已經停課鬧革命，也難免有點悶得慌得難受，如此誘人的場合當然蜂擁而來。

「主持人」盛情邀請老校友教他們跳「忠字舞」，跳了一遍又一遍；教他們唱「毛主席語錄歌」，唱了一首又一首……老校友雖然不善歌也不善舞，就憑老校友那光頭，那高度近視，駝背佝僂，腦殼朝前竄，一雙八字腳……種種上天賦予的光輝形象，抬手舉足出來的，那等舞姿的「優美」不亞於卓別林，那歌喉的「美妙」不亞於黑老鴰。自然給廣大熱心觀眾帶來了一場免費的，比欣賞一場馬戲還更愜意的，笑得來肚子痛的笑聲。從中午折騰到了傍晚，老校友挨餓受餓的「幹革命」，弄得精疲力竭的一屁股坐在那草坪上面。

那些「忠心耿耿」「鬧革命」的紅衛兵小將們一哄而散，老校友有點糊塗似乎又有了點明白才無可奈何花落去一顛一顛的摸黑離開了母校的校園。

大字報是毛澤東給全國人民掀起的第一次瘋狂。從筆戰、舌戰到血戰，槍桿子語言演化成為了槍桿子。進而機關槍、大砲、高射砲、「百萬雄師」血流成河……全國被捲入一次又一次的瘋狂！中華民族一次史無前例的巨大災難在毛澤東運籌帷幄之下，一幕又一幕慘烈的在祖國的大地上扮演！

胡喬木說：「『文化大革命』是毛澤東的宗教和陷阱！」這是胡喬木對於文化大革命的解讀。其他還有各種解讀。

我發表的一篇文章〈毛澤東的始皇夢〉中，是如此解讀的：「『文化大革命』是毛澤東實現他的『始皇夢』的最後搏鬥。」在此之前又出現了毛澤東追求「始皇夢」的嚴重危機：毛澤東一手搗騰的「大躍進」，使得「大躍進」三年期間，中國國民經濟損失達一千二百億元，而第一個五年計劃的基本建設投資才五百五十億元。「大躍進」的損失超過了兩個五年計劃的資金——十年的資金！多麼慘痛的損失！隨之而來的是工農業大幅度減產，國民經濟出現嚴重危機！以後用了五年時間調整國民經濟，才恢復到「大躍進」前一九五七年的水平。使得中國經濟發展，浪費了八年寶貴的時間。

一九五九年至一九六一年三年間，全國餓死人達四千二百萬，全國各地出現「人吃人」的恐怖事實！……毛澤東深知自己一意孤行的所謂「三面紅旗」造成了歷史上罕有的巨大災難！深知自己犯下了最大的罪過。毛澤東絕對不能夠承認罪過，更不願意承擔罪責。毛澤東採取了最為惡毒的手段：他要把罪過推諉於劉少奇等等人，要劉少奇等等人為之承擔罪責。而且必須把劉少奇等等人置之於死地，死無對證，毫無還手之力，更無招架之功。這樣毛澤東既可以披著「永遠」正確的外衣，又可以順理成章的實現他的「始皇夢」！

因此，我對於毛澤東之所以要發動文化大革命的解讀是：

第一，把他歷史上所犯的一切罪過推諉於劉少奇等人，而他是永遠正確的、英明的、偉大的「聖人」。第二，用法西斯專政，消滅一切反對力量。震懾全國民眾，在全國全民規規矩矩，服服貼貼的奴隸般的馴服中，去實現他的始皇夢。此時的毛澤東是絕對的擁有一切威權，因此他以翻手為雲覆手為雨的種種「異乎尋常」的手段，滿懷信心的「勝利在握」，毛澤東認為只需要三個月，最多一年把時間就能夠徹底摧毀異己——「資產階級司令部」，就能夠結束「文化大革命」。毛澤東胸有成竹的認為，這場運動和他多次運動過的一個樣，只不過在他「運籌帷幄」之下，在他熟練的中國這塊政治舞臺上，按照他的導演，把這場在暴力控制下的政治鬥爭搬演一回而已，這是一場以強大的暴力優勢控制下的「恃強凌弱」的殲滅戰而已。

殊不知越陷越深，竟至混亂了十年，陷得來不能自拔的尷尬，那是他根本未能想到的。「天下大亂」是毛澤東的戰略中的戰術，在林彪、江青等人毫無顧忌的、瘋狂的、迫不及待的，大肆掀起「造神運動」的同時，立即全面的掀起「天下大亂」的狂潮！毛澤東首先選中了閱世不深的、正處於青春躁動期的單純、幼稚、衝動、盲從的青年學生去做他衝鋒陷陣的急先鋒，他深知這些一旦躁動起來的幼稚群體是勢不可擋的……

全國大、中、小學立即全部停課，「紅衛兵運動」立即風起雲湧震盪全國！毛澤東一次又一次的在天安門廣場接見了一批又一批的、一百萬又一百萬的全國來的紅衛兵，被接見過的紅衛兵有一千多萬人。

「紅衛兵運動」一開始，便氾濫種種無政府主義的「造反」行為，很快已經天下大亂，已經亂得來無人能予以駕馭。毛澤東也無能控制！

當此時也，已經被「發動」起來了的全國億萬之眾，無論誰都想「揭竿而起」，無論誰都可以「揭竿而起」；而且誰都明白，只有造反「入夥」，始能分得一塊蛋糕。當此時也，無論十個八個人、百個千個人，都可以自由組成一個「革命造反兵團」，武漢的「百萬雄師」竟擁有百萬之眾……毛澤東一再號召：「你們要關心國家大事。」不參加造反派就是不響應毛主席的號召，參加了還能分得一塊「蛋糕」。誰都能權衡利弊之所在。一時間「革命造反兵團」如雨後春筍，普天之下「革命造反兵團」多如牛毛，也就可想而知了。

「革命造反兵團」實際上全都是些烏合之眾，亂七八糟的一些人亂七八糟的胡亂糾集而成的。「揭竿而起」之後，絕對不可少的是得高舉一竿「革命造反兵團」的紅旗。沒有一竿紅旗，就沒有他們的存在，紅旗成了他們存在的重要標誌。自從北京的紅衛兵打出「革命造反」的大紅旗之際，全國各地早已效仿。自貢市亦然。開始限制很嚴，需要持介紹信，市裏專門指定了一家名叫「先鋒」的甲級服裝門市部製造，而且還特意從工藝美術公司調了兩個書法家去為之寫字。

全市只此一家，絕無分店，不准許到指定之外的其他任何地方去製作這種革命造反大旗！

二

一天，三門市部的保管徐正容突然領著一個造反派頭頭，來到了我們那個籬穿壁漏的旮旯，保管徐正蓉介紹說：「這是兵團的一號『勤務員』。」

「勤務員」是文化大革命期間「新生」出來的官名，其名雖小小的，而其官、其權卻是大大的。一號「勤務員」也就是「一把手」，一切說了算！戰時命令衝鋒陷陣，掌握進退應對的指揮權；平時當家理財，拿國家的錢揮霍犒賞。造反派已經控制了一切，把「黨、政、工、群」的權柄獨攬於一身。因之，這旮旯的「天下」全都得聽這一號「勤務員」的，所以很是威風！不過以後許多的諸如此類「勤務員」都被另一派的投入了監獄。

一號「勤務員」顯得頗有點派頭，那時的造反派，頭上大都戴一頂草綠色軍帽，左臂上一個紅色臂章。那是那時候的「時裝」，如果還有一套草綠色的軍裝，那就是頂級的「時裝」了！

一號「勤務員」穿了一套很合體的深灰色毛服，頭上是像毛澤東那樣往後梳的大披頭，看了我一眼，拿出了一包好香菸，「大前門」諸如此類，市面上是買不到的，遞給了我一支。這時我看見他身後還有兩個人，他的「服務員」，也就是保鏢諸如此類。

一號「勤務員」對我說：「來找你幫個忙！」原來這些造反派們合併成立了一個「總團」，「總團」沒有旗子。過幾天全市要鬥爭市委書記李唐基，十萬人的大會。這麼一個近萬人的大「兵團」，豈能沒有一面紅旗，沒有這麼一面紅旗還能顯得出這麼一個大兵團的存在嗎！所以一號「勤務員」為了完成這樣的重要任務，才親自出馬，來「找我幫個忙」。因為他找了好幾家縫紉店，一是不准許製作，二是太深奧，沒有裁縫製作過這紅旗，不知道怎麼製作，更怕弄壞了生出些是非，所以找了好多個裁縫鋪，沒有一家敢承攬下來。正在無計可施之時，聽說有個「大學生裁縫」，便急急忙忙四處尋覓，終於找到了這籬穿壁漏，風雨飄搖的小旮旯來。先去瞭解了一下情況，才邀著保管徐正蓉一起來求我。

說明來意之後，我考慮了一下，怕惹麻煩，想推託，便說：「我們做這種紅旗不合適，上頭也不許可。聽說只准許『先鋒』獨家製造，是不是請你們拿到『先鋒』去做。」一號「勤務員」說：「這些我們都知道，在『先鋒』去做一面旗子，要兩個月才能取貨。那裏要做的旗子堆了幾間屋子，我們因為急著需用，才從那裏去退出來的。所以才請你幫忙。」我說：「這怕……」一號「勤務員」說：「明白了，你有顧慮。怕，怕什麼？現在形勢不同了，李唐基我們都要鬥爭，踢開黨委鬧革命……」他後面的人說：「現在打倒一切走資派，砸爛『公、檢、法』，一切都是咱們造反派說了算，有問題咱們造反派負責。」一號「勤務員」說：「你這是為革命造反做貢獻，也算立功嘛！誰敢來難為你，我們完全負責。」後面那人說：「一號『勤務員』都這麼說了，你還能說不？」

徐正蓉說：「這樣好了，這個活算是我接的，我分配給你做的，一切責任由我來負。」那些人說：「太好了，你什麼責任也不用承擔。」一號「勤務員」說：「但是（又遞給了我一支大前門），一定要做好啊，這是革命任務，要出色完成。」我說：「既然答應了，就絕對會做好的。」後面那人說：「大學生嘛，相信你所以才來找你。」徐正蓉說：「曾師傅收多少工錢呢？」我說：「這可不知道。」後面那人說：「要多少給多少。只是要張發票才行。」徐正蓉說：「發票有，只是收多少錢合適？」我說：「哎，『先鋒』他們收多少錢一面？」一號「勤務員」說：「十來塊吧」。徐正蓉說：「他們是甲級門市部，我們，最多收七八塊。」我說：「就收七塊吧。」臨走，一號「勤務員」把那剩下的「大前門」遞給我，算是一點小「獎勵」，又叮嚀說：「幫忙了，三天、三天一定來取貨。」

等這些人走了以後，我牽開旗子一看，那是用最好的紅綢做的一面大紅旗，有四米長、三米寬（黃金比例）。上面用金黃色的絨剪成的字，已經布局美觀的、勻稱的黏貼在了大紅旗上面。字是三排：上面一排是「毛澤東主義」五個字，每個字三十公分大小；下面一排是「革命造反兵團總團」八個字，每個字有二十五公分大小。這兩排字用的是藝術體，字形美觀，排列勻稱。中間是「風雷激」三個大字，用的是毛體，龍飛鳳舞，每個字有八十五公分大小。好大好大的氣派非凡的一面大紅旗，這旗面一展開，簡直就是一幅藝術品：無論字體組合、字形大小、排列間距、綜合評價都顯得謹嚴、美觀、大方、氣派，不失為一幅頗具匠心的佳作。

我對這面紅旗要做的事只不過把那些已經黏貼上的絨字，用縫紉機把它扎好。大部分「工程」別人已經做了，留給我的只不過是「掃尾工程」而已。這應該說是件輕而易舉的容易事情，然而裁縫們都是些沒有文化的，對之望而生畏。所以一號「勤務員」才特意來找我這個「大學生裁縫」，而且還費了那麼多的唇舌。

我既然很欣賞這面紅旗，於是便連夜連晚的花了大半夜工夫把它扎好了。既然幾個鐘頭就完成了七塊錢的營業額，回過神來，不由得又驚又喜得傻了！當時做一件中山服營業額是八角到一元。這七塊錢營業額，相當於去製作七八件中山服的營業額，要完成七八件中山服至少得七八天的時間，而今只花幾個鐘頭就找了七八天才能找得到的錢，這不是在「撿」票子嗎！

這種「刺激」不能不使得我突發奇想，既然已經做了第一面紅旗，那何妨再做它個十面、百面，有如殺一個人也是殺，殺它個十個、百個也是殺。既然已經開了禁，還怕什麼？只能一不作二不休了。加之我既然欣賞這面紅旗，就讓它「路人共欣賞」。

於是第二天清晨，我特意把這面鮮豔而又美麗的大紅旗，高高的張開懸掛在那旮旯小店的大門前面，實際上這是最好的宣傳廣告。果然不出所料，引得來往行人駐足，消息也就不脛而走：「大學生裁縫」在做造反派的大紅旗！於是從全市只此一家變成了只此二家。「先鋒」要兩個月才能取貨，我這裏只要幾天。

一霎間「勤務員」們蜂擁而至，許多人從「先鋒」去退了活拿到我這旮旯來。蕭條的旮旯突然熱鬧起來，一時真是門庭若市，來往的人們陡然增多，真怕把那吊腳樓壓塌了，只好借了幾張高凳把門板鋪在上面，放在大街旁邊的屋簷簷坎上來接待眾多的造反派「勤務員」。為了能夠最快的得到那面「夢寐以求」的紅旗，「勤務員」對曾師傅當然客氣異常。那時候的交往常禮，首先客氣的先遞給曾師傅一支菸，然後才進入下文。因為那面紅旗對於一個「革命造反兵團」而言，簡直就是它存在的一種體現。

偉大領袖毛主席製造「天下大亂」這偉大時刻，一時間「天下英雄起四方，有槍便是草頭王」！遺憾的是此時還弄不到槍，偉大領袖毛主席下令「給全國的左派發槍」那是一年以後的事情了。當此時也，「有旗便是草頭王」！這些「草頭王」的心目中一竿紅旗的「斤兩」也就可想而知了！

然而不兩天，紅綢、紅布、黃綢、黃布在我這旮旯也很快堆起一沓一沓的，也得等「輪子」。你要想往前靠，儘快把旗子弄到手，你能對曾師傅不客氣嗎？

曾三姨很精，她提醒我：「曾師傅，來做旗子的要他們一起做袖章。你做旗子，我們做袖章。」我說：「好啊！就這樣，有飯大家吃。」我心裏想這不僅是飯，這簡直就是肉、就是糖！當然得大家吃，我豈能獨吞？做那袖章真的就是肉、就是糖。做一個袖章一毛錢，做一千個就一百元營業額，可得工資四十三元。以往她們拚命的去幹，一個月也只能掙到個二十多塊錢。一千個袖章也就兩三天的活。也就是說：幹袖章一天相當於平時幹十多天的收益。這難道還不是肉、不是糖？既做紅旗又做袖章，這小旮旯立即紅火起來了。連夜連晚，每個夜晚都掛起了三百瓦大燈泡，挑燈夜戰！把小旮旯照耀得如同白晝。那曾三姨、雷三姨實在疲倦了，便伏在那縫紉機上打個盹。她們自然知道這是千載難逢的機會，錯過此渡無好舟，拚著命的幹一回實在是值得的。

我自然也得一個通宵、一個通宵的熬下去。不僅是我，伍淑華也「入夥」了。當此時也，小學也已「停課鬧革命」。課停了，學校可以不去了，然而她沒有去「鬧」，迫不得已之時，偶爾才去「鬧」一回「革命」。那時候我們已經生了一個兒子，名之曾焰，已經兩歲多了。此前找人帶白天，給人一個月八塊錢工資。而今停課了，為了省下那八塊錢，伍淑華便挪用了這「鬧革命」的時間偷偷的把小孩留在家裏自己帶。幹起了做旗子這營生，她一看許多活她都可以幹，而且幹起來比我快，比我好：比如用剪刀剪旗子上那些字，她是得心應手。「批量生產」那「毛澤東主義」、「毛澤東思想」、「革命造反兵團」諸如此類字綢。因為每一面旗子上面都少不了的「毛澤東」、「主義」、「思想」、「革命造反兵團」這些字的，她把那些黃綢疊起來三五層，一次剪下來就是三五個，工效一下子提高了幾倍。

當然中間那幾個大字，那是不同的兵團的各自不同的命名，比如什麼「風雷激」、「向東」、「衛東」、「千鈞棒」、「永紅」當然只能一個一個的去剪。而且那些團名，字體巨大，大都要求使用龍飛鳳舞的毛體。必須由我去臨摹、放大、逼真而不得走樣，幹這活還頗有點費時間、費功夫……

旗子已經接了許多活，堆積有如小山。然而我已經養成認真負責的性格，再忙我也絕對不粗製濫造，每一面旗子我都精心設計。無論從字體配置、字形大小比例、架構布局，都不斷推敲更新，希望能一面比一面好，力求每一面都是一幅藝術品。每完成了一幅紅旗，就把它掛在那小旮旯外面，臨著大街，公諸於眾。十面、八面迎風招展的紅旗，一面面字型優美，製作精良，真是一幅幅藝術品。我製作的所有紅旗絕對的毫不遜色於市裏指定的「先鋒」甲級服裝門市部製作出來的，沒有一幅次品，在這大街旁邊一片美觀的紅旗，迎風招展。當然贏得不少行人駐足，自然的成了宣傳廣告，越傳越遠，接活也越來越多。我們只有天天熬夜，有時只能睡兩三個小時。

忙得來飯沒法自己做了，全家人都去吃館子。距離那小旮旯十多米遠近，有一家名叫「合力」的小店，三頓都在那裏吃。早上稀飯、饅頭、鹹菜。中午有白蘿蔔燒牛雜、紅蘿蔔燒豬大腸，那是《儒林外史》裏胡屠戶賞賜給窮女婿范進的貨色，賤民才吃的。還有豆花、小菜……晚上有點滷豬頭、豆腐乾諸如此類。這實際上是家最低級的飯館，果腹而已。可是此前，我們卻是從不敢問津的。目前主要是要忙於趕活，沒有時間做飯，同時「量入為出」，預計幹完這些活計能撈到不少錢。

我這小旮旯掛滿了的鮮豔紅旗，十分惹人矚目，天天賓客盈門，夜夜燈燭輝煌，通宵達旦。不僅使得對面一門市部的大大驚訝而且急紅了眼，這樣的活計他們連一樣也撈不上做，根本沒有誰去找他，真乃氣煞人也！

更叫他氣煞的是關工資時候，第一個月我進了一百多元，第二個月我進了兩百多元，曾三姨、雷三姨都進了一百元左右，破天荒的收入！太驚人了。

那年月市委書記李唐基月工資有一百來塊錢（灰色收入除外），溥儀皇上特赦以後當了公民，被安排在國家文史館做文史研究員，月工資才一百元。而我的工資比溥儀皇上還多了一倍多。如此的高收入，使得這些人不僅眼紅甚至氣憤。上下都知道了，那些人又去「反應」，四處「喊黃」。於是驚動了街道辦事處，來人一查，確實有那麼多任務單，確實幹了四五百塊錢的營業額，就是應該得那麼多的工資，其耐我何？

三

小旮旯「燦爛輝煌」了好幾個月，造反派「雄」了幾個月。我看見他們高舉著我製造的那些美麗的紅旗，招搖過市。衝過來，闖過去，雄赳赳，氣昂昂，威風凜凜！不可一世！千萬之眾喊著革命口號，高唱革命歌曲，似乎這世界真成了他們的了。而他們又成了什麼？不知道有沒有誰去想過？定然有人會去想的。

那年月，高唱的「革命」歌曲不少，特別是各種「毛澤東語錄歌」。也就是用毛澤東的幾句話，譜上曲，就成了一首「語錄歌」，要全國人民天天唱。比如什麼「階級鬥爭要天天講，月月講，年年講」諸如此類，就這麼幾句被譜上曲就是一首「語錄歌」。那是文化大革命時期的「流行歌曲」，人人唱，家家唱，男女老少唱，小學生唱，居民唱，農民唱，軍人唱……不僅要天天唱而且要天天反反覆覆的唱。

但每天全國人民都不可少唱的有兩首歌：〈東方紅〉和〈國際歌〉。

〈東方紅〉唱「他是人民大救星」！

而〈國際歌〉卻唱「世界上沒有任何救世主」！

「大救星」和「救世主」顯然是一回事，然而「有」或者「沒有」卻是截然相反的兩個概念。

中國的小老百姓就是這麼的可愛，當然也實在是可憐！這邊高唱有「大救星」，那邊高唱沒有「救世主」，唱罷有「大救星」接著高唱沒有「救世主」。他們的那些腦袋瓜真的就連這麼一點點判斷能力都糊塗到家了嗎？他們億萬之眾都變成了馴服的羊群？任其「若驅群羊，驅而來，驅而往，莫知所之」（《孫子兵法》）了嗎？「眾人皆醉，唯我獨醒。」我想當年沒醉的、清醒的或者半清醒的定然還有，然而卻不得不一同去「裝瘋賣傻」，幾億芸芸眾生天天去唱「有」「大救星」「沒有」「救世主」！

「紅衛兵」運動，「打、砸、搶」導致全國混亂而不可收拾！這是毛澤東踏入「文化大革命」陷阱的開始，從腳踝陷進了大腿了！然而自己尚毫無自省，毫無醒悟，他要為了實現他的始皇夢向著陷阱踏下去——利令智昏！

到了一九六七年七、八、九這三個月，全國的武鬥發展到了如火如荼、激烈空前的地步。中央文革已經沒有任何的能力能夠去稍微加以制止。毛澤東幾乎喪失了駕馭局勢的一切能力，使得全國陷入了一種完全失控的狀態。

一九六七年是中華民族充滿災難的一年。這一年。從春到冬，全國性的，兩大派別多次反反覆覆的生死爭鬥，殘酷火併之中全國老百姓在災難中痛苦的掙扎。然而從血的教訓之中，小老百姓也得到了前所未有的醒悟，人們從各自不同的角度去審視、去思索、去判斷那些被宣揚的「真理」。

現實迫使「愚兵、愚民」的「造神運動」的破產，毛澤東的威望低落到了從未曾有過的地步。一次一次的無能控制局勢，已經使得毛澤東深深的陷入了文化大革命的陷阱而無力自拔。一次一次「與民為敵」，不顧後果，輕舉妄動的諸多自我戕害舉措，驗證了兩千多年以前姜子牙說過的一句話：「人必自毀方而後人毀之！」

軍隊已經完全不聽從毛澤東指揮，這是中國軍隊從來未曾有過的可怕狀況。

中央「文革」已經聲名狼藉，文化大革命已經越來越不得人心。毛澤東自己已經越益明白「擁護文化大革命的人越來越少，反對文化大革命的人越來越多」。北京人已經把「四人幫」叫做「五人幫」，毛澤東等人沆瀣一氣把中華民族拖向更加苦難的泥潭。

第二十章

為生存權殺開一條血路

一

無忘的一九六七年啊，於中華民族，於我而言都是頗多思索的一年！對於毛澤東，從多年的「強大意識形態灌輸」中告訴我和國人的是——毛澤東趕走了日本鬼子（謊話），打倒了國民黨，使中國人民過自由、民主、富強的幸福生活（謊話）。都是構成了我的敬重。即使在我被打成「反黨集團頭子」、「極端右派分子」、苦役、蹲監、陷入社會最底層、餓飯、無助的這種時候，對於毛澤東的這些敬重之情，真正的依然沒有淡漠，沒有動搖。因為還依然相信著以上的謊話！可見我和億萬黎民所受毒害之深！

這種敬重之情是我讀初中三年級時候開始的。一九四六年，毛澤東和蔣介石在重慶和平談判期間，毛澤東在重慶《新華日報》上公開發表了「他」的詞〈沁園春，雪〉。國文教員張＊＊拿到課堂上來講了兩節課。本來就喜愛古詩詞的我，立即喜愛上了這首詞。因此毛澤東進入我少年的心靈而得到我的敬重的，首先因為他是個偉大詩人，敬重之情從茲伊始。後來魯迅對人說毛澤東的那些詩「有山大王氣息！」也沒有消失我少年時代的心靈感覺。

最近讀到了《毛澤東選集真相》一書，其中有：「胡喬木提出：毛澤東著作中三篇名作（俗稱「老三篇」）——〈紀念白求恩〉，〈愚公移山〉和〈為人民服務〉，甚至毛澤東詩詞中最有代表性的〈沁園春・雪〉，即那首『北國風光，千里冰封，萬里雪飄……』都是出自他的手筆，並要求恢復用他胡喬木的名字。」

唉！我還能夠說些什麼呢！兩個騙子無恥的騙了我六十多年，騙了中國數以億計的草民六十多年。在騙子們眼中我們都是傻子！他們幹的就是「愚兵、愚民」的伎倆！瞞和騙就是他們的革命史！就是他們的「偉大」人格！中華民族的人格在瞞和騙的伎倆戲弄之下，還有可能不支離破碎嗎？還有可能存在嗎？近年來這些對於瞞和騙的不斷的揭露過程，也即是對於我們者流億萬「傻子」的啟蒙過程，煌煌廟堂的顛覆過程！

雖然我們被瞞和騙戲弄了六十多年，現在能夠「醒」來，應該說是幸運的，較諸還在瞞和騙中迷迷糊糊的「瞌睡」蟲們，確實是莫大的幸運！我們能不抖擻精神重塑人格嗎？能不良知萌發復甦人性嗎？重塑人格，復甦人性成為了我們這些耄耋之年的倖存者的神聖而嚴肅的課題，也是奉獻給我的中華民族的使之能夠得以延續人性、人格的神聖使命！

一九六七年在審視中國的同時，也審視我自己並非「百無一用是書生」。造反派雄起的時候，造反派求我為之製造造反派大紅旗。造反派被戰鬥軍打倒了，戰鬥軍把造反派的旗子全部都焚毀了。戰鬥軍雄起來，求我為之製造戰鬥軍大紅旗。在造反派和戰鬥軍爭奪廝殺、起起落落、反反覆覆、間間隔隔的這幾個月裏，真是「你方唱罷我登場」，億萬芸芸眾生在毛澤東「製造天下大亂」的指揮棒的攪搗之下，神州大地真是罡風呼嘯，天昏地暗……億萬芸芸眾生都只能身不由己。「亂紛紛蟻排兵，鬧嚷嚷蜂爭蜜！」那就是當年的真實寫照。

我先先後後製造了幾百面大紅旗，趕趕、歇歇、忙忙、閒閒的找了好幾百塊錢。忙碌、間隔、閒散的幾個月裏，找了相當於一個「雞幹部」一兩年才能掙得到的工資，從而能得以暫時擺脫那餓死人的困窘。

「知識就是力量！」這是十六世紀時候培根的名言，一條赤裸裸的真理。我堅信這條真理！未來的路，依然是漫漫茫茫，依然只能也必須依靠知識和智慧去拚搏、去掙扎，始能求得生存。

紅旗漸漸的沒有製作的了。加之到了冬天，負傷傷口疼痛，只得告假，回家裏休息。再以後，街道工業不讓我再回去了。

被生計逼迫無法，只得租了一臺舊縫紉機，違禁的去擺上小攤，接些另活謀生。然而對於裁剪卻是一竅不通，只能接些最最低級的活計，吃力不來錢，生計實在難以維持。把縫紉機搬到我那個小窩屋簷下面，距離街面有一二十米之遙，還得下一條彎彎曲曲的梯坎，大街上過路的行人根本就看不見那裏還有一臺縫紉機，還有人在接活路求取生存。

生計日益難以維持。娘一天天的老了，兒子一天天的長大，我無法養活他們。做紅旗積攢下的錢也很快就用完了，我又陷入了山窮水盡無路可走的困境！

二

有一天下午，我無事可幹，住家在我那旁邊小院裏的幾個年輕人，站在我那小窩旁屋簷下吹牛。平時他們吹他們的，我遠遠的坐在我那小窩的屋簷下，有點「井水不犯河水」，互不相擾。

那天真有點「鬼使神差」，不知道受了何方「神靈」的「驅使」，我手中沒有活幹便無意識的站過去聽他們吹些什麼。其中有一個姓李的，幾年前被招工去了雲南。那時候失業的年輕人非常多，雲南森林工業局、東川銅礦、東北森林工業局、煤礦……諸如此類很艱苦、危險的行當來招工，「慌不擇業」的去了不少的人。這回是回來休假的……

聽他們胡亂的吹牛，我只是聽著，也不插話。姓李的年輕人忽然對我說：「我從昆明帶回來兩段灰色咔嘰布，想做兩件衣服，不知道哪裏做得好些？」我說：「正街幾家甲級門市部啊。」另一個年輕人說：「現在咔嘰布太難買到了，自貢市根本買不到。」確實如此，因為全國的工廠都在停工鬧革命，一切物資都停止生產了，哪來賣的？閒談間，我發現那姓李的年輕人身上，穿著一件很是新穎而別致的上衣，我審視有間之後說道：「你身上這件衣服還不錯嘛！在哪裏做的？」姓李的年輕人說：「不是做的，是買的。昆明買的。哎喲！太不好買囉。那天聽說昆明大百貨公司只到了一百件，很多年輕娃兒都去買，擁擠、搶購、把櫃臺都擠翻了，好不容易才買到了這件。」這種卡克衫只有上海一個地方會做，全國沒有任何地方會做，是一件「雙面穿拉鏈卡克衫」。

這在當年確實是件非常非常稀罕的、新穎而又別致的服裝。當年所有男性穿的，全部是清一色的中山服，亦稱毛服，一統天下至文化大革命結束之後始得以改變。所以姓李的年輕人穿上這麼一件卡克衫，十分引人注目。我說：「就照你身上這種樣式做兩件嘛。」他說：「誰會做？開玩笑，全國都只有上海一地會做。」我說：「正街上……」他說：「我去問過啊！沒人敢做。他們都說根本做不出來，太複雜了……我倒是真想照著這種式樣做兩件，沒有地方能夠做啊！」

我突發奇想，我說：「我照著這式樣給你做兩件。」他有些驚愕而又驚喜的瞪著我說：「好啊好啊！太好了！我馬上去給你拿布來！」說著一溜煙跑回家去，拿來了兩段質量色彩具佳的灰色咔嘰布，那在當年確實是很難以買得到的。大家在鑑賞之餘，又打量那件卡克衫，還叫他脫了下來仔細審視。

這確確實實是一件別具一格的卡克衫。其製作之煩難精細、設計之巧妙精心、款式之新穎別致，無論從設計構思、工藝製作，即使在二十一世紀的現在而今各式服裝萬紫千紅、鮮豔奪目、奇裝異服遍布天下的情況之下，也絕對是堪稱第一流的。

我把那衣服認真審視，其難度之大，真令我有點望而生畏。我連一件上衣都沒裁剪過，稍稍憑一點點理智，都應該知難而退。

我說：「你把衣服先放我這兒，我看一看，我一定給你做好，做壞了我賠你。」姓李的年輕人卻說：「賠啥子啊！你大膽的做，做壞了就算了。」把這件卡克衫拿回家裏，我仔細「研究」了一番。認真解剖了一番，總結出其能以單層布而卻能雙面穿，翻過來、翻過去都同樣顯現出是「正面」。

當時的上海服裝研究所在二十世紀六〇年代是中國全國唯一的服裝研究所。這件雙面穿卡克衫，不知道花費了師傅們多少心思、多少實踐才得以成熟定型的，這是絕對可以稱之為服裝史上一次創造性的成果。我只不過以「反向」探求的手段，逆向思維的方法，從成品去追溯出它的初始狀態。先認真「解剖」它的工藝製作，再仔細的一一比量了它衣片各個部位，有如把一架鐘先拆卸成零件，再把它組裝起來。心中有數之後，便麻起膽子下刀動手……

整整兩天。哎！當然，少不了許許多多的周折，哎！第一件做出來了！我成功了！我所說的「成功」，並不是指模仿那件卡克衫，能夠依樣畫葫蘆……這只能說是「雕蟲小技」而已。我所說的成功，是在尋求犬彘之食以求吊命、尋求最廉價出賣自己的勞動都不可得，在生計無門，萬般艱難的情況下，去「殺」開了一條血路！並因此而改變了我「明天」的生存條件，較為安定的生存了下來。

我所說的成功，是為生存權去「殺」開了一條血路！

有了這第一件的成功製作，從此揭開了我「摘帽右派生涯」一段嶄新的歷史，為我這小旮旯的窩，譜寫了一頁「燦爛輝煌、驚天動地」的篇章！製作那紅旗，是從全自貢市只此一家，變成只此兩家。而今製作「雙面穿拉鏈卡克衫」，是從全國只此一家，變成了全國只此兩家。我使用了上海服裝研究所的師傅們的研究成果，而得以生存了下來。

年輕人追求美、追求新鮮、新穎是永恆的，因為他們年輕，即使在那壓抑沉沉、束縛重重的歲月裏，他們的追求也是勇敢的、無畏的、瘋狂的。正因為他們的勇敢、無畏、瘋狂造就了我的「輝煌」，造就了我的聲名遠播。然而那個愚昧、野蠻、可怕的社會主義社會卻因此而給了我又一次沉重的打擊。

我被列為「現行反革命」大案而大動刀兵！這是後話，暫且不提。

我製作的這第一件與上海那件比較而言，實在是太差勁了，自愧弗如。然而就其工藝而言，卻與上海的那件完全的一致，就這一點，我取勝了。因為那工藝，尚無他人問津，因此從全國只此一家變成了只此兩家。沒有幾天，第二個顧主來了。來人名叫史五，在自貢市是當時很有名氣的地頭蛇，貌不驚人。一付笑臉，絲毫看不出什麼地頭蛇的形狀。客客氣氣的稱我「師傅」，遞上好菸，客氣的說：「麻煩師傅，給我做一件李五穿的那種雙面穿卡克衫。聽說只有你會做，太好了……」

我很快就給他做了一件，比較給李五做的那兩件又長進了不少。這史五本來就是有名人物，穿在身上，就是宣傳廣告。於是漸漸的問著找著上門來的日益增多，當然都是些年輕人。先是市中區的年輕人，然後貢井區、大安區……先是市內，然後市外。當時各地的學生還沒有復課，學生們還在遊蕩，遊蕩在重慶、成都、南充、宜賓等四川各地……他們來來往往的所到之處，穿在身上就是宣傳廣告。這種咔嘰布，因其耐磨，故而耐穿。以前只能單面穿，面子的顏色已經洗舊了、洗白了、洗得掉盡色了，而不能翻過來穿的裏面的顏色還是新的。而今可以翻過去穿，翻過來穿，兩面都同時「兼顧」了，而且兩面的式樣又「各有千秋」，似乎一件當了兩件。優點確實不少，而且實實在在。

我收的工錢非常合理，一件兩元錢。再繁榮、再忙碌，都只收兩元一件，從未多收。在製作上，卻力求精益求精，一件比一件更好。如此一來，自然生意日益興隆。我租用的那臺舊縫紉機用來製作這種服裝，實在是太不相稱了。機械太破舊，轉動速度太慢，針腳效果太差。漸漸的生意日益興隆，積存了幾個錢，一次有個百貨公司的年輕人來做衣服，看見我使用的縫紉機如此低劣便說：「怎麼不換一臺？」我說：「買不到啊！有錢也買不到啊！」他說：「是啊，好幾年都沒有賣過縫紉機了。不過，我們公司最近要到三十臺，說是上海的縫紉機廠開始『抓生產鬧革命』才恢復生產的，聽說還是新產品。不過，可能我們公司裏的頭頭，『後門』開得都差不多了。」

那年代，一切物資緊缺。許多東西公開拿出來賣的沒有，暗地裏賣，賣給有關係的人、有權勢的人、親戚家門人等，叫做「開後門」。那年輕人說：「你想要的話，我去想想辦法，無論如何也給你搞到一臺。」我說：「得多少錢？」他說：「聽說一百六十多塊，但是還要三十張『工業票』」。我說：「錢倒可以借……」因為那時候的一百六十塊錢是個大數目，相當於一個雞幹部四個月的月工資，一般人家要想拿出這麼多錢來是根本辦不到的。月工資那幾個錢只能勉強維持生計……不過當時我因為幹這「雙面穿拉鏈卡克衫」的營生，經濟實力之「雄厚」，我已經有票子可以購買這麼一臺「大件」。

其實這已是我幹這營生以來夢寐以求的「理想」，年輕人的如此允諾真乃喜出望外。因為怕「露富」，只能說錢可以借，只是這三十張「工業票」難！太難！你想想，一家人一年只發兩張工業票，三十張得十五家人的，哪裏去弄？他說：「買得到。一塊多錢一張，不就是多個三四十塊錢嗎！加起來也就兩百多塊錢！你還可以叫那些娃兒去給你想想辦法嘛。」

那時候，來做卡克衫的娃兒們（年輕人），已經與我朋友相待。四面八方聞風而來，我那旮旯本不好找，真乃「酒好不怕巷子深」，每天都有人找上門來。像成都、重慶、南充、宜賓……這些地方的年輕娃兒湊集三五件、七八件專人「不遠千里」而來。然後預定好時間，再專人來取。我自然不能失信於人。正因為我的誠信、我的認真，得到了這些娃兒們的友善和尊重。

新縫紉機買回來了，真是如虎添翼，大喜大快之事。有了這臺新縫紉機，工藝品質大大提高了，製作速度大大加快了。我堅持一絲不苟，舊縫紉機一天做兩件，新縫紉機一天可以做三四件……我製作也日益熟練，成品越來越精美。兩年的含辛茹苦，我的產品與上海買回來的產品已經達到了可以亂真的地步，難分高下。我家裏堆積的貨越來越多，至少得等待一個多月以後才能取得到衣服。平均而言，我一個月最多能製作一百件，我那窩太小，到處都堆壘著等待製作的咔嘰布。重慶、成都、南充、內江、宜賓……的人來做，約定了的取貨日期我必須無條件的遵守，不能讓那些崽兒們白跑這千里之遙。

我那窩實在太小了，我便在那小窩的屋簷下放置縫紉機。門前有一塊一二十平方米大的小小地壩，那是幾家人共有的。在那小小地壩的露天下面，借幾張高板凳，借一張門板鋪上去權當案板。都是向隔壁一家叫繆松銀的工人師傅借，每隔四五天，必須裁上一天。每當我在那小院壩裏裁剪的時候，常常都有一群群娃兒（年輕人）來圍觀，說說笑笑，小院立即熱鬧了起來。當然其中不少都是等著輪子取衣服的。為了能夠提前得到衣服，便有來套近乎的。曾焰轉眼好幾歲了，送他玩具槍、玩具車、零食諸如此類的不少。

距離我家那小門兩三米的地方，這一兩年間真是「一晃」長出了一棵「參天」大樹。這本來是個光壩壩，什麼也沒有。旁邊一家人砍了一根黃桷樹棒棒，像打樁一樣的使勁的往下打呀打，那棒棒本是想用來曬衣服用的，棒棒上端留了一個叉叉，曬衣服竿竿一頭放置在那叉叉上，另一頭放在屋簷上……不知道曾幾何時，棒棒「一晃」長成了一棵「參天」大樹。樹冠越來越擴展，有如一柄大大的綠傘，綠蔭蔭的把那院壩掩蓋了一大半。那綠傘真是特意為我而長的，我在那綠傘下製作、裁剪，免去了烈日侵擾，綠意盎然。

最令人叫絕的是在那棵黃桷樹茂盛的枝葉間，迎來了「百鳥朝鳳」。每當黃昏時分，一群群麻雀嘰嘰喳喳、熱熱鬧鬧的投向那黃桷樹上。密密麻麻不下千百隻。院子裏的人家都說這是吉祥的徵兆，大家都保護她們，不許誰來侵擾。在這城市裏稠密的鱗次櫛比的房屋叢中，如此一個不起眼的小壩，如此一棵不起眼的黃桷樹，竟引來了千百隻麻雀，如此熱鬧，如此興旺的聚集在這裏，人們都認為是非常稀罕的吉祥事情。這是天公作美，天意使然！

曾幾何時，麻雀曾經面臨過一次滅族之災，現代的人聽起來，實乃罕見罕聞的無比荒誕的蠢人蠢事。那時「麻雀、老鼠、蒼蠅、蚊子」被列為「四害」，列為全民總動員，要徹底、乾淨、全部消滅的對象。而這麻雀又長了翅膀，滿天飛，實在不好對付。於是上頭便想了個絕頂聰明的辦法，全民作戰！指揮棒一動，沒有誰敢不跟著轉的……對付這麻雀若用什麼彈弓、氣槍諸如此類去消滅實在無濟於事，於是命令男、女、老、少拿著鑼、喇叭筒、嘴巴、埋伏在城市的四周、四外。一看見麻雀就敲鑼吼叫，瘋狂的、歇斯底里的、大吼、大叫，目的是把麻雀嚇得來不敢停歇的一直飛，看見麻雀一往下落，便敲鑼、大吼大叫，嚇得麻雀不敢下落，一直到在「飛」的狀態中累死為止。果然累死了不少麻雀……然而芸芸眾生吼了半天下來，聲嘶力竭，也累得個半死！什麼人都得去吼麻雀，小學生都得去，而今四五十歲的人定然還記憶猶新。

四害能滅絕嗎？日本那長崎、廣島在遭到美國的原子彈轟炸之後，一切生物遭到滅絕，事過經年之後，最先在那被原子彈毀滅過的廢墟上活躍起來的是老鼠……

後來有個蠢人給聰明人說，麻雀也捕食蟲子，對莊稼也有好處，從而乃停止了吼叫！其實吼叫也無濟於事，麻雀也會游擊戰術。

幾年間不再吼叫了，麻雀恢復過來了，才有這千百隻麻雀投入到這黃桷樹上來棲息。這種情況有兩年，也就是我最「輝煌燦爛」的那兩年。

「輝煌燦爛」的最大體現當然是錢。製作一件卡克衫收取工錢兩元，一個月熬更守夜、精疲力竭能夠製作百來件就可以換來兩百來塊錢。在那年月實在是非常「嚇人」。因為這兩百來塊錢相當於四，五個「雞幹部」的月工資；相當於兩個市委書記的月工資；相當於溥儀皇上被特赦當了公民之後，被安排做國家文史館館員兩個月的工資，溥儀皇上一個月才一百塊錢呢！在那個「越窮越光榮」的年代，不是反常的「駭人聽聞」嗎！你一個社會最底層的，被打入了「另冊」的，只應該苟且偷生去「享受」犬彘之食的「人」，竟也有了去「分享」這社會財物的手段（錢），竟也可以擁有去買那高級的「黑市肉」、「黑市糧」的能耐！當然使得不少人眼紅，被視之為非法，視之為犯罪，又將大禍臨頭了！好景不長啊！

我這樣含辛茹苦、熬更守夜、憑藉我的知識和勞動，為謀求生存而掙這麼幾個錢，卻犯下了彌天大罪?!在「一打三反」運動來臨之際，作為市裏的「現行反革命的大案」，轟轟烈烈的來抄我的家，把我抓起來，大張旗鼓的遊街示眾，許多人說：「這回死定了！」

也真是咄咄怪事，當我被「轟轟烈烈」的抄家，被那千百之眾鼓噪喧天來圍觀抄家之際，那種「煞氣」定然沖犯了那顆黃桷樹上的「靈氣」，當我被抓走被關起來之後。那千百隻可愛的麻雀，那千百個神奇的小精靈竟全部飛走了！一去而不復還！我可愛的神奇的小精靈啊！你們去向何方啊？

我一九六三年出監獄，生計難求，至一九七七年流落江湖，嘗盡了人生苦難。十四年間淪落做裁縫，艱難謀生，閱盡了各種嘴臉，體驗了人間底層的苦辣酸鹹！

第二十一章

再次死裏逃生

一

剪小褲腳！你聽說過剪小褲腳這等天下奇談嗎？

你見過圍堵、追擊、雞飛狗跳、如臨大敵的去剪小褲腳的今古奇觀嗎？現在而今還健在的五十歲上下的男女，應該記憶猶新；其中定然少不了曾經去剪過別人小褲腳的男女，也少不了曾經被剪過小褲腳的男女。可惜你沒有把那被剪得遍體鱗傷的小褲腳保留至今。那是你太沒有遠見了，如果今日尚存，定然能成為可被收藏的「文物」，而作為那個野蠻、愚昧、專制年代的歷史見證。

那真是世界上無有，歷史上無有，令人哭笑不得的混蛋作為。那是上頭統一布置，然後以黨委決定，政府執行，以公安牽頭，組織大隊人馬，個個手持大剪刀，耀武揚威的在繁華大街上四方設卡，凡看見穿小褲腳的，衝上前去抓起來，無分男女一律從褲腳一直剪到屁股，雙腿都剪得四分五裂之後，再把你放了。任你露著大腿、露著屁股、哭哭啼啼、嗚嗚咽咽的招搖過市。

穿小褲腳算不上犯罪吧？不能抓人、關人，故爾以剪小褲腳來懲罰。所謂的小褲腳也就是而今的牛仔褲諸如此類的式樣，或者類似牛仔褲之類的褲腳、褲腿較小的褲子。小要小到什麼樣才稱之為小？沒有什麼「標準」，他們想剪就剪。你定然驚奇，為什麼牛仔褲都不能穿？沒有為什麼，就是不能穿，不准穿，穿的就剪。你能說那不是愚昧、野蠻、專制的年代嗎？

不久，出了個新的罪名，叫做「奇裝異服」，小褲腳被列入「奇裝異服」之罪。但什麼是「奇裝異服」？怎樣才構成「奇裝異服」？同樣的沒有定義、沒有說明，更沒有標準，當然誰也說不明。於是就有了隨意性，說你是就是。於是我製作的那種美觀、大方、新穎、別致的雙面穿拉鏈卡克衫被定為了「奇裝異服」。被自貢市的某些「文革」頭頭定為了「奇裝異服」。製作「奇裝異服」的我，屬於予以嚴厲打擊的「現行反革命」對象。

我照做不誤。沒有辦法，滿屋都堆滿了等待製作的咔嘰布，每天都有人來取衣服。我很講信用，再熬到夜深也給人按時取貨。當然製作一件就能收入兩塊錢，有了這錢才能活命，這是最主要之點。我必須照樣的加班加點，不能停歇下來。

有一天，一個親戚特意來告訴我，她的兒子在市公安局，昨天全市公安部門幹部開會，通報了「階級鬥爭的新動向」，我被在全市公安系統大會上公開點名，其罪名是：「右派分子進行階級報復專門製作奇裝異服毒害青少年。」這是彌天大罪，罪可至死的現行反革命罪。我感謝她的通報。但我能怎麼辦呢？我上有老娘，下有妻兒，都得靠這點營生來活命，我能扔下他們不管嗎？我能逃跑嗎？

再一次面臨了我第一次入獄前的抉擇。一九六一年，學校當局要「寬嚴結合」，準備摘去兩個右派分子的帽子，送兩個右派分子去勞動教養。我這個「反黨集團頭子」，又拒不認罪、頑固不化、毫不低頭，理所當然的被當局歸入了殺雞給猴子看的應殺之列。趙德華（右派老師，民主同盟的盟員）不知怎麼獲悉了此「情報」，一天下午，很神秘的來到了我們那間右派分子的大寢室。這是他第一次「冒險」光顧此處。趙德華跟大家隨便聊了幾句，悄悄的來把我叫了出去。

我們小心翼翼的走到了僻靜的一處樹林間，如此謹慎小心，我想恐怕有什麼重要的話要通報於我。趙德華怕把我嚇著了，轉彎抹角的最後終於給我以通報他獲悉的「恐怖」消息！我非常的坦然，絲毫沒有什麼詫異的表現。我的坦然反而使得趙德華詫異了。他怕我沒有完全明白他的通報，沒有完全明白我面臨的可怕處境。只得更直截了當的說：「這是絕對可靠的消息，學校當局要送兩個，兩個去勞動教養三年，材料已經上報了，很快就會批下來。」我說：「這能怎麼辦呢？逃跑吧！跑到哪裏去呢？普天之下，莫非王土……」

當時知道有許多「西北盲流」，因為各種原因而不得不冒著艱難險阻逃亡到大西北、新疆、青海……生存條件極端惡劣艱辛的不毛之地去掙扎求生。但那是一條不歸路啊！我還牽掛著我那老娘呢！

當時我那個反黨集團的一個女右派——王舜中，本來是在一個縣團委工作的幹部，調幹上大學的，在「學制改革」的「幫助整風」的「反黨活動」中很能幹。

右派分子而又身為女性，稀有動物，鶴立雞群，雞立鶴群！那日子實在過得艱難，低頭、抬頭都難以躲避群眾那些雪亮的眼睛。無可奈何，終於跑了，跑得機智而勇敢，跑了兩天才被監視她的「革命群眾」發現。也不知道跑去了何方，幾十年迄今杳無音信……祝願她還活著啊！她還活著嗎？

人為刀俎，我為魚肉，能怎麼辦呢？我說：「趙老師，太謝謝你了，你是擔著風險來告訴我的，但是你說我能有什麼辦法呢？除了逃跑，我能怎麼辦？可是我不能逃跑啊！我還有一個老娘呢。我逃跑了、失蹤了，我那老娘無依無靠怎麼辦呢？」儘管老娘被判了八年監獄，我當「革命幹部」年間，不得不和她「劃清界限」，但我人性未能泯滅，不能夠喪盡天良，靈魂深處依然牽掛著老娘！堅持著一個信念：一定要贍養她，一盡孝道。

我當時雖然單身一人，但我不能夠選擇逃跑，唯一的牽掛就是老娘。我雖然可憐得不如一個囚犯！但我依然立下「宏願」——一定要一盡人子之道！這是最起碼的人性！結果只得以蔣委員長的「以不變應萬變」的對策，等待著挨宰。然而即使在等待著挨宰的日子裏，我晚上照樣睡得很香，白天依然若無其事，不擱事！晚飯以後照樣在那窗臺前面等待「阿克西尼亞」優雅的走過來，優雅的走過去……

近而立之年了，但已是曾經滄海之人，險死而未死好幾回了：在我的記憶中，「死神」造訪於我已經很多次了……我遭遇過許許多多驚險的死裏逃生！時至今日，因為險惡的遭遇，我做過七次大小手術，免不了多次的死裏逃生！我曾經在此書中記錄下那些可怕的死裏逃生，現在又把它刪去了……

我渴望頑強的活，活著是美好的！但對於死，像我這樣那麼多次險死而未死的人，對於死亡，我還有什麼可懼怕的呢？我覺得許多人都是不怕死的。殺人越貨的強盜把腦袋繫在褲腰帶上，叫做亡命之徒；從容就義是生死置之度外；衝鋒陷陣是視死如歸。豪壯、悲壯的死是可歎的，然而還有那麼多餓死的、冤死的、大難大劫中不明不白的死卻是可悲的！我見過的死亡太多了！像我這樣的右派分子，以及諸如此類各種分子在這些年裏冤死的、餓死的，也實在是太多太多、太多了！像我這樣大難不死之人，死裏得生，生、死於我而言已經太淡漠了！一個連死亡不怕的人也就沒有什麼可以懼怕的了。

只不過死神雖然已經這麼多次的和我打過如此之多的照面，似乎都還能絕處逢生，都還未曾陷入絕境，所以都還未能「慷慨歌燕市……引刀成一快……」，未能像西楚霸王那樣可以昂然的「寶馬贈亭長，頭顱送故人」！

在許多年以後一個叫張淑芬的女同學很認真而又很好奇的問我：「在那種種險惡的處境下，想沒想到過自殺？」我回答：「沒有，絕對沒有！哪怕只有一線生機，也要堅持到底！絕對的堅持到底！」即使某些時候我免不了也有點玩世不恭的味道吧，但對於這樣嚴肅的問題：我認為生命是神聖的！死亡也是神聖的！一個人不應該懼怕死亡，但絕對不能輕生。絕對不能！我雖然知道已經有許許多多人因為種種原因以死來抗爭。我不能、不願、不想、不敢評價這種死亡。我無權更不忍心去評論這樣勇敢而且神聖的死亡！因為我知道這些死者生前有過光輝、有過堅強、有過勇敢！而他們只剩下了以死抗爭這唯一選擇，可想而知，生的選擇於他們而言艱難到了何等程度？

然而這一回，我將會面臨怎樣的險惡呢？我還能夠絕處逢生嗎？去他娘的，要怎麼樣就怎麼樣吧。活計照樣幹，錢照樣收，生活照樣改善。

這兩年，我是真正的孝敬了一下老娘，聊以一盡人子之道！其實也只不過不時買幾斤高價的黑市豬肉，給她個一二十塊錢，買十來斤黑市高價糧票去看望她一下，能力也就僅此而已。在那人性泯滅的時代悄悄的表現一點人性尚存！因為依然有人罵我是「地主階級的孝子賢孫」！因為那時候一般的農民常年豬肉也見不著的！大都饑寒交迫，乾飯也難以吃到的！因此這對於她那處於農村裏的最窮困的生活是非常難得的補償，生存狀況大大的超過了大多數的農民。

這個可怕的情報沒有向伍淑華通報，怕她承受不了。只是又買了一臺新縫紉機放在她娃兒們住的那個家裏，給了幾個錢叫她存放起來，以防不測。能夠採取的「應變措施」，僅此而已。照樣不礚事，還是蔣委員長的「以不變應萬變」的無奈對策。

二

瘋狂而殘酷的暴風雨終於來臨了，那是公安局、市管會、稅務局組成的一個專門小組，經過精心策劃過的：先來了個「調虎離山」之計，一清早有人來通知我去市管會開會。把十幾家的縫紉單幹戶都一起通知去了，還指定我做組長。布置了一個學習文件，叫我讀了，叫我領導大家討論。當時不知道這是故意安排的「迷魂陣」。

吃過午飯，正在討論，市管會一個人到學習會上來告訴我說：「你家裏說有你的電話，趕快回去接。」這個謊撒得太有點蠢了。那年月的電話非常的稀罕，一般幹部家沒有電話，老百姓更沒有。市裏連公用電話也沒有，打電話必須去郵電局裏才有。市級頭頭家裏才有。幾萬十萬分之一的家庭才擁有。誰會給我電話呢？沒有，沒有誰。要抓為什麼不在這裏把我抓起來呢？叫我回去幹什麼？家裏肯定是出了什麼事？對，抄家。一定是抄家。

我一邊走一邊想，肯定無疑是在抄我的家。抄家我倒不怕，我那樣的家，還怕你抄？我只擔心那些野蠻的抄家，會嚇到老婆和孩子。他們什麼世面也沒有見過，孩子才幾歲。漢子做事漢子當，我只想趕快回去承擔那一切野蠻的壓力。

從市管會到家有二十多分鐘的路。我判斷一定有人尾隨，便加快了步伐，頭也不回一直往前走。當我走到原來「下牌坊」的舊址旁邊，光大街那大街上的時候。距離我家還有三四百米遠近，只聽見大喇叭不停的呼叫，成千上萬的人把大街壓斷了。

我那小窩在光大街大街的坎上。坎高有十多米，有條之字形的石梯坎往上走，那梯坎有二十多梯，石梯坎上布滿了警察，不讓人群再往上面擠。那小壩周圍也已經站滿了幾百人，引頸踮起腳尖在向著小壩中間觀看，像一群伸長著頸項的鐵甲鵝盯著小壩子中心。一些警察站在小壩子四周不讓圍觀的人再往前面擠……

我走進那壓斷街的密密匝匝的人群中，我一邊往前擠，一邊擠一邊喊：「請讓，請讓……」遠遠的就聽見人群中在大聲嚷嚷：「抓美國特務囉！」因為當年「製造」在老百姓的概念中，美國特務是窮兇極惡、青面獠牙的吃人生番，如此大的陣仗必然是抓美國特務！

有認得我的人在人群裏說：「就是他，就是他……」有人說：「抄了十幾支槍！還有金條……曾魯的兒……抄曾魯家的時候還抄出了電臺……美國特務……還有祕密文件……」

這些說法，其原因有二：一是看見抄家聲勢如此之大，如臨大敵的陣勢，萬人空巷，肯定非同小可，美國特務諸如此類乃據此現象臆造、想像而來。二是這些壓斷街的人，上不了坎，想知道坎上到底發生了什麼事，從坎上傳下來的一言半語之中，驚訝歎息之中，去胡亂猜測，不由得說說道道而來。

我終於擠上了坎，小壩子上邊已經堆滿了亂七八糟的各種對象，那準備製作卡克衫的一百多段咔嘰布堆了幾大堆。縫紉機放在那黃桷樹下面，一個市管會的頭頭叫宋什麼的人，借了一張凳坐在那縫紉機前在做登記。果然有十多支槍放在那小壩子中央，不過那都是些年輕娃兒們送給曾焰的玩具槍而已。還有一架軍用小吉普車，當然也是兒童玩具車，那年月，兒童玩具十分稀罕，能夠有一支玩具槍已經很不易了，而今竟堆積了這麼十幾支一大堆，自然十分使人驚訝，比資本主義還要嚇人。其實這些玩具槍一支也不是我買的，全是來做衣服的年輕人從重慶、成都……來找我做衣服時候，送給曾焰的，因為知道我很金貴這個兒子，乃聯絡感情之物也。

對於那一百多段布，那頭頭登記不下去，所以叫我趕快回來。本來他滿以為每一段布料中定然夾有一張紙條寫著姓名、尺碼等等「私製發票」之類（抓著私自制的發票諸如此類，那是重罰的罪名）。然而打開一看，什麼也沒有，他大惑不解，不知道該怎麼登記。那頭頭問我：「這些布幹什麼用啊？」「做衣服啊。」「這些布誰是誰的啊？做什麼啊？什麼時候取活？你憑什麼？」我說：「憑記憶。」他說：「記憶，你記得那麼多嗎？你少說也做了幾千件嗎……你沒有搞錯過？」我說：「從來沒有，一次也沒錯過。」

這幾年確實是如此，從來沒有使用過什麼條子之類，幾千件往來全憑記憶。當然在那每段布上面還是用「畫粉」畫上尺碼、符號諸如此類他人不知所云的「天書」。來做衣服的娃兒們從來不向我索取什麼憑證，我也從來不給，可從來沒有任何人來冒領過。確實從未出過任何一次差錯。一是我的記憶力實在不錯。二是年輕娃兒們絕大多數人性為本，狗性的極少。曾經發生過，但逃不出我的精明。往來已成

「君子之交」。他們對我客客氣氣，我對他們和和氣氣，相互尊重。要想得到一件高質量的稱心衣服，能對曾師傅不尊重嗎？

那頭頭無奈但又必須登記，他說：「這麼多布怎麼登記呢？」我說：「那是你的事。」他無奈，便叫人數多少段……數了好一陣子，又叫我數。我說：「我不用數，數了也沒有用，有用嗎？」

他又登記那些玩具汽車、玩具槍、小人書……諸如此類。我說：「這些你也要嗎？」那頭頭怒視了我一眼，狠狠的說：「你放老實點，誰要？這些都是贓物。」我心平氣和的說：「娃兒的東西怎麼也是贓物？」他有點老羞成怒，吼一聲：「你還這麼囂張。」

這時候他看見我手上帶著那塊金錶，那頭頭對我吼一聲。「把錶取下來。」我說：「這塊錶是我在涼山剿匪負傷住院買的，算是革命流血的紀念，一直就沒有取下來過，你也要？」他又吼道：「取下來。」旁邊一個警察兇狠狠的站過來吼道：「快取！取不取？」

我心裏想：「他媽的，真是土匪！」當然只敢於「腹誹」了，誰還敢於還嘴？橫眉冷對說不定也會賞賜你一拳頭。那警察又吼叫，我慢條斯理的取下了那塊在任何艱難困苦之下都沒有喪失過的紀念之物。就這樣，這紀念之物被無理的吃了！

折騰了幾個鐘頭，圍觀的人還是那麼多那麼耐心的堅持著在欣賞這場抄家的鬧劇。最後，一群警察把全部抄家之物抬下坎，抬上了早已停在下面的一輛大卡車上。一個警察叫我：「你也上去。」我說：「去那裏？」警察說：「去就知道了。」

隨意抄家，隨意抓人，無法無天，文化大革命年代就是如此專制、野蠻。難道還不是嗎？我被弄上那汽車掛牌遊街，弄到十字口（那時候叫英雄口，專門鬥爭、示眾的地方）去示眾，示眾之後又弄上汽車在全市大街繞行，大喇叭開道抓著了一個「現行反革命」……然後被莫名其妙的關進了涼水井。

＊

遊街示衆——六十年來

毛澤東統治時期，「運動」頻仍，每次「運動」中都要抓出百分之五的「異類」、「階級敵人」打入「另冊」。首先被鬥爭，其中不少逃不脫遊街示眾的懲罰。一九七〇年「一打三反」，我被遊街示眾。

關在這裏面的，有百多人，絕大多數都是偷、摸、扒、竊之徒，而其中又不少是「上山下鄉」的「知青」。

到了一九七〇年，毛澤東利用青年學生去為他製造「天下大亂」，打頭陣的差事已經完成任務了。這些處於青春躁動期的，易於衝動，而一衝動就瘋狂、就難以控制的群體，已經成了「成事不足，敗事有餘」的一堆堆的「火藥筒」。

大學生全部掃地出門，全國的大學裏面沒有留下一個學生。這些中學、大學的「紅衛兵」在陣陣血與火的「打、砸、搶」的瘋狂之後，大多數落得個相同的命運——上山下鄉，灰頭土臉。

若干年之後，當他們回首往事，感歎咨嗟：「我們的罪惡是無知！」的真理醒悟的時候，才開始明白那場惡夢給他們留下來多少的悔恨和傷痛！

城市裏擁塞了千百萬計的高、初中畢業或沒畢業的學生，無所事事。二十歲上下，又經過了「打、砸、搶」、「大串聯」、「奪權鬥爭」、「經風雨、見世面」等等真刀、真槍、見紅、見血的百般操練。既失學又無業，「飄」在這世上，生計難求，還得靠父母養活，父母自然就得給以一些管束、約束諸如此類。然而革命造反、胡作非為慣了的「當代英雄」們，他們的思維、理念已經被「革命造反」「薰陶」得畸形了的、為所欲為的這些「刺兒頭」，還會受這些管束、約束嗎？當然不能。面對如此形勢能順心嗎？當然不能。煩躁、鬱悶、不滿、壓抑的結果，使得這些年輕族完全就是一些火藥筒，隨時都會爆炸！

加上全國全面工業凋敝，大小城市失業人口眾多，實在無法把這些火藥筒留在城市裏面。為了消除這些潛在的巨大危險因素，只得採用了強制移民的辦法。「廣闊天地大有作為」，全部趕去「修地球」！

古往今來一切移民都是強制性的，一切天花亂墜的胡說八道的謊言都是短暫的！毛澤東來了個知識青年「上山下鄉」運動。千家萬戶凡是有知識青年待在家裏的，一般的老百姓家庭沒有誰得以躲得過。當年，全國有多達三千萬名的城市知識青年以強制移民的辦法往農村壓。目的是為了減輕城市負擔。然而把這些人攆到農村去又會怎麼樣呢？當然管不了那麼多了。顧此失彼也好，「挖卻心頭肉，補得眼前瘡」也好，都是無可奈何的無法之法，三千萬知識青年只能說是小老百姓們自己的心頭肉，應該說是挖卻別人的心頭肉，來補得毛澤東自己的眼前瘡了。這是毛澤東慣用的手段。

要問有多少知識青年是「自願」丟掉城市裏的糧食、戶口「上山下鄉」去的？百分之九十還是百分之一？糊塗帳！其實也一目了然！當時報紙上說：響應毛主席他老人家的偉大號召，知識青年都是「自願」「上山下鄉」去的。不過那些「悲壯」的歡送場面，送行的父母被送的兒女一起嚎啕痛哭，呼天嗆地，天昏地暗，生離死別，難捨難分，曾經此情此景，當年「上山下鄉」去過的人，而今五十多歲吧，定然記憶猶新的吧！種種花樣翻新的「動員」手段，逼得你沒法不就範，不得不「主動」的去「自願」下掉那寶貴的城市裏的糧食、戶口。

被迫的強制移民，折散了幾千萬個悲慘的家庭，留下了無盡悲愴的記憶！那時候還流傳了一些「揪心」的知青自創的歌曲，像重慶知青創作的：「我站在枇杷山上，兩眼淚汪汪，長江嘉陵江，什麼時候才能回到你身旁？什麼時候才能重見我的爹娘？……」因其哀婉纏綿，四處傳唱，自貢市的知青中很多人唱，有的人改詞：「我站在天池山上……」「我站在富臺山上……」以之「長歌以代泣」……

其實有點歷史知識的人都知道，從古至今所有的「移民」都是強制性的。窮家難捨，故土難離！落葉歸根，這是中國人的民族情懷！

伍淑華的三子、四子只初中畢業，也「上山下鄉」了。沒法不去，小老百姓誰也無法躲得過去。「上山下鄉」的是非功過已經不少人評述過了，以下只就被弄進到涼水井這旮旯裏來的這些「當代英雄」「落草」而成為了「好漢」的與我的糾葛有些回憶而已。

三

我被塞進去已經天黑了，押解我的警察把我交給裏面的一個警察。裏面那警察便搜身，身上有好幾十塊錢，搜去了，一切搜光，還有一包沒有抽完的好菸。那兩年因為做這種雙面穿拉鏈卡克衫，能找錢，便買些黑市上的好菸來抽。我又渴又餓。跟那警察討吃的，沒有；要點水喝，沒有。渴著、餓著被關進了牢房。

近百人關在一間三四十平方米的大屋裏，左右兩排大鋪，上下兩層密密匝匝的擠塞著這近百人。那警察胡亂指了個旮旯叫我擠進去。又渴又餓，加上滿屋裏汙濁惡臭的令人發嘔的尿臭、汗臭、潮濕、缺氧令人窒息的難耐！今夜無眠！

此情此景，回顧總是較易招來的。二十歲那年當市團委宣傳部長，三十歲那年以「拒不認罪，拒不接受改造」，實乃「莫須有」的罪名，被重慶師範學院判了勞動教養解送到了成都監獄。今年四十歲卻以謀求生存，為了不至於被餓死，為了生存權而掙扎，辛辛苦苦、規規矩矩的自食其力的幹勞動，而竟莫名其妙的連個「莫須有」的罪名也沒有，被塞進了這不明不白的地方。

然而，人還活著，亦算是幸運啦！我知道好些個右派分子都已經因各種各樣的不堪而斃命。比如重慶市民主同盟的頭頭蘇軍、李康，自以為經過殘酷勞動改造，已經脫胎換骨，可以重新走向「光明大道」，殊不知竟鬱悶而逝。比如重慶師院的周邦式，文化大革命一來，首當其衝，被抓做「死老虎」鬥爭，其實當時周邦式已經古稀之年，規規矩矩、文質彬彬，只因為當過國民黨湖南省黨部宣傳部長，被鬥爭的時候也很「老實」，低頭認罪、毫無抗拒諸如此類行為。造反派不管那麼多，橫不說、順不說，一棒打來，腦漿迸地，當場喪命！像我這樣的「反黨集團頭子」，被視為「倨傲不馴」、「民忿極大」的「死老虎」，若還在重慶師院那學校裏接受「監督勞動改造」的話。文化大革命一來，首先要打「死老虎」，我肯定是挨打的第一批甚至是第一個「死老虎」。而今，「野蠻」的文化大革命期間，我這樣本性難移的人，同樣是絕對不會「低頭」的。「竟敢如此囂張」，定然少不了的是大棒伺候。打斷腿、打斷手、打得腦漿遍地，有如周邦式的下場，完全都是可能的，絕對是可能的。

那時候在區醫院的女右派分子陳培珠從北京「上訪」回來講的那些情況，也多有些「嚇人聽聞」。陳的父親是國民黨的將軍，在雲南參加起義後，被作為起義將領對待，後來不知道什麼原因又被槍斃了。當時陳尚在貴陽醫學院讀大學，被視為反革命子女，受此株連被打成了右派分子，真是「在劫者難逃」。陳培珠只為自己的冤屈去「上訪」。

文化大革命時候，到中央「文革」去「上訪」的人成千上萬。對於來「上訪」的這些數以萬計之眾，設立了三個接待站。到每個接待站「上訪」的人那隊伍都有三五里長。那接待站裏擺放了不同的信封，有「江青收」的、「康生收」的、「王力收」的……等等。送交材料的人太多，白天交不上，晚上就和衣倒臥在大街上，餐風宿露，像乞丐討吃的一樣排隊一步一步的往前挪動……如此三五天輪子也難排到頭。

那等困窘艱難忍饑挨餓與而今的「上訪村」相較，也還算「平安無事」，還沒有人來把你押回原籍或被誣為「精神病」而關進大牢。

當時「上訪」的大都是右派分子和右傾機會主義分子。某些省搞「淨化」人口，竟把全部右派分子連同右派分子的家屬子女一竿子掃，全部一起下掉了城市的糧食、戶口，攆下農村去監督勞動改造。真是株連九族！當然比較大興、道縣那種「淨化人口」——男女老少全部殺光，也算還留著一條性命。

全家被攆到農村的當然難以掙扎，於是那些冤死的、餓死的、被打死的、還有像夾邊溝右派分子集中營集體的被活活餓死的這些人的家屬……這些數以十萬計的家屬們都去找中央「文革」求得申冤。當然是找錯了門。幾十萬封「申訴材料」完全石沉大海。中央「文革」會給你右派分子伸冤？儘管中央「文革」不予理睬，然而這是一種抗爭！一種抗爭的手段！表達了對於千百萬冤魂的冤屈的呼喚和吶喊！

當時陳培珠叫我去我就不去，我說：「我是已經摘了右派分子帽子的。」她說：「你摘跟沒摘有多少區別？」我說：「去也沒用，他們是不會管的。」不幸而言中。

各個「單位」的造反派在「文革」開始的時候，無一例外，都以打「死老虎」開場。地、富、反、壞、右都是「死老虎」。距離我那裏不遠的紅旗鹽廠，也就是我給他們製作紅旗的那個「毛澤東主義風雷激　革命造反兵團」的造反派們，就給紅旗鹽廠所轄的全部「死老虎」們專門製作了吊牌，每人一塊。那吊牌有一米長、半米寬。吊牌上面寫著大大的字：什麼分子某某某。用鐵絲把那十多斤重的木牌，吊在頸子上懸掛在胸前。那鐵絲勒進了肉裏，鮮血直流。早上全部跪在紅旗鹽廠廠門前，向來造反的「造反英雄們」「請罪」。晚上五點又一溜煙的跪在紅旗鹽廠廠門前，向造反凱旋而去的「造反英雄們」「請罪」。「造反英雄」就是如此威風，有的還會順帶給「死老虎」一點顏色看看。凡有大會、鬥爭會之類，「死老虎」們都得掛上吊牌跪在臺前去請罪、去陪宰。「死老虎」們凡是走出廠門，走上大街都必須掛著大吊牌招搖過市。

他娘的！我有幸沒有在「單位」，故爾有幸沒有玩過這些「胖格」。也有不少像我這樣流落江湖的，掙扎在這社會最底層的。因為無能掙扎而饑寒交迫含恨死去的也不少：認識一個姓朱的工程師，生計無門，去了街道運輸隊。這街道運輸隊裏大多數都是「死老虎」：「五類分子」、勞改勞教放出來的、被管制的……被稱為「牛、鬼、蛇、神收容所」。全都是些廉價的苦力的幹活。朱右派乃讀書人，本是羸弱之軀，難勝挑抬的幹活，沒掙扎幾年，也就嗚呼哀哉了！被弄到農村去的右派分子們，年老的、體衰的、無能掙扎，填不飽肚皮，因饑餓而嗚呼哀哉的太多太多。在餓死四千萬人的災難面前，右派分子是最沒有抵禦能力的群體。

小至這等億萬之眾的芸芸眾生可以被視之有如草芥，而大至有如賀龍、陳毅、彭德懷……這等曾經叱吒風雲的十大元帥可以被鬥爭、被屈辱、被囚禁、被逼死……國家主席劉少奇可以被冤死……大文豪老舍等等可以被匍匐在地上任打屁股！逼得跳太平湖自殺，傅雷夫婦可以被逼得雙雙自盡含恨而逝……

難怪諸葛亮要躲在隆中去「苟全性命於亂世」了！那麼多的高官虎將草民是企求「苟全性命於亂世」而不可得！

而我有幸沒有在「單位」，有幸沒有留在監獄，有幸沒有陷在集中營，雖然流落江湖，然而沒死，雖然受盡了饑寒交迫的折磨，總得以「苟全性命於亂世」還頑強的活著，實在僥倖！我想起了俄國列夫・托爾斯泰的名言：「生命的全部意義在於活著！」能夠奮力掙扎、不懈鬥爭、頑強的在險惡的處境之中去尋求生存，去解讀生命的意義。這樣的活著，就賦予生命以偉大的價值！死了，全部意義，全部價值也都化為烏有！

「咬定青山不放鬆，立根原在破岩中，千磨萬擊還堅勁，任爾東西南北風。」鄭燮要把他的竹，立根於那岩壁的破縫之中，既無泥土的滋養又乏水分的沁潤，還有雷閃雷鳴的攻擊，東西南北風的掃蕩。鄭燮還狠心的叫它要「咬定青山不放鬆」！這是他理想的生命的偉大意義！生存的美的崇高境界！

俄國車爾尼雪夫斯基給「美」的界定是：「生活就是美！」像我這樣淪落於人間底層，如此潦倒困窘的生活也是美嗎？

我的回答是肯定的：掙扎鬥爭、不屈不撓是人性堅勁的美！勞動奮鬥、安貧自立是人格高尚的美！自尊自重、不卑不亢是人性、人格光輝的美！。

我必須頑強的活下去，不能夠不明不白的被這些「文革」頭頭冤死。我既無法像諸葛亮那樣的「躲進隆中」，我就只能也必須不屈不撓韌性戰鬥下去。不能坐以待斃，我必須像貝多芬那樣去「扼住命運的咽喉」！

每天早晨七點，被關押的這一百多號囚徒，全部被趕到坎下一個小壩子去排隊跑步。要跑上半個鐘頭，然後才給早飯吃。很清的一碗稀飯和一盤老葉子「菜」，八個人蹲一圈，自己分著吃。三頓都是如此，犬彘之食啊！都叫餓，饑餓難忍，被囚禁在那「大牆」之內，難忍也只能忍，給你吊著命呢。

大半都是知青，「上山下鄉」去了，活不下去，跑回了城裏來。生活無著，便幹起了偷、摸、扒、竊的勾當。於是有了幫、便有了頭、便有了掌紅吃黑的地頭蛇……一個叫汪癩殼的知青，在當時的扒手群中頗「知名」。文化大革命那年月，大街上天天發生的新鮮事頗多，經常都有群夥擁擁擠擠看熱鬧的時候。遇到這種場景，汪癩殼一擠進熱鬧擁擠的人群，一霎間就能掏走一二十個包，一邊扒一邊摳出心（錢），扔掉皮（錢包），熱鬧還沒有完，汪癩殼已經滿載而溜也！還有好幾十個扒道中仔，他們全認識我，因為不少在我那裏做過卡克衫。以前只知道他們是知青，還不知道乃此道中人，還不知道他們殺人越貨的兇狠歹毒。因為此前這些人來和我打交道的時候，都從來是客客氣氣、彬彬有禮的。

那時候的常規，凡國慶節、元旦、春節之前，都得大抓一批偷、摸、扒、竊，殺人放火之徒，在節日前夕來個殺、關、管，威懾一下以儆效尤。所以，汪癩殼之流被抓了一大堆進來。

我被塞進去了一個多月，根本就沒有人來過問，真乃度日如年。有天，我問汪癩殼：「要關好久？怎麼問也沒人問？」汪癩殼說：「你才來好久啊，在這裏『泡』一年半載的都有！」把人關在這裏，不聞不問叫作做「泡」，其實質就是「非法拘禁」，而時間無限，想「泡」你多久就多久。我說：「我怎麼遭得住『泡』啊？難道就只能任他『泡』下去？」汪癩殼說：「聽那些仔兒說，你是大案囉，是『一打三反』運動抓的『現行反革命』典型，不好生這個國慶節怕跑不脫（意思是要挨槍斃）。」過了一會，汪癩殼又好心的悄悄的給我說：「你該考慮嚇『後事』。」娃兒（年輕人）們都在說，你這回怕是死定了！因為那年代以莫須有罪名殺人，根本不算一回事，更何況我這個右派分子，即使草菅人命也無人會為之叫一聲冤枉的。我說：「難道他們問都不問一下？」汪癩殼說：「問還是要問的，你到底是啥子問題……哎，不問不問，說是抄家還抄了槍？」我說：「娃兒耍的玩具槍……」汪癩殼說：「你會寫，你不如『主動交代』，你自己先寫上去，如果有人看……你看現在抓了好多嗎，他們連問都搞不贏，誰知道什麼時候才輪得到來審問你呢。你寫個材料還有可能把輪子排上去……」

我想，汪癩殼說的不失為唯一的辦法。但是該怎麼寫呢？考慮再三，我決定以攻為守。以政策為「武器」，做過幾年黨委政策研究員的我，相信只有利用政策作為向他們進行鬥爭的有力武器，以政策的力量去向他們據理力爭。必須要駁倒那個莫須有的「右派分子製作奇裝異服腐蝕青少年」的「現行反革命」的莫須有的大罪名。當然關鍵之點又是必須駁倒所謂的「奇裝異服」，我必須拉虎皮做大旗。

我的「交代」，大致如下：

一、毛主席最高指示，共產黨實行給出路的政策，我老老實實勞動，尋求生活出路，正是聽毛主席的話，去尋求生活出路，正是按照最高指示辦事。

二、我做的雙面穿拉鏈卡克衫，是按照上海服裝研究設計所研究設計的，由上海國營百貨公司製作的，而且在全國大城市，包括首都北京的國營百貨公司售出的。因此絕對不是什麼奇裝異服。如果是奇裝異服，國家能容許製作？容許出售嗎？自貢市百貨公司最近也出售過，如果是奇裝異服他們能出售嗎？

三、自貢市的國營服裝店，最近派了一些很有手藝的師傅去上海，專門去學做這種雙面穿拉鏈卡克衫。如果是奇裝異服，他們還會專門派人去學習製作嗎？因此，把這種雙面穿拉鏈卡克衫說是什麼奇裝異服是絕對沒有根據的。

四、我到底犯了什麼法？犯了什麼罪？從一九六三年摘掉右派分子帽子回鄉近十年以來，我一直奉公守法，絕無任何作奸犯科之舉，一直在努力的自食其力，爭取做個好公民。對待我這樣規規矩矩老實勞動自食其力的人，毛主席最高指示：「政策和策略是黨的生命！」所以請求調查清楚，按照毛主席的最高指示辦事。

我這四條理由，既是絕對真實的客觀事實，而且又有相當的政策高度，稍微有點理性的人不能不去認真對待的。當然還得看在那樣一個角落裏是不是還存在有理性的人。

這材料交上去又一個多月了，依然毫無響動。冬天寒冷，我傷口發痛。有天早晨叫起來跑步，我實在起不來。汪癩殼叫我快起來，我說：「傷口痛，起不來。」汪癩殼說：「那你就不要起來，我去給你請假。」早跑以後，汪癩殼又來說：「你睡在這裏，不要起來，我去給你端飯。」他端來了一碗稀飯，又說：「我去給你請了假，叫他們派人送你去醫院看病，不要說你那是傷，一般的病都要送醫院去看……」汪癩殼這樣的人，不少都學會了利用政策進行合法鬥爭的手段。果然午飯以後，汪癩殼幾個人被叫去了。不多一會，把我扶了出去。下面有一架「架架車」，叫我躺到那「架架車」上面去，汪癩殼幾個仔兒拉著「架架車」，由一個警察押著，把我拉去到了馬衝口的二醫院。看了病，又用「架架車」把我拉回來，已經天黑了。

到了夜間，所有的囚徒都睡了，汪癩殼悄悄的過來，塞給我一個糖餅。在那種地方，整日整夜饑餓難忍，這麼一個珍貴的糖餅真是賽過了山珍海味！過了兩天，汪癩殼又去請假，又由一個警察押著，幾個仔兒拉著我躺在「架架車」上面，又去二醫院看病，晚上汪癩殼又悄悄的塞給我一個糖餅。

我有了點感覺：汪癲殼他們為什麼這麼積極的要拉我出去看病？一出去就是他們的天下，他們總有辦法躲過那警察的眼睛，去施展他們高超的伎倆。

我不知道該如何是好，我裝作什麼也不知道，我不想道破。我知道我無法阻止他們，但我這病還繼續看下去嗎？

春節快到了，警察人手不夠，一去看病就得半天，他們也厭煩了。有一天，一個警察來叫我說：「所長叫你去。」我去到了辦公室，一個穿著藍色毛服的中年人，看上去五十來歲，不像一般的警察。問了我幾句話，語言比較和氣。我想，可能就是汪癲殼說的楊青山了。

楊青山本來是自貢市檢察院的市檢察長，現在砸爛公、檢、法，造反派把他貶到這個什麼所裏來當所長的。我把負傷情況、目前狀況簡單說了一下。楊青山沉默著。我說：「我把傷口給，請你檢查一下？」楊青山微微點了點頭。我便脫下褲子，長長的幾條傷口明顯的裸露在肚皮上面。楊青山審視了片刻，示意叫我穿上去。我慢慢的穿著褲子，彎著腰。

楊青山說：「你先回去治病，啊！」我用疑問的目光望著楊青山，有點不明白他的意思。我問：「你是楊檢察長？」楊青山說：「你回家裏去治治病，啊！」我說：「什麼時候呢？」楊青山說：「現在就可以走。」我說：「我還有床被子。」楊青山說：「去拿吧。」就這樣又把我放了。那些仔兒不無驚訝，不是說是「現行反革命」大案嗎？要挨槍斃的嗎？怎麼這麼便宜的就放了呢？驚訝之餘，都露著笑臉輕輕搖搖手向我致意。

當時，被抓進那個地方去的，有這麼一句話：「風都吹得進來，雷都打不出去！」這麼便宜的把我放了，他們當然驚訝。我自然心中也不無詫異，我想我那篇「交代」材料，可能起了作用。循規蹈矩的憑著製作衣服的勞動來謀求生存，到底何罪之有？連謀求生存的生存權也被踐踏得無有苟延之餘地嗎？楊青山到底是市檢察長，屬於還有點理性的人；雖然被造反派擠兌下來了，理性還沒有被完全埋葬……

「軟」鬥爭的結果，我又一次爭得了苟延殘喘去謀求生存的權利！

回到家裏小門還鎖著。後來才聽說，即使這麼一間房不像房、屋不像屋的，比貧民窟更貧民窟的八平方米小旮旯，當我被抓進去這三個多月的時間裏，「革命群眾」都認為我是「死定了」，不槍斃至少也是「勞改」，肯定再也不能回來的了，所以已經有不少的人覬覦於它，而且還向那狗送去菸票、酒票諸如此類，去討好請求那狗幫忙把那小旮旯弄到手。那狗竟然去房管局幫之類覬覦者做工作。房管局的不同意，始未能易主。艱艱難難、寒寒磣磣的又過了一個春節，從涼水井被放回來一晃兩個月了，沒有人來過問，沒有人來管。

被抄家拿走的全部物件，當然主要的是那一百多段咔嘰布。據說我被關的時候，那些娃兒們天天去找市管會、找公安局的那些人鬧。娃兒們鬧得無法，怕「影響不好」，幾經研究才決定退還給那些來做衣服的年輕人。但每段布料上沒法分辨誰是誰的，所以只得叫我自己去發。一百多仔兒等在那裏。市管會那姓宋的頭頭先講話，然後叫娃兒們對我的「罪惡」進行批判鬥爭。竟沒有一個人發言。那頭頭說：「不批判鬥爭今天就不發了！」依然沒有一個人發言。那頭頭老羞成怒走了，娃兒們哄嚷起來。另一個下屬的，說聲：「不許鬧，等一下。」跑出去又跑回來，叫我：「發！」我拿一段布，問一聲：「誰的？」下面的娃兒都在審視。有人說：「我的。」我一打量，認識的，眼熟的、立即給了；眼生的，便問一兩句，我憑記憶、回憶、判斷便給了。不多時候，那一百多段布，一百多個人，打發得清清楚楚的，散了，頗有點龐士元的遺風！

最重要的是我的縫紉機，我還得依靠它去謀求生存；我那塊金錶，革命生涯的紀念；還有那十幾支槍。憑什麼抓我？你們不找我，我得找你們。我找得他們厭煩了。我要吃飯，韌性戰鬥，天天找……找得他不得不把縫紉機發還給了我。那塊金錶呢？說是偷稅、漏稅得罰，用那塊金錶抵稅。就這樣，那塊金錶不明不白的被吃了。我還有那些書呢？那十幾支槍呢？「你有完沒完？等待處理！你的問題還沒完！」其實，也就這麼完了。不明不白把我抓了進去，又不明不白的把我放了出來，還不明不白的把我那塊金錶「吃」了。就是這樣的黑暗，就是這樣的混蛋，還有什麼人權可言呢？

不久，把郭家坳街五七個縫紉單幹戶集合起來新成立了個郭家坳街縫紉第四門市部。沒幹幾個月，解散了。但依然不容許你去單幹，便分別分到了一、二、三門市部。我被分到第三門市部做裁工。開始了又一段摘帽右派的傳奇生涯！

第二十二章

「七二・七號」傳聞

一

先前是有年輕娃兒送了我一本上海的油印的有關服裝裁剪的「資料」，後來買到了一本《服裝裁剪法》諸如此類的書。當年諸如此類書籍很少也很稀罕，是第一次開始出版的。

學手藝，老百姓叫「一通百通」，也就是觸類旁通。無師自通是沒有的。

因為有了這麼一本書算是有了「入門」的一塊磚了！全憑了這塊「入門磚」，才能夠去捏穩這隻飯碗！當年要想去拜師是絕對無門的，沒有誰敢於收我這樣的徒弟！

做裁工必須負責門市部的全部裁剪，必須什麼服裝都得會裁——男、女、老、少、春、夏、秋、冬的必須一切都會。幸好得到了這麼一本服裝裁剪法，刻苦的把各種式樣的裁剪公式都熟背如流。沒有幾個月我已經駕輕就熟，而且不斷的有所更新。

比如毛服，一般的傳統的以窄腰、撒襬為基調，年輕人大都不喜歡這種式樣，「老譜譜」的看厭了。多次的不斷的探索中我改之為寬肩、窄襬、腰褶稍放而不統。整體造型成一倒三角形，再加上一個薄墊肩，整體造型已近於西服。然而，解放以後幾十年間，大陸一直沒有人敢於穿西服。在「毛澤東時代」被認為只有洋鬼子和賣國賊才穿西服。所以在那幾十年間，西服在中國大陸完全絕跡。文化大革命完蛋以後，胡耀邦上臺當上了中共中央總書記，第一次穿著西服在電視上亮相之際，不少人都瞪大眼睛，大為驚訝。以後趙紫陽等等中央的大人物一個個都穿上西服出來亮相了，才有人敢於步其後塵。漸漸的從大官到小吏都穿了，才流行到了小老百姓身上。

中國的小老百姓就是這麼乖！這麼規矩！因為不乖、不規矩就會給自己帶來災禍。

毛澤東時代幾十年間的中國老百姓無論衣、食、住、行一切思想、行為都是遵循著給予你的模式去亦步亦趨。工、農、兵、學、商，一律穿毛服，老少咸宜。自覺自願的守著規矩，沒有誰想要去犯規，也沒有誰敢去犯規。

那時候如果有如今日之裸背、坦胸、露著大腿、肚臍眼，怕是被作為妖孽抓來砍了腦袋瓜兒了。女人必須包裹成「口袋」、「鋪蓋捲」，那是三十年河東的自由。女人可以「裸背、坦胸、露大腿、肚臍眼」，這是三十年河西的自由。

有了胡耀邦的「敢為人先」穿西服，自此以後，才漸漸的多起來，以至於氾濫成災，賣不出去，大量積壓，廉價處理，這就是「中國式」的災難模式！

我小動手腳的當時，還根本無人敢穿西服，我也絕非經意去仿效西服，當然更不敢「敢為人先」，只不過是「信手拈來」，有點「不謀而合」罷了。其實毛服也是仿效西服變化而來的，那是孫中山鬧革命的時候，為了取代長袍馬褂，把西服簡化了，變化了一下，基本架構還是一格的。到了七〇年代初期，一些有關國計民生的工業得以恢復，於是開始生產出了些藍色滌咔、灰色滌咔諸如此類，雖然產量不多，但自貢市間或也有點賣的。一賣就搶購，搶購到了手，當然很珍視，便想做一件較為理想如意的服裝。有的年輕娃兒以這種滌咔在我那小店做成我這種造型的毛服，穿在身上顯得更加魁梧、雄偉、挺拔。倒三角型突出了男性美，與傳統毛服式樣相較，頗有判若兩人之感。穿在身上就是廣告，當時禁錮依然很嚴，然而如此小動手腳，略微變動，局內人、局外人都難以捕捉此中奧妙，只道是大學生裁縫手藝不同凡響，近道、遠道慕名而來。以前那些年輕娃兒、機關幹部、醫生……都來了，大學生裁縫臭名昭著也聲名遠播。

同時還有一個重要因素。我「三令五申」，給全體人員來了個「約法三章」：一定要把「活路」做好，一定不容許粗製濫造。一般老百姓人家來做一件衣服比修一座房子還艱難啊（當年老百姓的口頭禪）！那年月一人一年只發給你兩三尺布票，幾個人一年的布票才能夠做一件上衣，做一件衣服得「口中省、腹中挪」，何況而今買一段好布料多麼的不容易，所以絕對不能糟蹋了顧主的東西啊！我精益求精，也要求群體精益求精，確確實實就堅持這麼幹。結果，這家本來不入流的街道工業，而今三門市部雄起來了：以前全店一個月營業額只有四五百塊錢，而今翻了一番。月月上千。春節前那兩個月，再翻一番，上了兩千。以前遠遠落後於一、二門市部，現在把它們甩在了老後面去了。以前沒有「活路」，大家只能坐倒耍，而今「活路」塞滿了每個縫紉工的箱子！春節前，三門市部的人們全部都得加班加點的幹活到深夜，竟有的通宵達旦的幹過不停……三門市部夜夜燈燭輝煌，從未有過的繁榮。當時是計件工資，多勞多得，與之同步而來的，當然是每個人的工資收入大大的增加了。我基本上掌握了此一謀生之道，以後幾年也就在此以之謀生。

「殺」出來的生存權！憑著這點「手藝」去換一碗飯來吃啊，不時總有些「推陳出新」！當時禁錮依然很嚴，然而年輕人愛美之心，追求美、追求新穎的勇敢是禁錮不了的。在這裏幹了幾年，一直幹到「落實」政策，才「放下屠刀」，「洗手不幹」了。之所以決心「洗手不幹」，是因為那樣的歲月給自己留下了太多的辛酸，那是落魄無奈謀求生存的不得已而為之的「窮途末路」之舉，不幹就會餓死人呢！

二

這幾年交了幾個知心朋友，不多，但很難得。相識滿天下，知心能幾人？這些知心朋友中，李石鋒是一個。李石鋒是個傳奇人物，比我年長十五歲，二十世紀四〇年代便和我八叔曾也魯開始交往。和我算是忘年交吧。

我出生的前一年，一九三〇年，十四歲的李石鋒隻身一人從自貢市來到了北平就讀於文治中學。一九三二年李石鋒和劉盛亞、張天授三人在北平一起合辦了文藝旬刊《菡萏》和「蓓蕾出版社」，先後在北平出版了黃現璠的《宋代太學生運動》、英國小仲馬的《金錢問題》、衝突的《徊》等。此時李石鋒尚不足十六歲。

一九三四年，快十八歲的李石鋒考入北平國民學院文學系。次年，「一二·九」運動爆發，他積極的投入了運動的同時，開始以投槍、匕首般的雜文來投入戰鬥。在北平著名的《益世報》（聶紺弩做主筆）、《北平新報》上面發表了〈罪惡〉、〈大學教授和文化走私〉等有影響的雜文。

不久被《益世報》主編看中了，聘請李石鋒擔任《益世報》副刊編輯。從此近十九歲的李石鋒踏上了戰鬥、掙扎、多災多難的雜文學家生涯。

李石鋒出生於書香門第、富貴人家，是富商兼律師李敬修的獨子。李敬修有一族兄名李宗吾，飽學之士，擔任過辛亥革命以前就已創建的富順中學堂的校長。

李宗吾二十世紀二〇年代末曾著有《厚黑學》問世，自封「厚黑教主」。其教義曰：古往今來，勝者為王，敗者為寇。而勝者從秦始皇、劉邦、劉備……無不精於臉厚、心黑的「厚黑」之術。劉邦與項羽戰於垓下，項羽捉著了劉邦的生父，以之作為人質相要挾，並聲言要把乃父清燉了來吃。劉邦接到書信，大不以為然，覆書項羽曰：「吾翁即爾翁，爾若烹爾翁，幸分我一杯羹。」意即：我的老子就是你的老子，你要清燉你的老子，希望提一罐給我嘗嘗。可見劉邦其臉之厚、其心之黑，可謂已達「登峰造極」的最高層次，故爾能成其帝王之業。

而項羽在戰敗之後，卻認為「無臉見江東父老」，哀呼「虞兮虞兮奈若何」！可見項羽臉皮太薄，心腸太軟，太乏「厚黑」之術，其結果當然是只能在那烏江之畔自刎而死。

解放以後，《厚黑學》一度銷聲匿跡，沒有人敢於提及，在實際上已被打入禁書的行列。殊不知到了二十世紀九〇年代初的大陸「中國」，卻重又一度「枯樹開花」，什麼《商戰厚黑學》、《人際厚黑學》、《成功厚黑學》……諸如此類在中國大陸突然風靡，氾濫一時。

近年來被認定為是近代中國十大奇學之一，還成立了「李宗吾學術思想研討會」。當然也有人認為並不入學術之行列。

李石鋒一九三八年十月（三十二歲）經王志先（解放後擔任過四川科學技術大學黨委書記，今年九十四歲了，還活著）介紹加入中國共產黨（地下）。

抗日戰爭期間，李石鋒在中共南方局主辦的重慶《新華日報》，茅盾、巴金主編的《烽火》，矛盾主編的《文藝陣地》，夏衍、聶紺弩、秦似主編的《野草》，老舍主編的《蜀道》、《抗戰文藝》，夏衍主編的《救亡日報》，聶紺弩主編的《力報》、《筆陣》，陳白塵主編的《華西晚報》，毛一波主編的《川中晨報》……等著名報刊上發表了雜文三百多篇，逾百萬字，其中不少精品，影響很大。

在北平、在桂林、在重慶都因雜文的鋒利的戰鬥性觸怒了當局而遭到警告、追究、追殺、逃亡、被抓入獄……

在重慶時候，蔣介石對《中央日報》、《掃蕩報》這些只看大標題，而對於《新華日報》卻看得仔細，李石鋒是《新華日報》的雜文欄的主要撰稿人，因之這個李石鋒的名字，蔣委員長也看熟了。一天，陳布雷拿了五個「經濟專員」的任命名單呈蔣委員長親批。蔣委員長一看，此中有個李石鋒，蔣委員長把陳布雷叫來斥問：「這個李石鋒，經常在報上寫文章罵我們，這怎麼回事啊？」經陳布雷一查，原來呈報做經濟專員之李石鋒乃湖南人，寫雜文這李石鋒乃四川人……

於是李石鋒遭特務追殺，連夜連晚逃離重慶……

李石鋒一九三七年在長沙經魏猛克介紹成為「中華全國文藝界抗敵協會」會員。與茅盾、巴金、夏衍、曹禺、臧克家……多有交往，特別與老舍、聶紺弩情誼深厚。

一九四一年，李石鋒和老舍住在重慶白象街。馮玉祥將軍花甲之壽，「中華全國文藝界抗戰協會」特意在枇杷山我堂伯曾子唯的公館「異撰山莊」（當時是蘇聯駐中國大使館）裏面，為馮玉祥舉辦了祝壽會。馮玉祥不喝酒，祝壽會經費也不寬裕，便不設酒宴，以茶代酒。然而此祝壽會卻又別出心裁，會上發給了與會者每人一張斗方雪白宣紙。與會者都是愛國抗戰的文藝界人士，對於這位愛國抗戰將軍多有敬仰，因此請每位無論以詩、以畫來為馮玉祥花甲之壽表示祝賀。李石鋒和老舍同坐一桌，各人都寫了一首七律。李石鋒的詩是：

賀馮玉祥將軍花甲之壽

甲子重開不老翁　將軍塞上掃胡風
悲戈起自親人怨　歎劍無由貫日窮
千章草木青猶在　萬里山河不盡同
鐵板銅琶歌易也　大家同唱滿江紅

兩人都把自己的詩相互交換。老舍看過了李石鋒的詩輕聲說道：「有一字可以推敲。」李石鋒知道老舍古詩詞功底深厚，且為人直率，便輕聲誠懇的說道：「舒兄賜教（老舍名叫舒舍予）。」老舍用手指頭蘸了一點水，在桌子上寫了一個「水」字。李石鋒說：「太好了，老兄這一改，生色不少。」於是把詩中「鐵板銅琶歌易也」一句中的「也」字圈掉了，改為了「水」字，成了「鐵板銅琶歌易水」。這一字之差，把荊軻、岳飛忠貞、豪邁、悲壯之情躍然詩間。

馮玉祥以後把這次會上為他祝壽的詩和畫，裱糊裝訂成冊，視為珍品珍藏起來。

李石鋒和郭沫若交往始於一九四〇年。一九四〇年中國第一個「詩人節」，中共中央南方局在重慶主編的《新華日報》上特為這中國第一個「詩人節」出一期紀念專刊。專刊首篇是郭沫若寫的〈蒲劍、龍船、鯉幟〉，次篇是李石鋒寫的雜文〈從咚咚……說到屈原〉，另外還有柳倩寫的〈紀念與任務〉、和山寫的〈關於離騷〉，還有以「中華全國文藝界抗戰協會」的名義寫的〈詩人節緣起〉等等。

郭沫若當時正在主持中國文化工作委員會的工作，正在籌辦綜合性月刊《中原》；郭沫若任主編，聘請李石鋒、柳倩為副主編。以後因為國民黨中央宣傳部的干預，郭沫若強硬抵制而夭折。

一九五七年大鳴大放之際，李石鋒在自貢市蜀光中學做語文教師，提出了一些幫助黨「整風」的意見，最後被歸結為「反黨八論」——什麼「棒糖論」、「橋板論」……從而被打成「極右分子」，並被「抹光一切」。於是下放農村、充軍寧南……最後弄到這紅旗鹽廠，監督勞動改造，每個月由市委統戰部發給十五元生活費，吊命。

文化大革命期間，在紅旗鹽廠被造反派掛鐵絲吊牌、罰跪、鬥爭，把他的雜文、長篇……全部手稿當著他的面一一焚毀，而且被打斷了右腿，從此人稱「李跛子」。腿被打斷了以後，不能幹苦力活了，但也不能讓你閒著，新的差事是管理澡堂。每天上午沒事，於是便託故看病、抓藥，拄著拐杖一瘸一拐的來到了光大街我那個小店，數年如一日，風雨無阻。我在那裁案旁邊特意擺放了一根長板凳，那是專門為李跛子安排的座次，每天上午十至十一點半，基本上按時入座。

李跛子一來便坐在那長板凳上面，看風景、吧嗒葉子菸、和我天南地北吹牛。這些年「李跛子」已經習慣於「寅吃卯糧」，無可奈何之舉，否則就無法吊命。每個月十五號，領到了統戰部發的那十五塊吊命錢，領著了馬上還債，很講信用。還債之後也就只剩得下幾塊錢了，所以過不了幾天又必須借債。如此「惡性循環」，實在無可奈何也！借又不能借多，一次三五幾塊，我那裏已經熟悉了，向人們拉扯一下沒有問題，所以這也是李跛子必須常來常往的另一原因。

當然最主要的是能夠來此排遣孤獨，和我推心置腹的隨心所欲的神聊！那年月，右派分子都已經學會了三緘其口，已經飽嘗了禍從口出帶來的無限痛苦，所以都能夠裝啞巴，整天整天的沉默無言。最多「心誹」而已，誰還敢於「巷議」？本來也就是「不如意事常八九，能與人言無二三」的愁悶。而這種愁悶無言的痛苦非經身受是難以體會的。而今有了如此一個「自由天地」，可以天南地北的神聊，借古諷今也好，抨擊時弊也罷，罵江青、罵林彪，隨你罵，絕對不擔心如此「巷議」會被出賣告密而遭「棄市」（殺頭）之災！在重重禁錮的牢籠般的現實中，獲得了如此舒心的一塊「自由天地」，當然就得去盡情的「享受」。

所以每天那一兩個小時的神聊已經成為我們生存中不可或缺的一環。那種種神聊的舒暢是我們彼此已經習慣而已無法割捨的了，在這個只能給人以假面孔看、只能給人以假話聽的畸形歲月裏，要去憑弔那「唯英雄能本色，真名士自風流」的「本色英雄」之罕見、「風流名士」之難覓，悄悄的去聊攬幾許

「本色」，隨揀幾多「風流」而已矣。

三

一九七二年秋，右派同學胡俊文從重慶來了一封信，來信中講到在重慶傳聞很廣，有關「七二・七」號文件的內容：

中共中央、國務院、中央軍委聯合下發的「紅頭字文件」，大概主要內容是：

一、右派分子、右傾機會主義分子、反社會主義分子三種人一律摘去帽子。

二、全部恢復工作，恢復黨籍，恢復原工資。

當時，右派分子大都是關在監獄或流落在社會最底層，許多人對於未來毫無期待，認為是「無期徒刑」，沒有出頭之日，很有「心死」的悲哀。收到信的時候，李跛子正坐在那長板凳上吧嗒葉子菸。我看過信後，把信給了李跛子，他看過信後比我更為興奮。孟子曰：「哀莫大於心死！」我這些年來雖「哀」然還不至於「大」，蓋由於尚未至於「心死」之故，法國人莫里哀說：「人是活在希望之中！」有如一粒被巨石壓迫下的種子，雖被沉埋，然而那希望的稚嫩的芽總無比頑強的在尋找著太陽光。

和李跛子一起「囚」在那紅旗鹽廠的還有些右派分子。這樣一個令人興奮的「七二・七」號文件，很快的一傳十、十傳百，幾乎在自貢市的右派分子當中傳遍了。有的右派分子欲知其詳——大概也因這個傳聞燃起了些許希望，即使還很渺茫，然而總是某種希望，希望是能夠使人活下去的誘因——一個個便尋尋覓覓的找到了我那個小店來自報家門，進而再打聽那「七二・七」的詳情。同是天涯淪落人嘛，我都如實告之。

我返鄉以來，為活命而疲於奔命，沒有心情、沒有時間、沒有臉面去和人打交道，故爾和一切人們都極少交往，與右派分子亦然。因為根本就不認識本地的「土右派」，幾乎沒與任何「土右派」有過往還。而今由於這「七二・七」號文件的傳聞，右派分子們來找我問詢，我只能放下活計，「熱情相待」，於是結識的「土右派」就多了。

「七二・七」號到底是真是假？是有是無？這是右派分子們最關心的問題，於是便各自發揮主觀能動性，各自向全國各地，以書信諸如此類各種方式去證實、去打聽，往往又把結果回饋到這資訊的發源地來。於是便又散開了一張無形的網，網的焦點就在這光大街的小縫紉店。

大多數右派分子由於幾十年間強大的「無產階級專政」威力的教訓，對於軟暴力「警惕性」都很高，到我那裏來即使只不過是說說這個「七二・七」傳聞的事情，都怕惹來禍患，都謹慎小心，有如搞「地下活動」一般。不過，好在我那裏是店門大打開，誰都能進來，而店裏那十多個女性都得憑我手中這把剪刀來吃飯，當然不願意曾師傅出點什麼意外諸如此類，基本上沒人去告密什麼的。因此，這資訊傳播、回饋的幾個月間都處於「祕密狀態」。

有天深夜，已經十二點過了，我收好了攤子，正準備回家，剛跨出小店門不遠，昏黃的街燈，颼颼寒風，有點令人瑟縮。大街上已斷行人，忽然三個高大的黑影，從電桿下向我包圍了過來，越逼越近，擋住了我的去路。有如「劫道」的好漢一般，我不免毛骨悚然。麻起膽子、提起精神、捏緊拳頭、逼視著來者。

「嘿嘿！嘿嘿！」……哎呀！他娘的，胡思敏，我蜀光中學的同班同學，還是我發展他入團的。胡思敏一九五〇年高中畢業後被招到了自貢市人民法院做律師。

一九五七年「大鳴大放」時候，全國的律師幾乎百分之九十以上都被打成了右派分子，罪名是為無產階級的敵人辯護。律師這個行當本來就是為犯人辯護的，為犯人辯護既然被認為有罪，便索性取消了這個行當。所以反右派鬥爭之後，在六〇年代、七〇年代，很長時期裏中國大陸就沒有了律師這個行當。絕大多數的律師不分青紅皂白都被打成了右派分子，被打入了社會的最底層，誰還敢再去幹這個行當？

一個國家裏竟沒有律師這樣個行當，而且居然空缺了二十年之久，這在全世界定然是罕有的歷史！文化大革命完蛋才又決定要恢復律師行當。中央搞了個「全國律師研討班」，全國集中了兩百來人，大多數是五〇年代幹這活的老律師，當然大多數都是右派分子。

四川省總共去了七個，自貢市被派去的只有一個，就是胡思敏。

胡思敏說：「知道你要熬夜，我們都轉了兩圈了。」我說：「怎麼不進來呢？」胡思敏說：「看見裏面還有人在幹活。不方便。」又介紹他旁邊一個高大魁梧的「眼鏡」說：「這是王澤隆。」握了握手，我說：「久聞大名囉！」王說：「久仰！久仰！不容易啊！自學成才！」我說：「生計所迫，出於無奈！不幹會餓死人的。」

王澤隆原來是中央打出來的右派分子，給教育部張子意副部長做機要祕書。反右鬥爭時候，他有個弟弟在北京航空學院讀書，給學校提了點意見，被打成了右派分子。王澤隆當時在教育部反右辦公室工作，他認為他弟弟不應該被打成右派分子，因為他認為不夠右派分子的條件。其實當時也根本就沒有什麼「條件」、「標準」諸如此類，想怎麼「打」就怎麼「打」。因此之故，以包庇右派分子弟弟罪而被打成了右派分子。

中央機關的右派分子弄到北大荒去監督勞動改造，王澤隆和丁玲……等等有名的大右派分子在北大荒「蹭」了幾年。在北大荒餓死的、累死的、凍死的右派分子太多太多，死了的十個、八個、幾十個一坑一坑的填了就是……以後像夾邊溝那樣，殘酷的集中營無法維持下去了，只得把那些還沒有餓死的、沒有累死的、沒有凍死的、氣息奄奄的剩餘右派分子撤離了那恐怖的角落，又把這些右派分子分別遣散到全國各地。

王澤隆等三個右派分子被遣散來到了自貢市，以後一死、一入獄，剩下一個王澤隆弄到一個中學裏面去保管籃球、排球諸如此類體育用具。還有一個是陳洪虎，新華書店的右派分子。胡思敏說：「對於從你這裏傳出來的這個『七二・七』號文的傳聞，我們交談過很多次了，也從各個方面做了各種分析。去年初發的文現在都快一年多了，還一點響動都沒得。」王澤隆說：「最重要的是必須核實它是真是假？」胡思敏說：「最近還是你那裏傳出來的，說『七二・七』發到省、軍級。這就有點難辦囉，像自貢市這樣的級別連文件都看不到，要想找到跟省、軍級這樣的高層有接觸的去核實，有點難度，」

我說：「我想呢無風不起浪，什麼人會異想天開，憑空臆造出這麼一個『七二・七』號來呢？從它出臺的可能性來看，我覺得是存在的。現在國民經濟越是搞不起來，這個文件出臺的可能性就更大，右傾機會主義分子甄別了，而實際上全部在坐『冷板凳』，要想使用這些人，順便考慮到右派分子，把這些『有用之材』，一起使用使用，這種可能性完全是有的。再說右派分子到底有什麼罪？什麼錯？他娘的，這麼多年囉，真的無期徒刑啦！」胡思敏說：「可能性我們也分析過，沒有意義，證實這個文件的真實性才有意義。哎，重慶最近有沒有什麼新消息嗎？」我說：「沒有。」我們又閒聊了一陣，似乎有點憂心忡忡。我說：「我倒不那麼悲觀，即使沒有『七二・七』，一定會有個『七五・七』、『八二・七』諸如此類來的。我不相信這輩子就會這麼了結！真的不相信。」王澤隆說：「你倒是很樂觀。北京方面都來了信，那邊完全沒有這方面的訊息。」已經深夜兩點多了，他們才告辭，相約有新情況再相互溝通。

這個「七二・七」是有是無？直到而今我們這些人依然是一無所知！

第二十三章

反革命集團

一

又是一年，春去秋來，我照樣的剪布、熬夜，李跛子照樣每天風雨無阻前來小店，坐在那長板凳上面吧嗒葉子菸、看風景、和我天南地北的吹牛。一天，李跛子告訴我：「聽說王之南也從北京遣散回自貢市來了，謝韜也遣散回來了。」我說：「謝韜回來我倒聽說了……」謝韜五〇年代，只有三十多歲就擔任中國人民大學副校長、哲學系系主任，家就住在齊坳井，和我哥曾揆一在培德中學同學，曾德林（中共中央宣傳部長）在高山井住家，也就是我現在住家的這旮旯！

李石鋒說：「我知道，抗戰以前出去的，謝韜現在被弄在自貢市鹽業歷史博物館，先分配他掃廁所，後來調整當保管，管點紙、筆、掃帚等等。發給他三十塊錢一個月的生活費……」

王之南一直擔任中國國民黨革命委員會主席陳銘樞將軍的機要祕書，是中國國民黨革命委員會中央委員，大鳴大放時候陳銘樞「鳴放」的發言稿就是王之南的手筆，於是被打成了民革的右派集團中的主要成員——極右分子。

王之南被遣散回自貢市以後，在大安街上一條小巷租了一個八平方米的旮旯棲身，每個月發給十八塊錢生活費；年老體衰，生活艱難，好在有個妹妹從武漢每個月寄給他三十塊錢，聊以度日。

李石鋒說：「王之南是我的表哥，還是親『血表』，我想去大安見他一面。」當時自貢市公共汽車也很少，李跛子自然沒法走著去，而必須乘坐公共汽車，除此之外，當時沒有任何其他的交通工具。

李跛子說：「我真想見他一面，也就是見一面。當然只能悄悄的見一面。我去呢，這腿腳不靈動，怕來回時間耽擱久了，引人生疑。另一個辦法是把王之南約到你那裏，但可能他不會下來，這個事……這幾天想來想去，還真有點難辦。我還想把『七二•七』號文件的事情給他講講，他以前和中央那些「頭面人物」多有交往，看他能不能寫信問一問……」

我說：「要不這樣，我先跑一趟，約好了時間、地點，你們再見一面……」

李跛子說：「太好了，你天天這麼忙得個不亦樂乎，我真難以啟齒。」

我說：「反正已經意思到了，聽琴聽音嘛！」

李跛子說：「哎，你真是心有靈犀之人啦……我和王之南好幾十年沒見過面了，少年時候也是常常『抵足而眠』、『長談達旦』的『同志加兄弟』呀！」李石鋒又說：「聽說他不跟任何人來往，其實你們也是親戚。」我說：「這倒是，二姑父就是大安寨王家的。」李跛子說：「你六伯曾魯將軍他就熟悉得很嘛，聽說他一天三頓飯都在大安那家飯店端飯回去吃，肯定跟我一樣，自己不會做飯，無可奈何啊！」

受人之託，忠人之事。第二天我中午之前就趕到了大安街上那家飯店，那是一家很低級的飯店，只賣一些豆花，豬大腸燒白蘿蔔諸如此類大眾菜。當時的豬大腸依然如胡屠戶賞給范進那樣，有錢人是不吃的。此時顧客尚稀少，諸如此類店，一般「打踴堂」都在十二點以後。那是苦力們下班之後一群群的蜂擁而至，急急忙忙的狼吞虎嚥之後又趕快去苦力的幹活。那小店裏有十來張桌子，在這十二點之前，還稀稀落落沒幾個人。我瞥見一旮旯裏有一個老者正在那裏獨自用餐，從老人那舉止、神態、形象、風度……我判定是王之南。他很可能是專挑這顧客稀少的時間來用餐的。我似隨意的繞場一周，從他那桌前慢步而過。他正在旁若無人慢慢享用桌前的一豌豆花和一碗米飯，一派莊嚴持重的神態。我更判定他是王之南。

我便趕快去買了一豌豆花、三兩米飯、四兩滷豬肉，端了過去坐在他的對面。他目不斜視、莊嚴持重，慢慢的吃著。我說：「王老，你好！」他抬眼打量了我一下，沒有答話。我說：「李石鋒叫我來問候你！」他抬眼又望了我一下，依然沒答話。我說：「曾魯是我六伯，我也是右派分子。」他抬眼認真的打量著我，淡淡地露了點苦澀的笑容，輕聲的說：「謝謝，謝謝你來。」我把滷肉盤子輕輕推過去，禮貌的說：「王老，請用。」他把盤子輕輕地推過來，說：「謝謝。」我說：「李石鋒要來見你一面。」王之南說：「不要來，不能來！」我說：「數十年生死兩茫茫，見一面，難得，無妨。」

王之南認真的說：「牆有縫，壁有耳，我每個星期還要去給居委會的治保主任回報，周圍都盯得很緊！謝謝他。」王之南邊說邊站起身來，說：「我得走了。謝謝你來。」我說：「李石鋒一定要來的。」走了兩步，王之南回過頭來說：「我住的那裏不能去，就這裏。小心為好。」

當年那種軟暴力竟使得像王之南這樣的浪跡天涯的英雄好漢也提心吊膽到了如此地步！可見真如那美國中央情報局局長克拉克所說的，那居委會的治保委員的震懾力竟賽過了蘇聯的克格勃。

過了兩天，李石鋒去見了王之南一面。第二天來到我那小店，感慨復噓唏！「哎！也曾鐵馬金戈，叱吒風雲之人，真有點噤若寒蟬！幾分鐘，真是相見時難別亦難！就見了幾分鐘……哎！我們這些人東蹭西蹭，蹭得來麻木了，真還有點『死豬不怕開水燙』！雖然也是小心謹慎，但還不至於如此『噤若寒蟬』嘛！年輕時候那種氣吞山河的豪情，我看已經被磨練得蕩然無存了！」

我說：「他有他的想法。你想，從中央，那是最高層，一下子蹭到了這人間最底層，革命群眾的覺悟又是如此的高。難免風聲鶴唳，能不謹慎小心嗎……」

又過了一些時日，鄧小平又被攆下了臺之後，一天夜晚，胡思敏悄悄的跑來把我約了出去，通報我說：「出事了，來給你通報一下。鄧小平下臺以後，我們有六個人，六個右派，偶爾碰到了一起，對於鄧小平之被趕下臺，很多感慨，於是就去到了胡思敏家裏吹牛。大家都很沉悶，吹的無非說，鄧小平不下臺，我們這些人可能還有點希望，鄧小平如今一下臺，我們這些人就慘了，希望渺茫了。即使有個『七二・七』號文，定然也完蛋了……」因為都是右派，對誰也無有戒心，於是從鄧小平、劉少奇說到劉、鄧路線，說到林彪墜機、林立果全國選美、江青的「紅都女皇」、當時四處傳聞的那些新鮮的小道消息，你吹點我湊點，什麼都說得有……

殊不知，當天晚上幾個人吹牛的內容，第二天市公安局三處的全部都知道了。鄧小平下臺以後，「四五」事件正在全國性的追查，全國都迫不及待的當成首要任務去窮追猛打……

自貢市抓了兩個那天從天安門廣場上跑脫了的。除了抓和「四五事件」有關的人以外，凡是跟鄧小平有關的一切，都要上綱上線的抓「現行反革命」。

「對於那天晚上一起吹牛的人，市公安局要搞出個『現行反革命集團』出來。昨天已經開始行動了。陳洪虎……家裏，市公安局三處的都去了人，限制了他的行動自由，逼他交代，不准上班，不准出門。只是還沒有開始抓人。情況緊急，所以來給你通報一聲，好有個思想準備……像『七二・七』號文的事情，如果追問，咋個說？」

胡思敏說：「肯定在這六個人中有一個去告密的。」

我說：「你們那麼幾個，都是知根知底的『自己人』，市公安局咋個會知道吹牛的內容呢？」

我說：「哪個？」

胡思敏說：「我們基本上肯定了一個。怪我們太麻痹了。其實，市公安局三處在各個角落，在右派分子裏頭收買得有『線人』，我是老早就知道的。特別對於右派分子當中的有些人，他們定的重點監視對象。老早就安排得有『線人』。目前全國都在抓跟鄧小平有關的人和事，不得漏網一個，這種情況，當然更要進行重點監視。我們估計王澤隆就是公安局定的監視重點，你很可能也是。」

胡思敏這些話對於我觸動頗大，真的太麻痹了，居安尚且思危，而我們這些人是居危當然更應該思危！這使我想起了王之南老人的謹慎小心。百煉鋼成繞指柔！真是從深心裏佩服老人家那種「噤若寒蟬」、大智若愚、大隱隱於市的難能可貴！

至於對於「線人」我應該早就持有戒心，但我一直甚不經心。當林彪墜機溫都爾罕尚未公開的時候，就有人給我吹了。當時「小道消息」非常非常的多，什麼江青養有「面首」啦……那時，我還在四門市部，對於那「永遠健康」，中國共產黨在黨章上面破天荒的鐵定的唯一「儲君」，竟要暗殺毛澤東……而又墜機全家死於非命等等，實在是感慨良多，真是千古奇聞。於是我就在四門市部吹了……吹的內容當然只能夠是當時小道消息傳聞的說法，與幾十年後揭露出來的大不相同！

我吹了不到兩個小時。街裏頭下來了兩個人，找我個別談話。問我剛才是不是在店子裏頭講了什麼。顯然，有人告密。

我說：「是啊，講了。林彪要暗殺偉大領袖毛主席，架機逃亡，在溫都爾罕墜機死啦死啦的呀！怎麼啦，你們還沒有聽說啊？」我跟他來個大家裝糊塗。

來人又追問我：「聽誰說的」？我說：「聽大街上的人說的。」又追問我：「能否找出說的人來。」我說：「這個好找啊，你到大街上去，到處都在吹，你一找就找到了。」

來人無法再盤問下去，不想也不能說我點什麼，走了。

我想，肯定是那個姓蔣的女人去告的密。姓蔣的女人解放以前就是個妓女，解放以後在監獄裏勞動教養多年，監獄裏頭就有告密者，以告密來作為「爭取立功」的表現。

當然不只在監獄裏頭，在監獄外面，這九百六十萬平方公里的大地上，告密者無處不在，遍及每一個角落。

中國人使用間諜最少有兩千多年的悠久歷史。《孫子兵法》裏頭專門就有〈用間篇〉，把使用間諜的諸多勝算之處、可以使用的間諜的種類和使用方法、五種間諜的綜合使用，「三軍之事，莫親於間，賞莫厚於間，事莫密於間……」闡述得淋漓盡致。孫子實際上是人類玩間諜魔法的祖師爺。什麼蘇聯克格勃、美國中央情報局、以色列特務……等等都是些徒子徒孫，當然不能不說有點青出於藍而勝於藍。

中國人既然有玩間諜魔法的悠久歷史，自然就玩出了許多高招，我為之總結出來的高招之一：不花錢而能獲取情報。不像洋鬼子，養「線人」要花錢，買一條情報要花錢，打聽個什麼人、什麼事都得花錢。咱們分文不花，自有千百萬人把千百萬條情報積極主動的從全國每一個角落送上門來，這些積極分子們不圖要幾個錢，眼光遠大，靠近組織自有飛黃騰達之日。於是就有了一張遍及每一個旮旮旯旯的網，而這是一張自然形成的無形的網，可以捕捉到各種資訊，而又分文不花。可見咱們是得了祖師爺的真傳，把間諜魔法玩得來出神入化。不過這種手法發展到了今天已經不靈了，現在養線人，也必須花錢了！而且花的錢太多太多！多得來令人咋舌！監視一個瞎子得顧六七十個線人，一天花六七千元，一個月花上兩百萬！

胡思敏說：「王澤隆如果是他們的重點監視對象，這回就是他們的重點打擊對象。現在把陳洪虎軟禁起來，主要是要逼他們供出王澤隆……也提到了你。」

我說：「王澤隆到底說了些什麼話嗎？」

胡思敏說：「公安局的就是要追死這句話，說把鄧小平逼下臺，這是『宮廷鬥爭』，毛澤東把鄧小平弄下臺是『失策』，這樣一來，失去了緩衝、保護屏障，毛澤東更容易被架空！」

我說：「這幾句話分量也太重了點，一般的人是說不出來的。」

胡思敏說：「問題就在這裏，如果這幾句話被肯定了，王澤隆肯定被抓，肯定要打出個『現行反革命集團』。我，還有其他幾個都跑不脫。」

我說：「那怎麼辦呢？」

胡思敏說：「我和王澤隆商量了幾條辦法，其中有一條，可能是唯一能奏效的一條。」

我說：「說說看。」

胡思敏說：「王麻子你認識嗎？」我說：「聽說過這個人，沒有見過面。」胡思敏說：「我回憶了很多情況，把以前的很多疑點聯繫起來，我敢判定王麻子是公安局收買的『線人』，領津貼的，所以肯定是王麻子告的密。現在的辦法是，要王麻子去公安局推翻他說的話，只要推翻了就什麼事也沒有了。陳洪虎肯定什麼都不會說的。」

我說：「要是王麻子不去呢？」

胡思敏說：「我們就攤牌。警告王麻子，我們就要到公安局去說，大家都知道他是領津貼的『線人』，他的這種身份一暴露，他還有什麼利用價值?還有什麼存在價值?說不定公安局會讓他消失。」

這倒是真的，孫子曰：「間事未發，而先聞者，聞與所告者皆死。」老祖宗古已有之的這種嚴厲的懲罰原則，當今肯定是依然遵循的。

我說：「這絕是絕點，毒是毒點，對於這種人恐怕也是唯一的辦法了。」

胡思敏說：「王澤隆說還再考慮考慮。看還能不能找到一條稍微緩和而又能解決問題的其他辦法。」

我說：「事不宜遲，遲則生變，下定決心就這麼幹。」

胡思敏說：「他們很可能要來找你，你應該考慮好怎樣應對他們。」互相叮嚀幾句又相約有新情況即時通報。

二

第二天，李石鋒照常來到小店，坐在那長板凳上吧嗒葉子菸，我把胡思敏講的險惡情況前前後後給他通報了一番。我必須給他通報，他很可能也是「重點監視對象」，相互關照要謹慎小心為好。我說真佩服王之南老人家，他肯定是「重點監視對象」。李跛子說：「我這幾天就不出來了，」我說：「又何必那麼草木皆兵呢，也不會只是幾天的問題，以不變應萬變，照樣來，無妨。」

李跛子有兩天沒有出來，第三天來了，坐了一會，從口袋裏拿出一張小紙片來，遞給我說：「忍了又忍，實在忍不住，還是出來了。今天是我的花甲之日，所以不能不來一趟。這寫了首自嘲之詩，賜教賜教。」我說：「豈敢，拜讀。」

我看過李跛子的自嘲詩，覺得太悲觀了，便拿出一張紙寫下了：

祝李老石鋒花甲

石怪磷峋自棱鋒　匕首投槍曾逞雄

沉埋不奪補天志　耀目凌空待有時

李石鋒看了笑笑，把兩首詩仔細的摺疊好了放進了上衣口袋裏面。誰知這一放竟惹下了大禍，簡直就是殺身之禍！

十一點已過，李跛子站起身來說：「回去了。」我說：「不行。花甲之壽，豈能如此怠慢。」李跛子說：「和了詩，吹了牛，意思到了，足矣。」我說：「我做東，得慶祝一下。」

邊說邊收拾行頭，放入大立櫃中，鎖好了。李跛子說：「盛情難卻啊！」我們便漫步沿著光大街過了新橋，我說：「找一家像樣點的飯館，你選一家吧。」李石鋒說：「也好。去鶯鳳樓。」李石鋒又說：「這鶯鳳樓於我而言，還頗有些回憶：三十歲那年，本來家裏要辦三十桌請客，我不想搞這些無謂的應酬，家裏人只得作罷。正好你八叔要去就任某軍軍參謀長之職，毛一波要去美國定居，毛一波是《川中晨報》主筆（主編），你八叔是《川中晨報》社長，我在《川中晨報》編副刊《烽火》。我便邀約二位上鶯鳳樓為之餞行。毛一波無意中提起是我的生日，你八叔便堅決要做東。真乃光陰似箭！三十歲生日你八叔做東，一轉眼六十歲，你來做東，巧！巧啊！」

上得鶯鳳樓選一臨江的窗戶下面坐下了，遙望窗戶下面可以俯瞰湛藍藍的釜溪河，河對岸是富臺山，山上鬱鬱蔥蔥，青山綠水還有點「賞心悅目」的情調。既然是祝壽，就把心放寬吧！李石鋒說：「一人一碗紅燒牛肉麵足矣！」我說：「客聽主安排，你先坐著。」那時候上飯館得先去買好了菜牌、飯牌，把那飯牌、菜牌交給服務員，等待著服務員再依順序一一給你端上桌來。我說：「我去買牌子，」李石鋒說：「千萬不能太哪樣啊！」我買好了牌子回來，把一大把八個牌子放在桌子上，李石鋒說：「哎呀！太多了吧！」我說：「不多，一盤韭黃肉絲、一兩芭牛肉、一盤豆腐乾、一盤花生米、兩碗紅燒牛肉麵、四兩燒酒，如此而已！」李石鋒說：「太豐盛了吧！多少錢？本不該問，你知道我有多少年沒上過館子了嗎？更不用說這鴛鳳樓！」我說：「彼此彼此，但願你老古稀之壽能夠真正的給你慶賀一番。這一起，總共三塊錢。」李跛子說：「我俸祿的五分之一囉（他此時一個月只有十五塊錢）！」

李跛子被張羽高封贈為「吹牛大王」，而張羽高（自貢市文聯主任，解放前做過教授）自貶為：「吹牛二王」。那服務員把豆腐乾、花生米、四兩燒酒先端來了。我說：「酒一人二兩。」李跛子說：「我還敢喝酒？這左肺穿孔，怕不要命囉！」我說：「跟你祝壽，我喝酒，豈有此理嘛！少喝一點。」李跛子說：「我看著你喝比我自己喝更有滋味！嗨！真的，我來杯白開水。對飲。」我便慢慢的喝酒，四兩燒酒於我而言，不在話下。

「吹牛大王」便又吹起牛來：「在這鴛鳳樓還跟你六伯曾魯喝過一回酒……一九四〇年春，我在廣西桂林。那時候桂林是全國抗日文化人最集中的地方，也是抗戰文藝最繁榮的地方。夏衍、聶紺弩、秦似主編的《野草》，聶紺弩主編的《力報》副刊，夏衍主編的《救亡日報》，陳殘雲主編的《廣西日報》副刊《漓水》，田漢、歐陽予倩主編的《戲劇春秋》，宋雲彬主編的《新道理》，巨贊法師主編的《獅子吼》，都集中在桂林，真有點百花爭豔。」

「那時候我主要跟《野草》、《力報》、《救亡日報》寫雜文，於是跟聶紺弩的交往越來越多，感情也就越來越深。」

「哎！還出了件當時驚動文壇的大事情。我們這些人在不遺餘力的鼓吹抗戰，有些人竟然與我們唱對臺戲。當時桂林最大的國民大戲院上演了一部宣揚荒誕色情的名叫《姚鳳仙》的平劇，這是當時國民黨教育部已經命令禁演的色情戲，是臭名昭著的色情戲《乾隆遊江南》的改頭換面，地方惡勢力勾結起來幹的。」

「演出很賣座，第一本下來淨賺了一萬塊大洋；便加緊排第二本，更為荒誕色情，預計可以賺到三萬大洋……」

正將上演之前，李石鋒寫了一篇雜文〈耗費〉，刊登在聶紺弩主編的《力報》副刊上面。〈耗費〉譴責《姚鳳仙》是一部「以其腐朽的封建的荒誕色情來腐蝕抗日愛國的民眾意識。實屬對國民意志的耗費……是教育部命令禁演的壞戲的改頭換面……任有害而無益於抗戰的壞戲的上演是對於國家民族抗日愛國熱情的褻瀆……」。

雜文一刊登。立即引起輿論界的關注，更引起了戲院老闆和其後臺的驚恐。眼見將要賺到手的三萬大洋受到威脅，便先下手為強，雇了一夥打手來到了《力報》編輯部，叫交出作者李石鋒……又叫交出副刊主編聶紺弩，在編輯部哄鬧了一個上午，威脅若不交人絕不罷休。

下午，李石鋒在旅館接到聶紺弩打來電話，告知嚴重情況：流氓打手一夥已經追到他住的旅館來了，叫他立即到夏衍的《救亡日報》社去避一避。李石鋒順手把房門一關，什麼也沒拿，匆匆離去……剛剛出得旅館大門，便見幾個人橫眉豎眼的人直向旅館衝來，幸好這夥人不認識李石鋒。李石鋒心裏明白，故作坦然，神色自若，泰然漫步與之擦肩而過。一見這夥人衝進了旅館，李石鋒急忙拐進一條小巷，快步向著《救亡日報》社匆匆趕去……

夏衍正在報社門口焦急的等待，看見李石鋒平安抵達，熱情的把李石鋒引進了他的辦公室說：「平安就太好了，聶大哥剛才還來了電話。」聶紺弩是黃埔軍校第二期的畢業生，身材高大魁梧，年歲稍長，所以在黃埔軍校時候，大家都叫他聶大哥。後來又去了莫斯科中山大學，回國後，棄武從文，熟悉的人依然叫他聶大哥。正說著話，聶紺弩又來了電話。夏衍跟聶說：「當然當然，這絕不是小事，用武力來威脅輿論，真是豈有此理，當然要抗議！」

夏衍又給李石鋒說：「先在這裏安頓下來，平安第一。我們大家來抗議，一定要進行鬥爭，正義一定要戰勝邪惡！」第二天，杜宣來把李石鋒接到「戲劇春秋」社去，因為田漢、歐陽予倩他們那裏住地比較這裏寬一點。

惡勢力並不就此罷休，派來了更多的人，占據了《力報》編輯部，大吵大鬧，威脅謾罵，聲言再不交出李石鋒，或者聶紺弩，就要砸爛報館、抓走編輯、搗毀排字房……

情勢十分緊迫。聶紺弩、夏衍……等立即四處奔波，首先聘請了有名的大律師，在《力報》報社大門外貼出大幅公告：「本報聘請大律師某某為報社法律顧問」以張聲勢。同時出錢請來警察日夜守衛著排字房。第二天桂林各大報刊——《力報》、《救亡日報》、《廣西日報》、《戲劇春秋》……都一致對敵，紛紛刊登譴責、批評、質問的文章。向廣西政府當局呼籲應該主持正義、制止妖風邪氣。律師也公開向廣西省文教廳進行交涉，提出申訴……愛國輿論總動員，加上各種合法鬥爭的配合，正義的力量形成了相當的威力，在當時的桂林引起了不小的震動。

迫於強大的輿論壓力，廣西省文教廳下令：「禁止演出平劇《姚鳳仙》。」

為此，夏衍在一九四〇年六月九日《救亡日報》副刊《文化崗位》上寫了「崗語」：〈批評與打手〉，以之來慶祝和紀念這一鬥爭的勝利。李石鋒在當時亦因此而名噪一時……

然而，惡勢力卻難消怨恨，花了幾千塊大洋排好的戲被一篇文章絞殺了，怒氣難平，便雇傭了殺手要「黑辦」（暗殺）李石鋒以絕後患。聶紺弩只得籌集點路費叫李石鋒趕快離開桂林去重慶，又說：「恐怕我也得離開這裏，到重慶來……」

李石鋒說：「我到了重慶不久，聶紺弩也來重慶了，我們在重慶待了幾年……後來我在重慶被追殺又逃回了自貢市……後來，聶紺弩在重慶也待不下去了，想去香港，沒有路費，便來到自貢市找我籌集路費……我為聶紺弩籌集了一百塊大洋，聶紺弩正準備啟程去香港，我們就到這鴛鳳樓上來為之餞行。」

「我們走到正街，迎面來了一人，高大魁梧、昂首闊步。聶紺弩一見，急忙上前，兩人熱情的寒暄、熱情的握手，一個直叫『聶大哥』，一個直叫『老弟』，把我冷在了一旁。我打量這人濃眉大眼，一臉英武之氣，面生而又似曾相識……聶紺弩介紹說：『這是曾魯，曾將軍。』曾魯說：『哎，聶大哥！不必這麼叫嘛。』聶紺弩又介紹說：『這是李石鋒。』曾魯說：『知道，李敬修老伯的獨生公子。』李石鋒說：『也魯兄和我很熟，曾將軍未曾見過面。』曾魯說：『不必這麼叫嘛，世兄嘛，叫我六哥好了。一起到寒舍小聚嗎？』聶紺弩說：『我們約好了去鴛鳳樓，老弟也賞光吧。』曾魯說：『好啊。』他身後還有兩個副官，曾魯打發他們回去了，我們就一起上了這鴛鳳樓。」

「聶紺弩和曾魯是黃埔軍校第二期的同學，兩人頗多懷念，又把我冷在了一邊……酒喝得不少，三瓶茅臺，三瓶花雕。當然都是些高檔菜餚，花了好幾塊大洋。」

聶紺弩解放以後做北京市市文聯主任，也發表了各種題材的不少作品，「鳴放期間」也被打成了右派，而今自然是生死兩茫茫！很多年以後得知，聶紺弩也是被弄到了北大荒去勞動改造，文化大革命時候甚至被判了死緩。年已花甲將近，依然去幹推磨、挑水諸如此類苦力的幹活。

第二十四章
枉死城前

一

第二天，十點過，我正在小店裏幹起了營生，忽然看見大街上幾個人拉著一輛架架車飛跑著、呼喝著向前奔跑。

那年月沒有「急救車」諸如此類，一看見這種陣勢，就知道是有危重病人，大家都讓路。我聽見有人向小店這邊喊：「老曾、老曾……李石鋒……不行了……」

接連來了幾個顧客，我一時沒法脫身。忙碌過了，剛好想坐著歇歇，卻看見戴培樹呆在一旁。他是和李石鋒一起「囚」在紅旗鹽廠，被監督勞動改造的右派分子。以前是公安部門的，被「囚」在一起的還有好幾個。我說：「老戴，李石鋒怎麼哪？」戴培樹說：「大吐血，正在搶救。今天醫院裏來了四個大吐血的，李石鋒年紀最大，只有他年過花甲，吐得最厲害，真嚇人。他一吐，要噴幾丈遠，牆上、屋頂上、窗戶外面都噴上去了。醫生、護士……都說，沒看見過吐得這麼厲害的病人……」我說：「止沒止住？」戴培樹說：「沒有啊！一陣一陣的吐……」我說：「有多少來噴呢？怎麼辦呢？」戴培樹說：「醫生說李石鋒是最惱火的一個，凶多吉少，四個裏頭第一個完蛋的必定是他。李石鋒叫我來找你借五塊錢，去買一支紅參，他說只有嚼紅參才穩得住。」我說：「我和你一起去吧。」正說著又來了幾個顧主……戴培樹說：「他正在搶救，你忙過了再去吧。」我便拿出了十塊錢，交給戴培樹，說：「先拿去給他用吧，用完了再來，我這裏找人拉扯一下沒問題。」

戴培樹說：「跟你借的錢我會記數，萬一死了，我會作證。」我說：「哎呀！幾個錢囉！不必，不必。但願能躲得過這一劫啊！」戴培樹說：「吐血住院這是第六回了，這回最厲害，看他的命囉！命中注定三更死，不會留你到五更……」

我說：「勞煩你了，但望能夠躲得過這一劫。」

晚上下班以後，匆匆的胡亂吃了點東西，我便趕到了醫院住院部。李石鋒已經昏迷不醒，還剩下他一人住在那間搶救室裏。室裏燈光昏暗，醫院裏特有的藥味、不通風、空氣稀薄、死氣沉沉、壓抑得使人窒息。我在搶救室裏待了好一會，看見李石鋒真已氣息奄奄，處於昏迷狀態，將死而尚未死，人事不省，根本不知道我來了。

戴培樹把我叫了出去，我說索性到外面樹蔭下面去說話，這病房裏空氣太糟糕了。戴培樹說：「今天一起搶救的四個，黃醫生說第一個死的該是李石鋒，因為李石鋒年紀最大、體質最弱。其他的那三個都更年輕，體質也更好，而且給那三個都輸了血。其中有一個是造反派的頭頭，給他輸了好幾千毫升血，還是死了。其他那三個都死了。你來以前死了一個，剛剛才收拾停當……偏偏還剩下個李石鋒沒有死。黃醫生說，肯定是死定了，所以對李石鋒已經停了藥了。黃醫生已經交代了，等會死了就把屍體抬到停屍房去。」

我說：「人還活著，怎麼就停藥呢？為什麼不給李石鋒輸血呢？」

戴培樹說：「這個醫生是造反派的、現在入了革委會的，他知道李石鋒是個右派分子。本來李石鋒最應該輸血，黃醫生說的，不能給右派分子輸血。以前每次住院，從來沒有給他輸過一次血。」

我說：「他媽的，什麼救死扶傷？什麼革命人道主義？真他媽的草菅人命！這，這，這怎麼辦呢？」

戴培樹說：「恐怕沒有任何辦法囉！藥已經停了，等於已經判了死刑了！一切都完全放棄了，只等著他死！」

老天囉！真他媽的草菅人命囉！人，無所謂貴賤；命，無所謂貴賤、為什麼造反派頭頭可以輸幾千毫升血？而右派分子卻一滴血也不准許輸？你他媽的是什麼規矩？什麼道德？什麼救死扶傷？什麼革命人道主義？真是氣得我捶胸頓足！無可奈何！實在是無可奈何！

醫乃仁術也！中華民族幾千年的高尚的道德理念就這樣被「革命造反」毀於一旦嗎？李石鋒啊，你也曾馳騁文壇，也曾一時叱吒風雲，竟落得如此一個草菅人命的劊子手醫生手裏！人還活著，竟敢停藥！有什麼權力判人死刑？這不是劊子手是什麼？

李石鋒啊，你多次遭追殺未死！被抓進監獄未死！而今卻不可逃脫這樣一種不明不白的死，你的冤魂能瞑目於九泉嗎？人說地獄裏有座「枉死城」，如果真有的話，古往今來，這座「枉死城」裏的冤魂也不知道該有多少多少，再多你一個李石鋒亦如大海增一滴水，大漠添一粒沙而已矣！你就去那「枉死城」報到去吧。無可奈何啊！

我和戴培樹走進搶救室，待一會又走出來，進進出出，焦頭爛額，無計可施。沒有醫生，護士不能做主，我們完全束手無策，無可奈何的等待著，等待李石鋒落掉那一口氣，好把他抬進停屍房裏去……

而李石鋒又遲遲落不下那一口氣，我們又絲毫無能為力去為他落掉那一口氣或者不落掉那一口氣而有所作為，那種焦急難安、那種束手無策、那種無望的等待，真有點「伍子胥過昭關」，叫人心急如焚！

已經深夜十二點過了，我和戴培樹站在病房外面，陰風徐徐、寒氣襲人……見一個人向著病房走了來……那人認出了我，招呼我說：「哎，曾師傅，有病人啦？」我一時沒認出他來，心急如焚，便隨便應答了一聲。見那人向病房走進去了。戴培樹說：「你認識他？」我說：「一時想不起來，有點面熟，可能是來找我做過衣服的。」

戴培樹說：「趙醫生啦，來值夜班的醫生。」我說：「真的，對、對、姓趙，是來找我做過衣服的。那我得去找找他。」戴培樹說：「恐怕找也沒有用。」

我說；「不行，一定得找。」我心裏想，不管怎麼樣，一定得要這個趙醫生把李石鋒從死神手中搶奪回來！

我敲了敲門，趙醫生正穿上了白大褂，說聲：「進來。」我說：「趙醫生，你好。要麻煩你。」趙醫生說：「你講，什麼事。」我說：「二十六床李石鋒，人還活著，怎麼就停藥了呢？」趙醫生站起身來，拿出了二十六床的病歷翻了翻，拿起聽診器就向外走。我說：「人還在搶救室。」趙醫生來到了搶救室，開了燈，聽了聽心臟，摸了摸脈搏……便急步向值班室走回去。

我說：「你可得救救他啊！」趙醫生點了點頭說：「你們在外面等。」趙醫生叫來了值班的護士，關上門，裏面聲音時大時小，似乎有分歧、有爭執……

我和戴培樹提心吊膽的等候在那外面。搶救很快開始了，強心針、輸血、輸藥……夜間人手少，趙醫生幫著護士忙碌了好一大陣子……忙完了，趙醫生說：「你們要拿一個人盯住，有情況，馬上來叫我。」

我說：「實在太感謝二位了。」趙醫生說：「毛主席說，救死扶傷，革命人道主義嘛！」我說：「是啊！醫乃仁術也！」這些話似乎是說給那個護士聽的。這個趙醫生，從大學出來不久，年輕、血氣方剛，還有點正義感，可能還對那個革委會的頭頭不買帳。哎！也真是幸運，真是偶然，在這真是千鈞一髮之際，差那麼一點點時辰，可能李石鋒就去那「枉死城」報到去了，偏偏就在差那麼一點點時辰之際，這位趙醫生不期而至。

張忠誠說：「我在這屋裏守著，你們去外面歇歇。」張忠誠以前是新四軍的，是個什麼科長，也是右派分子，和戴培樹一起在這裏照管李石鋒。我和戴培樹又走到病房外面樹下。戴培樹說：「如果李石鋒救活了，等於救了兩條命。」我說：「怎麼這樣講呢？」戴培樹說：「有個重要情況應該跟你講。昨天李跛子回來把衣服換給人家拿去洗（衣服給人洗，每個月一塊五角錢），洗衣服的人在把衣服丟下水之前照例翻了翻他的口袋，把從他口袋裏翻出來的兩張紙條給他送回來。那洗衣服的人又不識字。李跛子不在，那人就把紙條隨便給了一個人，叫他轉交給李跛子。殊不知這傢伙是造反派的，是上面安排來專門監視右派分子的。是不是該李石鋒倒楣，那人一看紙條（李石鋒寫的花甲自嘲詩和我寫的祝李老石鋒花甲詩）就拿上去回報。上頭革委會的看了說這是反動詩，所以今天上午弄了十多個人開李跛子的鬥爭會，叫他交代。有人說李跛子天天到你那裏去，是不是搞什麼陰謀活動，追問這首詩是不是你寫的。李跛子不回答，張忠誠上去就給李跛子一拳頭，正正打在李跛子左肺肺穿孔那裏，當時就噴了一大口血……」

我說：「這傢伙怎麼這樣？難怪他一直蔫兮兮的悶在那裏，對這傢伙應該教訓教訓他才是。」戴培樹說：「你寫那個詩，還得……」我說：「沒事的，不可能……」

夜間兩點過，經過搶救和輸血，李石鋒奇蹟般的甦醒過來了。看見我在旁邊，有氣無力的淡淡的笑了笑。戴培樹近前低聲在他耳旁慢慢的說，大概說我去找了趙醫生，所以進行了搶救、輸血諸如此類……

李石鋒示意要跟我說點什麼，我走近前去，李石鋒聲音很微弱：「住了……六回……醫院，這是……第一回……輸血……閻王不要囉！」

二

一天，我剛剛上班，貢井下來一個人，報信說：「你老母親差點死啦，正在三醫院搶救，要你趕快拿錢上去……」

真是禍不單行。給了李石鋒十塊錢，我身上已經沒有幾文錢了，貢井距離我那小店有二十來里地。李石鋒住院有「聯單」（用以看病、住院可以記帳，以後由所在單位結算付款的憑據）這算他的運氣。我這流落江湖的「賤民」，就沒有「聯單」享受，去看病一切費用都得自己掏。如果我病了，而又沒錢去醫病，那就只有去閻王老爺那兒報到去了。

當時只有「吃皇糧」的、國營廠礦企業的，所謂全民所有制單位的人，才能常年享受「公費醫療」的待遇。所以就全國而言，絕對大多數的人，看病吃藥都得自己掏錢。特別是農民，吃飯都艱難，生了病能夠去吃藥、去看病，去住院當然就更困難了。患病沒有錢醫病，就只有「拖」，也就是只有等死，當然死的就多。其實人類從有史以來，醫藥都只是為少數統治者服務的。封建時代，最好的是御醫、御藥，那是為皇室服務的。「懸壺濟世」也是要錢的。國民黨時代，醫藥也只是有錢人才能享有的。毛澤東時代，經濟太不發達了，想用醫藥來「為人民服務」，辦不到，依然只能為少數人服務。吃皇糧的幹部優先，最優先的當然是領導幹部。「高幹病房」、貴重藥材、專家保健……等等措施，依然是為統治階層服務的。全國最大多數的農民和平民是根本享受不到人類醫學成果的。少數人侵占了大多數人應該享有的國家資源和科學成果，當然是大大的不公。

當今而言，醫藥和醫學成果依然是只能為少數有權、有錢人服務的，大多數的人依然不能享受得到現代醫藥和醫學成果的服務……能夠「享受」的數額依然是微不足道的。據世界衛生組織二〇〇七年統計調查了全世界一百九十一個國家的醫療保障程度，中國處於一百八十八位。全世界的倒數第四位。老天啊！好意思嗎？不是說外匯儲備已經是超過了小日本居於世界第一位了嗎？為什麼不拿點出來用之於民呢？現在而今，中國除了少數擁有特權者之外，絕對大多數的老百姓，甚至連像我們這樣的一般幹部、一般的知識分子對於患病真有談虎色變的恐懼！

我娘，農民及時把她抬進醫院去住院搶救，大概認為有我這樣一個城市人口的兒子吧。殊不知在當時，要負擔我娘住院治病這樣一筆昂貴的費用，於我而言也是莫大的難事。

我趕快向店裏人借了二十塊錢，急匆匆的趕到了三醫院。進得病房，一個護士呵斥我說：「你還曉得來啊？別個不幫你送進來，早都『搞蹺』（死了）囉！快去繳費，停了藥的，不繳費是不得用藥的啊……」我自然無言以對，說了聲：「麻煩你們了，我去繳……」

娘說：「醫生說是急性肺炎。現在好得多了，要不就出院回去嗎？」我說：「不行，得住下去。」娘說：「哪來那麼多錢嘛，進來都借了二十塊錢繳的（她一個月生活費才十五塊錢），才兩天錢就用完了。這病是醫不起的，哪有那麼多錢來醫病？」我說：「我帶得有錢，我會想辦法的……」其實，我真不知道該怎麼辦囉？把在店裏借來的這二十塊錢給娘交她還債吧，就沒有交醫院繼續治病的錢，交了醫院繼續治病吧，就沒有還給農民的錢。農民的錢太難了，能夠借給你，就是從頭上看到腳下，天大的不容易了，因此是絕對拖欠不得的。我絕不能讓老娘眼睜睜被折騰死去！像大多數農民、平民那樣被「拖死」。這病得醫，醫病必須要錢，錢從哪裏去弄呢？我熬更守夜掙那麼幾個錢，只能夠糊口……我該怎麼辦囉？

我昏昏沉沉在醫院裏頭徘徊了幾圈，不知道該把這二十塊錢怎麼辦。這貢井距離我們下面二十來里，交往較少，即使有點交往的，在二十世紀七〇年代裏要借個一二十塊錢，也是很艱難的。我想或許有來我那裏做過衣服的年輕人，找他們幫幫忙，這些年輕娃兒們大都很講義氣，我有難處，是會想想辦法的。我抱著這種渺茫的希望，從三醫院走出來，盲目的在貢井街上轉過來轉過去，昏昏沉沉的轉到中午過了，沒有碰見一個熟人。

我又回到三醫院，那護士厲聲的問我：「你還沒去繳啊？拖不得啊！越拖越惱火啊！」我說：「這就去繳。」我走到娘病床前悄聲的問她：「還債的錢，可不可以拖幾天？」娘說：「拖不得，別個買小豬兒的錢，今天要還的。」我看見娘正在喝半碗稀飯。娘說：「張三姨給我喝的。」我說：「太謝謝了。」娘說：「你還沒吃吧？」我說：「出去吃。」，心裏想，就這二十塊錢，哪敢吃什麼？我又在貢井街上轉過來轉過去，昏昏沉沉，焦頭爛額，企盼著能有奇蹟出現。下午三點了，我非常餓，雖然早幾年挨餓的滋味已經嘗得夠了，但是近幾年來幹這裁縫的活路，也算是飽不著餓不死。早上要忙於去上班，基本上都不吃早飯，但中午和晚上得把那「小菜飯」吃飽，不吃飽是無力去幹活的。已經下午了，還水、米未進，餓得人頭暈眼花，但我不敢動用那二十塊錢，只能挨著餓。我決心先去把藥費繳了，才能夠把病繼續治下去，再回去借錢來還債，便向著三醫院走去。

突然有人招呼我：「曾師傅，怎麼上貢井來了？」我一看是來找我做過衣服的，好像還有點親戚關係。我便把老娘在三醫院住院，沒有繳費，現在停了藥了，正不知道該怎麼辦的情形說了。年輕人很熱情，他說：「我倒認識一個三醫院的護士，去找找看能不能有什麼辦法可想。」我說：「那太好了。」於是我們快速的來到了三醫院。他很快找來了那個護士，說明了目前情況。那護士說：「你們去找一張我們三醫院的「聯單」來吧……」年輕人說：「我只有『河底下』（指自流井區）的『聯單』。」我說：「下面的『聯單』好找，只是拿到這上面來不管用吧？」

那護士說：「要不這樣，你們在下面去開好藥，把藥拿上來用。」我說：「那太好了，太好了！只是今天這麼晚了，也搞不贏呢（來不及）。」護士說：「我去找她們（護士）先把藥給用上，明天你再去下面開好了藥，把藥拿上來還給她們。」

我說：「太好了，太好了，有救了，救命了！太謝謝了。」真是死裏求生！想不到還有這麼一條救命之路！當然必須要有「關係」的熟人。其實這也是草民迫不得已的「對付」那「社會主義社會」的一種「聰明」。以後不斷知道，草民的這種種「聰明」層出不窮，有的是諸如此類的手段。

我們三人一起來到了病房。兩個護士相互說了一下。那個護士也不再呵斥我了。護士給年輕人說：「行了，我走了，我正在上班呢。」我說：「用的是些什麼藥，請開張單子。」她說：「會的。」年輕人說：「我也走了，還有點事要去辦呢。」我又小聲的道了謝。不一會，護士來跟娘輸上了液，又拿了些丸藥給娘。其實這些藥都是他們把病人沒有用完的都儲存了起來，沒有關係的病人當然就不會白白的給你使用……又給了我一張用藥的單子。我又道了謝，又向同病房的人們道了謝。

人不求人一般高，我當然只得自己矮下一截。矮下一截，平生難有之事啊！然而為了救娘一命，人命關天啊！你能不自己矮下一截嗎?!讓我也嘗嘗「忍辱負重」是個什麼滋味啊！

我把那還債的二十塊錢給了娘。五點過了，才離開了三醫院。挨著餓，腳趴手軟的去走那二十里路。餓了一天，主要是焦愁了一天，焦愁折磨得人真是精疲力竭，一直到天黑了才回到了我那個小窩。

過了兩天，那個年輕人又特意找了一張三醫院的「聯單」，給我送到小店裏來。我把那張「聯單」拿到三醫院給了那個護士，由她去幫我辦理那些憑「聯單」算帳而自己不用掏錢的手續，當然也免去了我送藥上去的奔波。

也不知道是哪個單位的「聯單」，給我娘當了一回「孝子」！娘在醫院裏住了十來天，出院了，到底用了多少住院費，不得而知，因為結帳「揀腳子」的是那張「聯單」！「聯單」救了老娘一條命！

當年小老百姓們實在窮困得只能夠糊口保命。像遇到了患病住院這樣的災難，相互之間實在是愛莫能助。又不想死，迫不得已草民才「聰明」出了「慷國家之慨」的無奈之舉。無法之法只得弄張「聯單」來「挖」「社會主義牆角」了！「挖」了就能夠逃脫死亡，誰不想方設法的去「挖」呢！

三

一天，我上班不久，見一個人來到了小店，空著手，顯然不是來做衣服的。見那人三十多歲，穿一件灰色毛服，走到我那裁案前，用不是很大的聲音問道：「你是曾國一嗎？」我說：「是啊。」那人說：「我是派出所的。」

我打量了來人一下，從那氣質、語言、作派，絕對不是什麼派出所的，派出所的一眼能看得出來；但肯定是吃那碗飯的，也能夠看得出來。

來人說：「找你談談。」我說：「好吧。」便收拾好了行頭，向來人說聲：「到家裏去吧。」既然已經看出來了是吃那碗飯的，在這裁縫鋪大庭廣眾之間「談談」定然是諸多不便的。

這時候我已經搬離了那個貧民窟的陋爛的那個八平方米的小窩，搬來了新家。這個新家之來實屬非易，也是經過不小的鬥爭方始得到的。在自貢市這個地方已經有二十多年，從「解放」一九四九年迄今吧，沒有新建過一幢給老百姓分配的樓房。不像而今有如雨後春筍，似乎天天都有幾幢大樓從四面八方冒將出來；儘管賣不出去，然「輝煌」著五顏六色的「泡沫」！二十多年囉！才建了這麼一幢新的樓房。那幢樓房共有四十套，打報告申請要房的危房戶、困難戶四百多家，百分之十與百分之九十的爭奪戰！樓房面積分三種規格：三十二平方米一套的有十六套，二十二平方米一套的有二十套，十二平方米一套的有四套。依然是「貧民窟」，新「貧民窟」而已。完全是「乾打壘」（夯土壘牆而建成的簡陋房屋）型建築，廚房只有兩平方米大，只能站得下一個人。這樓房裏面沒有廁所，拉屎倒尿依然得跑幾百米遠，去上公共廁所。然而就是如此規格，如此可憐見的新房，其爭奪之激烈，四百多家爭奪四十套，其激烈程度可想而知。

樓房修建好了半年，還分配不下來，其原因當然是爭奪太激烈。四百多戶人家，大多數的都託了人送了禮物，希望能夠通過「開後門」弄到一套。收取別人禮物的人，自然都是握有權柄的人。分配方案討論了一次又一次，都定不下來，實際上是在那裏分「蛋糕」。手裏頭捏著叉子的各式官員，都想叉上一塊、幾塊。分配方案討論會就是分贓會，吵吵鬧鬧，臉紅脖子粗，明爭加上暗鬥，每一次研究分配方案都爭奪得你死我活，比那「巴黎和會」上瓜分中國的爭奪還要激烈得至少一百倍吧。

快到年底了，等了幾十年，多少人家如久旱之望雲霓啊！都想搬進新樓裏去過新年。不知道是哪一位勇敢者，管他娘的，等不及了，先下手為強，率先搶占了一套。消息迅速傳開，光大街「搶房子」啦！消息傳來，個個迫不及待，只見汽車、架車、挑的、抬的、箱箱櫃櫃、鍋盆碗盞……人嘘馬盎！光大街又砸斷街囉！連夜連晚，四十套不待分配，全部被搶占了。當時像這種搶占新房的事情全國各地都有，不是什麼新奇事。

我自然也搶占了一套，因為那幢新樓就修建在我那八平方米小窩旁邊。那棵「無心插柳柳成蔭」

的，高過了房頂的黃桷樹也被連根拔起。我家被「乾打壘」的磚樓占了一個角落，當然正式列入「拆遷戶」，屬於「當然搬入新樓」的一家。

新樓被搶占之後，不僅區裏大小官員被驚動了，市裏也被驚動了。當然絕對不可能，搶了就完事。於是成立了一個「動員退房小組」，找搶占房的人家的單位施加壓力，勸說搶占者，一家一家的做工作，必須搬出去。又幾個月才搬出去了，我是最後搬出的一家。房管局的來找我，和他們大吵了一架。因為在流落江湖這近二十年間已經被「改造」得來很會吵架，還學會性罵。因為在我們那樣的大家庭裏，是絕對的不敢說粗話的，欠文明的話都不能講的，連四川人的口頭禪「老子」都不能講的。

然而流落江湖，別人罵你娘，忍無可忍你只得罵他媽。這是屬於骨頭貴賤的問題，必須睚眥必報，必須昂首挺胸做人，這是不能改造的也改造不了的，不能夠做到「入」「污泥而不染」。沒法！之所以獲得過「惡裁縫」的美名，正源於必須維護這根硬骨頭的珍貴！

又過了兩個月，分配方案下來了，但是沒有我的。我當然理直氣壯的去找那個房管局長。我說：「我給你提出兩條：第一，我是『拆遷戶』，你不敢否認吧？『拆遷戶』當然搬入新樓，這是政策規定。你竟敢把我刨掉了，當然不合乎政策，有點豈有此理吧！你今天不把房子分給我，我明天就遍街跟你貼大字報。你欺騙『拆遷戶』。其影響你應該考慮，結果當然應該由你負責。第二，市委副書記是我在樂山時候的老首長，你欺騙『拆遷戶』，我明天就去找他告狀。」五〇年代初，在樂山當專員時候，我曾調到專員公署辦公室幹了半年，這倒是歷史事實。不過而今似乎有點虛張聲勢，有點搬出了個「死諸葛」來嚇唬「生仲達」的招數！這位調到自貢市來當這個中共自貢市委副書記的，頗有點落魄，二十世紀五〇年代初期，他擔任樂山專員公署的專員時候，魯大東任中共樂山地委書記，級別基本上差不了多少。可是魯大東早已是四川省副省長、省長、省委書記了，而他卻還在這樣個自貢市的中共市委副書記的位置，現在其差距就頗大了。原因是這位曾經「跌過跟斗」，那是在二十世紀五〇年代初期。那時候一些「老革命」，從荒涼的山溝裏面一下子闖進了城，被花花世界弄得神魂顛倒。毛澤東一再打招呼，要保持革命本色，警惕「糖衣砲彈」。許多大城市都在上演郭沫若寫的話劇《北京四十天》，新革命和老革命都得去看。那年月看此類話劇叫做去受教育，不當成娛樂。所以，中國文學領域、文藝領域思想性為首要標準的理念統治了中國好幾十年。郭沫若警告大家不要學李自成進北京只當了四十天的皇帝，由於上下腐化墮落、搶掠姦淫、自己把自己打倒了——「人必自毀而後人毀之」的傳統教育。

當年種種腐化墮落便已經全國蔓延，像中共天津地委書記劉青山、專員張子善由於腐化墮落、貪贓枉法，相當驚人，最後被毛澤東批准槍斃了，「解放」以後（一九五二年）第一次以如此罪名槍斃的高官。

當時不少「老革命」進城以後，毛澤東就帶頭換老婆，「換老婆」之風一度頗盛。延安時候只能夠中央大官「換老婆」，而現在地方官也可以「換老婆」了。

一九四九年冬，各種「謠言」鋪天蓋地。其中最流傳持久而又深入於大城小鎮、窮鄉僻壤的一個「謠言」是：「共產共妻。」對於「共產」之說，城市裏的人相信。共產黨不共產還叫什麼共產黨？至於共妻之說，城裏人大都不怎麼相信。在鄉下農民盼著共產，但農民最怕共妻。特別是家裏正有著黃花閨女的，特別害怕被共了！所以那年月趕急嫁女兒真是一股風，四方無處不在。雖然還沒有到「拉郎配」那樣瘋狂的地步，但「亂點鴛鴦譜」卻是處處都在扮演，。其實對於這「共妻」之說，確也並非空穴來風。根據俄國《祖國》雜誌近年披露的史料：俄共早期曾經制定過「共妻」政策，而且以蘇維埃名義在《消息報》上面公布，同時還以布告形式公開貼在莫斯科等等城市大街上。此政策大體如下：「凡十五歲至二十五歲的女性必須接受『性公有化』。革命者要行使此權利，可以向革命機關申請許可證。布爾什維克可以憑證去『公有化』十個姑娘。」蘇共頭頭們的「革命理論」認為：「不僅財產必須公有化，性資源也必須公有化。家庭、一夫一妻制都是私有制的產物，必須性全面解放。」

根據如此理論、如此政策，俄共的頭頭們帶頭幹。據資料稱，托洛茨基、布哈林、安東洛夫……等等搞女人像發情期的狗那樣的隨便！等而下之，那些布爾什維克到處去強姦和輪姦女人，因為他們手中持有「許可證」！而且特別喜歡去「公有化」（強姦）資產階級的年輕女人們……北高加索蘇維埃共和國革命軍總司令部按照黨組織的決定由總司令伊華謝夫簽署許可證：「紅軍士兵」也可以去「公有化」十五歲至二十五歲的女人。於是四處都出現「圍獵行動」，幾十個、幾十個的少女被抓到軍營裏去輪姦。女中學生是紅軍戰士的最佳圍獵對象，小學生也有，資產階級年輕女人更是難逃圍獵……

俄共的「革命傳統」到處「輸出」。一九四五年俄國兵占領我國東北大小城市之際，除了擄奪十億美金的重工業設備的同時，四處去「圍獵」姦淫中國婦女。所以東北人對於「大鼻子」恨之入骨……

對於女人視之為「性資源」也就是源於此。沒有「入城」之前，到了「二五八團」的「標準」就有資格要求「組織」「給」老婆，但那時候「性資源」缺乏。而今「入城」以後，「性資源」太豐富了，看得人眼花繚亂，心裏怪癢癢的！於是紛紛發起衝鋒。有權有勢的「首長」在此紛紛衝鋒之際，也就趁勢來個「換老婆」——也就是把以前的農村的結髮的糟糠之妻不要了，自己已經四五十歲了偏要另外找上一個城裏的二十歲左右的年輕貌美的「花姑娘」。有權有勢，休掉以前的糟糠之妻，另娶「花姑娘」，輕而易舉之事。那糟糠之妻和「花姑娘」一般都是弱勢群體，可以任憑宰割。所以一般經過「正當」手續「換」了的，一般都沒有什麼事，即使被人指「背脊骨」也損傷不了他半根毫毛！他是當官的，有權有勢，老夫少妻，老牛吃嫩草……一個個年輕幹部乾瞪眼，敢怒而不敢言。當年還遵守「一夫一妻」制。遠遠不如現在的方便，「老」的不用了甩她在一邊冷著，另外包二奶、包三奶就是了。這位專員還沒有辦理那「正當」的「換」的手續，就迫不及待的和二小姐上了床（似乎也有點包二奶的行徑），組織上勸說、警告都沒有用。二小姐太漂亮了、太迷人了，高挑身材、顧盼而生輝，實在難以捨卻。而最要害之點，二小姐的父親是國民黨的師長，鎮壓了的，按照當時規定，是不能和高級幹部結婚的。又整死都扯不脫，當然栽了。這一栽栽得一敗塗地，弄去一所中學當了個書記。二小姐當然也丟了。這在當時樂山地區的所有幹部當中，可以說是「家喻戶曉」。

這一栽栽下去十多年，現在才又起來當上了這個市委副書記。中共自貢市市委宣傳部長也是因為這樣的事情栽下去的。像這種情況的還不少：市委祕書長因為和小保姆的桃色事件，而走到了自殺的結局……當年對於這種事管得較為嚴，敗露之後，都會受到處分的。不像現在，去悄悄「搞」了多少個女人，只要沒有對立面作為「鬥爭手段」去利用，一般都沒事。

當場還有幾戶人家，在依次等候著要這房管局長解決問題的。那房管局長只得給我說：「我們研究一下，明天上午答覆你。」

第二天上午我又去了。那房管局長說：「『拆遷戶』我們是要安置的，現在呢，你原來住的只有幾平方米，那間屋子只傷了一點屋簷，我們現在把它修一修，外面那間一起給你，有二十來平方米了。都給你。」

我說：「不行。拆的時候，有言在先嘛，『拆遷戶』全部搬入新樓。不能說話不算話嘛！」其實那個年代根本沒有什麼書面協議、什麼書面合同諸如此類。他們要撒賴，口說無憑，你拿他也無可奈何的。不過那時候當官的對於說出的話，也還是看重自己的信用的。那個時候幹部的「公信力」較諸現在要高出若干若干倍的。那個房管局長看我堅持不幹，又說：「再不然，我們可以給你另外找一處更寬一點的平房嘛，這樣安置就更合理了。」

我說：「絕對不行。你們真要說話不算話，我也迫不得已，只有去找書記評理去了……」我站起身來，要走。不知道是「死諸葛」起了點作用呢還是我的強硬態度使他棘手，或者兼而有之，那房管局長說：「還有最後一個方案，我們把已經分出去了的一套，動員他讓出來，把那個二十多平方米的平房給他。」我說：「這不就對了嘛。」那房管局長說：「不過，反正是新樓房嘛，窄是窄點。」我說：「不會是那種只有十二平方米，一室一廚的吧？」那房管局長說：「能夠想辦法的就只有這麼一套了。」

我說：「絕對不行，至少得兩室一廚的才行。」那房管局長說：「那是絕對沒有任何辦法。」我說：「那我就不要了。」房管局長最後攤牌說：「我已經焦頭爛額了，我給你兩套好了，樓上一套，樓下一套。如果還不行的話，你要去找誰我也沒有辦法囉！」

話已經說到頭了，我去找誰又能怎麼樣呢？就這樣，我搬進了這樓上一間、樓下一間的新樓房。只有一室十平方米，一廚兩平方米。如此兩套，多了間兩平方米的廚，便拿來放雜物。即使如此可憐見的房屋，如果不是經過「鬥爭」，要想他們主動「按照政策」分配給我這樣的「摘帽右派分子」，想都不用想。

四

我把那人領到了二樓那一間屋來。上樓一條通道，那時候也把它叫做「通涼臺」。通道裏邊是五家人，一家有一門連著一窗。通道外邊是欄杆，欄杆外邊間隔著懸著有個小小的兩平方米的，只能站一個人的廚房。我開了門，開了窗，其他三壁連個孔穴也沒有，空氣極度的不流通。到了暑天，熱不可擋，完全就是一個「溫室」，比我那個八平方米的旮旯好一點，好不了多少。我在這裏又住了四年，文化大革命完蛋以後，每隔幾年搬一次家，從這個十二平方米的搬到了一百多平方米的住房。

我那十平方米的一室裏面，只能容納一床、一字檯、兩張椅子，已經無多空隙。那人在椅子上坐了，我只有坐在床邊上。我說：「請問，貴姓？」他說：「我姓張。」我便沉默著等他問話。姓張的說：「你認識哪些人呢？」我想一定是和胡思敏說的要想打出個「現行反革命集團」有關的事情吧。終於找到頭上來了。我說：「是認識哪些右派分子吧？」姓張的點了點頭。我說：「認識胡思敏，他是我蜀光中學的同學。我一九六三年從外地回自貢市，後來聽說他也是右派。還認識陳望德，這光大街的裁縫。還認識牟永初，我在果園做過臨工，看守柑子林的時候，和他輪換著守一個棚子，一個人看守一天一夜（那種「棚子」用幾張薄薄的篾摺圍成一個四五平方米的旮旯，頂上蓋的稻草。橘子紅時節，天寒地凍，寒風呼嘯。在那山野之間獨自一人，黑燈瞎火，根本沒有照明，也要具有點不怕鬼、不怕狼的膽量才敢去吃那點「膽大錢」的）。」我沉默著，姓張的又問：「陳洪虎呢？」

我說：「有這個人，來做過衣服。」姓張的問：「他們跟你講過些什麼？」我說：「我忙於生計，每天加班到十二點。我這間住房嘛，一眼洞見，平時也根本沒有人來的。接待你，這是第一次接待外人。除了做衣服，和這些人沒有什麼可說的。」姓張的說：「和他們有過來往，這點是肯定的。把你和他們來往中，不符合的，回憶一下，寫一寫。凡是不符合的，都寫一寫，幫助政府瞭解情況嘛。明天上午把寫的交到市公安局來。」

第二天上午我把寫的拿著，去了市公安局。姓張的把我領到了一間大大的會客室，我把寫的給了他，他叫我等等。姓張的領來了一個人。姓張的說：「這是處長。」這位處長拿著我寫的那兩張紙，怒視著我，兇狠狠的說：「你寫的什麼？太不老實。簡直不老實。」我也橫眉冷對睖了那處長一眼。我說：「這樣講話，我不想聽。我一九六三年就摘了帽子，摘了十多年囉。我和這些戴帽右派分子從來就是劃清界線的。我是重慶回來的，已經摘掉了右派分子帽子的公民，和這些本地右派分子本來就不認識，有什麼老實不老實的。」那位處長又問：「你向這些人說過些什麼？」我說：「這得去問那些人囉。」這位處長看出我非「良善之輩」，大概不想浪費時間，狠狠的盯了我一眼，把那兩張紙扔在了那裏，怒沖沖的走了。姓張的有點打圓場，緩緩的說：「你再回憶一下，寫得太簡單了，把不符合的，補充一下。」我說：「那把這個退給我吧。」姓張的想了想說：「先放在這裏吧！」

的了。

其實他和我都心裏明白，我寫的那些毫無用處。可能他心裏還明白，我是不會再寫什麼「補充」

胡思敏來說：「他們依計而行，使得王麻子只得去公安局否定了他告密的那些內容。陳洪虎什麼也沒講，找不到突破口，所以來找你，也沒有找到什麼……抓不著什麼把柄，只得暫時放下了。」又問我問沒問「七二・七」的事情。

我說：「沒問。追問也不怕。」

最後，還是抓了兩個右派分子，陳望德、張彬，罪名是「為劉少奇、鄧小平評功擺好」，並因此罪名還判了幾年徒刑。「四人幫」打倒之後，鄧小平又重新上臺，不久，平反，又把兩人放出來了。

第二十五章
「株連」之災

一

如果說結婚是我此生所犯的第一個真正的錯誤，那麼生兒子則是我此生所犯下的第二個真正的錯誤。在那個可怕的畸形年代，我，絕對的不應該結婚生子。

曾焰讀幼兒園的時候，同在幼兒園的其他的孩子們都還小，似乎還沒有發現什麼「異常」現象出現，那些幼兒園的老師是否能夠一視同仁是很難說的了。一上小學不久，曾焰被歧視、被侮辱的事件便與日俱增。毛澤東統治的時代把小孩子們分成了「紅五類」：工人、農民、幹部、軍人、平民五類人的子女屬之。還有「黑五類」：地主、富農、反革命分子、壞分子、右派分子五類人的子女屬之。在那個「階級鬥爭要天天講、月月講、年年講」的畸形的、罪惡的、可怕的文化人革命歲月裏，所謂「紅五類」子女生下來就高人一等，而「黑五類」子女生下來就應該被侮辱、被歧視、被壓迫。這種封建主義的糟粕觀點被毛澤東的「革命無產階級」全盤繼承還變本加厲，幾歲的小孩也已經被薰陶得根深柢固了。

那些紅五類的仔兒們開始給曾焰侮辱性的叫號。我們居住的這光大街本來就是貧民區，清苦工人、窮困平民占大多數。疲於生計，大都缺乏家庭教養，缺乏中華民族優秀的傳統道德的薰陶。當然，主要的是階級鬥爭把這些人鬥昏了頭，使得階級鬥爭的觀念從小也就「氾濫成災」。小學課文裏有一課是《高玉寶》這本書裏的一個節選叫〈半夜雞叫〉（純全是「狼奶」灌輸，也是假貨，半夜雞是不會叫的），其中寫有個地主名叫周扒皮。凡是黑五類的子女，其家裏和地主沾了邊的，那些紅五類的子女就不叫他們的姓名，統統叫他們為「周扒皮」。曾焰的祖母是「惡霸地主」，於是那些紅五類的子女就叫曾焰為「周扒皮」。除此之外。還叫曾焰為「曾國一」，因為曾焰的老子曾國一是右派分子。對於這些叫號，老師聽見也不管，管也管不了。如此狀況，給小孩幼小的心靈帶來多大的傷害，多大的壓抑，那是可想而知。階級鬥爭的教育——狼奶灌輸，就是如此從小抓起！

更有甚者。一天下午，我正在那小店裏低頭忙碌，外邊大街上十多個小孩反翦著一個小孩，大聲呼吼著有聲有色的、轟轟烈烈的遊街示眾。那時候這種遊街示眾的鬧劇經常在街頭出現……十多個小孩反翦著一個小孩，當然引得滿街不少人看熱鬧。我一看，中間被反翦的小孩正是曾焰。

真是忿從心頭起，怒向膽邊生。正是是可忍孰不可忍！那是特意從我這小店前面經過，以之來羞辱曾焰也羞辱我的。我順手抓起一根扁擔，大吼一聲向那十多個兔崽子衝了去。小兔崽子們被我的瘋狂的突如其來的攻擊，嚇得魂飛魄散，沒命的拔腿四外逃竄。我瘋狂的窮追猛趕，把一個小兔崽子從光大街追過了新橋，有幾里路之遙。他跑不動了，我也跑不動了，他在釜溪河邊濱江路的欄杆下蹲下來。

「跑啊！跑啊！你跑得過今天，跑不脫明天。」我拿扁擔指著他：「叫什麼名字？說！」他說了。「欺侮曾焰，誰的主意？」「不是我，不是我。」「現在交給你一個任務，聽清楚了。告訴那十幾個龜兒子，哪個敢再欺侮曾焰，老子要他的腦殼。聽清楚沒有？」「聽清楚了。」「說不說得到？」「說得到。」「今天放了你。做沒做到，明天店子上來回話。」

我從小就懂得寬厚待人，投之以桃，報之以李，然而到了狼窩你得學狼嗥，不得不以其人之道還治其人之身。我必須保護曾焰。我不保護他誰來保護他？沒有其他的辦法，找老師、找家長沒有用。能有用嗎？反而會惹來更多的麻煩。殊不知，從此之後，那些小兔崽子們再也不敢聚眾起來欺侮曾焰了。曾焰也學著反抗，當然是受了我的行動影響，跟敢於欺侮他的鬥爭。沒有辦法呀！你軟弱可欺，他就要在你頭上拉屎撒尿啊，你能怎麼辦呢？那是那個社會逼出來的啊！為什麼要逆來順受？在任何淫威之下我都極力力爭要堂堂正正的做人。曾焰也必須學會堂堂正正的做人，這是絕對不能動搖的。最焦心的是沒有辦法輔導曾焰的學習。為生計所迫，每天必須在小店裏勞動十四五個小時，每晚都得半夜三更的才能收攤。天天如斯，實在拿不出半點時間來管曾焰的學習。

有個上海崽兒李＊＊，拿了個乒乓球世界單打冠軍，聽說他老子也是個右派分子。曾焰個子長得很高，比同年齡的娃兒要高一個腦袋；身手靈活，又是左撇子，還喜歡打乒乓球。李石鋒有五子、三女。李石鋒被打成右派分子之後，和他愛人萬詠非雙方「自願」離婚。兒女全都跟了媽，也就不認李石鋒這個老子了。當時是不敢認，叫做「劃清界線」。我那小店聲名遠播之後，萬詠非以及三、四、五、六都成了小店的老顧主，常常前來光顧，不免和李石鋒邂逅相遇。特別是老四，從此每個月都要買點糖果諸如此類去李石鋒住的那個窩探望一番。在那種歲月裏，堪稱尚能一盡人子之道的孝道之子了。

哎！李石鋒住的那個窩，真比乞丐住的還不如。他出院之後，我去看望過他。他本來和十多個工人住在一間大寢室裏。出院之後，對於這肺結核大家都心存恐懼。李石鋒也說：「我這肺病，肺穿孔，正是『開放期』，有傳染性，但又無處可搬。」這個難題，這些工人當然無能解決。李石鋒其實早已經有所盤算，便試探著說：「廁所旁邊那間豬圈，現在也不餵豬了，打掃打掃，我搬到那裏去住，免得把這肺結核傳染給大家，行不行呢？」。

十多個工人認為李石鋒如此的高姿態自我犧牲，當然求之不得。但那是豬圈啊！而且多年不用不管，頂也漏了，牆是老古式的泥築的，塌了一角，頗有點「青山正補牆頭缺」的韻味吧。覺得把李石鋒攆到那麼一個角落似乎也有點於心不忍。李石鋒堅持不變，那些工人也就求之不得吧。幾個工人在那以前豬睡覺的石板上面攤了幾張木板，再加上稻草鋪了算作是床。用幾塊石頭胡亂砌了個堆聊作「字檯」。因為李石鋒「惡習難改」，要「偷偷的」去寫點東西。其他還有一個爐子，他自己不會煮飯，只偶爾燒燒。此外便無有他物了。我去的時候，滿屋潮濕黴臭味，旁邊廁所的臭味還不時襲來。我說：「怎麼搬到這麼個地方來了？」李石鋒說：「圖個清靜。沒有監視的耳目。清閒！躲進小『陋』成一統，管它春夏與秋冬！」我說：「這陋室也太陋了吧！」李石鋒說：「『斯是陋室，唯吾德馨。』（劉禹錫的〈陋室銘〉）沒有任何人『敢』來打擾，那個監視的人這道門他都不『敢』進來。牛棚、豬圈同樣的可以樂在其中也……」

我打量著這個比我那個窩還要低幾個層次的角落，真是比叫化兒（乞丐）住的地方還低幾個層次。李石鋒的老子，富商兼律師李敬修在市中區修建了一座城堡式的豪宅，其規模之大，解放以後曾經作為自貢日報社和新華印刷廠共有的所在地。他們全家三個主人和一些僕人享有如此一個上千平方米的豪宅，和眼前這麼個豬圈相較，真有點令人慘不忍睹。

在這間豬圈裏，李石鋒住了許多年。一直住到「落實政策」才搬離它去。李石鋒的老六喜歡打乒乓球，打得還不錯，是市體校和區體校的乒乓隊的業餘陪練。他知道我想讓曾焰去體校打乒乓球，便帶曾焰去體校打了幾回，還主動的去向那乒乓教練推薦。那教練不敢收人，沒有那麼大的權力，必須要體委主任點頭才行。得知那體委主任以前在統戰部工作過，於是我想起了鄒永楊。這些年來，鄒永楊也成了我這小店的老主顧。他帶著全家兒女們來做衣服，還要求他的兒女們都叫我曾伯伯，很平等相待。我去找鄒永楊，這時他依然是市委統戰部的科長，沒有「進步」。我向鄒永楊說明緣由，鄒永楊答應去做工作。

因了鄒永楊親自出面斡旋，不久，曾焰去了區業餘體校乒乓球隊。當時，自貢市乒乓球隊打出了個童玲。後來，自貢市的跳水隊又跳出了個高敏，拿回來許多個世界冠軍的金牌，被譽為世界跳水皇后，世界上稱之女子跳水的「高敏時代」。自貢市體校諸如此類當然很以之為光榮。體操也出了全國冠軍。

加之那些年「讀書無用論」氾濫全國；那些年音樂也不吃香，流行音樂在中國大陸還沒有「出世」，不像而今唱歌成了可以發大財的行當……所以，「打體育」成了許多家長為孩子選擇的最熱門途徑。殊不知「金字塔」規律在「打體育」這門行當裏，體現得最為殘酷。全國有多少個業餘體校？又有多少萬個乒乓球「培養尖子」？殘酷的大運動量訓練，要流多少汗？吃多少苦頭？還有著多少多少意想不到的磨難和各種人為的艱難險阻？最後攀登上到那金字塔尖上，才能打出一個全國冠軍來。絕大多數的「培養尖子」，被打下去了，被淘汰了，很有點「一將功成萬骨枯」的壯烈！即使如此，業餘體校的門檻依然是非常的高。全國大學校停止招生，「讀書無用論」風靡滿社會，業餘體校的門檻也就日益增高。不少當官的都把娃兒送了去。名額只有那麼多，經費很有限，絕對不能超額。

如果不是鄒永楊科長出面斡旋，曾焰肯定是無法擠得進去的。在區體校打了兩年多乒乓球，又去了市業餘體校乒乓球隊。當時乒乓球已經被稱之為國球，拿過多次世界冠軍。大球上不去，所以把這小球的驕傲讓國人共享。那時的乒乓球已經有兩種打法，或者說兩大門派：橫握拍和直握拍。橫握拍是從歐洲來的，以削球以守為基調；直握拍是中國人的打法，以快速攻擊為基調。一個球隊必須兩種打法的隊員都兼而有之，訓練時候有攻的、有守的才行。

省裏來了個姓高的教練，他是直拍快攻型的打法，特別到下面來物色隊員去省體校。他當然是來找直拍快攻型打法的。不幾天，高教練便看中了曾焰。左撇、直握、快攻，中國式的標準打法。中國好幾個打出世界冠軍的都是左撇、直握、快攻。加之曾焰個子高，當時十二三歲已經一米七了，加之身手敏捷、靈活，正是他最理想的人選。高教練便向自貢市市體校提出來，要帶曾焰到省體校去。市體校一查，說：「曾焰的父親是個右派分子，不行。」實際上是他們想送一個橫拍的親戚上去。高教練當然不要這橫拍的。雙方堅持，都不讓步。高教練只得向省裏請示，向省裏請求要一橫、一直，增加一個去的名額，其目的是無論如何也要把曾焰弄上去。高教練認為像曾焰這樣的條件太難得找到了。

最後，這位高教練忿而離去。他們終究還是把那橫拍的弄上去了。打了六年多的乒乓球，落得個連市也出不了，這乒乓球還有什麼打的呢？當然對曾焰帶來莫大的打擊。曾焰說：「不想再打下去了。」不打就不打吧，於是自己終止了去體校的訓練。

二

這時候，伍淑華已經患上了肝炎進而轉為肝硬化。那年月，釜溪河河水污染非常的嚴重，自貢市已經成了全國著名的「肝炎城市」。自貢鹽廠，特別是幾大化工廠，都是最可怕的污染源。

當時全市老百姓中傳聞有一個「笑話」說，把釜溪河裏的水拿到聯合國去化驗。當時中國與外面世界隔絕，外面稱之為「鐵幕裏的中國」。所以老百姓們對聯合國還是知道的，至於還有什麼世界衛生組織諸如此類，就不甚了了。對於中國鐵幕外的事情，小老百姓實在是陌生，知之甚少。「新華通訊社」有個《參考消息報》，最先是只發到地、師級幹部，漸漸的擴大範圍，七〇年代仍在限制發行，小老百姓是不能訂閱的，其實《參考消息報》依然是「新華通訊社」經過選擇而發的一些外國報刊上的訊息而已。

「笑話」說：把釜溪河水化驗之後，聯合國的人問：「住在那裏的人死沒死絕啊？」這笑話似乎有點殘酷的自嘲吧！當然也可見人們對於釜溪河水之恐怖心情。

當時由於醫生、醫藥服務對象主要是為統治階層服務，藥廠停產，所以許多藥物都缺。對於治療肝炎，基本上沒有什麼有效的藥物，肝硬化在當時於一般老百姓而言也就成了不治之症了。然而，伍淑華有「聯單」。小學教師屬於全民所有制，看病除了自己出八分錢掛號費之外，一切可以由公家出錢。這在當時社會上稱之為「有享受」的人，在全國人民中只能占百分之幾的少數吧。而對於那百分之九十以上的絕大多數「沒有享受」的人而言，吃藥不要錢那是很值得羡慕的。男女搞對象時候，都得相互暗中打聽一下對方是否「有享受」，成了婚嫁去考慮的條件之一，可見社會觀念對之的重視程度了。

伍淑華既然有「享受」，那當然就得去享受。如此吃公家，叫做「不吃白不吃」，所以每隔兩三天就得上醫院去看病。那時候醫生、護士服務態度都不好，都「看人打麻糖」！病人又多，所以一進醫院便是連串的「排輪子」：掛號、看醫生、算帳、取藥都要排很長輪子……看一次病至少得半天。輪子一個挨著一個慢慢的往前移動。真是度「步」如年……經常都要我陪同她一起去醫院。我耐著性子去承受排輪子的折磨和考驗……這一去半天，我怎麼「消耗」得起！沒有辦法，只得主動去結交。

那時候老百姓去結交人除了送禮便只能講「交換」，與人方便，自己方便。我能給人的方便無非是在來找我做衣服的時候，把取貨時間極力縮短，儘量裁剪精細、製作精細，如此而已。然而就憑藉了這點，結交了不少人：醫生、護士、藥房……結果是可以不去排輪子，把須得半天才能了結的事，半個鐘頭就能了結。其實這也是草民們對付那「社會主義社會」的一種「手段」而已矣！

伍淑華天天吃藥，兩三天要去看一次病，病沒有好轉，反而漸漸加重……

「上山下鄉」搞了好多年，不僅沒有給城裏人減輕負擔，反而增加了更多的負擔，外加無限的焦慮。不僅僅是增加了更多的經濟負擔，大都得給農村的知青一些錢、糧的補助；還得加上精神負擔。民怨七八十度吧，接近沸騰的高度。為了緩和一下不斷沸騰的民怨，不得不出臺了個「頂替」政策：也就是城裏的無論工人、職員、幹部……無論全民所有制、集體所有制，乃至街道工業，只要你退休，你那個「缺」就可以換一個子女回來去「填補」。無論是在農村的、城市的都可以去「填補」，去「頂替」那個「飯碗」。

政策一出臺，所有的大小城市都「沸騰」起來了。三千多萬名知青「陷」在農村，牽涉著三千多萬個家庭，可見全國「響動」有多大！說是一時間「驚天動地」也不為過！三千多萬個家庭，凡有子女在農村的，都想方設法怎樣去搞個頂替名額，把在農村的兒女弄回城。於是「頂替」，變相「頂替」！比如有一等無兒無女的卻又有那麼一個「飯碗」指標的，當然就成了當權者可以用來為誰「頂替」的用場。不到退休年齡，提前退休；沒有病，去想方設法辦個病休……

全國轟轟烈烈，處處沸騰：家家都在謀劃頂替，戶戶都在忙碌頂替……老百姓儘量發揮聰明才智，用盡各種手段，爭分奪秒的去為子女乘「頂替」之風，去為子女抓到一隻「飯碗」。那年代，政策多變，土政策，朝令夕改，加上當權者胡作非為、偷樑換柱、李代桃僵，所以那「頂替」之年，真是一場「人民戰爭」，緊張而又激烈……加上有些家庭，還出現「窩裏鬥」：一個退休名額，兩個子女的；兩個退休名額，三個子女的。於父母而言，手心、手背都是肉；於子女而言，有互相謙讓的，有互相爭奪的，「二桃殺三士」的今古奇觀都有的！

伍淑華雖然惡病纏身，也奔波於「頂替」這一她視之為天大的事。退休年齡雖然尚沒到，但還是較為順利的辦了個「因病退休」，首先有了一個退休的可供頂替的名額。老三、老四都在農村，而頂替的名額卻只有她的一個。老三要年長兩歲，照理應該先回來；而老四所在的範店公社，在大渡河畔，小涼山邊緣地帶，崇山峻嶺，生存條件極其惡劣，長年都只能吃包穀羹羹。如果回不來，就讓老四吃一輩子包穀羹羹嗎？

把老三、老四都叫回來了，要他們自己商量。他們不像有的人家那樣互相去爭奪頂替名額，兩個都互相讓。老三堅決要老四頂替，老四堅決要老三頂替。決斷不下，而事情又不容拖延。老四毅然回範店公社去了，剩下老三。只得趕快為老三辦理了頂替手續，弄去準備當小學教師。

老四仍然留在農村，這成了伍淑華日夜焦慮的大事，經常徹夜無眠。這種狀況當然對於她的肝病非常有害。這時候想到了她三姐還有一個「飯碗」可以頂替。經過了多番商量，她三姐答應了提前去辦個病退，讓老四來頂替。於是趕快寫「抱約」，當然時間得寫成十多年以前「抱養」的；實際上是搞的個假「抱約」。因為必須是子女才能頂替，諸如此類方法是當年各種手段之一種而已。老四終於也頂替回來了。

＊

六十年來

毛澤東統治的幾十年，每一天的電臺、報紙、報告絕對少不了的是：「目前形勢大好，越來越好！」不相信，隨便去翻一翻當年舊報紙，如此謊言，大報、小報無處不在，天天如此。

第二十六章
法西斯虐殺

一

老娘的身體狀況也已每況愈下，不斷的患病。我已經自己學會了皮下注射。只要有點膽量，左臀扎右上角，右臀扎左上角。穩準狠用力扎去，也是「見眼功勞」的小小手段而已。醫院已經搞得很熟了，找人給我弄了一套皮下注射用的器材。那時候值很多錢，自己是買不起的。藥物是從那些年輕娃兒們給我的「聯單」，用「聯單」從醫院領來的，當然不花錢，而我實在也花不起那些錢。人命關天！只能夠「挖」「社會主義牆角」。不使用那些「聯單」就救不了命，當然救命要緊。

老娘一患病，我必須一清早起來跑二十里路跑到那農村去，去為之注射，然後再匆匆忙忙的跑回來去小店裏上班，晚上當然還得熬夜。一天只能去一趟，來回得跑上四十里的山路，哎！太勞累了。我一心一意的希望老娘能夠多活幾天！儘管活得如此艱難，還是活下去吧！

我已經四十好幾歲了，掙扎在人間底層，勉力掙一碗飯苟延殘喘，無能孝敬老娘，如此作為只算聊以盡力報答養育之恩。每次基本上都是注射的抗生素諸如此類藥物，也沒有醫生診斷、處方諸如此類，自作主張，頗有點粗放帶野蠻式的操作。我興趣廣泛，曾經興之所至看過一些醫學書籍，有一些粗淺常識，不亞於那等「赤腳醫生」吧。所以每次「治療」都還有效，而且僥倖沒有出過一次「醫療事故」。靠了這些手段使得老娘多吊了幾年命吧！否則早已經見閻王去了。老娘每次患病，都向我隱瞞了生病的原因。一直到有一次病得太重了，手臂也折斷了，一切生活起居無法自理，兩個農民才用「滑竿」把老娘抬了下來（要付「運費」的），送到城裏來醫……

我問抬滑竿來的農民：「怎麼弄成這樣嚴重？」農民先是不說，我給了一個人兩塊錢，又說：「到館子頭去吃兩碗麵條再走。」我拿了兩瓶藥酒。那是用「聯單」在醫院裏開的，那時候只要聽說醫院裏到了藥酒，人們立即蜂擁而至。那時候一切要票證，一人一個月一張酒票，可以買到二兩白酒。這藥酒既不要酒票也不花錢，只憑「聯單」自己出八分錢掛號費，就能夠弄到一瓶甚或幾瓶藥酒。管它多少錢一瓶，自有那聯單的「單位」去揀腳子。「社會主義牆角」裏的東西，當然蜂擁而來。所以一看到醫院裏人頭竄動、慌慌張張，人們便會打聽：「是不是到了藥酒？」藥酒當然價格不菲，比白酒價格高出數倍、十數倍，憑「聯單」自有「單位」付帳。

我買了幾碗麵條、幾個饅頭、兩盤滷豆，用兩個碗倒了藥酒，坐在旁邊看著他們吃。這等食物於兩個農民而言，也算難得之物，特別是那酒。那藥酒照常規是只能喝一小杯的，可是他們喝了一瓶，又打開了第二瓶。酒喝得有點意思了，那個上點年歲的農民開口了。對於我的這種盛情招待，好像个說點什麼於心有愧似的。「哎，城裏好好的，啷個把你娘弄到農村來受罪啊？我們都看不過眼。林癩殼那個狗日的，他還纏了個野婆娘（姘頭）。又要吃你娘，還要「蹭」你娘，好多人都看不過眼……」一邊說一邊叮囑另一個農民：「我說這些，回去不要說啊。」

這個林癩殼，本來是個「痞子」——也就是毛澤東所說的那種「農村革命之最勇敢、最徹底、最堅決者——地痞流氓。」經過了「土改」等等一系列的殺人放火、奪地劫財的勾當，早已經變成了地地道道的地頭蛇。和全國每一個生產隊的地頭蛇一樣，不僅是要上「象牙床去滾一滾」，是把象牙床也一起搬走的「痞子」類。文化大革命期間，這時候的生產隊長是霸據一方，夥同一個會計、一個保管、便可以胡作非為，把生產隊的一切都可以視為自己的。於是纏上了一個姘頭。每個月至少一次，由那個姘頭出面，叫我娘買豬肉，或者豬頭，幾斤包穀酒，煮上乾飯，然後伺候林癩殼和他那個野婆娘來享用一頓。吃得酒醉飯飽而去。有時候還叫那個野婆娘來要兩斤糧票諸如此類。稍不如意，林癩殼就要「做過場」——叫上十個、八個造反派就要開我娘的鬥爭會。開鬥爭會就動手動腳：寒冬臘月用冷水從頭上潑到全身，凍得直打哆嗦，光著膝蓋跪炭「娃兒」（燒過的煤渣）跪得鮮血直流，還叫人抬大石頭來砸在身上，砸得斷了手臂。

我聽得心裏直淌血！我聽得毛髮悚然！

這匹惡狼，如此慘無人道的折磨一個年逾古稀的老人，是為了要吸她的血，那幾次肺炎都是被潑冷水而引起的。真是比法西斯匪徒還要野蠻殘忍！這樣罪惡的行徑，在那黑暗的農村、罪惡的年代，是沒有人敢於表現半點同情的，人性在那個時代早已經被踐踏得支離破碎了！經過一系列大屠殺還殘存的極少數的「地主分子」，即使沒有像北京大興縣、湖南道縣那樣被梭鏢鎚死、被鋤頭挖死，沒有被「淨化人口」斬盡殺絕，還苟延殘喘「活」在這社會主義社會裏的，是幸運還是災難？這些流氓、這些惡狼隨時隨地沒有任何理由，都可以隨意去撕咬這些無辜，哪怕是白髮蒼蒼的老人！沒有被折磨死的地主，隨時都在承受著這些地痞流氓惡狼的折磨和慢性虐殺！法西斯的體制容忍、放縱著這種種虐殺！整個社會對於這種種法西斯虐殺熟視無睹！法西斯屠殺的社會化、群眾化使得全社會人性麻木的冷酷的在道德理念中墮落沉淪。

毛澤東之所以要把這種虐殺「社會化」，其中非常重要的一個目的是為他的「階級鬥爭」樹立活的「樣板」。沒有了「階級敵人」，「階級鬥爭」豈不是瞎子見鬼！這種虐殺「社會化」，目的是把法西斯恐怖面對全社會！使之人人自危，規規矩矩，豈敢亂說亂動！要維持法西斯統治，必須有他的鷹犬爪牙。這種放縱也是對於這些鷹犬爪牙的演練、滿足，和賞賜！讓這些鷹犬爪牙沉湎於獸性的猖狂之中。

這個農民大概有點酒後吐真言才敢於說了出來。還帶著幾分的不平、幾分的譴責，也只有這樣的年歲大些的老農民人性尚未泯滅，還殘存有傳統的道德觀念，和起碼的憐憫心腸。人，總是應該有人性的吧！聽了這些敘述，我只能夠在心裏流血！我還有什麼能力去應對如此一個殘暴的法西斯制度縱容下的虎狼之群呢！

我請醫生來家裏為娘上了「夾板」，診了病，然後去醫院拿了藥，當然還是只能用「聯單」。負擔那醫藥費我實在無能為力。調養了幾個月，娘的身體大有好轉，吃的比在農村自然要好一些。主要是心情較為寧靜，沒有虎狼的攪擾折磨，所以氣色也好了。大概在城裏住了將近半年，林癲殼叫人下來多次催逼叫回生產隊去。無奈，被催逼得沒法，林癲殼叫兩個人來用「滑竿」把娘抬回生產隊去了（要我們出「運」費的），因為林癲殼捨不得於他而言是一個可以魚肉的對象。我們沒有辦法，我無能為力去對付林癩殼這匹惡狼，這個社會主義流氓！我噙著眼淚無可奈何的眼睜睜的望著娘再次去向地獄！我的心在淌著血！現在反思這種「怯弱」，這種「逆來順受」，對於老娘之最後被折磨致死，迄今我的心還在淌著血！

二

即使在這樣勞累、熬夜的生涯裏，我還是不忘看書，特別是那些不易得到的書。

那些紅衛兵崽兒在抄家，打、砸、搶的時候，從機關、從各種圖書館、從私人藏書中、偷了不少的書，據為己有。所以「焚書」，並沒有真正的「焚」去多少，不少都被這些「紅衛兵」崽兒們偷來據為己有了，書還是換個「形式」而得以流傳了下來。

什麼《克格勃內幕》、《美國中央情報局內幕》、《長征祕聞》、《金陵春夢》，《第三次浪潮》……都是那個時候從這些崽兒手中拿來看的。

還有就是當時流行的「手抄本」，當時流行最廣的有《紅都女皇》、《一雙繡花鞋》、《第二次握手》……因為造反派在焚毀封、資、修的書，全國的印刷廠主要是出《毛澤東選集》諸如此類的書，除此以外，其他的書是很難得到出版的。即使要出，也必須是被審查認為是有高度思想性——「狼奶」類的書。所以，竟有外國人說：「中國近代文學全是垃圾！」

手抄本得以流行也是那個年代的特殊產物。一天下午，一個叫馬科富的年輕工人拿著一卷「紙」

到店裏來耍，我一看就猜到他手裏那一卷是「手抄本」。我問他，「拿的啥子？」他說：「《第二次握手》。」我說：「看完沒？」他說：「剛剛拿到，還沒看。」我說：「今晚七點到明天早上八點歸我，明天早晨上班，你來拿。」他說：「這麼多，你看得完？」我說：「絕對看完。你明早上來拿吧。」

那年月看了不少的書，都是以這種熬夜讀完的。在那樣天天加班剪布而謀求生存的夜晚，偶爾得以如此熬一個通宵看一夜的書，實在是一種太難得的「享受」啊！一等太難有的樂趣啊！古人有云：「至樂莫過於讀書！」然而要活命的艱辛把這種「至樂」的「享受」也給剝奪了，偶爾才能夠從那謀求生存的血淚生涯裏擠出一點寶貴的時間去「享受」一回，這不是更加使人快樂、更加令人去珍惜嗎？

第二天早晨，馬科富來了，我把手抄本還給了他。他說：「一晚上怕沒睡覺啊？」我說：「還是睡了兩三個鐘頭。」店子上那些人說：「曾師傅，啥子書那樣好看嗎？擺（講）給我們聽聽嘛。」那些跌宕的故事情節，那些悲歡離合的種種人間深情，似乎還在我胸中激蕩不已。興之所至，我說：「想聽啦！好嘛！」

我於是便娓娓道來：從那驚濤駭浪中，英雄救美講起，繪聲繪色。那等傳奇的愛情故事、重重懸念，很快把她們吸引住了，全都放下了活計，聚精會神的聽起來。有人輕腳輕手的給我遞過一張凳子，有人給我送來一杯開水，有人在擦眼淚，有人在輕輕啜泣。有顧主上門來了，有人急忙過去小聲說道：「請等等。」她們生怕我把這精彩的故事中斷了……

她們一個個聚精會神如癡如呆的聽著故事，生怕我中斷了這精彩而迷人的故事的那種情景，迄今如在眼前。這是我唯一的一次給她們講故事。這些人都沒有文化，她們聽得那樣專注、那樣聚精會神，我實在不忍心「半途而廢」。來的顧主也站在那裏「旁聽」，而且也聽得來津津有味，這裁縫鋪似乎一下子成了「說評書」的場合……

從九點擺（講）到了十一點過，兩個多鐘頭，當然有詳有略，但主要情節定然不會遺漏。從第一次握手，擺（講）到了第二次握手，擺（講）得她們唉聲歎氣！感慨嘘唏！

故事剛剛一講完，所有的聽眾全都跑了，跑得一個也不剩！憋了幾個鐘頭，全都憋不住了！我想起來曾經讀過的一首元代的「散曲」：描寫一場元代「雜劇」的上演情況，那是一齣喜劇，劇情很是滑稽、緊湊，看的人不忍中斷，不敢離開，最後藉一個看演出的人的嘴說：「一泡尿爆得我莫奈何，枉被這驢頭笑煞了我！」李石鋒也不知道什麼時候來的，坐在那長板凳上。李石鋒說：「聽完了，我也該走了。口若懸河！你看看這些人，全都是被一泡尿爆得來莫奈何！我這個吹牛大王的雅號看來該轉送給你了！」

受過如此之多的磨難，看來我這「過目不忘」的能耐還沒有被磨難掃蕩掉。昨夜只匆匆看過一遍，那些生動的細節、曲折的故事脈絡，我都還能夠清晰的記得。我為我沒有被磨難整傻而暗自慶幸。當然還有一個原因：書中故事在我胸中激起的波濤一時還沒能平息下來，講一講，複訴一遍，也是一種傾瀉吧。我年輕時候也曾經有過那麼多美好的理想啊！可是它的翅膀一一都被無情的歲月折斷了！我也曾經有過震顫心靈的那第一次握手啊！殘酷的歲月把一切都毀滅了！沒有了！永遠沒有了那第二次握手啊！這是我的，我們那一代人的悲哀！時代的悲哀！愛和被愛的權利，把握和追求理想的權利，都是最可貴的人權，我們那一代人沒有。我們生活的那個時代，個性被束縛，理想被扼殺，才能被毀滅！這樣的悲哀難道還不能夠追思、追討！還不應該去追思、追討！

三

老娘又被林癩殼無緣無故的開「鬥爭會」，又毫無人性的叫人用大石頭砸斷了娘的手臂，渾身潑了冷水，引發了肺炎，被兩個農民抬回我家裏的時候，幾天沒有吃喝，已經氣息奄奄了。我一邊請醫生來家裏為之治療，一邊請曾三姨放下活路來專門照顧老娘。伍淑華也病情加重，住進了自貢市第一人民醫院。下鄉返城的老三、老四輪流去醫院照顧。醫藥費反正公家報銷，可以不愁，但是營養費用也是不少的。患病多年，一切積蓄均無，只得借債渡過難關。

老娘先逝世，死時八十歲。在那樣殘酷的境況下，在林癩殼這匹惡狼兇狠的撕咬之下，在那樣慘無人道的可怕的折磨之中，在那令人髮指的法西斯虐殺之下，我已經盡了最大的力所能及的努力了！實在無能保住娘的生命！她終於含憾倒下了！在頻繁的一次又一次的法西斯虐殺之下憾恨而逝！娘竟堅強的掙扎到了八十歲，充滿辛酸、苦難的八十歲。真難以想像她是怎麼熬過來的，怎麼能夠熬得過來的！她堅強的承受了那麼多的苦難，而且極力的把苦難隱瞞著！怕我因之而難以心安！可是當我知道了這些苦難之後，我更加的心如刀絞！更加的自責！對於那些兇狠的法西斯惡狼，我為什麼毫無抗拒呢？我為什麼絲毫沒有採取一些能夠減輕苦難的作為呢？我又能夠怎麼作為呢？在那法西斯體制和法西斯惡狼面前，誰能夠怎麼辦呢？

老娘逝世後半個月，伍淑華也逝世了。半個月裏接連死去了兩個親人！尤其是老娘死去的時候，我真是連安葬的能力也沒有。組長周淑華到街道辦事處去為我「討」了二十塊錢「救濟金」，錢太少了。沒有辦法叫「火葬場」派他們的車來接。負擔不起那筆派車的費用，正在為難之際，一個叫喬四的青年工人來店裏做衣服，得知我的為難之處，便主動幫忙。先到他們工廠去借了一輛架架車，又到醫院去借了擔架，然後和曾三姨一起把娘的屍體從樓上抬下來。我們用架架車把娘拉了二十里地，風瀟瀟！路漫漫！一步一滴淚！一步一聲哀歎！一步一把血淚酸辛！送到火葬場火化了，買了一個最低價的罐罐把骨灰裝了。喬四的家在農村。喬四知道我的難處，又主動的說：「先把骨灰罐安葬在我們家的自留地裏吧。」我們去了喬四家，挖坑、造墳，一切都是喬四幫忙，還招待我和曾三姨吃了一頓家常飯。萍水相逢，如此盛情相助！我記下了這份情意，總想能夠有機會回報一下，但由於各種因素至今未能。此生定當相報啊！

娘定然想不到三〇年代她曾經為我父親操辦過那麼盛大、那麼隆重的喪事，而今她的喪葬竟落得如此的淒涼！我當然於心有愧，然而非不為也實實無能也！這種愧疚只能訴之於天，訴之於地，訴之於茫茫造化！我連吃飯都如此艱難，哪還有能力張羅喪葬！接連死了兩個親人，那種傷心程度，真是：「三分春色描容易，一片傷心畫太難！」

憂鬱傷肝致病的伍淑華死時只有四十多歲。真想哭！但欲哭無淚！

只是在整整二十年之後當兒子曾焰（三十二歲）被癌症奪走生命之際才嚎啕痛哭了一回。真是罕有的嚎啕痛哭！這是一生的記憶之中極為罕有的一回痛心的哭泣。

我這一輩子，青年被「坑」，中年喪偶，老年失子，人生的一切大不幸都降臨到我的頭上！命運，你不公啊！太不公啊！其實這「命運」也是人為的！

更為不公的是還給我留下來一個患腦癱的孫子，得由我照料。一切生活起居，吃、喝、拉、撒、睡，一切得照料。祖孫相依為命……而今我這八十歲已過之人，還必須每日堅持不懈作為日常的主要「業務」而「持之以恆」！我還能夠「堅持」多久呢？那昂貴的醫療費用，我微薄的退休金一半多得用於孫子的維持藥費……殘疾人是社會的弱勢群體，而腦癱殘疾人則是這弱勢群體中的最弱勢群體，既無生活能力更無生存能力。生活費用、醫藥費用，連吃、喝、拉、撒、睡……一切都得旁人照料。對於腦癱殘疾人，在美國等等許多國家全部醫藥費、醫療費、生活費都由國家承擔，許多國家都是同樣對待這等最弱勢群體，在我們這個國家，卻任何「表現」都沒有！這二十多年來，我獨自勉力扛著，沒有得到過一切的任何的關照……已經扛了二十多年了，已經耄耋之年了，風前燭、瓦上霜之人了，真有點扛不住了，但還得盡力的扛下去。如果我一旦「駕鶴西去」，這個腦癱伴癲癇的孫子——曾一彪怎麼辦呢！社會主義社會對之怎麼辦呢？去年八十歲，檢查出癌症。於己而言，無所可懼，然想到我這腦癱的孫子孤兒，既無生活來源又無生存能力，沒有我了曾一彪怎樣生存呢？不能不憂從中來矣！

辦完了喪事，也就是在伍淑華死後的第三天，我在新橋頭，遇到了蜀光中學的同班同學楊傑勳。楊傑勳是中共地下黨員，本來是中共自貢市市委宣傳部副部長，因為對「三面紅旗」提出了「實事求是」的意見，被打成了「右傾機會主義分子」，弄到農村去勞動改造了一段時間。後來「右傾機會主義分子」都被「甄別」，給了他個職務，在供銷社做辦公室主任。當然已經跌落千丈了。但他還是黨員，還是「縣、團級幹部」。楊傑勳給我說：「有個文件，你晚上到家裏來看一下。」當天晚上我去了楊傑勳家裏，他給我看了中共中央發的〈十一號文件〉，也就是關於摘去全部右派分子帽子的決定。

「帽子」是那個特殊時代的專用名稱，與「頭銜」意思相類而意義相反的：「頭銜」是褒意；「帽子」是貶意，專用於敵人和壞人的——地、富、反、壞、右。戴著「帽子」，表示你還是那種「分子」，沒有「公民權」的；摘去「帽子」，表示你過去是那種分子，現在不是了，有了公民權了。然而在那個特殊時代，不管是戴著或者摘去「帽子」的分子，似乎在社會上都沒有多大的實際意義。有如那臉上刻下了的「金印」，一輩子都揭不脫，都同樣的被打入了社會的最底層，革命群眾總是「一視同仁」被視之為隨時都可以在其頭上任意拉屎撒尿的賤類。

老娘和伍淑華死時當然都還不知道這一個〈十一號文件〉，含恨而逝吧。我看過〈十一號文件〉之後好幾天，報紙上、廣播裏才全文公布了。公布之後，在社會上影響還是很大的。

第三部

第二十七章
「挖」出「坑」來

一

頭晚上抓了王洪文、張春橋、江青、姚文元，第二天早晨，紅旗鹽廠一個姓羅的就給我「吹」了。他的姊夫是市委宣傳部長，市委當天夜間就得到了北京的電話通報（當時最先進的通訊工具是電話、電報）。而粉碎「四人幫」的消息，在過了兩天才見報。現在還記得郭沫若那天發表在《人民日報》上面的那首詩：

大快人心事　粉碎四人幫　更有精生白骨　狗頭軍師張……

從而又想起了郭沫若在「大躍進」那年月，毛澤東號召全民「大幹快幹」之際，郭沫若用「大躍進」的「幹勁」，在十多天裏「大幹快幹」出來的那一百首「百花詩」。以一百種花為題，一花一首詩，喻「百花齊放」之意。有時候一天可以「幹」出十多首。當時毛澤東提倡「多、快、好、省」，這當然堪稱「多、快」的模範。至於「好、省」否，那又另當別論。那是一百種花。數數看，你數得出幾種花？幾十種花名來？即使你是學植物學的，這道考題定然也有相當難度。既然博學多才的郭沫若才子已經「幹」出來了，什麼豌豆花、胡豆花……連狗尾巴花、打破碗花花……都入了詩。可是都湊不夠數，只得把那些常人聽也沒聽說過的，從《辭海》、《植物學典》裏面去把那些古今八怪的冷僻的花挑出來都湊合進去。

唉！實在是對於詩的糟蹋！對於花的糟蹋！

於是又出來了個畫家，定然也不怎麼明白，好在可以學著郭沫若才子的榜樣去對照著《辭海》、《植物學典》諸如此類依樣畫葫蘆。畫家給郭沫若的每一首詩韻及的花都配上一幅畫。這樣的畫當然也有注解、說明的用意，讓你通過此畫能夠去直觀、形象的明白此詩所韻及的古今八怪的花就是這模樣。看過畫你都還不明白那花、那詩，可真是孺子不可教也。趕急出版，趕急全國發行。此乃「大躍進」模式之一種……較諸〈女神〉、〈火把〉、〈向太陽〉……真不知道該把它叫做什麼？

而這「百花詩」放過之後，只能使人想起「井繩」。「百花齊放，百家爭鳴」取其末字「放」、「鳴」，顛倒之，「鳴、放」之由來。一九五七年春提出「大鳴大放」，結果是一個個被「打倒在地，再踏上一隻腳，叫你永世不得翻身」。一個個都已經噤若寒蟬了，你還要擺弄那個「百花齊放」，怎能不叫人想起「井繩」呢？

唉，你能不歎服郭沫若才子「跟」得「勇敢」，「跟」得也太無賴！

還有趙樸初的「哭江青」的一首詞：「哭西尼，哭東尼，而今哭自己……」西尼是尼基大・赫魯雪夫垮臺之後，趙樸初填的一首詞，一時膾炙人口；東尼則是尼赫魯垮臺之後，趙樸初填的另一首詞。加上哭江青這首，三首詞都曾經膾炙人口，傳誦一時。「四人幫」垮臺之後，文人雅士都為詩為文大肆討伐，一洩十年來的怨恨。

「四人幫」被粉碎之後，在我們這樣的社會底層沒有什麼實質性的變化，生活依然窮困，物質依然緊缺，購物依然要票證，排隊等輪子的行列依然長長的，人們的心情依然黯淡，希望依然渺茫。

在小老百姓眼中可見的變化，便是大街上增加兩條新出的大標語，一條是：「你辦事我放心。」據說這是毛澤東給華國鋒的遺言。每天的一切報紙上面都在最醒目的地方用大號字型寫著這「你辦事我放心」（近年始知道後面還有「有大事，找江青」），大街小巷無處不有。

不久，自貢市第十七中學的校長林叔明，專程來光大街那小縫紉店裏找我。她開門見山的給我說：他們學校裏差語文教師。她去找了中共自流井區區委組織部長，陳部長第一個向她推薦的就是我，而且把檔案給她看了，所以她來找我，來徵求一下我的意見（當然還有面試的意思）。

對於教師這個行當，我實在是最不願意，挑到最末我也不想挑的一個行當。潛意識裏還有著厭惡！因為我對於現代學校毫無好感！我五〇年代初期幹過市團委宣傳部長，中小學是團的「重點工作陣地」之一。

二〇〇九年一月，我在美國發表的一篇文章〈人奶與狼奶〉中有如下記敘：「更有甚者，我們開始被迫的（也有主動的）跟隨著用狼奶去餵養更年輕的一代，更下一代……用狼奶養育出一代代的狼崽！人性被視之為罪惡！狼性被視之為神聖和崇高，獸性被視之為不可侵犯的最高準則。強大的意識形態灌輸——全民「換腦筋」，湮滅人性，張揚獸性——狼奶驅除人奶的目的和結果。我們的教育必須「從童年抓起」……必須從狼奶裏去灌輸了如下內涵：其一是殘暴的獸性啟蒙：從一九五〇年開始的鎮反運動、「土改」運動、三五反運動……等等一系列的階級鬥爭運動，提供了鮮活的、豐富的場合和教材。那些殘暴的殺人手段和場景，在「舊社會」是很難以看得到的，而這「新社會」卻男女老少人人都必須去殺人現場，去「提高覺悟」「接受階級教育」。那些殘暴的殺人場景，連成年人都看得毛骨悚然！未成年人受到的驚恐可想而知。更有甚者，兒女必須去現場觀看父親如何被「敲沙罐」，親眼看到那鮮紅的血柱噴灑！灰白色的腦漿遍地！還得逼著他們隨人群聲嘶力竭的呼喊口號！「積極」的討論發言譴責罪惡的反革命分子父親！對於那些弱小的心靈的蹂躪和摧殘真是史無前例！這是一場血的洗禮，全民的，男女老少都無法逃脫的，必須接受的殘暴的獸性啟蒙教育……

其二是嚴酷的奴化教育：「順我者昌，逆我者亡。」在歷次階級鬥爭的運動中的積極分子，獸性十足、狼性十足者便得到賞賜，步步高升。狼奶把這些獸化了的新生物種餵養「壯大」了，他們感恩狼奶，感悟了狼奶的威力和奇效，當然繼續吸食狼奶，而且以狼奶去餵養培育他們的群夥，使得狼奶壯大他們的狼群！狼奶便更加的神聖化，更加的被頌為「光榮的、偉大的、正確的」真理。有兩句廣為傳唱的歌詞：「毛主席的戰士，最聽黨的話！」要全民都成為「戰士」——全民皆兵！而且要「最」聽，不是一般的「聽」，「黨」的也就是「毛主席」的話。要「指到哪裏，打到哪裏」，無限忠誠，絕對服從。愚兵愚民，全民成為「毛主席的」「黨的」最馴服的工具！要最馴服的工具「下定決心，不怕犧牲，排除萬難，去爭取勝利」！要人人都心甘情願的作為忠誠的砲灰！

其三是間諜教育。人人都必須絕對忠誠。然而是否忠誠，是否能夠絕對忠誠，則必須「互相監督」、「相互監視」以求得到保證。因此在全國，全民，每個角落都形成了蛛網般的間諜網，「積極分子」無處不在。告密、相互告密、無處不在。男女老少要求得「進步」，必須「靠近組織」。「靠近組織」的最好表現便是「回報」——「回報自己」、「回報旁人」——也就是告密。主動成為免費「線人」。告密者之眾多，絕後空前！空前絕後！凡是有活著的中國人的角落——大、中、小學校，工廠、農村、兵營、監獄、機關……一切一切處所都提倡告密，以各種方式獎勵告密者。要想入隊、入團、入黨，升官、提級、獲獎、當先進……首先必須「靠近組織」，告密是「靠近組織」的最好表現。如此嚴密而龐大的間諜網路史所未有，世所未有……學校是對於學生進行「灌輸」和「控制」最有效的機制。

上述三條即是「灌輸」和「控制」的體現。而共青團組織則在此「灌輸」和「控制」之中起到很重要的作用。當然教師更是起到主要的作用！因為你只能夠遵照「教材」、「文件」、「課本」去進行講授（灌輸），必須維護正常的次序（控制），不能夠違犯現行的體制。否則，你就會倒楣！倒大楣！

當時「文化大革命」剛剛完蛋，體制沒有多少不同，所以我也就開門見山的告訴林淑明我不想教書。第一次談話沒有結果，她希望我考慮一下，很誠懇的表示歡迎我去。沒有幾天，林淑明和語文教研組長周代才一同來了，有進一步面試的意思。周代才提出了一些專業問題，似隨意而實含「考試」的用意……這一次似乎更堅定了他們邀請我去的誠意。

而更為主要的，〈十一號文件〉公布之後，所有的右派分子們依然各自還在原地踏步，還沒有一個人變動原有處境。當時對於摘帽右派分子何去何從，傳聞頗多。哪些人可以「改正錯劃」？哪些人又不能「改正錯劃」？哪些人可以恢復公職？哪些人又不可以？哪種情況才可以恢復黨籍恢復原級別？哪些情況又不可以？……等等，右派分子對於如此命運攸關的問題，都還懸著一顆心。據傳，規定的條件很複雜，似乎操作起來也困難甚多。所以帽兒雖然沒了，每個人的前景到底如何？命運如何？還是甚感渺茫，甚多憂慮。命運都掌握在那些「操作人」的手中。「操作人」的水平肯定參差不齊，依然「人為刀俎，我為魚肉」，在中國這麼個特殊的政治環境裏幹諸如此類事情暗藏各種玄機，任憑那些手藝不同的匠人來宰割。如果「尺碼」定得不「死」，操作起來隨意性就大，「宰」下來肯定「肥瘦不均」。你能不擔憂嗎？

所以右派分子們得知此一情況，都慫恿我先去看一看，李石鋒也慫恿我先去看一看……

一則盛情難卻，二則流落江湖二十年，饑寒交迫的窘迫，也迫切希望改變處境，於是我成了自貢市第一個改變現狀的摘帽右派分子。我和大家都希望先去看一看，在改變現狀之後，會遇到些什麼現實問題。依然是犬彘之食呢還是可以吃點糖吃點肉？對於現在而今這種社會最低層的生活狀況能得到多少改變？經過了二十年的苦難生涯，誰不急切的盼望著命運能有所改變呢！如果「出去」之後還是被視為「劣等公民」，什麼「落實」、「改正」諸如此類還有什麼意義呢？

只是在好些年之後，當右派分子朱鎔基當上了中華人民共和國的國家總理，右派分子族似乎才感到獲得了一定程度心靈的解脫！

我抱著去看一看的打算，而學校方面當然更得「看一看」我。一個把書本、紙、筆、墨、硯束之高閣整整二十年的人，被二十年的風、霜、刀、劍折磨死的、折磨傻的、折磨癲的，比比皆是。「十七中」在文化大革命時候就整癲了一個姓陳的語文教師，直至因瘋癲而死。在全國三百一十七萬右派分子中已經因為各種原因而死去的到底有多少，沒有人會公之於眾的，估計其數目不會少的，應該是絕對的大多數吧！我雖然看起來還沒傻、沒癲，經過幾番「面試」，外表還算「合格」，但能否登上講臺，而且這是高中畢業班的講臺，兩個班，即將高中畢業的一百多個學生，當然得十分慎重。

林叔明要我先在語文組十多個教師前先「試講」一下，當然也就是「進門考試」的意思。但是，我想，我不應該作為去迎接「考試」的「學生」；反過來，我應該把這些人視為「學生」和聽眾，我應該作為課堂上的「主宰」，「居高臨下」的去施展我的「全能」，展現我的才華，發揮我的口才，顯現我的風采。我既來之就必須去「征服」他們。

二〇〇四年，諾貝爾獎獲得者楊振寧回到中國大陸，在清華大學講課，為大學一年級的「毛頭」班講基礎課。中國中央電視臺在《大家》欄目採訪時候，八十多歲的楊振寧說：「上課就是一種表演，應該進行設計。」說得太精彩了！從此之後，我先後上過好多次的「公開課」，還頗有點「檔次」的「公開課」。去上這些「公開課」，我都以「展現」的姿態，之前一定得認真準備謀劃，因此也都能夠成功。而且為這個自貢市第十七中學很「賺」得了些天大的大「好處」，這是後話，暫時打住。

我的「展現」也就是楊振寧說的「表演」，我的「認真準備謀劃」也就是楊振寧說的「設計」。所以只能說真乃「不謀而合」。

我選了高中畢業班課文中一篇李白的〈夢遊天姥吟留別〉，這是李白的浪漫主義的一首代表作。我想，要講好這首詩，進入詩中的意境，關鍵在於把握好這個「夢」字。遊天姥山並非真遊而是「夢遊」，夢中可以亦真亦幻，盡情展開他天馬行空的想像，盡情抒發他浪漫主義的豪情……月亮可以伴他飛翔，月亮可以陪他飲酒……月亮是真的，而伴他飛翔、陪他飲酒是幻的。由此切入去營造詩的意境，才能去探求李白那種超脫現實，追求一種比現實更美妙、更虛幻、更奇異的境界的瑰麗情懷。而現實卻處處都「使我不得開心顏」，因為必須「低眉折腰侍權貴」。不願「低眉折腰」，努力追求自由，是激發李白超脫現實、狂放豪情的兩個基本點。從這兩個基本點才能去探求詩中天馬行空的想像和浪漫主義的豪情，以超脫現實來體現他鄙夷現實、反抗現實的內心世界，以及內心世界的煩惱、苦悶、抗拒、逃避的種種複雜情懷……

因為是給學生講課，所以還必須落實到字、詞、句上，得講清楚字意、詞意、段落、結構……等等。比如在講字、詞上，詩中有關於幾種動物叫聲的描寫，我予以生發開去。我講：外國文字對於各種動物的叫，雞叫、貓叫、狗叫……都是一個「叫」，我們的漢字則不同：雞鳴、狗吠、馬嘶、牛哞、羊咩、貓咪、虎嘯、龍吟、獅吼、狼嚎、鶯歌、燕語、猿啼、熊咆……一字之別，真是繪其聲，狀其形，傳其神。世界上還有哪一種文字能有我們的漢字如此的豐富、如此的精妙、如此的深邃、如此的博大精深！

我是第一次講中學的語文課，「沒吃過豬肉，看見過豬跑」，我聽過老師講課，聽過名家講演。康乃爾就是一個講演名家，聽過這樣的名家還不少。

這次「初出茅廬」遇到的「進門考試」是在這「十七中」的書記、校長、教務主任、十多個語文教師面前進行的。講了兩節課。按照他們「領導班子」的事先計劃是。在我講課之後，要這十多個聽眾來個「評頭品足」。挑挑毛病，鑑定鑑定，看看能否湊合、是否合格，才能最後考慮能否「進門」。

等我剛剛一講完課，還沒有按照慣例，等領導班子碰頭去研究研究，教務主任何伯成便立即「自作主張」說話了。這位何伯成數學教得很好，以後被評為中學數學特級教師（中學的高級教師很多，而特級教師很少很少），所以對於教書這一行，還是「識貨」的。何伯成說：「今天這堂課，講得很成功、很成功。大家散了吧，就這樣定了吧。」我聽到何主任口中說出「很成功」三個字，而且還重複了一遍，我的心放下來了。因為「沒吃過豬肉」啥！「進門考試」「過關」了。大家散了，留下了何伯成、胡績策、沈盛倫和我，研究分工。胡績策是個老教師，出身豪富之家，係頁井有名的豪門「胡元和」家的少爺。「解放」之前，大學畢業之後，到國民黨的「少年航空學校」做過「英文教官」。「少年航空學校」實際上是國民黨空軍預科學校，要求很高的。胡績策在那裏參加了國民黨。

胡績策乃飽學之士，興趣廣泛，「英文」自不必說。在校的英語教師經常都要來「麻煩」他，請教些問題。第一次國際奧林匹克中學數學競賽，一共七道題。有個數學教師在課間休息那十分鐘裏，把題目拿來語文組教研室，因為他自己只解了兩道題；知道胡績策的水平，胡績策一上手隨意就解了四道半；而我只解了三道半，其他的語文教師不敢問津。胡在中文方面的博學多才更不必說，本來在《自貢日報》做編輯，就因為有參加過國民黨這個「歷史問題」，故爾弄來教書。胡績策一開頭說了句：「很多地方，我都要向曾老師學習……」這簡單的一句話，很使我感動；因為這是一個老教師對於我今天的「進門考試」的評價吧。像這樣的一句話，此情此景會使人記憶一輩子，懷念一輩子！而有些語言，哪怕也只是一句，卻會使人懷恨一輩子，也記得一輩子。「利刃傷人創易合，惡語傷人痛難消！」雖然只是一句話，那與人為善、與人為惡的不同也裸現了這麼一個是什麼樣的人。

可惜的是，胡績策老人、好人退休以後不久患肺癌逝世了，時年六十歲多一點。大半生被壓抑得「夾起尾巴做人」能活多久呢？

從此開始了我「吃白墨灰」的生涯。這時已經四十六歲，近「知天命」之年囉！學校給了我每個月六十六元的工資。那時候一個二十級幹部，一個六級教師的月工資是六十四元。所以給我的價錢不算低，在當時的十七中學校裏面，算是高的了。當時「十七中」拿這種級別的，連我在內只有五個人，胡績策是其中之一。這些情況傳到右派分子們耳中，使得他們甚感欣慰，因為我是第一個去「吃豬肉」的，沒有為右派分子族丟臉，都說：「老曾第一炮就打響了！」當然其含意，不僅只是為我自己打響了，也為右派分子族打響了。

二

我在「十七中」過了一個學期，第二個學期開頭，也就是〈十一號文件〉之後將近半年吧，中共中央發了個〈五十五號文件〉也就是「關於改正錯劃右派分子的通知」。對於整錯了的反革命分子叫做「平反」，對於整拐了的右傾機會主義分子叫做「甄別」，對於既整錯又整拐了的右派分子叫做「改正錯劃」。取這些名目的人可也真煞費苦心。通似乎還是通的，可是其「內在意義」卻差異甚大。而且老百姓聽起來太深奧了點。整不懂，老百姓說：「右派分子挨整了二十年，改造好了，認了錯了才摘了帽子，放出來了……」因為在文件上是依然宣稱毛澤東反右派鬥爭運動是「正確」的。既然毛澤東是正確的，當然右派分子們就是錯誤的囉；那為什麼把百分之九十九以上的都整錯了、整拐了，你那個運動還能說是正確的嗎？你還有運動的必要嗎？推敲起來這種文字遊戲雖然唬弄人一時，但也必然會和那個強詞奪理的無法自圓其說的「正確」論成為歷史的笑談！歷史一定會把這些無恥文人玩弄的文字遊戲和歷史同時予以澄清的！

〈五十五號文件〉說右派分子們大都是「有用之材」，要給他們工作。對於黨籍、職務、工資待遇……等等做了些原則性的公示，當然還有不公示的操作細則。這也是共產黨的規矩，公開講給公眾聽的和暗箱裏操作的都是「兩本帳」。暗箱操作，年年如此，歷來如此，永遠如此！

以中共自流井區委的名義通知轄區內所有的右派分子，大概有五十多個，大都是流落江湖、生計維艱的。到中共自流井區委開會，用的最低一級的開會形式：右派分子們排排坐在下面、但沒有果果可吃，開水也沒有，菸、水自備，有點像宣布釋放戰俘那種冷漠僵硬的狀態。上面一張桌子，放了幾個茶盅，有幾個領導出面，由區委書記很慎重的宣讀了中共中央〈五十五號文件〉。然後有兩個事先布置好了的右派分子代頭發言，說些「擁護」、「頌揚」、「感激」諸如此類的「感恩載德」表白。這都是幾十年傳繼下來的規矩和程序，依然得如此這般的照著辦，然後自由發言。說話的不多，心情各異。

〈五十五號文件〉規定，工作安排由所在地解決，一律不得返還異地，更不得回到原單位。據說原因之一是以前打右派分子的那些打手大都因為能打等等功勞而已經居於要津，怕有諸多不便之處。人雖然不讓回去，但那「錯劃改正」，則由原來整你的單位來弄。錯劃改正的工作早在〈五十五號文件〉下來之前就已經開始好久了。

我因為是「反黨集團頭子」、「極右分子」有感於對「反黨集團」的「嘍囉」們似乎還對他們有著點「牽掛」、「義務」諸如此類歉疚的感情，當然更擔心我這個「頭子」是否由於「罪孽深重」，而被歸入於不同於一般右派分子之列，不屬於「錯劃」，而不在「改正」之列，於是連夜連晚的把二十多年以前，學校當局整我們的那份〈關於學制改革領導小組活動情況〉，發給全校師生員工討論了幾個星期的材料，以後又全部收回去燒毀了。我「偷」了兩份起來，這是這人世間僅存的「歷史文件」，藏在我那小窩的夾壁裏，所以抄家時候未被發現。這回有用了。因為這是實錄，而且是「官方」專門組織好幾十個人整出來的。我把那幾萬字的「材料」連夜連晚抄了一份，辛苦勞累很多天，我把材料「手抄本」很慎重的用掛號信寄給重慶師範學院黨委，請他們作為參考，而且慎重聲明：「若要原件，將拍成照片給寄去。」原件必須自己保存。

第一次收到重慶師範學院寄來的「關於曾國一同志改正錯劃右派分子的通知」，改正倒是改正了，但留了一條長長的「尾巴」。我回信據理反駁，堅決不同意。不久，重慶師範學院專門派了「落實政策辦公室」的兩個女同志來我家裏。天氣很熱，我請她們喝了兩杯涼開水，彼此都很客氣，交談了一個鐘頭。她們回去後不久，又寄來了第二份「通知」。「尾巴」宰去了，但覺得總還是有那麼一點令人生厭的「疙瘩」。我又回信反駁，依然不同意第二次「通知」裏面留下來的「疙瘩」。最後，來了第三次通知，這一次很乾脆：「決定對曾國一同志被錯劃為右派分子予以改正，恢復公職，恢復原有工資待遇，恢復共產主義青年團團籍。」不久還寄來了補發的「畢業證」、「團證」、「團徽」。面對這些證件，年近「知天命」之人囉，當然哭笑不得。所謂的「錯劃改正」全部過程亦即如此而已。沒有向右派分子認錯，沒有道歉，二十年的苦難，大難而不死，連「對不起」也沒有誰向右派分子說一句！整你是毛澤東的「恩賜」，「改正錯劃」也是毛澤東的「恩賜」！而這是毛澤東的重大罪行之一，現在是認定此重大罪行的時候了。

大概右派分子們的「改正錯劃」的操作過程都經過了如此這般的「留尾巴」，之後「宰尾巴」留「疙瘩」，最後「乾脆」的三部曲。當然這只說明「刀把手」們，受「左」的薰陶、束縛太久，不敢「妄為」的狀況。最後敢於「乾脆」、「不留痕跡」，據傳還是胡耀邦「發話」的結果。

其實在毛澤東時代，每次運動整人的時候，誣陷、揑造、誇大其詞、無中生有、無限上綱……是屢見不鮮、司空見慣的事情。所以運動之後，給挨整的人做的「結論」，不乏不實之詞，要拖一條尾巴。胡耀邦得知此情況之後，發話來個「痛快的」、「一個字不留」。我這個「頭子」都「乾脆」了，當然幾十個「嘍囉」也統統的「乾脆」了。

最倒楣的是兩類人：一類是張伯鈞這幾位「真」右派。據說中央有五個，全國三百一十七萬右派分子之中最後還是留下了九十六個。若果一個「真」的也無，而又要說反右派運動是正確的，豈不是「瞎子見鬼」，這怎麼自圓其說呢？為了說明反右派鬥爭是正確的，當然必須有「向黨猖狂進攻」的「真」右派的存在，哪怕留下五個也好，留下九十六個也好。這麼可憐的珍貴的稀世之寶，是為了使得「正確」的「反右派鬥爭」名垂千古，當然反證之必須得有你這幾個「真」右派來遺臭萬年了！真能流傳千古的倒是這些個稀世之寶！

像右派分子陳子展膽敢於宣稱：「要我承認什麼錯誤，先砍下我這顆頭！」在那種恐怖的殘酷的暴力政治的威逼之下，中國的知識分子已經整體的墮落，多數知識分子被逼得麻木而恥辱的繳械自己的人格和尊嚴，麻木而恥辱的埋葬自己的人格和尊嚴！無可奈何！而竟有陳子展這樣的「花崗岩腦袋」！當然像陳子展這樣的花崗岩腦袋還不僅止此一顆，還有若干若干顆。當中國知識分子猶如片片黃葉紛紛飄零之際，也還真有一些傳承著中國傳統的雖經風霜刀劍依然傲霜鬥雪的「寧可抱香枝頭老，不隨黃葉舞秋風」的堅硬的花崗岩腦袋！這樣堅硬的花崗岩定然會流傳千古！

另一類人是當了二十年右派，按照「右派」「規格」對待你、整你整整二十年，而今說你不是右派了，因為你那個原單位找不到你的右派檔案。二十年白挨整了，未來還不知所終。

右派分子們先先後後一個個都由「落實政策辦公室」「落實」安置了，給了一個飯碗。多年以來沉積的惡果，當年依然是機構臃腫，人浮於事。機關超編，但是右派分子必須予以安置，沒有誰敢於不安置。所以安置起來，困難也很多，安置的情況也大有差異。因之右派分子們得到的飯碗也大有差異：有機關的、工廠的、全民、集體、都有。金飯碗、鐵飯碗的較多，也有弄到集體所有制工廠去的，後來諸如此類工廠倒閉了，飯碗也被打破了的也有好些個。

李石鋒被安置到自貢市第十中學去教語文，但他一天課也沒去上。年過花甲，中氣不足，辦了退休（叫他的五女兒去辦了個「頂替」）。他去的時候給他二十三級（比我還低了三級），月工資只有四十多元；辦了退休以後更少了，還不到四十塊錢。難以維持，於是重操舊業，拿起筆桿，想以賣文來添補。文章不值錢啊！三十塊錢一千字，一篇雜文也不過千把字。幾年間先後在《人民日報》副刊《大地》……等等刊物上面發表了幾十篇……退休之後身體很不好，收入太少，但勉力支撐。整理了以前寫的雜文，輯成了兩個集子，當時出諸如此類歸入「嚴肅文學」類的書籍得自己掏錢，或者包銷諸如此類。自己吃飯都艱難，哪來這筆鉅資。集子放在出版社，等待著「緣分吧」……

退休之後沒有幾年「遭」了個喉癌，沒有拖多久，死了，死時六十六歲。寫了一百多萬字的雜文，其中不少精品，二十世紀四〇年代出過一個集子，已經無存；死前整理的兩個集子，沒錢去出版。來在世上走了一遭，赤裸裸的來，赤裸裸的去，不留一字，實也乾淨。

只是故交們有些過意不去，僑居美國的毛一波寄來了一些錢，故交們集了些，勉力為李石鋒出了一本很薄很薄的紀念文集。其中選了李石鋒的一些雜文，聊作「雪泥鴻爪」一現於人世間！

全自貢市的右派分子，只有王澤隆一個離開了自貢市。中共中央組織部一個副部長打電話來自貢市專令調回北京的，回北京，安置到教育部做了個司長。

右派分子們最關心的還有一個票子問題。白挨了二十年「坑」，難道就一點表示也沒有嗎？其他從監獄裏放出來的以「冤、假、錯」案平反了的，都算清了帳；文化大革命挨整的，也全部補發了工資。右派分子這二十年的帳怎麼算？算還是不算？對那血汗淋漓的二十年，能不關心嗎？

對於這筆帳怎麼算？傳聞很多，多種版本，右派分子們等著發財吧！一說中央在某市搞了「試點」，對於這二十年的工資，分別情況予以補發。對於在當年被「一切抹光」的，從「抹光」之日算起，工資全補。對於被降級、降薪的，從降之日起計算，補足降前的數額。那筆帳算下來據說有補發一萬塊的、近兩萬的、少則幾千的……這在當年是個非常非常驚人的數目。當年還沒有「萬元戶」之說呢。右派分子對於此一演算法覺得也可接受，差強人意吧，雖然挨了冤枉，吃了那麼多的苦頭，人還沒被整死，總比死了的幸運，也不想多要你的，這應該給我的就算給我吧。又說，這個數額太大了，要一百個億，沒有錢。一個什麼外國的什麼什麼機構，願意出這一百個億來給右派分子，但中央不接受……又說宋慶齡向上頭表態自己願意去籌劃這一百個億，中央不同意。

最後說是只能有個「小表示」。重慶的右派分子來信說，在重慶的右派分子按照一份三白塊，五百塊到七百塊，人人有份。幾百塊錢在那個年月也是一般幹部好幾個月或是一年多的工資，也不算小數目。當然比起二十年「明算帳」動輒上萬塊錢相較，是太少了，幾十倍的差距，雖然不「明算帳」但也聊勝於無啊！

到了這個自貢市，聊勝於無也盼了個空，大多數右派分子一文錢的「小表示」也沒有盼到。再後來知道中央這筆「小表示」的錢是撥到了自貢市的，可是市裏卻只拿出了很少一部分，悄悄的發給了少數的右派分子，而對於大多數的右派分子採取了「保密措施」，把大多數的錢挪作它用了。這消息傳開之後，當然激起了大憤怒。少不了罵這些狼心狗肺的混蛋們，對於那血汗淋漓的二十年，這麼一丁點的「小表示」，也忍心挪用了，真是狼心狗肺之徒！

那一屆市政協裏，我們學校的右派分子王明慧和我弟弟曾純一（也是右派分子，是律師）是那一屆的市政協委員，聯絡了幾個右派分子市政協委員，弄了個提案，要求追查此一挪用事件，結果不了了之。在這麼個倒楣的地方，你只得自認倒楣。右派份子們對於毛澤東共產黨欠下的這筆債。近年來右派份子們正在義正詞嚴的進行追討。然當局卻一直在耍無賴。賴是賴不過去的，右派份子們一定要追討到底。

後來，重慶師範學院第三次的「改正錯劃」通知書來了之後才恢復到了二十級，那是一九五二年全國首次評定國家幹部級別時候被評定的。那時候國家幹部從一級到二十八級：毛澤東、劉少奇、朱德、周恩來是一級幹部，一個月工資五百來塊錢，中央正部長是四級，工資三百多了……十七級是縣級，十九級是科級，二十級是副科級，月工資是六十四塊錢。二十二級月工資五十來塊錢，正好是最高的一級月工資的十分之一。當然，除了工資之外，還有諸多等級不同的「福利待遇」、特殊享受諸如此類，這種「隱形」、「灰色」的「實惠」以官階的大小，其差距則非十倍之差，百倍、千倍也難以計算的了。

我這個二十級從一九五二年全國首次評定拿到一九八五年，歷經三十三年（其中二十年當右派分子期間還一文不名）！官運亨通的自然已經爬了多少個臺階了，上升四五級的都有。到了一九八五年，中央下令像我這樣五〇年代初期參加工作的要一次調升兩級，才調為十八級，一輩子也就調升了這麼一次工資！二十級相當於教師六級，月工資都是六十四元。以後變成了十八級有八十元，在自貢市當時的中學裏面算是工資高的了。就這樣在「十七中」留了下來，繼續教高中畢業班的語文課，幹這「吃白墨灰」的營生。

＊

「共產主義實驗宣告失敗」——聖．安德列勳章

二〇一一年三月二日，俄羅斯總統梅德維傑夫在克里姆林宮授予戈巴契夫俄羅斯最高榮譽聖．安德列勳章。

同時，俄羅斯民間出現了自發的「感謝戈巴契夫」運動。俄羅斯人用各種形式對戈巴契夫結束了蘇聯共產黨的一黨獨裁統治表示感謝，稱之為「自由俄羅斯之父」。

第二十八章
中國式的傳奇

一

中國的各級各類學校，這些年間，在全國人民「一切向錢看」的「新觀念」驅動之下，從幼兒園到小學到中學到大學無不張開著「血盆小口」面向著千家萬戶的老百姓。之所以稱之為「血盆小口」當然是與竊國大盜的「血盆大口」相比較而言。然而在老百姓眼中同樣都是「吃人」的，都是魚肉百姓的「壟斷行業」，所以當共產黨每年在全國評選「十大」「英模」人物之際，老百姓也異想天開的為「公僕」們評了個「十大老虎」的「稱號」——公、檢、法、工商、稅務都被評為「老虎」。老百姓把學校也列入了「十大老虎」之一，今年老百姓又為「公僕」們封贈了一個稱謂叫「七匹狼」。可見小老百姓眼中「虎」，「狼」諸如此類依然囂張於市，小老百姓心中「苛政猛於虎」忌恨有增無減。

教師增加點「輔導課」，以之收幾個錢，雖然不盡合理，老百姓尚未必視之為「吸人血汗」。老百姓視之為「血盆小口」，主要是指以「選校」、「贊助」諸如此類名目來設立的那道「宰人」的「門檻費」，從幾千到幾萬甚至幾十萬。

許多高中畢業生都考不上大學，當年對於大學文憑看得有如一隻「金飯碗」，似乎有了一張大學文憑，就有了希望和未來。於是高考之路被稱之為「千軍萬馬過獨木橋」。「應試教育」使得各地「重點學校」應運而生，大家都想擠進「重點學校」。於是那「宰人」而又有人「願挨宰」的「門檻費」也就「隨行論價」。以學校的「等級」來「明碼實價」。少則幾千，動輒上萬，特別是「名牌中學」至少數萬不等，有些人家為了子女能夠進入「重點學校」而傾其所有，甚至負債累累。

我所在的這個自貢市第十七中學，我剛剛去的時候，剛剛恢復高考，那時候的畢業生有考上人民大學、四川大學、重慶大學等等都有，因為學生「就近入學」，沒有挑選過，成績好的學生各個學校都有。不久搞「重點學校」，以後便每況愈下，成績好的學生都到蜀光中學去了，「就近入學」者都是成績差的。

「十七中」成了末流中學，老百姓罵小孩：「你要不好好學習，就只有去讀『十七中』……所有「重點中學」之外的中學，都面臨著同樣一個難題：學生不讀書，學習不上路，教師沒勁，有如「對牛彈琴」，課堂裏真有如「水深火熱」一般的難熬！

「水深火熱」毫無誇張，既是權威專家的說法也是廣大教師、學生、家長的認同！面對如此的學生，依然要遵照統一的「模具」去操作，真如徐景安、袁正光在〈教育的功能、目的與價值定位〉一文中所述的，中國的教育：「是落後的、失敗的、殘忍的教育……其殘忍是中國的學校成為一架架冷酷的考試機器，起淘汰、篩選學生的作用，學生的天性泯滅、人格扭曲、身心摧殘、追求誤導。天不亮起床，天黑做作業，揹著沉重的書包，沒有童年，沒有樂趣，沒有自由，他們的人權以教育的理由被剝奪，連同他們的父母、老師一起處於水深火熱之中。可是教育部長卻津津樂道，沒有一點歉疚與不安。我挑戰一下教育部，敢不敢發問卷調查一下，有多少學生滿意、多少家長滿意、多少教師滿意？」

處於如此「水深火熱之中」的吃「白墨灰」生涯，首先想的是「跳槽」。當年有人選擇了「下海」，有的竟成了百萬富翁！我又選擇錯了，我選擇了寫作。

二

那是一九八〇年春，我把一九五三年我在中共涼山工委工作期間初創的，關於彝族奴隸社會，一個女奴隸主與一個男奴隸的愛情糾葛，極富傳奇色彩，故事引人入勝的小說，弄成了一部電影文學劇本。我把這個電影劇本寄給了某某電影製片廠，一個叫張大口的大編輯很快來信要我去談本子。我去了，住到了電影製片廠廠裏的招待所二樓。當時已有三起在那裏弄本子的人，都是此行中人，吃專業飯的，有已經出過「片子」的，只有我一個人屬於「散戶」，被叫做「業餘作者」。

張大口大編輯和我談了三天，一天當然只能談幾個鐘頭。第一天主要是「摸底」，問我本子的素材是從哪裏來的？是不是從什麼小說諸如此類改編的？我說是初創，我在涼山生活、工作了好幾年……交談中，發現水還有點深。肚子裏的許多東西在這個電影劇本上是沒有的，還大有發掘的潛力……於是興趣越是盎然，談得越是投機。張大口大編輯不斷的探索，我儘量傾訴，當然是希望「本子」能夠出來。看見大編輯如此饒有興趣，自然更是燃起了希望……

張大口大編輯講了些出本子之難。一九八〇年全國只有幾家電影製片廠，全國一年所有的製片廠總共也只能拍幾十部片子（只有現在的幾十分之一吧），小廠一年出幾部，大廠也就十多部。那年月百姓家還沒有電視機，中國還沒有電視劇。小日本把淘汰了的松下、日立等黑白電視機洶湧澎湃的席捲神州大地，再張開血盆大口把中國人的錢大把大把吸往瀛州，那是往後幾年才出現的事情了。往後幾年中國人才開始了拍電視劇，才有了「拉贊助」諸如此類的新課題……

張大口說：「經費有限是其一，片子審得很嚴格。這有些鏡頭咋個才出得來？用什麼形式才能拿得出來？中國至今還沒有一個片子出過裸體鏡頭，你本子裏頭這些裸體鏡頭絕不可少，怎麼才出得來？」張大口大編輯坐在一張逍遙椅上，輕輕的一搖一搖的說：「這幾晚上我就這樣（做閉目養神狀，還一搖一搖的……），我就在想，有些鏡頭咋個才出得來？現在很多導演，很多演員還一個『本子』沒上過，各個廠都是這樣……」「這個『本子』還要好好修改，許多細節還得豐富、補充，人物性格還得充實、豐滿……」還進行了一些專業性的探討和啟發……似乎是越談越投機。

吃晚飯了還尚未盡興，只得明天接著談。第二天又談，談了一陣，張大口大編輯，好像是有意識的要給我「講故事」。先是講「當裁縫」，一句對白、一個細節、一個動作……都可以「剪」下來，都有用的……有兩位把金庸那十二部武俠小說，其中他們認為是最精彩的都「剪」下來。當然得改名換姓，竟連結成了一部兩百多萬字的「長篇武俠小說」，自己出版，而且極為暢銷，當然弄了很大一筆錢。我第一次聽說還有如此發財致富的手段。

有個業餘作者（有名有姓的，散戶）寫了個本子叫《孿生姊妹》，當然不夠成熟，經過指點、充實、豐富……改寫了二稿，這「散戶」卻寄給了另一個大製片廠，片子很快由某某著名製片廠拍出來了名叫《倆……》，上演後還很賣座。不過原作者被「渾吞」了。一切被剽竊，「散戶」被一腳踢開，邊也沾不上，連名字也沒有掛一個。

還有一個寫抗洪的本子，遭到同一命運，片子出來之後，這位「散戶」不服氣，便向省委宣傳部去告了狀。下來調查。抗洪的題材嗎，誰都能寫；那些情節，也是巧合嘛！姓名又不相同，故事的地點也各異。當然囉，經過了改頭換面，移花接木諸如此類的「技術處理」，瓶子、包裝都換了，依據什麼說那酒是你釀出來的呢？「散戶」官司沒打贏，窩了一肚子的氣。這個不是被稱為「人類靈魂工程師」的「崇高」領域嗎，竟是如此的骯髒、黑暗、不要臉，實在可悲、可歎、忍無可忍！又去向黨中央宣傳部去告狀……恐怕也難以有個結果。

這種「莊家」吃「散戶」的故事太多了，詩歌、小說……各個「山頭」都有，這豈止是剽竊？簡直就是搶竊。

八〇年代那股惡氣、臭氣，現在回過頭來看看、想想，你把別人「渾吞」了，即使你撈了幾個錢，出了一點名，然而當了一回強盜，不汗顏嗎？能心安嗎？你敗壞了讀書人的名節啊！那是中國文壇最骯髒的一段歷史。可悲、可歎、可惜、可惱！而你成了那糞坑裏的一條蛆，太骯髒了！這些「靠山吃山」之徒太囂張了，「各條戰線」都有。一首詩把你的「意境」「渾吞」了，一篇小說把你的「人物」、「情節」「渾吞」了，把你一腳踢開，改頭換面成了他的「創作」！

終於鬧得全國沸沸揚揚，那是電影《都市裏的村莊》上映之後，也是「莊家」吃了「散戶」，結果這「散戶」要討個公道。鬥爭結果，終於獲勝，道歉、增加署名……也算給那些「靠山吃山」之徒一點教訓。多少年多少年之後，中國才有了個《版權法》。

張大口大編輯給我講了故事，講得我心裏膽寒。當然「響鼓何須重錘」，我已經明白明白的了。胳膊再粗拗不過大腿，人為刀俎，你送到他嘴裏來了，每個「山頭」都是諸如此類「大王」壟斷了的，你這種「散戶」能逃避得了「莊家」的手掌心？每個山頭同樣的磨刀霍霍在等待著你去挨宰！思慮之後，我只得「主動表態」，「婉轉的」表示「合作」的意向。張大口大編輯說：「導演，導演極為重要。」我只得再「主動表態」，都可入夥，一起「合作」。大家平分秋色！

第三天是特邀到了張大口大編輯的府上，記得還特別請我吃了一頓「便飯」，還喝了酒，記得菜還不少。繼續交談。主要是希望極力把本子充實、豐富，要改出水平來……似乎導演找誰，大編輯都考慮好了，還送了我幾本他們電影製片廠的稿箋，很長很大一本的，「面積」比市面上賣的稿箋要大三倍，每本有一百頁。可能是喝了酒的作用，張大口大編輯甚至說，本子上了水平，以後想辦法幫我找個編輯諸如此類活幹幹。不過對於諸如此類許諾，我倒是絕對的毫不在意。酒後之言，姑妄言之、姑妄聽之而已矣。

我真是盡心盡力的又幹了兩個多月，幾乎是重新把「本子」弄了一遍，我不想把本子寄給「另一個」製片廠（天下老鴉一般黑！），倒還不是因為張大口大編輯請我吃了那頓「便飯」，加上什麼許諾諸如此類的原因。既然「萍水相逢」而且還談得有點投機，完全沒有從什麼「下套」、人世險惡等等去想，爽快的把改好的稿件直接寄給了張大口大編輯。從此石投大海，杳無音信……

後來才知道我也一樣的被「渾吞」了。

後來又寫了一部四十萬字的長篇小說，把我妹夫在一個大城市做市黨校校長所親身經歷的事件作為素材。寫貪官汙吏、皮包公司、黑惡勢力、娼妓遍地、盜匪橫行、民不聊生、官逼民反……「六四」從上到下，民怨沸騰……我帶了書稿去成都玉林北街找劉令蒙老師。當時劉是四川省作家協會主席團成員。一見面，劉令蒙就「主動交代」他「胡風集團分子」的身份等等（其實我早已經知道）。

我也立刻「老實坦白」我「極右分子」「反黨集團頭子」的「光榮」歷史。

他住的四室兩廳，在當年極少，屬於「豪宅」檔次。我講明來意。劉令蒙說：「已經很多年沒有看本子了。要評書，手頭有評三本書的任務。每本寫三千字的評語，星期六要交、要討論。我只能夠找人幫你看看。」我說：「我還是把內容給老師講講。」

劉令蒙聽了講的內容以後說：「我先翻一翻，你星期六來。」當天是星期一。星期六下午我又去了劉老師家裏，他的書房裏面真是「堆」滿了各種各樣的書，「堆」得來抵攏了天花板，只有字檯和兩張椅子是空的，一二十平方米一間書房，藏書至少也在萬冊之上……

劉老師說：「你的稿子我全部看完了。」我當然不無驚異，四十多萬字呢！我翻看那幾大本稿子，從頭到尾處處都是劉令蒙用工整的蠅頭小楷紅筆批改的意見，還改了不少的錯別字，我非常感動，我說：「劉老師太謝謝你了。」劉說：「本來想把意見另外寫出來，但我翻了以後我覺得題材很好，但是還必須得改，所以就直接寫在你的稿子上面。寫得很吸引人，好多地方使得我都墮淚了！但是這種『嚴肅文學』，目前很難啊！魏巍現在在編一個刊物《中原》，他堅持嚴肅文學，我在中國青年出版社時候，為魏巍編過小說集，我先給魏巍寫封信，你回去把稿子好好改改，你去找魏巍。」

我把稿子快改完時，接到了劉令蒙來信告知，他已經給魏巍去過信了，可以去找他。不久又來信告訴我說，他今年在北戴河休假時候和《紅岩》的高級編輯熊小凡在一起，談及我這部長篇小說。熊小凡是專門編長篇小說的，何必捨近求遠，先把稿子弄到重慶去好了。熊小凡也是個很認真的人，我去的時候，熊用蠅頭小楷寫下了幾千字的意見，在他的書房裏談了幾個小時。這本書在《蜀南文學》選發了一章，因為有不少涉及「六四的」，主要寫那一段探索期，一段混亂期，洪水猛獸猖獗氾濫期，社會積怨大爆發！社會積憤大爆發！官逼民反……

「闖紅燈」，只能「冷凍」在那裏了。以後和劉老師常有書信來往，他是每信必回，工整的蠅頭小楷。有次幾個月沒得到回信，信終於來了，原來住了幾個月醫院，所以「遲覆乞諒」。後來得知劉令蒙視力也不行了，書寫也吃力，實在不忍心再打擾於他，乃中斷去信問候諸如此類，因為怕他堅持要覆信，已經九十多歲的老人了，不忍心再去打擾他，只有遙寄祝福！這是我們在二十世紀四〇代開始的師生友誼的延續。用手寫這麼一部四十多萬字的書，修改多少遍，抄寫多少遍，要花多少的功夫和多少的心血，只有此中人才知道，全都成了無用功！

三

中國的中學教育，已經面臨著非改革不可的教育危機。八〇年代初期，中央決定對於全國中等教育進行重大改革。兩條腿走路：一條是普通教育，另一條是中等職業技術教育。把以前的「一個模具」變成「兩個模具」來用在中等教育這條教育「生產線」上。「重點中學」當然繼續走普通教育，應試教育加天才教育之路。然後上大學、碩士、博士，最後把全國的「精英」都送到「資本主義國家」去深造，並成為「移民」。免費為「資本主義國家」培養了成千上萬的「移民」，迄今依然堅持不懈！花全國之力「篩選」出來的「精英」，「海歸」和「海不歸」的比例是一比十吧！你能夠怨人家「海不歸」嗎？裸官們一個個的把老婆子女都千方百計的送出去了！權貴們都迫不及待的逃離這個「地獄」！

非「重點中學」則要求走中等職業技術教育之路。畢業之後能夠到工農業戰線上去做一個有專業技能的普通勞動者，也就是教學生個一技之長，使得之後能夠找到一個飯碗。「十七中」屬於只能走職業教育這條路的非「重點中學」諸如此類列。

二十世紀八〇年代中期，小日本的家用電器已經遍及中國的大小城市，當時小日本已經進化到彩色電視機時代了，把積壓的淘汰了的「廢品」——黑白電視機傾銷到中國來，當然也就不管修理，壞了就扔掉。誰知道貧困的中國老百姓什麼物件都要「新三年，舊三年，縫縫補補又三年」，於是為其「售後服務」留下了空間。但中國維修人員非常的少，針對這一缺口，全國的學校便幹起了「電器維修班」諸如此類。「十七中」也辦了一個「電子電器班」。

這時候我蜀光中學的同學盧德強調到「十七中」來當書記兼校長。盧德強想搞一個「獨具的」一個班，當時國外境外的各式各樣的五花八門的服裝已經像潮水一樣的洶湧神州大地，許多人靠倒騰服裝發著小財大財……於是盧德強想搞一個「服裝班」，教師裏頭除了我，還有一個向垣奎。向垣奎是政治課教研組組長，他家裏的幾位兄長都是自貢市很有名氣的高級服裝師傅。他上大學以前，受家庭耳濡目染，隨其兄長學得了一些手藝。既然有著這麼兩個「手藝人」，不如發揮發揮……經過幾番勸說動員，終於決定要辦一個「服裝設計班」。

拿起剪刀，「重操舊業」，於我而言，真是一百個的不願意，一千個的不願意，那是在當年要被餓死的時候為了去換取一碗飯吃迫不得已而為之的幹活。曾經的辛酸、屈辱、無奈……留下來許多的無盡的痛苦的回憶。自從「洗手不幹」之後，真是決心再也不想去摸一下那剪刀了……現在而今，要為這走投無路的（這一半的）中等教育去尋求一條出路，似乎也還意義重大。幾番考慮之後，那就幹吧。

一切都沒有現成的，要去制定幾年的「教學計劃」、「教學大綱」、「教材」，一切全都得新起爐灶，自我去全新設計，沒有借鑑，沒有參考，得自己去思索、去設計、去創造、去摸索著前行。最大的困難是在教學上，理論與實踐的結合問題。最關鍵的是「學」與「用」必須一致，必須同步進行，沒有實踐，依然「紙上談兵」那就完全沒有意義。

一個學期過去了，沒有來點「真格的」。在裁剪方面裁剪公式諸如此類倒是背記了不少，只是依然停留在剪報紙的作業上。學校根本沒有這方面的經費，真不知道這樣的教學該如何進行下去。

第二個學期開始了，教育部決定進行一次全國性的大普查，把開展情況分為三類：一、基本符合的，二、不完全符合的，三、完全不符合的。許多學校為了應付上頭，在名義上辦了職業教育班，而在實際上與職業教育毫不相干，只不過是做做樣子，糊弄上頭而已，這種情況的較多。

歷史形成，凡是上頭來檢查，就得忙得不亦樂乎。必須裝點好門面，要把打扮的假的面貌給上頭來的人看。因為諸如此類檢查常常聯繫到當官人的業績、能力，也就干係到明日的前途升降起落等等命運攸關的大事。弄虛作假是多少年以來對付檢查的司空見慣的手段。全國如是，行行如是，歷來如是。從市裏、從局裏一直抓下來，當然就抓到了我們這樣一些「第一線」的人頭上。

錢是沒有的，得自己去想辦法。我們焦頭爛額，想了許多「對策」，而又覺得都不合適。最後探聽得知學校校辦廠還存放有幾匹勞動布，是準備給工人做工作服用的。經過協調，校辦廠廠長王明慧（也是右派分子落實政策來的）同意支持，拿出來給服裝設計班的學生做「現場表演」之用。有了這些真的布，給予我們的「表演」實在是第一流的最好的「道具」了。我們不能不精心的構思謀劃出最佳、最「叫座」的演出場面！大家便忙忙碌碌去做好各種準備。

迎接檢查之類的各種程序，基層幹部大都久經操練，訓練有素，自然胸有成竹，連許多細節都考慮得很是周到，做好充分準備，只等待幕布拉開，角色們一個個粉墨登場去迎接四川省省檢查團的到來。

四川省省檢查團的隊伍終於來了。加上本地官員有好幾十個人。頗為浩浩蕩蕩，聽說檢查團團長是重慶的一個教育局長，屬行家當官的，較為懂行。那時自貢市的教育局長叫杜江，以前是蜀光中學的政治課教師，後來到了省裏作了中共四川省省委宣傳部的副部長。

當此時也，行家當官、專家當官已經成為時尚，當官或者升官都得看文憑。既然有了這麼一道新的「門檻」，那有何難哉！各種速成班諸如此類，名目不同，「苦心」屬一，在那大學裏邊只須三幾個月、一年半載，就可以弄到一張大學文憑。搖身一變就鍍上了一身金，就有了可以升官、當官的「規定條件」。更簡捷的是買張假文憑，一切大學、一切名牌大學的畢業文憑、碩士、博士，乃至護照，都可以買得到。

檢查團上午聽我講服裝裁剪知識理論課。既然把服裝作為一種人類的知識來傳授，一種與工藝美術相關的學科來教授，既然已經登上了莊嚴的課堂，我的講授就應該有別於裁縫師傅言傳身授教給徒弟手藝那樣的作派。「傳道授業解惑」應該是相同的，但這是兩條不同的管道，因此其「作派」應該有所差異。

課堂講授除了教給學生怎樣正確的裁剪衣服之外，還應該把對於衣服的無比豐富的內涵融會於其中。衣服是人類文明進化的體現和記錄：衣服的審美體現，記錄了人類審美觀念和美學思潮的變化和進步；衣服的工藝體現，記錄了人類生產、科學、工業的變化和進步。衣服款式、格調的千般變化既體現了人類的橫向交流也記錄了民族千百年悠久歷史變化的滄桑。服裝的內涵太豐富了，人類生存發展的歷史已經使得服裝從美學、工藝學、人類學、社會學、行為學……等等人類的文明成果中不斷的去吸收、滋潤而又交相輝映於人類追求美的社會生活之中。

課堂講授，我應該綜合美學、文學、藝術賦予服裝的靈性，從外在揭示其更高、更廣、更深層次的內涵。我的服裝課堂應該兼具文學的凝重、美學的輕盈，還要有科學的嚴謹。

其實中華民族對於服裝美的追求已經幾千年的悠久歷史，從來都是五光十色、萬紫千紅、絢麗多姿，令人眼花繚亂；只是在毛澤東時代才枯萎了。毛澤東統治近三十年間才變成了黑壓壓、藍瀫瀫的灰撲撲一統天下。死氣沉沉，成為代表毛澤東統治的殘酷社會的一張「名片」。

歷史上對於服裝是展現一個人的身份、價值、地位、財富、品味、文明……的一種載體，是個人形象和社會形象的體現和綜合……對於服裝的理解，當然不能枯燥的去說教，而必須是把這些理解、這些概念融滙入我的全部教學之中。這是對於我的課堂設計的「宏觀構想」，但如何去體現於那每一節課，貫串於那四十五分鐘去，那又得更為具體、細緻、精妙的去構思設計了。

當時開學不久，正是春光明媚之際，根據進程，我正好是講「女式春秋衫」。真是天助我也！「午暖的」太陽把它明媚的春光透過樹上枝頭嫩綠灑落在窗外，星星點點，充滿了美好的遐想；花草的芬芳隨著輕柔的春風吹拂進窗裏來。「春風又綠江南岸！」「春花秋月何時了！往事知多少！」春花秋月不盡是過眼煙雲，春花秋月必然的給你留下有美好的懷念、難忘的情節、無限的追思。多少往事伴隨春花秋月使得你終身無忘啊！春天是萌發生命的，而秋日是收穫果實的，「莫放春秋佳日去，最難風雨故人來」！多少的詩人情種都想「留住春光」，他們卻是留不住「春光」的，然而我們卻可以「留住春光」！春是美麗的，秋是美麗的，女人是美麗的！萬紫千紅的絢麗、碩果纍纍的金黃、新生的期冀、收穫的怡然，我們都可以把它的美截取下來留在美麗的女人身上，這就是我今天要講的女式春秋裝。絢麗、淡雅、凝重、輕盈、莊重、隨和……各種情調、各種格調的美都可以賦予女式春秋服裝，以之來裝點美麗的女人，從而又在美麗的女人身上留住了春的絢麗、秋的淡雅！

在一番鋪墊之後，春秋的美的境界已經悄悄的步入了我的課堂，然後開始了嚴謹的服裝裁剪教學。而在其有條不紊的嚴謹之中又適時的鍥入美的韻歎。古詩詞之中，韻歎春的美、讚頌秋的好、吟誦女人的嬌豔、清純……喜、怒、樂的佳句有得是。我準備了百十句，講課中似乎信手拈來，實乃精心營造，從始至末課堂都充滿了詩情畫意，春意盎然。

下課鈴響了，檢查團團長有點「迫不及待」的快步走上講臺來，很熱情的含笑握著我的手，說道：「太好了，這堂課講得太好了！」聲音頗大，下面的同學都聽見了，同學們高興得、激動得鼓起掌來。副校長林叔明又給我說：「檢查團團長給市領導說，你的課講得太精彩了，他還沒有聽過這麼精彩的課！」檢查團團長如此的評價自然很快傳開了，大家當然都很關心這次檢查。「老曾第一炮就打響了」，給關心的人們當然代來了許多欣慰。

下午的安排是檢查學生的實習操作課。其實我們費了最大力氣去精心安排，要拿出來給檢查團看的，就這兩節實習操作課。這是「迎接」檢查團的重點中的最重點！本來就準備得精細而且充分，因為這是「重頭戲」！再加上已經有了上午那兩節課營造的良好印象，打好了底子，所以我們的「壓力」基本上已經解除了。然而中午，老師、學生都沒有休息，動員學生迎接檢查的時候，提出了「以戰鬥的姿態迎接檢查」！這是毛澤東時代傳承下來的傳統的「動員令」。

當時我們和學生都還沒有去預想到，這次檢查對於我們班，對於「十七中」的命運會有著什麼樣的干係。根本沒人去想得那麼多。檢查團步入課堂之前，我們緊張的部署，做到人人到位。只待一聲令下，全盤都得動將起來。二十多臺新的縫紉機，每一臺縫紉機上有一個學生，把已經裁剪好了的勞動布衣、褲的裁片，放置在縫紉機上，縫紉已經剛剛開了個頭，「時刻準備著」下一步行動。幾張大大的裁案上鋪開了勞動布，旁邊還堆了幾匹，有的畫好了一半的裁剪線，有的已經開始了下剪，整個現場布置的就象「正在進行式」的一個「橫斷面」，有如突然停頓下來的一個電影鏡頭。這樣一個有條不紊的「正在進行式」演練，只須一按電鈕，那電影就會一幕一幕接著搬演下去。

大家都焦急的坐在那裏、站在那裏，有如在「後臺」「候場」的演員，那樣焦急的在「醞釀情緒」，一個個的角色都在等待著「情節」到了好步入前臺，去進入戲中的角色。「放風的」人終於跑回來了，急切的報信說：「上樓了，上樓了。」一聲令下，全場立即緊張的動作了起來。

人人都專心致志，分外認真。只聽見幾十臺縫紉機咔咔嚓嚓的轉動聲響，沒有一個人講話的聲音，也沒有閒人。現場真是「煞有介事」，而且「很有看點」。

檢查團巡迴了一二十分鐘，對學生也進行了不少詢問諸如此類，我們準備了足足兩節課時的幹活，實乃「有備而無患」。終於全部離開了教室。

尾隨其後的「放風的」人回來報信說：「全部都進會議室去了。」所有的縫紉機都不約而同的突然停頓了下來。一個個有如剛剛跑完了馬拉松，精疲力盡，全都突然的癱倒在那裏；也如第一次上臺演出之後退場的實習演員不知道自己的表演是否得體，惶惶不安的等待導演的說道。這時候我該表態了。

我說：「很好啊。大家都表現不錯啊……不過都有點緊張，是不是啊，沒關係啊，一回生二回熟。要『目中無人』，要跟你平時一個樣，今天的表現都很好，全部都給九十九分。」大家高興得叫嚷了起來。

如此的「檢查」和「糊弄檢查」是「歷史」造成的，已經「習以為常」了。但是近些年來，這等手段已經不靈了，各行各業、上上下下、弄虛作假依然無處不在，為了抓著那虛假之所在，所以各級部門便常常採用「私查暗訪」這種封建時代那些清官使用的辦法。特別是各類新聞記者的「暗訪」，暗訪之後，羹即「曝光」。「今日」「暗訪」之多，當然是一種莫大的悲哀。我又充當了一回「騙子」，似乎是迫不得已！在那樣的體制裏去混飯吃，能不當騙子嗎？巴基斯坦人有句諺語：「息事寧人的謊言，勝過搬弄是非的真話。」中華民族主張息事寧人，說謊、弄虛作假似乎已經成為了民族性。這是毛澤東對於中華民族強加給予的災難！我幹的這件事也是在弄虛作假，一個作假者，而是那麼順乎自然、那麼理所當然，還有點那麼理直氣壯的去弄虛作假，這樣一種民族性太可怕！太悲哀！

不久之後，從市裏頭傳來消息：「十七中」被評為「一類學校」，全自貢市唯一的一所「一類學校」。我們的「表演」當然「功不可沒」。再以後，又從省裏傳來消息，全四川省共評出了為數不多的幾所「一類學校」，「十七中」被列入「前排就座」。與此同時中央要求各個省首先確定幾所「省級重點職業中學」，著力扶持，得出經驗，以帶動其他。這是傳統的中國工作模式，這種「典型開道」無論幹什麼都被認定為是行之有效的模式。當然，如果能夠成為首批的「省屬重點」，一切好處都會「接踵而至」……市裏知道這個消息，當然很想能夠爭取到一個名額。因為有了省檢查團對於「十七中」的良好評價，所以市裏頭便積極的準備「十七中」的「材料」向省裏上報。

四

然而下一步該怎麼辦？校辦廠支持的那幾匹勞動布當然很快就弄完了，接下去如果不能夠真刀真槍的去幹，即使得到了「典型開道」的名額，下一步又該怎麼走？

無路可走之際，一件非常意外的事情，主動的找上門來了。

自貢市工藝美術工業公司，來了兩個負責人，他們找了學校再找到了我，請我幫助他們公司解決一件十分緊迫的「大難題」。據他們說是省檢查團的一個負責人給他們講的，這個「大難題」如果來找我，一定能夠得到解決。

自貢市工藝美術工業公司，曾經有幾種工藝品馳名於國內外：有名的「龔扇子」，用比頭髮絲還細的竹絲，編織成栩栩如生的人物、貓、虎諸如此類圖畫，非常美觀，多次作為高級藝術品贈送給國外的大人物，作為高級藝術品在國內外收藏。另外，還有「余曼白的剪紙」也曾名噪一時……還有一種「紮染」品也是自貢市有很悠久歷史的獨特的一種手工藝品，用白色的純棉布或者白色的純絲綢，憑藉言傳身教的傳統的經驗用手工「針紮」成各式各樣的花絮圖案，再浸入各種不同顏色的染缸裏面去染色、晾乾。

「針紮」的中心，顏料進不去，呈白色。紮得越緊之處染色越淺，越鬆散之處染色越深，正好成反比例，但其色度從深到淺層次無比的豐富。由於手工「針紮」隨意性極大，很難顯現什麼具象圖案，正因其抽象，故爾顯現了巨大的想像空間：一幅幅「紮染」出來的圖案，原始、朦朧、粗獷、神奇、自然主義、未來主義、野蠻主義、象徵主義，像而又什麼都不是。像雨後的彩虹，像傍晚的落霞，像黃山的雲霧，像瀑布、驚濤，像微波輕蕩，春風徐來，花非花、霧非霧，充滿了無盡的遐想。

然而，如此美妙的手工藝品，多年以來，由於多種因素，難以登上「大雅之堂」，自然也難以取得經濟效益。自貢市經常炫耀的「大三件」：恐龍博物館、鹽業博物館、彩燈博物館。中國共有七個世界級的博物館，其中兩個在自貢市：恐龍博物館、鹽業博物館。還有「小三件」：「龔扇子」、「剪紙」、「紮染」。

現在正在北京舉辦一個大型的「國際旅遊產品博覽會」，他們公司用這種「紮染」的絲綢製作了一批女式「旗袍」，送到博覽會上去了。這種構想倒是很富有中國特色，無奈送上去的這些「旗袍」，穿在女人身上，既不合體而且十分彆扭。他們對於這些「旗袍」的設計和裁剪，據他們說都是找的最高級的師傅，然而總無法解決這一個「大難題」。

「旗袍」在解放以前的中國非常流行，合體的「旗袍」能夠充分的展現女性美，講究胸圍、腰圍、臀圍的合度，兩側開叉以其高度的不一，以隨意展現女性腿部修長的美，以其諸多特色在國際上享有盛名。所以除了大陸以外，世界上的華裔女性一直作為傳統服裝穿著，甚而作為「禮服」穿著出入於大庭廣眾之間。蔣夫人宋美齡喜愛旗袍，她儲存的穿過的旗袍就達數百件精品！

可是在「毛澤東時代」，「旗袍」被視為「封建的」、「資產階級」的服裝，沒有人敢穿，在中國大陸已經絕跡近三十年。裁縫師傅們自然「諱莫如深」，所以在以言傳身授傳遞手藝的行業裏面幾乎已經瀕於「失傳」的地步。因此之故，他們公司請了好些「高級師傅」都不得其要領，做出來女人穿不上身。如果這一「大難題」得不到解決，在這樣一個大型的國際展銷會上肯定將無功而返，達不成交易必然會大大的賠上一筆。時間緊迫，他們當然焦急難安。

這對於我也同樣是個「大難題」，我從未涉獵過此類服裝，完全陌生，更說不上任何研究了。但是對於他們的焦急、束手無策，那種懇切、信任，我卻難以拒絕。來找我，這是他們僅存的唯一的希望。最後，我只得答應他們，我找找資料，研究一下，讓他們明天再來。

當時中國尚沒有服裝雜誌和諸如此類書籍，歐美的服裝雜誌，自貢市諸如此類地方無法訂閱也買不到。小日本確實「無孔不入」，日本的《登麗美》服裝雜誌，是我們最先訂閱到的，我在瀏覽中記得其中一期裏有過關於中國「旗袍」的資料，當時一點也沒有在意。我重新檢索那些雜誌，果然找到了。近年，臺灣、香港一些服裝廠家也生產了一些「旗袍」，向歐美銷售，對於那些可以隨意去展現女性的細腰、豐乳、肥臀的線條美、性感美的開放社會，還頗受青睞。

第二天，他們又來了，我說，可以給他們解決。他們當然高興，提出給我一筆不少的報酬，希望我給他們幾種規格不同的樣品。我不想要那「一筆不少的報酬」，我有我的「重要」目的：我提出由他們供應紮染好了的原件，而「旗袍」的設計、裁剪、製作為成品則由我們全部包幹。製作出來的成品仍然交給他們去銷售，我們只進行加工，收取為數不多的一點加工費，賺錢仍然隨他們去賺。我的「重要」目的當然是為了學生有了這宗產品，能夠「真刀真槍」的去大幹一場。

他們當然很不放心。這是要以之「打入」「國際市場」上去的產品，我們的學生入校不到一年，做壞了那損失也夠大的。最為重要的，他們更盼望為這種手工藝品獲取一宗出路。我的語言很平和，可是他們能聽得出來，如果不給我們代為加工製作，是得不到我為之設計的。

於我而言，採取這種「捆綁式」銷售，實在也是出於無奈。我的學生已經沒有「下一頓」了，已經處於「等米下鍋」的狀態了。談來談去，他們無法拒絕我的「捆綁式」方案，已經到了別無選擇、無路可走的困境。然而他們又很不放心，於是他們提出要簽訂一份合同，要保證他們的利益不受到損失。於我們而言，他們最為苛刻的一個條件是：如果做壞了或者他們認定為不合格的產品，我們學校得予以賠償。我們當然得保障這一條，連這點「包票」都不敢打，這合同還能簽得成嗎？合同訂了一千件，每件加工費一元錢，可是這一千件服裝的總價值卻相當於我幾十年的工資。學校盧德強在合同上面雖然蓋了個大紅公章，而一切責任當然得由我來承擔。我則必須向一切人——向對方、向學校，還得向學生打包票。

我們又再次的「以戰鬥的姿態」熱火朝天的、全力以赴的幹起來了。由於這樣的「實戰演練」的機會太難得了，一切課程都暫時停了，全部日程都投入了「旗袍」的設計、裁剪、製作當中。我和向垣奎當然全力以赴、早出晚歸。學生們情緒高昂，同樣的全力以赴……忙碌的日子過得真快，似乎一眨眼就過了三個星期，我們為自貢市工藝美術工業公司設計、裁剪、製作了三百多件紮染的布料和綢料的旗袍。由於我們做得細緻認真，式樣也新穎、大方、美觀，他們把這些成品全部送到北京「國際旅遊產品博覽會」上去了……此番「戰鬥」下來，真感到有點精疲力竭，食少而事繁，人似乎都被累得瘦下去了一圈。

又過了三個星期，有天早晨我從家裏去學校上課，從光大街步行到高山井有五六里路，我走過了新橋，忽然聽見不知是哪裏的大廣播在廣播自貢新聞。自貢新聞廣播：自貢市工藝美術工業公司的三百多件紮染「旗袍」，在北京「國際旅遊產品博覽會」上，被扎伊爾駐華大使和大使夫人全部買走了！我到了學校把這一新聞告訴了盧德強。盧德強聽了自然很興奮，於是層層上報，從學校到局裏再到市裏再到省裏都知道了，創建只有一年多的學生，設計、裁剪，製作的產品竟然「打入了國際市場」！八〇年代初期，能夠「打入國際市場」就已經被視為很了不得的事情，更何況是一個初創的職業中學的服裝設計班的學生們設計、裁剪，製作的產品！所以以後好長一段時間裏，從市裏到省裏諸如此類相關的會議上，幾乎每一次都在說「十七中的服裝打入了國際市場」，一直在「不厭其煩」的宣揚……

這是意料之外的結果。殊不知這樣個結果，卻使得本來處於末流的「十七中」從此「步步青雲」，一躍而成為「暴發戶」！此番「打人國際市場」，於自貢市工藝美術工業公司而言，當然是個巨大的收穫，那樣一個「國際旅遊產品博覽會」，如果不是我們及時的為之設計、製作出合格的「旗袍」，他們定然無法取得這一巨大的收穫！於自貢市第十七中學而言，如果不是那種具有特色的鮮豔的「紮染」胚料，如果不是主動的找上門來，我們不管做的什麼，要想能夠「打入國際市場」，肯定是完全的不可能。這絕對的是一種機緣，偶然加必然，相得益彰，真正的雙贏。

然而自貢市第十七中學贏得的卻是「無限」的不可估量的天大的好處，這種情況在全省是唯一的，在全國恐怕也是唯一的，自然引起了「轟動效應」！這種「轟動效應」非同小可，為自貢市第十七中學即將到來的步步高升、飛黃騰達鋪上了堅實的臺階，一步一步的攀升，一天一天的「暴發」，一直達到了「頂點」，絕對的「頂點」！

首先，理所當然的被省裏定為「省級重點職業中學」，當時全省共有五所「省級重點職業中學」：重慶一所、成都一所、自貢一所、樂山一所、萬縣一所。之後。停辦了初中班和普通班，全部辦成職業教育班，更名為「自貢市釜溪高級職業中學」。同時增辦了「電算會計班」、「幼兒教育班」、「工藝美術班」、「文祕檔案班」……隨之而來的第一個大好處是得到了國際開發銀行一筆數目可觀的無息貸款。而省、市必須相應的給予同樣數目的撥款，於是學校開始了大興土木，新建了一幢綜合大樓、融禮堂、實驗室、電子教學室於其中的巍巍壯觀的大樓。新建了一幢「現代化」教學大樓，購買了大批計算機、電子教學設備、鋼琴、風琴……之類樂器。

「十七中」這個陋爛破落的「濫竽學校」開始大大的發跡了，破舊的教學樓推倒了，從沒有過的嶄新設備接二連三的來了，很有點「鳥槍換砲」的那般又酸又甜的味道！

不久，四川省職業教育工作會議在自貢市召開，釜溪高級職業中學當然作為全省的成功「樣板」，作為全省與會者參觀、學習、借鑑的好典型。這都是一套中國特色的工作模式。遇到諸如此類情況，我們當然是早有準備。

首先是組織了一個服裝設計製作的產品展覽室，其次是「現場表演」、全班學生製作「班服」。為了迎接這次重要的會議召開，全班學生決定自己出錢每人做一套「班服」。全班共同設計，個人自己去裁剪、製作出自己的那一套。記得是米色的西服，在當時是「青春而又時髦」，既是流行色彩又是流行款式。這時候的學生已經「久經操練」，一茬一茬的迎接過了許多批前來調查的、前來參觀的、前來取經的「觀眾」——自貢市市政治協商會議的委員們、外地教育部門的官員們、各地職業中學的頭頭們。現在的學生一個個似乎都成了多次出場的嫻熟的演員。一個個那等認真、沉著、老練、嫻熟的狀態，一般的也都是「跑馬觀花」的「觀眾」，也真還看不出其間「水有多深」！

當然聽我的課也已成了「不可或缺」的一個「保留節目」。這回說是有許多懂行的當官的專家要來聽我講課：四川省教育廳周副廳長來了。中共自貢市市委副書記周更新（分工管文化教育的），他是蜀光中學一九四七級的學生，和我一個表哥王用光同班同學，在蜀光中學時候一起參加了中共地下黨。自貢市副市長劉繼常（抗日戰爭時期畢業於昆明西南聯合大學，西南聯大是在抗日戰爭期間的北京大學、清華大學、南開大學遷來內地時候合辦的），劉繼常從中學教師、中學校長、教育局長到副市長，是自貢市民主同盟的頭頭，也是我的中學教師。還有我蜀光中學同學現在是中共自貢市委宣傳部副部長的楊傑勳、自貢市教育學會副會長朱立章，還有四川省各個地、市、州的一些官員……這一回的課堂做了更多的準備。

我在課堂上著重講了「形象思維」——從抽象、具象、形象、意境的內涵、外延，及其關聯，再講到第一視覺和第二視覺。形象思維要關閉你的第一視覺，啟動你的第二視覺，把你在第一視覺中獲取得的一切抽象的美、具象的美一起調動起來。再從你的第二視覺中使得一切抽象的美、具象的美相交匯，再從中去營造意境，去構思、去昇華為嶄新的形象，從而去創造出你的獨特的、新穎的、美妙的、時代的、個性的形象。

後來劉繼常副市長在大會上的總結報告裏說：曾老師知識面很廣，服裝美裏面的詩情畫意講得很新穎。

隨著職業教育的日益發展，更多的好處很快接踵而來。「服裝設計班」確實為處於末流的「自貢市第十七中學」在「殺開一條血路」！為「釜溪職業高級中學」的建立起到了創始的作用，為即將到來的登上「國家級」的最高峰起到了鋪墊的、奮鬥的作用，為中國的職業教育起到了探路的先行者的作用。

四川省招開了一個「職業中學教學大綱、教學計劃修訂工作會議」，指定我編寫「服裝設計專業教學計劃和教學大綱」（草案）提供會議討論，並指定我擔任會議上此一小組的組長。以後自貢市第二次「教育科學研究成果獎」，給我這個教學計劃發了個二等獎，算是給這些先行者一點小小的「甜頭」。但我們這些人都是種桃子樹的，樹子種下去，得慢慢的長高長大、開花、結果，待到桃子綴滿枝頭的時候，我們已經離開那桃子林了。前人栽樹，後人摘桃，這是永恆的規律。遺憾的是，當那些後人齜牙咧齒噬咬桃子的時候那種洋洋得意，不知道還有種樹的人流過的汗滴。「數典忘祖」，便是這種人的悲哀。

中央決定在全國創辦一百所「國家級重點示範職業中學」，當時蜀光中學已經被定為全國首批一百所「國家級重點示範高級普通中學」。釜溪高級職業中學最終成為了全國首批一百所「國家級重點示範職業中學」之一，當然從此好處更是源源不斷，一個個接踵而來。國際開發銀行第二次無息貸款又來了，第三批貸款……學校被批准了擴大校園，徵用了周圍大片土地，興建了一個大運動場、學生宿舍。

因為成了「國家級」的學校，故而順理成章，「國家級」的好處少不了都會給上一個「名額」。有了這個「名額」，當然就得推出一個人去領受。國家「五一」勞動獎章獲得者，有了；教育系統全國級英模，有了。可以肯定的說，這些人如果不是在這裏而是在其他何處，是很難得到這種賞賜的。還給了一個全國政治協商會議委員的「名額」，材料上報之後，上頭認為條件差距太大，沒有得到批准，當然也就「浪費」了一個「名額」。還給了三個去美國進休的教師「名額」：給了服裝設計班兩個教師進修「名額」，「辦公室自動化」一個教師進修「名額」。像「十七中」這樣的「暴發戶」，在六〇年代末搞的一所「民辦中學」，以後要取締民辦，七〇年代才統一編號，從七〇年代末命名為自貢市第十七中學的末流地位到九〇年代初躍居成為「國家級重點示範高級職業中學」首批一百所的頂尖地位，總共只有十多年的時間；真有點像王洪文那樣，是「坐直升飛機」上去的，地道的「暴發戶」。當然「暴發戶」也有自己太多的無奈和悲哀，無論從師資、教學理念、學校風氣……等等比起蜀光中學這樣建校八十年的老牌子名校來其差距實在是太大了。這也是中國職業教育從無到有到規範化的一個過程吧。

五

中國人在毛澤東的耀眼光環和重重陰影籠罩下這六七十年間，沒有多少人能夠逃脫「瞞」和「騙」的鐐銬！尤其是在體制內拿飯碗的，必須去「瞞」和「騙」，同時也必須接受「瞞」和「騙」，否則就難以生存於那樣的體制內。

我寫了一篇短文：

〈**瞞騙術**〉

夫自人類有史以來，瞞騙之術便已見諸於史冊矣！隨人類歷史之發展，瞞騙之術亦同步而行，日新而月異。善於瞞騙之術者大勝大利，橫行於天下；精於瞞騙之術者大富大貴，霸道於萬民。

人類之發展史亦乃瞞騙術之發展史！人類社會前進中成就之軍事學、政治學、經濟學、倫理學、社會學……無一不包含瞞騙術中之種種精華，無處不概括諸多瞞騙術中之理念法則。蓋人類歷史之發展過程亦乃瞞騙術之演變進展過程者也。

國人耳熟能詳之偉大歷史人物，無一不是精於瞞騙術之超級大師！國人崇奉之權威經典傳世之作無一不包含瞞騙術中之諸多規範法則。蓋緣於偉大人物皆因精通瞞騙術始得以成就其豐功偉業者也。蓋緣於權威經典皆因能夠概括瞞騙術之精華始得以傳世者也。軍事學中最為名噪而流傳中外的「三十六計」，其最重要之兩大元素不外乎「瞞」與「騙」也。沒有了「瞞」和「騙」就沒有了「三十六計」矣！「三十六計」之中：「瞞天過海」、「聲東擊西」、「暗渡陳倉」、「笑裏藏刀」、「欲擒故縱」、「金蟬脫殼」、「偷樑換柱」、「美人計」、「空城計」、「反間計」、「苦肉計」……豈不是綜合「瞞」與「騙」這兩大元素巧妙運用相輔相成的最成功經典。其他有的以「瞞」為主，輔之以騙；抑或以騙為主，輔之以瞞。總之瞞和騙這兩大元素缺一不可，無有瞞、騙元素，就不能成其為一計也。

同樣聞名中外之《孫子兵法》，其開宗明義之首篇中有一段精彩論述曰：「兵者，詭道也。故能而示之不能，用而示之不用，近而示之遠，遠而示之近。利而誘之，亂而取之，實而備之，強而避之，怒而撓之，卑而驕之，佚而勞之，親而離之，攻其無備，出其不意。此兵家之勝，不可先傳也。」從茲起始，一切古今中外之兵家無一不沉迷於此「詭道」之中，窮究於「瞞」、「騙」、「誘」、「間」、「詭」……諸多元素的千變萬化以求克敵制勝之道。然萬變不離其宗，千變萬化亦必以「瞞」和「騙」兩大元素為根本，其他一切元素無不緣此演化、派生而得之者也。

瞞騙之術經過歷代文人之不斷美化、神化，「瞞」、「騙」在美化、神化過程之中被裝點打扮起來。被稱頌為「智慧化身」的諸葛亮，其智慧之基本內涵，同樣離不開「瞞」和「騙」兩大主要元素！《三國演義》中描繪的種種計謀與以往兵家布陣行兵相雷同，無一能夠缺少了瞞騙之術。於是歷史小說中「瞞」和「騙」一次次的被重複美化、神化、活化、形象化。精於瞞騙術者一次次的被描繪成為智者、神人，道德亦由此而異化！文明亦由此而扭曲！從軍事領域進而演化到政治領域、經濟領域、外交領域、文化領域……

人類的一切生活領域，《三十六計》、《孫子兵法》等等便成為了權謀者流的經營準則和行為教科書，從中去學習、探究、運用種種「瞞」、「騙」、「誘」、「間」、「詭」……之術。佼佼者便因之而飛黃騰達成其為人上之人。

「瞞」之作為兩大元素之首，自有其漫長的歷史發展淵源。「文過飾非」（瞞也、騙也）作為悠久的道德傳統教育於子民，「為尊者諱過，為賢者諱非，為長者諱疾」（瞞也）的傳統教育，「瞞」成為了萬眾應該尊崇的道德操守，進而從道德領域發展進入法律領域。「瞞」成為了必須遵守的法律，違法者必處以刑戮。「瞞」之合法化不斷發展、完善以迄於今日，已經成為人類必須遵守的諸多嚴肅律條。

各個國家都有保密條例，設置保密等級，最高的特級保密只能夠讓極少數的人知道，「瞞」此外的最大多數人。保密層次依其權位高低、官位大小而不等，當然最要「瞞」的是千千萬萬的草民！迄今「瞞」已經遍及於人類生存的各種領域、各個空間，人世間無處不在。國家機密、軍事機密、商業機密、技術機密、科學機密乃至於各式各樣的個人機密……種種機密無處不在！上至國下至家，人人生存在種種機密的包圍之中，人人行為在種種機密的束縛之中。尊重「個人隱私」，亦即每個人都存在著「機密」需要「瞞」自己之外的一切人，「瞞」和「被瞞」成為了每個人的生活準則，不能不遵循的生活準則！一切道德言說都成為了蒼白的謊言，捉弄和被捉弄的遮羞布！「瞞」和「被瞞」把世界攪成為一潭渾濁泥潭，「出污泥而不染」成為絕對夢囈！

為了嚴格保守機密，演化了種種保密措施，最好的保密便是殺掉知道你祕密的人！若此強盜法則遍及於人類古今中外歷史之中。日本人在中國東北建築了龐大的祕密軍事地下堡壘，建成後，殺掉了數以萬計的參與殘酷勞動的中國人。如此罪惡，古今中外，無處不在。數十、數百、數千、數萬的殺人滅口之罪行，不可勝計，罄竹難書！殺人滅口之目的是企圖百年千年萬代的瞞下去！然很難以天隨人願！一些罪惡瞞了數十年、數百年……但終會罪惡昭彰大白於天下！

各種祕密基地——軍事祕密基地、科研祕密基地、試驗祕密基地、殺人祕密基地、監獄、集中營……遍及於人類活動的世界各地。此乃瞞的禁地。瞞禁地外的一切人群，禁地內的人群實際亦乃處於同樣的被瞞狀況之中。一牆相隔，彼此同樣處於茫茫無知狀態之中，同樣囚困於瞞的枷鎖之內！

暗箱操作——大多數人的命運掌控於少數人的指掌之中，此乃瞞最為普及、最為常見、最為氾濫的，存在於人類生存領域形形色色各個角落裏的行為方式！

祕密檔案——人類生存歷史中的罪惡、仇恨、冤屈、苦難、殺戮、成就、財富……種種最駭人聽聞的、不堪入目的、膽戰心驚的都封鎖起來，瞞下去，最好是永遠不見天日！此亦乃瞞之最為普遍存在於人類世界各國的行為方式。歷代統治者、權貴者、劫國大盜、海盜……藏匿巨大寶藏之誘人故事，尋寶、探寶、盜寶成為了人類歷史上最扣人心弦的瞞的傳奇篇章！亦乃瞞的神妙境界！從另一個特殊的角度描繪出瞞的驚險、恐怖、神奇！如此種種瞞和被瞞已經成為人類生存方式中的道德操守、行為方式、法律準則、希望理想、夢幻癡情的迷彩服裝！人人難見「廬山真面目」！萬眾束縛於瞞和被瞞的網路羈絆之中。而且其瞞的手段、瞞的形式、瞞的花招……還在不斷的發展變化之中，沒有終結也不會終結！

騙是最重要的另一元素。瞞和騙相輔相成，並駕齊驅！瞞是為了騙，騙需得輔之以瞞。瞞和騙的目的都是為了奴役他人、魚肉他人、統治他人，統治者要把自己的意志加之於萬眾。「令民與上同意也！」（《孫子兵法》）要達到此目的，則必須予以「教化」！要把黑色說成白色、罪惡說成善良、醜陋說成美麗、偽理說成真理。最重要的手段是「教化」——強大的意識形態灌輸。諸子百家、九流三教幫忙幫閒其根本宗旨離不開「令民與上同意也」。善於幫忙幫閒之「教化」者，則步入統治集團而成為其中一員。「教化」是最重要的最主要的騙術手段，「君君臣臣，父父子子」「教化」萬眾安於統治，忠於統治者。要萬眾安於貧賤不求富貴，甘當奴隸不得抗爭。因之在種種「教化」之中必須美化統治者、騙術中之「天命論」、「宿命論」、「血統論」成為了統治者最為之賞識的篇章。

宗教成為了俘擄靈魂的靈丹妙藥！天堂、地獄、輪迴、報應成為了麻醉靈魂的鴉片！然眾多的衛道士——「教化」的宣揚者，大都難免口是心非，「無神論者做彌撒」，「滿口仁義道德，滿肚男盜女娼」。瞞騙之後，並非「夜半敲門心不驚」！騙子也難免有感到虧心的時候。「吾日三省吾身：為人臣而不忠乎？為人子而不孝乎？為朋友而不信乎？」為什麼天天都必須多次的去反省呢？在瞞和騙滿目充斥的世界裏，處處都是不忠、不孝、不信之眾。天天多次反省，更反證在瞞和騙之猖獗、之氾濫衝擊之下，岌岌可危的道德教化令衛道士們頻頻發出的哀呼而已矣！

歷代的衛道士們都乃最無恥、最無賴的偽君子！都是「語言的巨人，行動的矮子」。他們最不相信的正是從自己嘴裏所宣揚的教義！「教化」是維護統治的最重要手段之一。因此古今中外歷代統治者都投入了最大的財富，最多的人力，最好的設施去完成「教化」之目的。

時至今日，現代化時代的報紙、電視、廣播、網路種種手段深入到千家萬戶，連接著萬眾子民，當然也就束縛著萬眾子民！幾乎無人能夠逃脫其羈絆、離開其束縛。

「教化」最怕的敵對者是從「教化」者中蛻變的持異議者！統治者要把醜惡頌之為美好，持異議者要剝去它的面紗等種種偽裝，還之以醜惡的本來面目！統治者乃以圍剿、打殺、鎮壓諸多手段予以消滅，於是軍隊、警察、監獄、特務、劊子手、黑幫……便成為了種種騙術的維護者。欺騙和鎮壓由此而結盟，由此而成為了統治者不可缺一的兩把屠刀。「一手持劍，一手持可蘭經！」便成為了世界上通行無阻的強盜法則！

包裝，形形色色的包裝，「金玉其外，敗絮其中」成為了現實生活中無處不在的手段和理念！一切虛假、罪惡、偽劣……隱藏於包裝之中，人們不得不在眼花繚亂的諸多騙術之中瞠目結舌！謊言，似是而非的謊言，氾濫於文字、書籍、報紙、刊物、電影、電視、網路、廣播……

無處不在的滲透、氾濫於天上地下旮旮旯旯之間，人人無法逃避也無處逃避。「三人成市虎」，在「騙」瀰漫無盡的人世間，萬眾被愚弄得渾渾噩噩，對於現實世界中的萬事萬物難以見其真面目，一切不知其所以然也！真實被隱瞞於包裝、謊言的迷亂之中。生存在這人世之間，不知是天堂還是地獄！罪惡和善良無法分辨，瞞和騙顛倒了是非善惡，騙和瞞混淆了真偽美醜！

瞞和騙的目的亦即愚民，因之統治者視之為最可怕、最大的敵人是敢於揭露其騙和瞞的人，最要鎮壓和滅絕的人亦乃敢於揭露罪惡的人！揭示騙術的人！揭開黑幕的人！揭破謊言的人！騙子一旦被揭露於光天化日之下，必然為萬眾所唾棄。謊言破滅，騙子必然無處藏身！

因之瞞和被瞞進而被揭露，騙和被騙進而被揭穿，便譜寫著千年萬代的文明史！從有神論變成無神論，從「君君臣臣，父父子子」變成民主、自由、平等。皆緣於瞞和騙的破滅，被瞞、被騙的驚醒，一度一度的更替演化而成。

然而舊的瞞、騙術破滅，新的瞞、騙術立即衍化生成，隨歷史社會的興亡更替而生生滅滅，以至於無窮……

「瞞騙術」亦如「血酬律」、「潛規則」、「厚黑學」……一樣，存在於人類社會現實生活之中，嚴酷無情的羈絆著每個人的生活規律，嚴酷無情的束縛著每個人的行為方式，千絲萬縷、錯綜複雜存在於人類社會的每個角落。

人人都在瞞和被瞞、騙和被騙之包圍中渾渾噩噩的延續著「亂紛紛蟻排兵、鬧嚷嚷蜂爭蜜」般的謀生掙扎！

揭露瞞的黑幕，揭穿騙的偽裝，則永遠是時代更替、社會前進的永恆推動力！瞞騙術將隨人類的存在而存在，揭穿瞞騙術的勇士亦將得以永恆！

*

「六四」二十二周年

二〇一一年二月二十六日，聯合國安理會的十五個理事國舉行緊急會議，經過一整天的密集磋商之後，一致通過了制裁利比亞格達費政府的第一九七〇號決議。制裁的第四方面內容是：以涉嫌「反人類罪」將利比亞當局鎮壓平民的行動提交海牙國際刑事法庭進行處理。「它史無前例的迅速和一致決定，將一個國家的人權問題提交到國際刑事法庭進行處理。」中國政府最後一個投下了贊成票。

第二十九章

新啟蒙運動

一

我年逾古稀之年迎來了新世紀！新世紀對於我這行將就木之人最大的「震撼」是「降臨」了「啟蒙」——「新啟蒙運動」！

自我啟蒙，在中華民族的啟蒙中獲得啟蒙！在自我啟蒙中匯合中華民族的啟蒙！中華大地上「新啟蒙運動」已經復甦、萌發！有如「離離原上草」正在生發，稚嫩的綠色向前蔓延……

什麼是啟蒙？我的自我啟蒙是基於「求變」和「喚醒」而萌發的，我和我們在毛澤東的「靈魂屠戮」殘酷統治之中「沉睡」了六十多年！被「信仰危機」顛覆之後最先從「沉睡」中醒來的，應該是在鐐銬、血泊、屈辱、死亡、的凌辱之下，大難而不死的倖存者中的一些人！只是少數者！因為大多數倖存者和絕大多數普通人依然「睡著」、「沉睡著」！

這不僅僅是六七十年間，毛澤東製造的蒙昧、欺騙、謊言、束縛使然，也是漫長的幾千年的蒙昧、欺騙、謊言、束縛頑固的力量使然。這幾千年專制、愚昧的「慣性」力量太強大了，強大得沒有任何民族能夠逃脫其羈絆！人類五六千年的歷史應該說起始的兩三千年都是「蒙昧時期」，人類向文明的探索、追尋期，無限漫長的探索、追尋期……

全世界進入了漫長的「傳統」黑暗的時代——蒙昧於充滿了宗教的詐騙、封建極權的暴力和神學的謊言的「中世紀」之中。到了中世紀末期（十五世紀之後），西方接連發生了文藝復興、宗教改革和啟蒙運動。西方這樣的「啟蒙運動」延續到了二十一世紀的今天。

「五四」運動（一九一九年）被認為是中國的第一次啟蒙運動，然而其後這九十年間，中國社會卻返還於「宗教的詐騙、封建極權的暴力和神學的謊言」的黑暗之中。中國人的「啟蒙」失敗了，「五四」運動實際上失敗了。

此後的一切威權者，依然一再的重新宣揚儒家偽神學、偽哲學、偽人學的詐騙和謊言，依然在想方設法維持人格的「不平等」、人治的「不民主」和言論、思想的「不自由」。

時至今日，在「打倒孔家店」之後，不僅在國內，進而在世界各地大建「孔家店」，大肆宣揚儒家偽神學、偽哲學、偽人學的詐騙和謊言。踐踏「五四」運動所曾經崇尚的自由、民主、平等、博愛的「啟蒙運動」的神聖主題！

時至今日，壟斷了暴力權力、話語權力和思想權力的統治者集團頑固的維持著他們賴以獲得的既得利益的理論和傳統。而整個中華民族依然處於人格的「不平等」、人治的「不民主」和言論、思想的「不自由」的嚴酷狀態之中！

最先從鐐銬、血泊中「醒來」的人們是因為在「人格的『不平等』、人治的『不民主』和言論、思想的『不自由』」的統治者集團壟斷之下，深受其苦。從而萌生了對於平等、民主、自由的嚮往、呼喚、追求！從而生發了「求變」和「喚醒」！

最深切感悟和發現自己處於「人格的『不平等』、人治的『不民主』和言論、思想的『不自由』」的殘酷束縛之中的是知識分子，黨內、外的知識分子。這些人從沉睡中最先自我「喚醒」從而「喚醒」別人、「喚醒」民族！爭取從「宗教的詐騙、封建極權的暴力和神學的謊言」之中擺脫羈絆，「求變」、「喚醒」自己和民族同時向著平等、民主、自由的境界追求！

二

新世紀給我的禮物是電腦和互聯網！新世紀來臨，我開始了電腦寫作。寫作是自我喚醒，也同時喚醒我曾經的苦難、屈辱、九死一生是歷史強加給予我的，是歷史的恥辱和罪惡！而這些恥辱和罪惡都被欺騙和謊言掩蓋、塗抹著。作為親歷者，在憤怒之餘想到的是揭露這些欺騙、謊言，用血寫的真實去粉碎欺騙、謊言。這是我們這些親歷者義不容辭神聖的責任！

二〇〇六年內蒙古人民出版社出版了我的《末代貴族追思錄》一書；二〇〇八年北京華夏出版社出版了《我的黃埔魂》一書，在國外發表了四十萬字的文章；八十歲之年結集古體詩《嘮叨集》、長篇回憶錄《末代貴族浮沉錄》，總計一百多萬字。

二〇〇六年三月，內蒙古人民出版社出版了我的長篇紀實文學《末代貴族追思錄》。遺憾的是出版時候被出版社刪去了近八萬字，真是太不該刪去的部分，刪得來只剩下了「肢體不全」的十七萬九千字。這是第一次問世的「第一種版本」，頗為畸形！

由於對於「畸形」的不滿，於是將原稿發去了「互聯網」……一個月之後，二〇〇六年四月，二十五萬多字的《末代貴族追思錄》原稿開始在互聯網上面發表，最先在「e書聯盟」和「文學閱讀網」上問世。只有三四個月時間，在大陸的互聯網上面自動的快速「蔓延」，發展到了四五十個文學網站，幾乎遍及大陸，這是「第二種版本」。

以上兩種版本是「同胎」然而「異體」，一肥一瘦，「瘦」的八萬字是出版社予以「減肥」的結果，當然也就面目「半」非了。

＊

以上版本的寫作基於原始的良知。鑑於面對滿目的謊言、無聊、媚俗而產生了要說幾句真話的無以「壓抑」的「衝動」，似乎不說幾句真話，太對不起生活過來的這七八十年的無情歲月。也由於已經有了一些人在拂去塵封歷史的塵埃，所以拿起雞毛撣子也想加入到打掃衛生的行列。

殊不知在網上登載之後，較有反響……特別是網上那些評論，譽多毀少，而且不乏溢美之詞。作家梁柱先生給我發來了一封熱情洋溢的信，摘幾句如下：「你的淵博學識、奮鬥人生、為人品格、真知灼見使我折服……大作啟我冥頑，感悟人生，使我獲益匪淺……這樣大膽、直面陳述歷史，講真話，求真實……給我以震撼的感染力…儘管俗務、冗務、家務事羈絆於身，我還是廢寢忘食地抓緊時間一口氣拜讀完了……」

還有些朋友（作家、教授、副教授、宣傳部長、教師、研究員……）來電話、來郵件也是：「一口氣把它讀完了！」還有更「嚇人」的評論，在「文學閱讀網」上面一位讀者連寫了六條評論。六條同樣內容的評論，其中有：「建議曾先生把這本書給每個政治局委員奉送一本……」我當然不敢接受這位讀者的建議，因為我的膽沒有他的那麼大。「文學閱讀網」的版主不知道是否由於被諸如此類的評論「嚇」著了還是另有原因，在兩個月以前把這些評論連同這本書一起撤了。還有一個「王冠紀實文學網」也撤了。迄今為止，我發現的只有這兩個網站上面撤了；大陸尚有五十餘個網站依然堅持不懈的豎在上面，而且還有繼續「蔓延」之勢。在我的故鄉自貢市的「鹽都雜談網」於二〇〇六年十一月十六日推上網，十天裏，點擊率達到了一千多人次……這些情況促使我更認真的、更嚴肅的、更冷靜的去審視我的這本「追思錄」。

同時我更明白正因為在謊言、無聊、媚俗的滿目「猙獰」之中，能夠說出幾句真話，這是讀者「賞臉」的根本之所在。我無比深切的感悟到，用血寫的真實揭穿墨寫的謊言是歷史的呼喚，是人民的渴求，是受難者的責任！

當此時也，有那麼一股強勁的清新的時代風，把一股強勁的思潮「隨風潛入戶，潤物細無聲」！又有那麼些耄耋而「老不死」的「壯士」敢於「正視淋漓的鮮血」，發出一聲聲雖未必能夠震撼大地但卻「吹皺一池春水」的吶喊！於是使得一如我等耄耋而「老不死」的草民，從吶喊聲中搖撼了一座座神聖的殿堂，啟動了一塊塊結痂的大腦皮層！於是從七八十年的「癡呆」、「痳木」之中醒過來，抖擻精神也加入到吶喊的「壯士」群落去吶喊幾聲！活過來的這八十年最少有六十多年活在紅色波濤之中。要搖撼一座座神聖的殿堂要啟動一塊塊結痂的大腦皮層實非易事。

悲乎！有太多的老不死的夥伴們依然「癡呆」、「痳木」著，渾渾噩噩、糊糊塗塗、心安理得的在「等死隊」裏「頤養天年」！因為他們還迷迷糊糊的「睡」著！少許能夠「醒」過來的是不易的！多數無能「醒」過來，正說明六七十年思想禁錮、精神閹割、靈魂屠戮之殘酷。整個民族陷於蒙昧、愚鈍、癡迷而無能自拔。也更說明新啟蒙運動之迫切，當然也困難重重！

謝韜和其他一些老共產黨人一樣，率先從反思中掙脫羈絆牢籠。謝韜的《只有民主社會主義才能夠救中國》，像給了我一隻放大鏡、一面透視鏡，讓我去審視我曾經走過的二十世紀那大半個世紀所經歷的人生道路。審視的結果，我覺得對於真實的歷史，由於一直無能自我擺脫那種種意識形態灌輸的羈絆，處處都不過是「五十步笑百步」而已！

謝老的「民主社會主義」和「暴力社會主義」論述真乃如撥雲見日！如此的簡單明瞭的「喚醒」，歷史的面目在我的眼前顯現出另一番景象！真是豁然開朗！這是對於我的驚醒的、突破的、跨越的嶄新啟蒙！也是對於像我這樣一代的（部分）知識分子的嶄新啟蒙！

當年章伯鈞看見儲安平的「黨天下」論述後說：「儲安平成為歷史人物了」！

我看了謝韜關於「民主社會主義」、「暴力社會主義」的論述後，我說：「謝韜成為歷史人物了！」

謝韜的《只有民主社會主義才能夠救中國》。在理論上並非「完畢」。許多內容有待進一步探討。甚至其中還有一些「黨文化」的理論淵源、思維方式、語言系統，但這些應該說是「過渡」中無法逾越的「瑕疵」，不能夠掩蓋這篇文章的巨大影響力，不能夠掩蓋這篇文章給予當時現勢的巨大震撼力！

在當時依然殘酷的思想禁錮、精神閹割、靈魂屠戮的鐵幕沉沉之際，給予沉沉鐵幕捅了一個驚人的窟窿！

給予沉沉鐵幕捅了一個驚人的窟窿！非同小可！立即在全國掀起了軒然大波！

謝韜對於毛澤東「暴力社會主義」的「論定」，是從來未有過的震驚、震撼！當然立即掀起軒然大波！泓泓然！軒軒然！溢美者、怒目者、追隨者、反擊者交相「征戰」。因為遠遠不止於「論戰」。

中央黨校諸如此類的大批判會上劍拔弩張，大有「黑雲壓城城欲摧」之勢！以致逼得謝韜準備著「第二次坐牢」去！迄今網上可見的對壘文章達到了數百萬字之多！

有人評說：其「瘋狂」程度遠超過了「真理討論」！

此番「瘋狂」使得新啟蒙運動掀起了前所未有的「高潮」！無論從廣度、深度、高度均前所未有！據說「左派」準備對於「反革命」謝韜圍剿，嚴陣以待之際，胡錦濤說了三條：「不批判、不擴散、不議論。」其實此「三不」只能夠「束縛」「左派」的「棍棒」和「手腳」。「新啟蒙運動」卻在「三不」的「隨風潛入戶，潤物細無聲」狀況下廣度、深度、高度繼續發展、延伸、擴散，勢不可擋！

其聲勢之猛烈，使得幾十年形成的法西斯禁錮的威權一下子束手無策！種種鐵幕和柵欄一下子支離破碎，從而形成了從未有過的震盪和震撼！

於是像我等等一些老、中、少知識分子頭腦裏一座座莊嚴肅穆的廟堂，紛紛訇然轟毀，大腦裏一塊塊紅色的結痂開始復甦，新鮮細胞漸漸萌發！新啟蒙運動使得一批批的大腦從麻木、癡呆、迷信、愚鈍狀態中復甦、「求變」、「喚醒」！這種狀態不可逆轉的前行，前行，復前行……

歷史的面目在我的眼前顯現出另一番景象！我決心將《追思錄》推倒重來，除了堅持說真話、求真實、見真誠、訴真情還原歷史以原生態以及呼籲人權、讚美人格、張揚人性的基本點之外，著力在真實性、傳奇性、歷史性、哲理性、人性上面去添些功夫。這本二十餘萬字的《右派生涯》本想在大陸重新出版，但出不來。一個偶然的機會，《右派生涯》電子版被伍凡先生看到了，來函要求刊登在《中國事務》上面。我同意了。於是在二〇〇七年十一月八日刊登在美國《中國事務》的「反右」專欄上面。二〇〇八年春，兩個月點擊率已經超過了一千，以後又刊發了一些文章，被列入《中國事務》「專欄作家」欄內。

二〇〇八年十月米壽之年的謝老不遠萬里從北京回到了故鄉自貢市，在應接無暇的忙碌中，最後還專門宴請了我們。我寫了一篇〈謝韜還鄉〉發表在美國《觀察》上面：

謝韜還鄉　曾國一

謝老的故鄉情節是非常深沉而凝重的！此行或許是最後的一次了。年已「米壽」（八十八歲）之人，勾起的故鄉情節當然更為深沉而凝重了！好得有那麼個「不……不……不……」的發話，所以「敬而遠之」似乎也就成為了「守則」，這倒也為謝老減卻了許多「應酬」。最難惹的是那麼些電視臺「記者」，「掛靠」的、「編外」的紛紛糾纏不休，耗費了許多寶貴的時間……也爭奪了我們這些「粉絲」們十分難得的寶貴時間！謝老計劃在故鄉只待三天，十月五日啟程去成都，而這幾天的日程都「被動的」被安排得滿滿的。以致我們這些「粉絲」們只能夠「時刻準備著」，看如何才能夠尋找到一個「空子」。去和我們心儀的老頭子見上一面。若果能夠「雙人合影」，再聊上一番，也就「如願以償」了！因為我們這些「粉絲」都是「小人物」！

謝韜一九二一年生於自貢市，和中國共產黨同年誕生在古老神州的蒼茫大地上，這是謝韜和中國共產黨結下不解之緣的一個初始情結。以後起起落落，從高端跌落谷底，又從谷底躍上高端。到了耄耋之年成為中國名人、世界名人，被億萬人心儀為一個真正的「偉大人物」而必將名揚千古！

謝韜的家就在自貢市騎坳井，旁邊是十字口，連著繆溝井、正街、新街。二十世紀八〇年代之前，一直是自貢市最繁榮鬧熱的市中心地帶，「不夜」之區。其旁邊就是當年的培德小學，過去不遠是高山井，曾德林（擔任過中共中央宣傳部副部長）的老家在高山井東端，也就是我現在住家的這一角落。

加拿大人基督教英美會的傳教士漢正禮（譯音）於一九〇七年就在釜溪公園開辦幼兒園……一九一七年基督教英美會教區長李芝田（譯音），在高山井……等處開辦華英小學。基督教人開辦學校、醫院、傳教，自認為是來華「開化」落後民族的一個「善舉」，但「我們」則「宣傳」是帝國主義的「文化侵略」。

華英小學於一九二七年改名為培德小學，以後又發展了培德初級中學。培德初級中學一個年紀只有一個班，四十來個學生，全校只有一百二十多個學生。當時能夠來讀到初中的，家裏都有點錢。十五六七歲了才讀初中，而且大多數學生都是已經結婚了的……

謝韜和我哥曾摸一「同窗五載」，多有交往，這是和我們家族的一個情節。那時候我還在讀培德幼兒園，「大小不相往來」，彼此當然毫無印象。以後謝韜「皈依」共產黨，曾摸一「皈依」國民黨。一個成為了億萬人心儀的「偉大人物」，一個在而立之年就命喪黃泉，一九五一年鎮反運動時候被「敲了沙罐」！

培德女子中學於一九五二年更名為自貢市第一中學，今年是自貢「一中」慶祝九十周年校慶，由其書記、校長專程去北京把謝老和夫人盧玉接回故鄉來的。

二〇〇八年十月二日上午，謝老參加了「一中」的校慶典禮，下午被四川理工學院請去參加「座談會」。看來今天無望了，希望晚上能夠爭取得到個見面機會。「時刻準備著」吧！下午四點左右接到李汝高轉來王大可的「緊急通知」：「立刻到滙東賓館十二樓八號，謝老可以見我們！」當然非常興奮，也佩服王大可的本事非常。花了七塊五打的（計程車），風馳電掣，迫不及待的登上了十二樓……

一個什麼電視臺記者正在糾纏，占著我們這群「粉絲」和謝老「面對面」的寶貴時間！實在不耐煩了，毛焦火辣的不耐煩了半個多小時，我們只得「破」門而入。我直走到謝老跟前說聲：「我是曾國一。」謝老站起身來，笑著熱情的緊緊握著我的手，笑著說道：「你的文章顯得那麼年輕，那麼有激情。怎麼你看起來卻比我還老呢！」當然怪我這把鬍鬚，中國人是不蓄鬍鬚的，未免「自慚形穢」。然而謝老這幾句語言似乎把他和我們這群「粉絲」的「距離」一下子完全化解了。

我說：「你還是比我大十歲！」屋裏只有兩張椅子，謝老坐了一張，我坐了另一張。也因為這把鬍鬚，「粉絲」們讓我就坐，而其他的人都只能夠站著。先後來了十多個「粉絲」，一一握手見面，然後是獻詩。真乃「秀才人情紙半張」！溫懷清和黃宗壤牽開了長幅，黃宗壤抑揚頓挫的把幾首詩朗讀了一遍。

兩三個月之前，把我在國內出版的兩本書寄給了謝老。後來聽盧玉老（八十五歲，謝老夫人）說，謝老是用放大鏡，逐字逐句把幾十萬字的兩本書和七十頁的複印件，非常認真的看了兩個月看完了的，還叫盧老也看。不久前，收到謝老贈給我的一首詩：

讀曾國一《末代貴族追思錄》

苦難磨人不屈身
心存高貴逞精神
留得心中一點火
化它冰雪傲爭春！

謝老這首贈詩使我非常激動，我給謝老說：「你把詩魂、書魂、人魂、民族魂都凝在詩裏了。你是贈我也是自頌！你不也同樣是『苦難磨人不屈身』嗎？而今『米壽』之年不也還在『化它冰雪傲爭春』嗎？」我回贈了謝老一首七言律詩，連同謝老給我的一封信一起發出去，兩個鐘頭就在美國上網了。我回贈謝老詩之時，我倡議「粉絲」們為謝老的「米壽」賦詩，李汝高庚即賦了一首很工整的「藏頭詩」

〈恭賀謝老米壽安康〉。王明全也賦詩，還有重慶的向喜英也發來頌詩。黃宗壤也賦詩還筆走龍蛇把這些詩書寫了橫幅，扇面，當場送給了謝老。

謝老很珍視這「秀才人情紙半張」！

我說：「大可，快把你的數碼照相機拿出來……」於是我第一個靠緊謝老照了一張「雙人照」。「粉絲」們一一都和謝老拍了「雙人照」……已經六點多鐘了，「粉絲」們很知趣，知道謝老太累了，於是紛紛道別而去……走到電梯口，有人說，那電視臺的又去糾纏謝老了，真的太不知趣了。溫懷清說：「謝老太累了，不行，我去叫他們走。」「粉絲」們大都是第一次和謝老見面，對於謝韜的隨和、親切、平易近人、風趣、滿腹經綸、侃侃而談……印象深刻。而且合了「雙人照」，都帶著好心情離開了滙東賓館。

然而最大的遺憾是交談的時間太短暫了，再見面、再面對面的交談恐怕今生今世太難得了！

王大可真有本事，又去聯繫要求宴請謝老夫婦。回話是：「謝謝，實在沒有時間，準備走了。」讓遺憾伴隨懷念留在心田裏吧！

我以為謝老夫婦走了，十月四日上午十點多，突然接到李汝高來電話：「緊急通知，立即趕到滙東賓館，謝老要宴請我們！」我打電話給王大可，大可說：「盧老通知的，臨行前謝老要夫人通知——決定要宴請曾國一、王大可、李汝高、王明全、黃宗壤。」

匆匆忙忙的趕到了賓館，又是一個什麼電視臺記者正在採訪。實在等得不耐煩了，憑著這把鬍鬚，我進去坐在謝老旁邊的那張椅子上——當然是叫那位知趣的意思。採訪收場了，還要請謝老題字。謝老真有求必應，一連寫了好多張。我說；「謝老，你太累了！」還有最後一張，謝老給我說：「你想兩句，把你那首詩選兩句給他？」我說：「不，不給。」謝老看見李汝高在旁邊說：「把你那首最後兩句，好……」於是謝老寫了：「安得九州民主日／康寧百姓自由城——錄李汝高詩句。」

那位記者給謝老說：「謝老。以你的名義，我打電話請書記過來？」

謝韜嚴肅、認真、果斷的說了一連串的：「不不不不不……」

本意是專門宴請我們這些「粉絲」小人物，來一個什麼書記，豈不太煞風景！

我為謝韜那一連串的「不」舉了兩個大拇指！

酒席上，因為這把鬍鬚，我坐了謝老左邊，王大可坐了右邊。王大可也把她的《往事隨憶》寄給了謝老，謝老也贈詩、回信，而且評價甚佳。提前為謝老「米壽」祝酒，我的祝酒詞是：「我代表兄弟姐妹——活著的和死了的，祝謝老百年長壽，歡度『期頤』，迎接『茶壽（一〇八歲）』。」我有三個堂兄——曾勉吾、曾揆一、曾鋼一在一九五一年「鎮反運動」時候在自貢市被槍斃了。曾揆一和謝老「同窗五載」。

一九五一年時候我在樂山地團委宣傳部工作，參加了鎮反運動，是那場「大屠殺」機器中的一顆小小「螺絲釘」。

談話非常自由，無所顧忌。我說；「謝老，很想知道你被關在『御監』（指秦城監獄）裏面的情況。」

謝老說：「你是有名的裁縫，我是剃頭匠……」

王大可插話說：「揚州屠城時候，裁縫、剃頭匠是在不殺之列……」

謝韜說：「秦城監獄分東南西北四個區，我們那個區兩百多人，我都給他們剃頭……有名的國民黨將軍、戰犯——王陵基、黃維、范漢傑、康澤、廖耀湘、王文舉……都是有名的國民黨將軍才關在這裏來……」

我問：「你們吃些啥子？伙食怎麼樣？」

謝韜說：「葷少素多，能吃飽……只有九個人開單份——單份是午、晚有三菜一湯。饒漱石關單間，吃單份，是囚犯中的『小灶』。胡風也關單間，是不是吃的單份也同樣規格不知道，可能不夠資格。那些國民黨高級將領都和我們同樣吃大灶。」

我問：「困難年代呢？」

謝韜說：「我食量小，後來胃切除了四分之三……」謝韜說：「要勞動，我們都要勞動……還有個特別差事，廢物利用，要我給戰犯們上馬列主義課……」

我說：「你一篇文章裏說過——我們的宣傳把國民黨說得很愚蠢、腐朽、黑暗，其實國民黨的統治者很多是很有頭腦有見地的，也有不錯的軍事思想。我們的許多仗能打贏不是贏在軍事思想上，而是情報工作做得好，他們的機密作戰計劃都被我們掌握了……」

謝韜說：「從跟那些人的接觸後，有了這種認識……」

謝韜說：「溥儀特赦之後，專門來給我們做過報告。我坐第一排，距離只有兩米遠，看得很清楚。溥儀的臉有點歪，身材瘦瘦的、高高的，末代皇帝給我們講他的罪惡……叫大家好好改造，爭取改造好……」

我說：「人是不能夠『改造』的，歪理一時壓倒了真理，真理總是又會起來的……那些人改造好了嗎？」

謝韜說：「……王靈基瘋了，到死都沒有醫好。黃維也瘋了，後來有所好轉……」

我說：「他們聽你的馬列主義相信嗎？」

謝韜說：「上頭評價說我的馬列主義課講得好……」

謝韜說：「蔣介石我也見過，毛澤東當然見過很多次……」

我說：「三個末代皇帝，你都見過了！」「毛澤東是始皇也是末代，蔣介石以後還有蔣經國，蔣經國開始兩黨競爭了……」

我說：「你的文章在《炎黃春秋》發表以後……一片殺氣騰騰，聽說你準備第二次坐牢？」

謝韜說：「怕倒是不怕，怕就不會寫了。準備坐牢是有的，換洗的衣服都打包準備好了……」

我說：「如果真的對你動手，倒是成全了你！」

我說：「儲安平在報上發表了〈黨天下〉，章伯鈞說：『儲安平成為歷史人物了！』我看了你的暴力社會主義、民主社會主義的論述，我也說：『謝韜成為歷史人物了！』你喚起了億萬人去追索歷史，追索真理，而且是那麼簡單、鮮明的講述了真理！道破了赤裸裸的真理！你是第一個那麼痛快的一錘子打破了幾十年「壟斷真理」的框架！幾十年「壟斷真理」的機器措手不及，越來越顯得難以『壟斷』下去了！特別是對於網路的封鎖越來越無能為力了！我送你的詩——一篇宏論慟乾坤，真有驚天慟地的狀態！」

王大可說：「李汝高是這裏第一個發傳單的！」

李汝高說：「我把文章從網上輸下來，複印了幾十份，拿去散發給老頭子們，我還怕老頭子們拒絕……都搶著要……有的人又複印了去轉發……」

我說：「在網上輸入謝韜兩個字，幾百萬字就出來了……」

謝韜說：「專門批判我的文章，他們印了厚厚的兩大本……我辦了刊物《往事微痕》，現在第九期了（刊登了謝韜贈曾國一詩、曾國一回贈謝韜詩），自費出版，免費贈送，影響很大。很多人又再複印去散發，就是要把毛澤東的罪惡揭露出來，把罪惡的歷史記錄下來。」「還有《往事》、《記憶》……都是國內的『民刊』，國外的就更多了……」

我說：「你的——這個黨是難以挽救了，還有對於陳獨秀和毛澤東的比較，論述更深刻、更廣泛了，影響也更大了……」

我說：「有粉絲說你是當代民主思潮泛起的一面旗幟！」

謝韜說：「那不敢當。民主思潮是歷史潮流，沒法阻擋的……」

問起了杜導正、李銳……李銳是謝韜家的常客。談起了胡績偉、李慎之……談起了這些老「壯士」們的坎坷和「志士暮年，心猶未已」的「壯志凌雲」！

我說：「謝老，你送我的那首詩。實在是概括、凝練、空靈！這些老「壯士」，包括你，哪一個不是『苦難磨人不屈身』呢！這是最寶貴的民族魂！正因為有億萬個中國人都『苦難磨人不屈身！』，中華民族才存在著希望！你們才是一團團的火，我們只是一顆顆小草——離離原上草！也是一束束的薪，有了火種一定會燃燒的！因為你們的燃燒，因為你們的「化它冰雪傲爭春」，燃起了億萬人的希望也一起去『化它冰雪傲爭春』！」

這頓飯吃了兩三個小時，我們怕謝老太勞累了。「米壽」之年，還意興猶酣！最後依依而別。

戊子年　重陽節　於酸笆齋

最大的不安是謝老返回北京後，不久患病住了醫院……這些老壯士們都已經走向「期頤」之年了。李銳、胡績偉早已經過了九十高壽……他們為「新啟蒙運動」所做的努力，必將銘刻在後來者的心靈，銘刻在中華民族的史冊！謝韜不幸於二〇〇八年在北京因病逝世，逝世之後我寫了兩篇文章在美國《觀察》等發表。

尾聲
茉莉花開

匆匆走過了八十年人生歲月！身罹癌疾！茉莉花的芬芳迎面撲來！幾多振奮幾多感慨！幾多遐思！幾多迷幻！

八十多歲了，癌疾困擾，不倒下。重新校正此書，就是不倒下！

匆匆的走過了坎坎坷坷、彎彎長長的八十年人生路，像一個棋子，被茫茫造化那看不見的三個手指頭捏著聽憑命運的擺布，無能、絲毫無能掙扎著去實現自己的理想，施展自己的抱負，去幹自己想要幹點的什麼。生存都艱難，謀求一碗飯吃都如此艱難，你還能夠奢談什麼理想、抱負……

幾十年都是為茫茫造化活著，沒有辦法能夠為自己活：為吃飯、為餓飯、為自由、為不自由而活。為不致被餓死、不致被屈死、不致被冤死而活！有時候真覺得這一輩子真是白活了，實在是白活了！有時候又覺得沒有白活，真的沒有白活！我見證了中華民族的苦難！我見證了中華民族的抗爭！我見證了中華民族從苦難中崛起！我見證了中華民族在抗爭中前行！而在中華民族的苦難、抗爭、崛起、前行之間，烙下有我的一行腳印……

而且有一點不含糊，那就是這一輩子對於真理的執著，嚮往真理、尋找真理、追求真理、思考真理的始終不渝！追求真理的腳步絕對的沒有停止過！走過了八十多年！儘管已經步態蹭跚……

芬芳的茉莉花香引導我、引導我的人民去追求去追尋……

路漫漫其修遠兮，吾將上下而求索！

辛卯年歲尾　壬辰年將至　校正於酸笸齋

癸巳年春末　八十二歲　最後定稿於酸笸齋

作者簡介

一九三一年生
一九五一年（二十歲）五通橋市團委宣傳部長
一九五四年（二十三歲）中共涼山黨委政策研究員
一九五六年（二十五歲）調幹上大學
一九五七年（二十六歲）在重慶師範學院被打成「極右分子」
一九六〇年（二十九歲）被學校以「莫須有」罪名「開除學籍」送成都監獄「勞動教養」
一九六三年（三十二歲）被監獄摘掉「帽子」解除「勞動教養」，遣返回自貢市
一九七八年（四十七歲）被重慶師範學院通知「改正錯劃右派」，由當地安排到中學教書
二〇〇六年（七十五歲）由內蒙古人民出版社出版《末代貴族追思錄》
二〇〇八年（七十七歲）由北京華夏出版社出版《我的黃埔魂》。由美國《中國事務》發表〈右派生涯〉等四十多萬字文章，被列入《中國事務》「專欄作家」
二〇一〇年（七十九歲）由美國溪流出版社出版《記憶精選》（合集）
二〇一一年（八十歲）古詩集《嘮叨集》，長篇回憶錄《末代貴族浮沉錄》

史地傳記類　PC0250　目擊中國03

末代貴族浮沉錄
——黑五類的苦難、掙扎和抗爭

作　　者 / 曾國一
主　　編 / 蔡登山
責任編輯 / 陳佳怡、鄭伊庭
圖文排版 / 王思敏
封面設計 / 王嵩賀

發 行 人 / 宋政坤
法律顧問 / 毛國樑　律師
出版發行 / 秀威資訊科技股份有限公司
114台北市內湖區瑞光路76巷65號1樓
電話：+886-2-2796-3638　傳真：+886-2-2796-1377
http://www.showwe.com.tw
劃撥帳號 / 19563868　戶名：秀威資訊科技股份有限公司
讀者服務信箱：service@showwe.com.tw
展售門市 / 國家書店（松江門市）
104台北市中山區松江路209號1樓
電話：+886-2-2518-0207　傳真：+886-2-2518-0778
網路訂購 / 秀威網路書店：http://www.bodbooks.com.tw
國家網路書店：http://www.govbooks.com.tw

2013年6月BOD一版
定價：660元

國家圖書館出版品預行編目

末代貴族浮沉錄：黑五類的苦難、掙扎和抗爭 / 曾國一著. -- 一版. -- 臺北市：秀威資訊科技, 2013.6
面； 公分. -- (史地傳記類 ; PC0250)
BOD版
ISBN 978-986-326-053-0(平裝)

1. 文化大革命

628.75　　101026837

讀者回函卡

感謝您購買本書，為提升服務品質，請填妥以下資料，將讀者回函卡直接寄回或傳真本公司，收到您的寶貴意見後，我們會收藏記錄及檢討，謝謝！

如您需要了解本公司最新出版書目、購書優惠或企劃活動，歡迎您上網查詢或下載相關資料：http:// www.showwe.com.tw

您購買的書名：________________________________

出生日期：________年________月________日

學歷：□高中（含）以下　□大專　□研究所（含）以上

職業：□製造業　□金融業　□資訊業　□軍警　□傳播業　□自由業

□服務業　□公務員　□教職　□學生　□家管　□其它_____

購書地點：□網路書店　□實體書店　□書展　□郵購　□贈閱　□其他

您從何得知本書的消息？

□網路書店　□實體書店　□網路搜尋　□電子報　□書訊　□雜誌

□傳播媒體　□親友推薦　□網站推薦　□部落格　□其他__________

您對本書的評價：（請填代號　1.非常滿意　2.滿意　3.尚可　4.再改進）

封面設計____　版面編排____　內容____　文／譯筆____　價格____

讀完書後您覺得：

□很有收穫　□有收穫　□收穫不多　□沒收穫

對我們的建議：________________________________

____

____

____

請貼
郵票

11466
台北市內湖區瑞光路 76 巷 65 號 1 樓
秀威資訊科技股份有限公司 收
BOD 數位出版事業部

（請沿線對折寄回，謝謝！）

姓　名：＿＿＿＿＿＿＿＿　年齡：＿＿＿＿　性別：□女　□男

郵遞區號：□□□□□

地　址：＿＿＿＿＿＿＿＿＿＿＿＿＿＿＿＿

聯絡電話：(日) ＿＿＿＿＿＿＿＿ (夜) ＿＿＿＿＿＿＿＿

E-mail：＿＿＿＿＿＿＿＿＿＿＿＿＿＿＿＿